# Transalp mit dem Rennrad

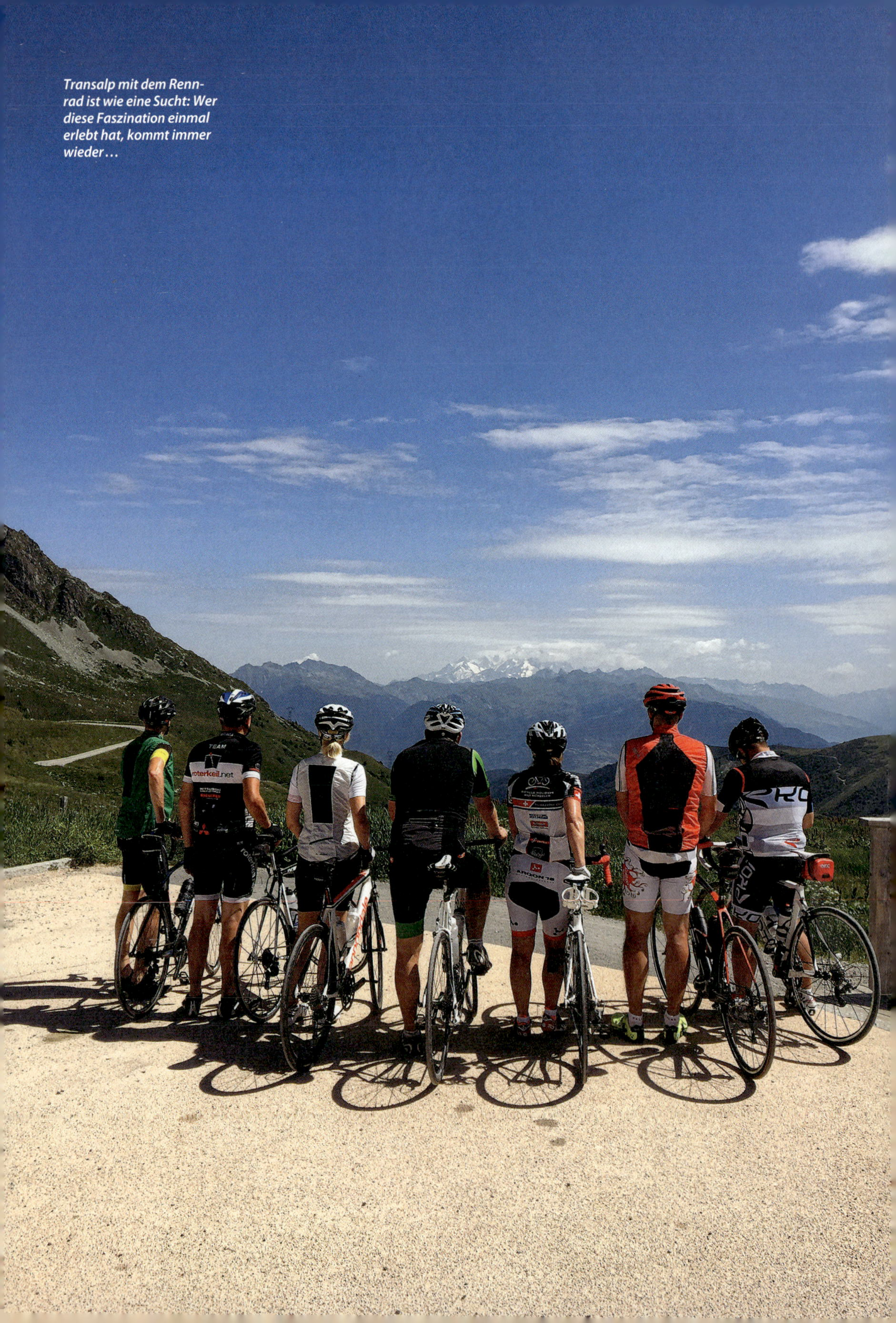


*Transalp mit dem Rennrad ist wie eine Sucht: Wer diese Faszination einmal erlebt hat, kommt immer wieder …*

Uli Preunkert, Lena Reichgardt

# TRANSALP MIT DEM RENNRAD

16 Routen mit Karten, Höhenprofilen sowie Roadbooks und GPS-Tracks zum Download

BRUCKMANN

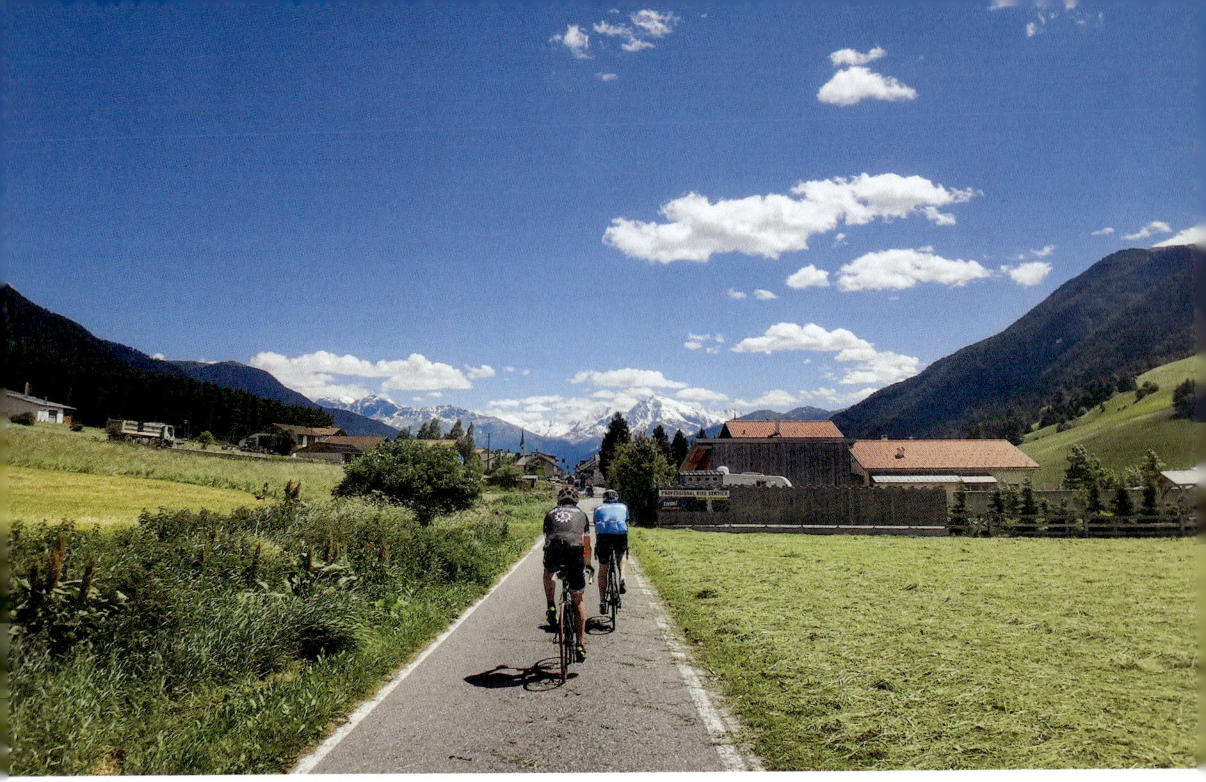

Inhaltsverzeichnis

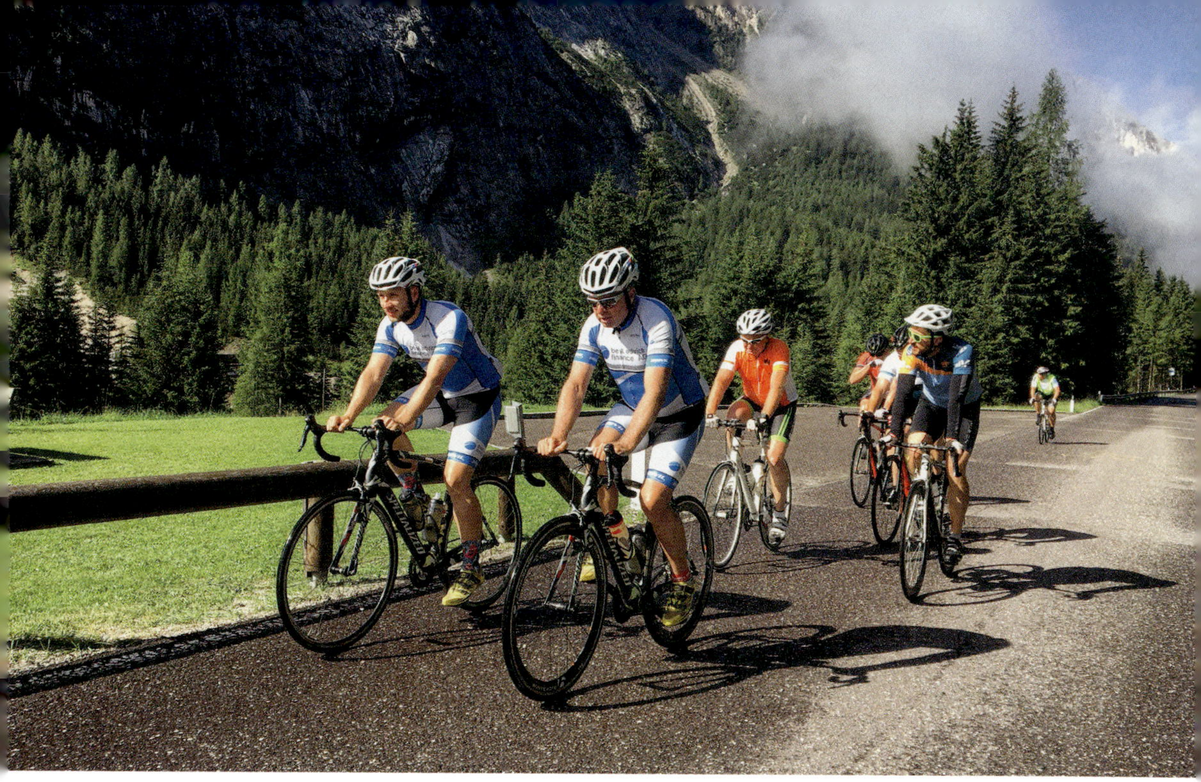



● = leicht ● = mittel ● = schwer

*Oben: In der Gruppe fahren macht mehr Spaß. Linke Seite: Am Horizont grüßt der Ortler.*

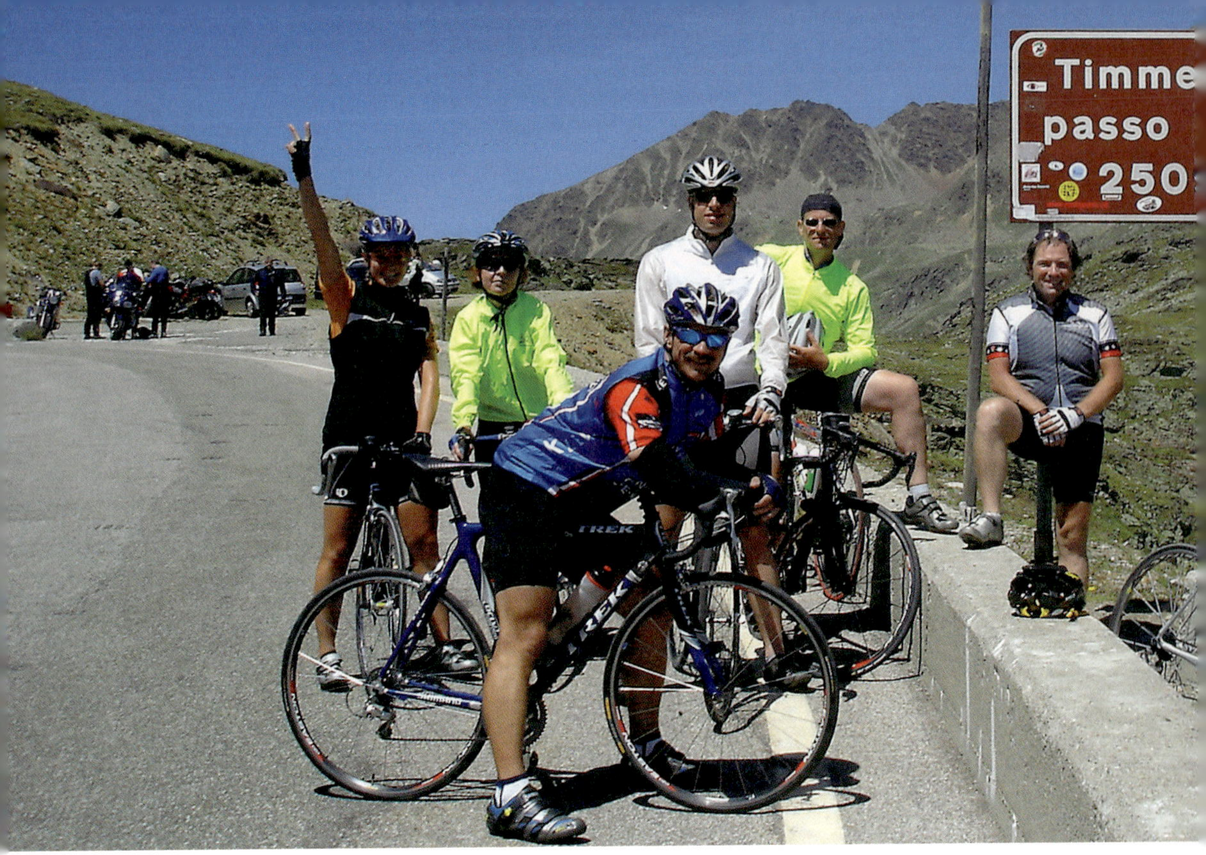


*Das Timmelsjoch zählt zu den höchsten Pässen in den Ostalpen.*

Rennradfahren in den Bergen ist Reiz und Herausforderung zugleich. Man steht am Fuße eines Passes, kann das Ziel erahnen und weiß: Da muss ich hinauf. Man macht sich auf, fährt los, tritt, schaltet, schwitzt. Langsam findet man seinen Rhythmus. Und je mehr sich das hohe Tempo, das man aus der Ebene gewohnt ist, verringert, desto ruhiger wird der Blick. Jedes Steinchen auf dem Asphalt, jedes Blümchen am Straßenrand findet seinen Weg ins Bewusstsein. Man spürt, wie die Lungen jeden Kubikzentimeter voll Luft pumpen. Und man registriert das Zusammenspiel der Muskeln, das einen stetig weiter nach oben bringt.

Natürlich gibt es bei einer Pässefahrt auch andere Momente: Regen, Erschöpfung und eine innere Stimme, die flucht. Doch etwas ist immer da: Diese unvergleichbare Zufriedenheit, dieser Stolz, wenn man seinen inneren Schweinehund – und den Pass – bezwungen hat. Und dann kommt der Lohn der Mühen: Die Abfahrt, die auf dem Rennrad ein geradezu rauschhaftes Erlebnis werden kann. Die Beine haben Pause, der Gegenwind bläst einem mit jeder Kehre wärmer ins Gesicht. Die Schönheit der Landschaft, der Spaß an der Geschwindigkeit und die Freude über die eigene Leistung suchen sich ihre Wege ins Gehirn – und ziehen gemeinsam die Mundwinkel nach oben.

Nun ist eine Transalp nicht einfach nur ein Pass, den man fährt – hinauf, wieder hinunter, Ende. Nein! Eine Transalp ist eine Reihe von Pässen, eine Abfolge von kraftvollem Bergauf und rauschhaftem Bergab. Dazwischen kilometermachende Entspannungsstrecken im Tal, gemütliche Rastplätze mitten in der Natur, reichliches Abendessen, wohlige Müdigkeit. Und am Ende das ersehnte Ziel – und das großartige Gefühl: Ich habe es geschafft!

Eine Transalp per Rennrad ist seit Jahren DER Traum von Hobbyradlern schlechthin. Auf ihr bewegt man sich nicht nur an den Grenzen der eigenen Leistungsfähigkeit, sondern ebenso auf den Spuren legendärer Pässe und großer Rennfahrer. Und obwohl der Profi-Radsport und seine Rundfahrten in den vergangenen Jahren durch das Dopingthema etwas in Verruf geraten sind, ist die Lust der Hobbyradler am Selbstfahren noch immer ungebrochen. Die Alpen aus eigener Muskelkraft

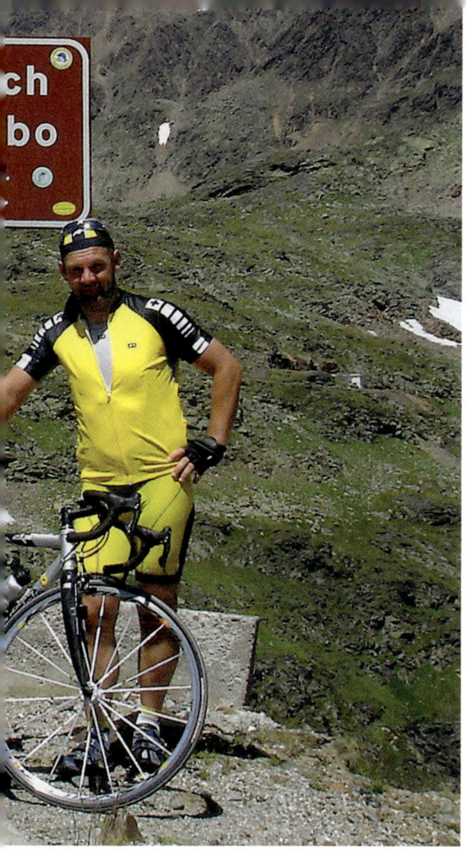

zu bezwingen ist eben ein Erlebnis, das einem niemand nehmen kann.

Warum? Die Alpen sind das höchste Gebirge Europas. Es erstreckt sich in einem 1200 Kilometer langen und zwischen 150 und 250 Kilometer breiten Bogen vom Ligurischen Meer im Westen bis zum Karpatenbecken im Osten. Im westlichen Teil liegen die Gipfel meist zwischen 3000 und 4300 Meter über dem Meeresspiegel, in den Ostalpen sind die Berge etwas niedriger.

Acht Alpenstaaten – Frankreich, Monaco, Italien, Schweiz, Liechtenstein, Deutschland, Österreich und Slowenien – teilen sich dieses weitläufige Bergland. Das macht die Touren nicht nur landschaftlich, sondern auch kulturell und kulinarisch vielfältig und interessant. Die Alpen trennen das atlantisch beeinflusste nördliche Mitteleuropa vom zentralen Mittelmeerraum mit mildem Klima, und das bedeutet: Nach der Überquerung des Alpenhauptkammes wird meistens alles besser: das Wetter, der Cappuccino und die Pasta.

Namen wie Passo Giau, Großglockner-Hochalpenstraße, Berninapass, Passo d'Eira oder Forcola di Livigno schreien förmlich danach, mit dem Rennrad bezwungen zu werden. Ganz zu schweigen vom Stilfser Joch – dem zweithöchsten asphaltierten Alpenpass: Auf seiner Nordost-Rampe von Trafoi aus sind 1200 Höhenmeter verteilt auf 48 durchnummerierte Kehren; im oberen Teil kann man alle noch kommenden Kehren und die Passhöhe in weiter Ferne sehen – eine Kombination aus Kraftprobe und Psychoterror. Die Ausblicke auf die Gletscherfelder des Ortler sind dafür eine kleine Entschädigung, und wer hier mit dem Rennrad auf der Passhöhe steht, fühlt: Er hat den »point of no return« gefunden. All die Pässe, die da noch folgen mögen, sie können nicht mehr schrecken.

Erfreuen können sie freilich schon. Selbst namenlose Übergänge haben oft einen ganz besonderen Reiz. Denn wer die Alpen per Rennrad durchquert, erfährt auch seine verschiedensten Charaktere. Zugspitze und Karwendel, die felsigen Gipfel des Engadin, der Dolomiten, der Brenta ..., dazwischen grüne Almwiesen, struppige Matten, weiße Gletscherfelder. Erst blühen Glockenblumen am Wegrand, dann Alpennelken, weiter oben der tiefblaue Enzian. Man pedaliert aus Eichenwald in Fichtenwald, kurbelt unter Kastanien, Kiefern, Lärchen – oder wird oberhalb der Baumgrenze nur mehr von Wacholdergestrüpp begleitet.

Nach Hunderten von Kilometern und Tausenden Höhenmetern sitzt der Transalp-Radler dann am Ziel, erschöpft, aber berauscht von all den Eindrücken. Und nicht selten tauchen schon im Endorphinnebel der bewältigten Tour die ersten Gedanken an die nächste Transalp auf. Wie wäre diese Route, jener Pass, diese Landschaft ...?

Dafür gibt es nun dieses Buch. Wir stellen viele verschiedene Routen vor. Leichte, schwierige, mit unterschiedlichen Abfahrtsorten und Zielen. Wir geben Tipps zur Ausrüstung und Vorbereitung. Damit jeder die passende Tour findet – auch mehrere Jahre hintereinander. Und damit das Abenteuer Rennrad-Transalp nicht nur ein Traum bleibt, sondern ein traumhaftes Erlebnis wird.

*Ihre Lena Reichgardt und Ihr Uli Preunkert*

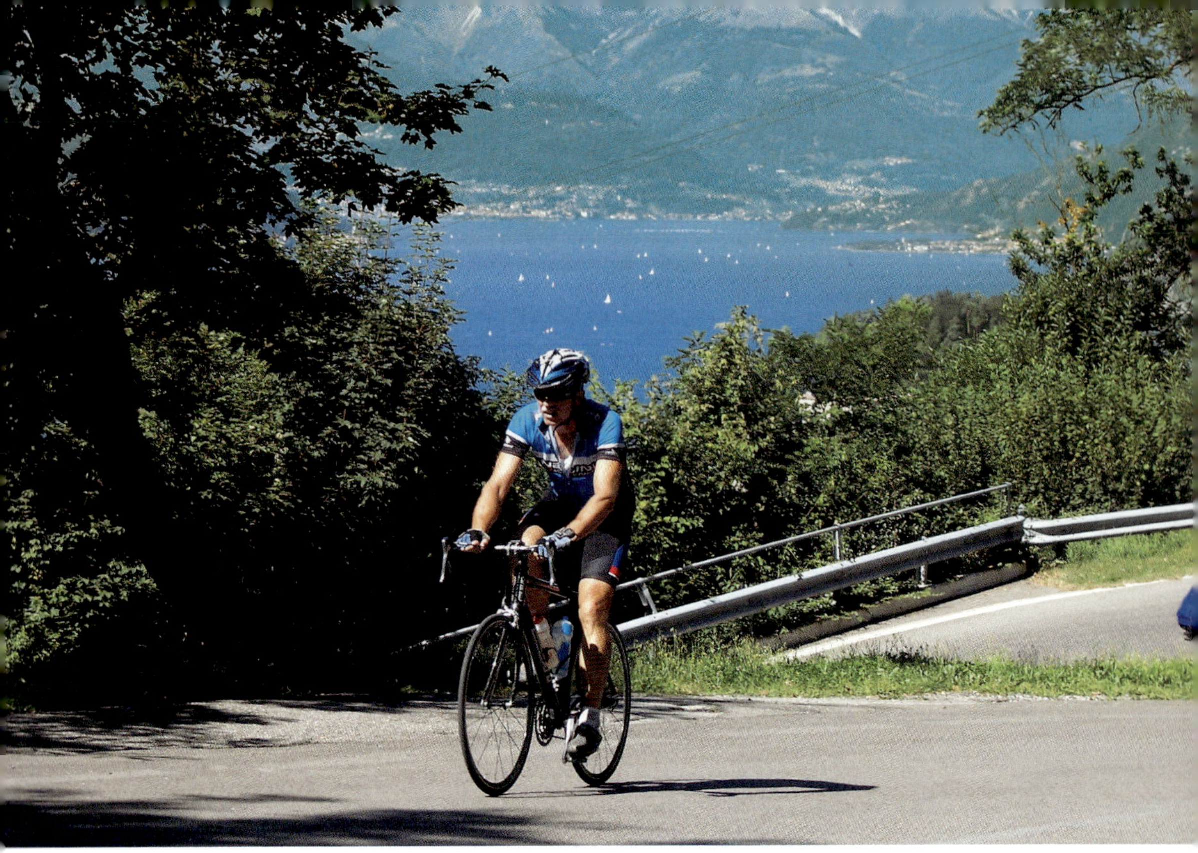

*Erlebnis Alpencross – der Traum eines jeden ambitionierten Rennradfahrers (Auffahrt vom Comer See nach Madonna di Ghisallo)*

# Die Ausrüstung

## Das Rennrad

Ein Radfahrer kann – im Gegensatz zum Läufer – bei seinem Sport die ihn belastende Gewichtskraft von seiner Maschine tragen lassen. Somit wird seine gesamte Muskelkraft für die Erzeugung von Vortrieb verwendet. Die effektivste Art, beim Radfahren den selbst erzeugten Vortrieb zu erleben, findet man beim Rennradfahren. Das Rennrad ist für eine schnelle und kräfteschonende Fortbewegung ersonnen. Diese Maschine weist dem Fahrer nur eine Richtung: nach vorn! Egal, ob man zu kurzen Trainingsrunden auf den bekannten Hausstrecken aufbricht oder auf ausgedehnteren Touren Neues zu erfahren sucht: Das Rennrad ist dafür genau das richtige Sportgerät.

## Touren statt Rennen

Auch wenn uns der Profisport bisweilen als Vorbild und Motivation dient: Wir betrachten das Rennradfahren hier nicht als Wettkampf. Wir wollen Touren fahren, gemeinsam mit Freunden und Bekannten oder auch allein – kontemplativ. Dennoch gilt es, Bergstrecken zu bewältigen. Das erfordert auch bei angepasster Fahrweise Kraft, Kondition und fahrerisches Geschick. Diese Voraussetzungen erlangt man durch ausreichendes Training. Wie viele Trainingskilometer und Trainingshöhenmeter der einzelne Sportler benötigt, hängt ganz von seinen körperlichen Fähigkeiten, seiner Willenskraft und der Art und Weise ab, auf die er die Tour absolvieren will. Wer wenig trainiert hat, lässt es besser locker angehen und legt ab und an eine Pause ein. Wer aber ausreichend Kilometer in den Beinen hat, der kann auch bergauf richtig Freude haben.

## Grundinspektion: Safety first

Das Rennrad ist ein Sportgerät und sollte vor jeder Ausfahrt auf die Tauglichkeit seiner essenziellen Funktionen hin überprüft werden. Besonders gilt das natürlich vor Ausflügen in die Berge, da dort die Belastungen bisweilen deutlich stärker sind und man meist weiter von einem Servicestützpunkt entfernt ist. Die Prüfung dauert nur wenige Augenblicke, kann aber durchaus über den Verlauf oder gar den Ausgang einer Ausfahrt entscheiden:

- ***Funktion der Bremsen:*** Man erkennt verschlissene Bremsen z. B. an einem langen Hebelweg oder an einem unschön kratzenden Geräusch während des Bremsens. Laufen die Bremsbeläge ungleichmäßig auf die Felge auf, öffnen die Bremskörper nach dem Bremsen verspätet oder sind die Zugenden aufgespleißt, sollte man die Bremse überprüfen lassen. Bei neueren Bremsen mit wechselbaren Bremsbelägen sollte unbedingt darauf geachtet werden, dass die offenen Seiten der Bremsschuhe hinten sind; ferner sollten sich die Sicherungsschrauben für die Bremsbeläge in den dafür vorgesehenen Gewindelöchern befinden und festgezogen sein.
- ***Festsitz der wichtigsten Bauteile*** (Lenker, Vorbau, Sattel/-stütze, Pedale): Lassen sich Lenker oder Vorbauten mit geringer Kraft auslenken oder gar verdrehen, sollte eine Fachwerkstatt aufgesucht werden. Bei lockeren Sätteln oder Sattelstützen genügt es meist, die Klemmschrauben mit dem vorgegebenen Drehmoment anzuziehen. Bei den Pedalen kann man genauso verfahren. Schnellspanner sollten bei der Fahrt stets geschlossen sein.
- ***Reifenzustand und Luftdruck:*** Besonders im Frühjahr leiden Reifendecken unter dem mitunter rasiermesserscharfen Streugut. Sollte ein Reifen mehrere oder gar größere Verletzungen der Deckenlage aufweisen, wäre der Wechsel auf einen neuen angesagt. Gleiches gilt bei einem auffälligen Höhenschlag. Meist ist das Reifengewebe gerissen und der Reifen droht zu platzen.

Eine gute Standpumpe verfügt über ein Manometer, auf dem der Reifendruck abzulesen ist. Er sollte auch bei leichten Fahrern nicht weit unter 7 Bar liegen. Natürlich kann man auch mit dem Daumen auf den Reifen drücken und prüfen, wie weit der Pneu nachgibt.

- ***Rundlauf der Laufräder:*** Einfaches Drehen der Laufräder und gleichzeitiges Beobachten der Felgenflanken gegenüber einem Bremsschuh gibt Aufschluss über den Rundlauf des Laufrades. Bei gröberen Seitenschlägen ist zu empfehlen, die Spannung der umliegenden Speichen zu prüfen, da ein Speichenabriss vorliegen kann. Ansonsten mit geeignetem Werkzeug nachzentrieren.
- ***Spielfreies und leichtgängiges Lenkkopflager:*** Es sollte weder zu fest sein, da man dann nämlich nicht mehr richtig geradeaus fahren kann, freihändig schon gar nicht. Noch sollte es zu locker sein, denn damit neigt das Rad zum Lenkerflattern. Bei gezogener Vorderbremse dürfen sich die oberen Lagerschalen nicht gegeneinander verschieben. Wenn man das Rad anhebt, sollte sich der Lenker leichtgängig und ohne Einrasten hin- und herbewegen lassen.
- ***Sichtprüfung an Karbongabeln:*** Wer eine Karbongabel älteren Datums fährt, sollte diese ab und an auf Risse und Lackabhebungen untersuchen. Eingeklebte Ausfallenden aus Aluminium sind ebenfalls Schwachstellen, da sich die Klebeverbindung lösen kann. Sollte die Karbongabel schon einen Schaft aus Karbon haben, ist es günstig, auch diesen auf Risse

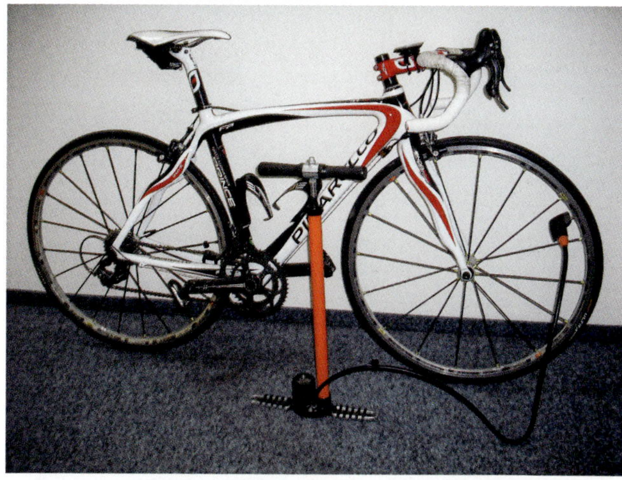

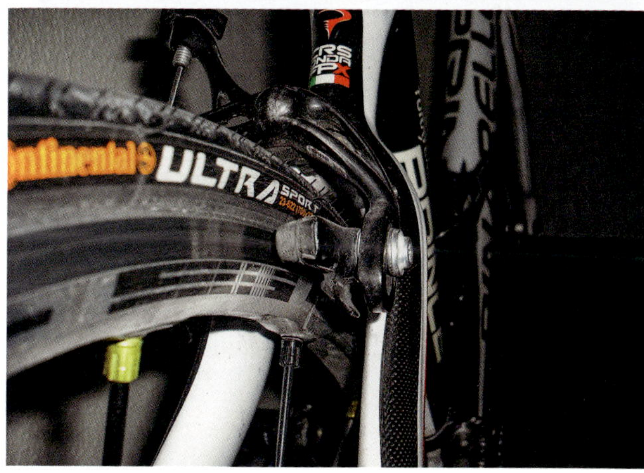


*Oben: Besonders bei Pässefahrten sollten die Bremsen in einwandfreiem Zustand sein.*

*Ganz oben: Mit einer Manometerpumpe lässt sich der Luftdruck im Reifen exakt dosieren.*

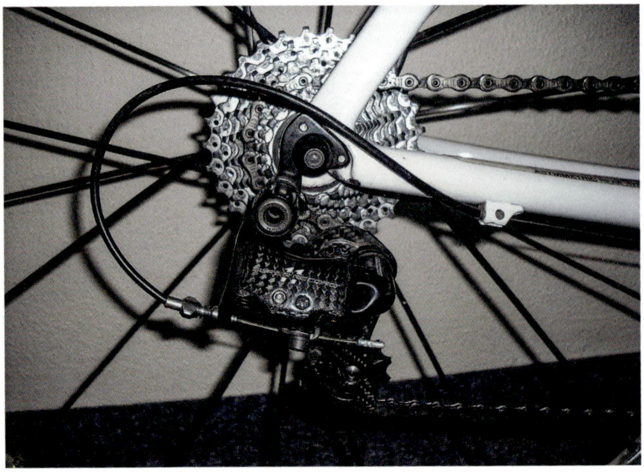

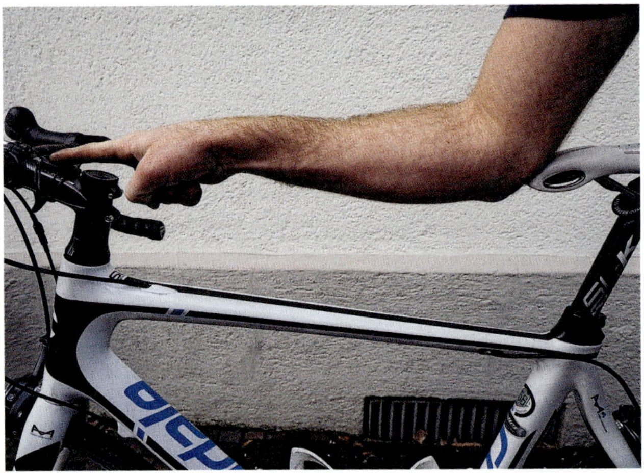

*Oben: Dieser Rahmen passt für den Tester.*

*Ganz oben: Wenn die Schaltung springt, sollte sie fachgerecht eingestellt werden.*

zu untersuchen, da gelegentlich die Vorbauklemmung das Gewebe beschädigt.

- ***Funktion der Schaltkomponenten:*** Die Funktion der Schaltkomponenten lässt sich während des Betriebs feststellen. Springt die Kette häufiger ab oder werden Ritzel übersprungen, liegt eine fachgerechte Einstellung oder ein Austausch der Antriebseinheit nahe.

Wer sich bei den genannten Prüfungen nicht sicher ist, sollte sie von einer Fachwerkstatt ausführen lassen, die das im Rahmen einer Inspektion für einen annehmbaren Preis erledigt.

## Der passende Rahmen

Grundsätzlich sollte man über dem Oberrohr stehen können und wenigstens eine Handbreit bis zum Schritt haben. Der Sattel sollte so weit ausgezogen sein, dass der Fahrer mit dem Fußballen auf dem Pedal in der tiefsten Kurbelstellung das Bein beinahe durchgestreckt hat. Zur groben Erfassung der Sitzlänge genügt es, den Ellbogen an die Sattelspitze zu legen und die Finger in Richtung Lenker entlang des Oberrohres auszustrecken. Im günstigsten Fall erreicht man so beinahe die Lenkermitte. Fehlen mehr als vier Fingerbreiten, so ist der Rahmen eigentlich zu lang. Auch wenn es schneidig ausschaut, sei es auf Touren angeraten, die Überhöhung von Sattel zu Lenker möglichst gering zu halten. Mit weniger als fünf Zentimeter Überhöhung entlastet man den gesamten muskulären Halteapparat und kann immer noch in der Unterlenkerposition Tempo machen.

## Das Gewicht

Beinahe alle aktuellen Rennradmodelle liegen bei einem fahrfertigen Gewicht von unter zehn Kilogramm. Damit kommt man gut über Pässe. Liegt es bei etwa acht Kilogramm, macht das Fahren aber erst richtig Spaß. Alle Maschinen, die fahrfertig deutlich unter sieben Kilogramm liegen, sind als Liebhaberei zu bezeichnen und richtig teuer.

Gewiss muss am Berg jedes zusätzliche Gramm auch bewegt werden, und jedes zusätzliche Kilogramm verlängert die Fahrzeit der Bergstrecke rein rechnerisch um etwa 1 bis 1,5 Prozent. Doch sollte man bei diesen Berechnungen immer im Auge behalten, dass letztendlich das Systemgewicht aus Fahrer, Maschine, Bekleidung und Ausrüstung zählt. So sollte der Fahrer auch das Maschinengewicht auf sein persönliches Körpergewicht abstimmen, denn ab etwa 85 Kilo Körpergewicht eignen sich nicht mehr alle käuflichen Rennräder für eine Bergabfahrt, insbesondere diejenigen, die mit Gesamtgewichten deutlich unter sieben Kilogramm beeindrucken. Die Rahmenmaterialien wie Stahl, Titan, Aluminium und Karbon können weitgehend je nach Vorliebe und Größe des Geldbeutels gewählt werden, da derzeit fast alle handelsüblichen Rahmen eine ausreichende Steifigkeit in Lenkkopf und Tretlager aufweisen.

## Gewichtstuning: Bitte sinnvoll!

Am sinnvollsten lässt sich Fahrzeuggewicht bei den Laufrädern und der Bereifung einsparen, da diese nicht nur als reines Gewicht anfallen, sondern auch ständig beschleunigt werden müssen. Gegenüber einem Standardlaufradsatz mit 32 Speichen spart ein Systemlaufradsatz, der sich durch deutlich weniger, meist abgeflachte Aerospeichen, gewichtsoptimierte Felgen, die das Felgenband erübrigen, und Nabenkörper mit verstärkten Flanschen auszeichnet, gut und gerne 500 Gramm. Zudem bieten die neuesten Faltreifen einen ausreichenden Pannenschutz bei sehr niedrigem Gewicht.

Weitgehend unpraktisch – und bisweilen auch gefährlich – sind dagegen Laufräder mit Karbonfelgen. Nach wie vor ist es noch keinem Hersteller gelungen, mit einer Karbonfelge ähnliche Bremsleistungen zu realisieren, wie sie schon mit einfachen Aluminiumfelgen erreicht werden. Zudem sind die Bremsen äußert schlecht zu dosieren und bei Nässe weitgehend unwirksam. Ein weiterer Nachteil sind die dafür benötigten Schlauchreifen. Bei heißem Wetter und auf längeren Abfahrten mit häufigem Bremseinsatz kann der Reifenkleber aufweichen und der Pneu auf der Felge wandern oder gar abspringen. Bei Pannen verfügt der Schlauchreifen zwar über bessere Notlaufeigenschaften als ein Drahtreifen, aber das Wechseln ist eine aufwendige Angelegenheit, wenn man den Reifen wieder richtig aufkleben will.

Neuerdings bieten einige Hersteller schlauchlose Reifen an, die nur auf speziellen Felgen gefahren werden können. Diese Kombination spart auch erheblich Gewicht, ist aber im Pannenfall unterwegs oft nicht zu beheben. Wenn man dann doch einen Schlauch einzieht, den man natürlich mitführen muss, hat man unter Berücksichtigung des oben genannten Sys-

*Bei Laufrädern und Bereifung lässt sich bis zu einem halben Kilogramm an Gewicht einsparen (Auffahrt durchs Sellrain zum Kühtaisattel).*

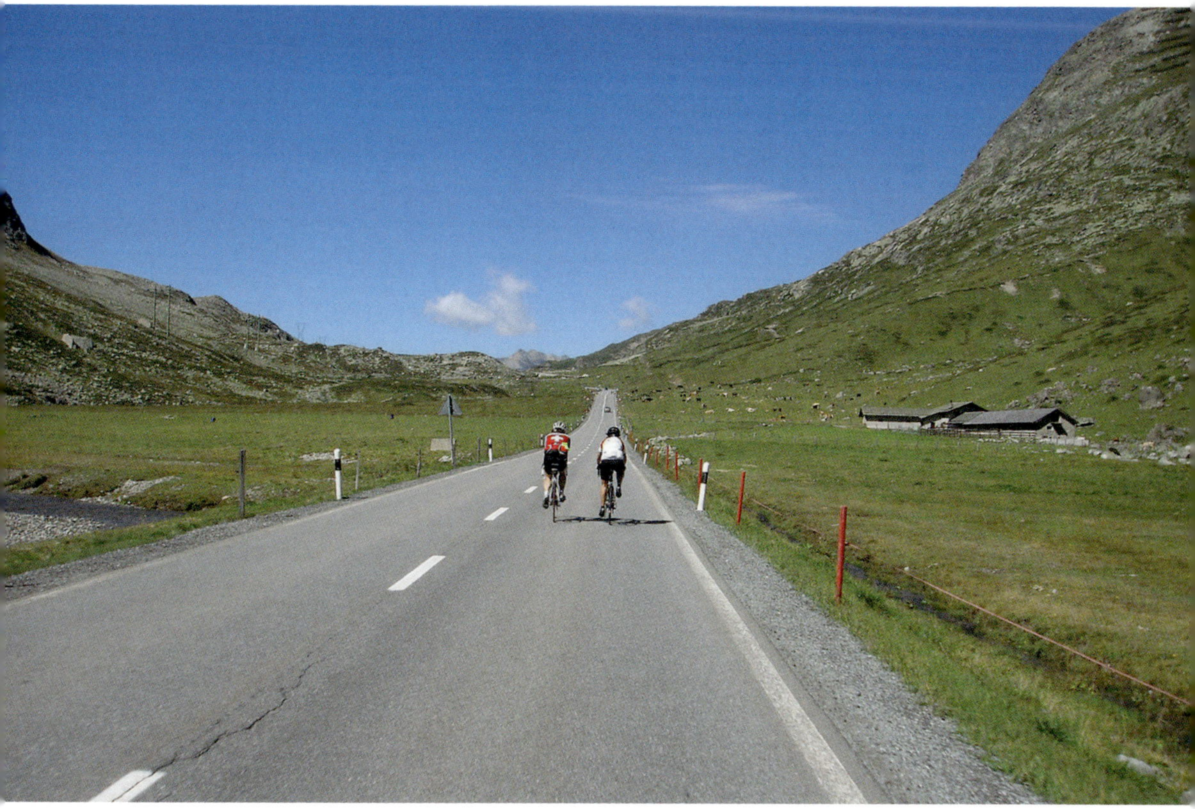

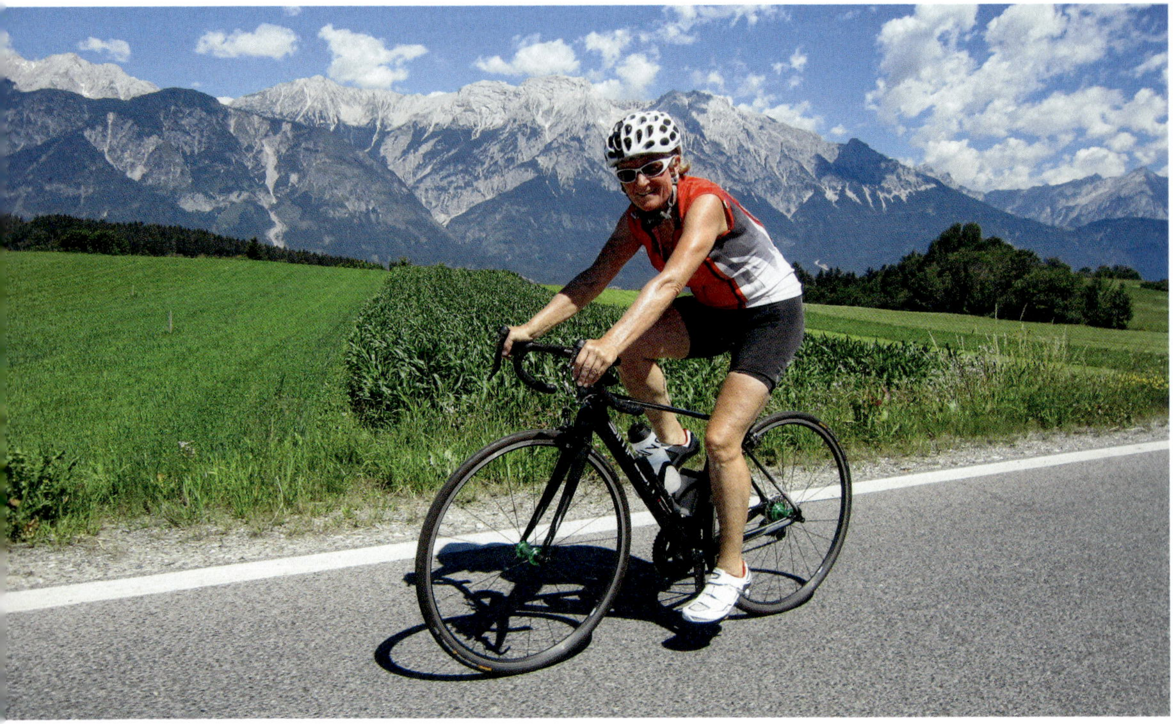

*Bei Rennradtouren ins Hochgebirge ist eine geeignete Bergübersetzung unverzichtbar.*

temgewichts eher zugelegt als eingespart. Als letztes Argument für einen guten Faltreifen können die im Handel erhältlichen unterschiedlichen Breiten angeführt werden. Da proportional zur Baubreite auch die Bauhöhe ansteigt, hat ein Reifen der Breite von 25 Millimetern oder 28 Millimetern ein höheres Luftvolumen und dämpft somit deutlich besser als ein schmalerer Pneu. Auf längeren Touren oder auf schlechterem Untergrund ist das ein Komfort, den man sich leisten sollte.

## Bergübersetzung

Viele Rennradfahrer versuchen, sich durch die Wertigkeit der unterschiedlichen Komponentengruppen der führenden Hersteller zu definieren. Das ist gut und belebt das Geschäft. Technisch gesehen sind aber alle derzeit verfügbaren Rennradgruppen, auch die im unteren Preissegment, durchgängig für Bergtouren tauglich, sofern die Übersetzung umsichtig gewählt ist. Sie erlaubt dem Radfahrer sowohl in der Ebene als auch an Steigungen eine ihm angenehme und ergonomische Umdrehungszahl zu treten. Dazu verfügen Rennräder meist über zwei Kettenblätter vorn und aktuell über etwa zehn Ritzel hinten.

Die unterschiedliche Anzahl der Ritzel macht es nicht schwerer oder leichter am Berg, sondern sie ermöglicht durch feinere Übersetzungssprünge eine bessere Anpassung der Übersetzung an die bevorzugte Umdrehungszahl und die eingeleitete Kraft. Wichtig für die Steigfähigkeit sind die Zähnezahl des kleinsten Kettenblatts und die des größten Ritzels. Die Standardübersetzungen von Rennrädern sind für Bergtouren gänzlich ungeeignet. Kein normaler Tourenfahrer hat die Kraft, Ausdauer und Routine von Profirennfahrern.

Um einigermaßen bei Atem auch steile Anstiege ab etwa zehn Prozent bewältigen zu können, sei es angeraten, wenigstens ein Kettenblatt mit 34 Zähnen zu benutzen, wie es in den gängigen Kompaktkurbeln verbaut wird, und ein Ritzel mit etwa 28 (+/– 1) Zähnen. Günstiger ist sogar noch die Nutzung einer sogenannten Dreifachkurbel. Diese nicht ganz so rennradartige Übersetzung hat vorn noch ein drittes Kettenblatt mit meist 30 Zähnen und erleichtert die Bergfahrt enorm.

## Bergfahren

Bei der Bergfahrt hat wohl jeder seinen eigenen Rhythmus. Grundsätzlich kann man aber festhalten, dass eine lockere Griffposition am Oberlenker und ein leichtes Nachhintenrutschen auf dem Sattel an gemäßigten bis mittleren Steigungen recht angenehm sind. Dies erleichtert das Atmen, und der Oberkörper kann entspannt werden. Bei steileren Anstiegen empfiehlt es sich, in die Bremsgriffposition zu wechseln und durch leichten Zug der Arme den Pedaldruck zu erhöhen. Falls es noch steiler wird – oder aber um die Sitzflächen zu entlasten –, kann man in den Wiegetritt (und nächstschnelleren Gang) überwechseln. Da er viel Körperkraft erfordert, sollte man nicht zu lange stehen. Am besten ist auf längeren steilen Strecken ein beständiger Wechsel. Ist die gefühlte Belastung zu groß, so sollte man sich nicht scheuen, abzusteigen und das Rad einige Schritte zu schieben. Oft ist man so nicht viel langsamer, aber man kann durchatmen und sich erholen.

Als Tourenfahrer ist es wichtig, unversehrt im Tal anzukommen. Deshalb ist es günstig, die Unterlenkerposition einzunehmen und beide Hände an den Bremshebeln zu lassen. Den Blick sollte man auf die vorausliegende Strecke richten, um für Hindernisse und Richtungswechsel brems- und lenkbereit zu sein. Wenn man sich einigermaßen sicher fühlt, kann man versuchen, die Muskeln auf der Abfahrt zu lockern und zu dehnen.

Auf längeren, steilen Abfahrten kann es zum stärkeren Erhitzen der Bremsen kommen. Das registriert man am ehesten, wenn sich die Hebel näher an den Lenker ziehen lassen. Ist es noch weit und kurvig bis ins Tal, sollte man einen technischen Halt einlegen und die Felgen abkühlen lassen. Die Bremsleistung stellt sich wieder ein. Das Überhitzen kann vermieden werden, indem man Kurven hart und kurz anbremst und danach die Bremsen loslässt. Ein beständiges Dauerbremsen mit leicht anliegender Bremse verschafft manchem Fahrer zwar ein Gefühl der Sicherheit, ist aber sehr gefährlich, da sich die Felgen stark aufheizen und es neben dem Aufweichen des Druckpunktes auch Reifenplatzer verursachen kann.

## Basisausrüstung

Grundsätzlich sollte man auf einer Tour neben der Basisausrüstung von zwei gefüllten Trinkflaschen mit etwa 750 Milliliter Volumen wenigstens einen Ersatzschlauch und Reifenheber zum Wechseln dabeihaben. Günstiger sind tatsächlich zwei Reserveschläuche. Hilfreich beim Schlauchwechsel sind Luftpumpen, die es auch als sogenannte Minipumpen gibt. Als spezielle Rennradpumpen leisten sie auch Drücke bis etwa neun Atmosphären. Die Minipumpe ist der Kartuschenpumpe vorzuziehen, da Letztere meist nur ein einmaliges Aufpumpen erlaubt.

Ein kleines Miniwerkzeug, das zwei Schraubendreherklingen, einen Nippelspanner und die drei gängigsten Innensechskantgrößen 4, 5 und 6 umfasst, passt meist auch in die Satteltasche. Führt die Tour absehbar durch Tunnel oder Galerien, so ist eine Notbeleuchtung in Form von zwei kleinen LED-Lämpchen sehr hilfreich. Da wir uns bei fast allen Pässen Im Hochgebirge bewegen, muss man immer mit Wetterstürzen rechnen. Deshalb gehören Arm- und Beinlinge sowie ein Wind-Regen-

*Die Basisausrüstung sollte im Hinblick auf das Gewicht des Rucksacks mit Bedacht gewählt werden.*

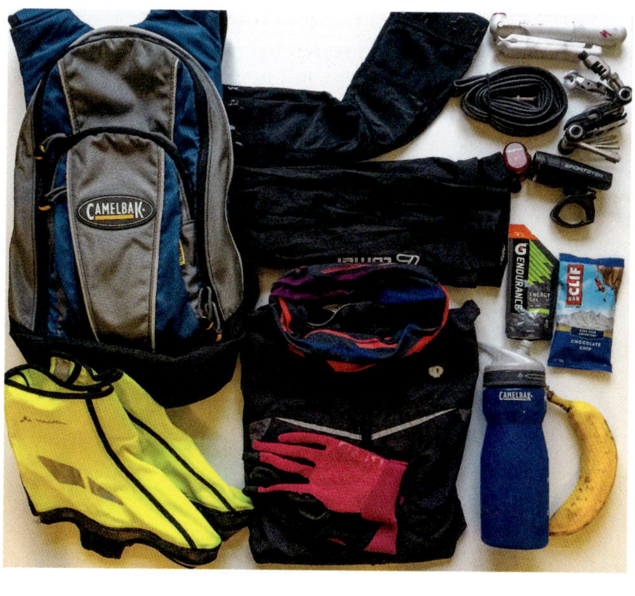

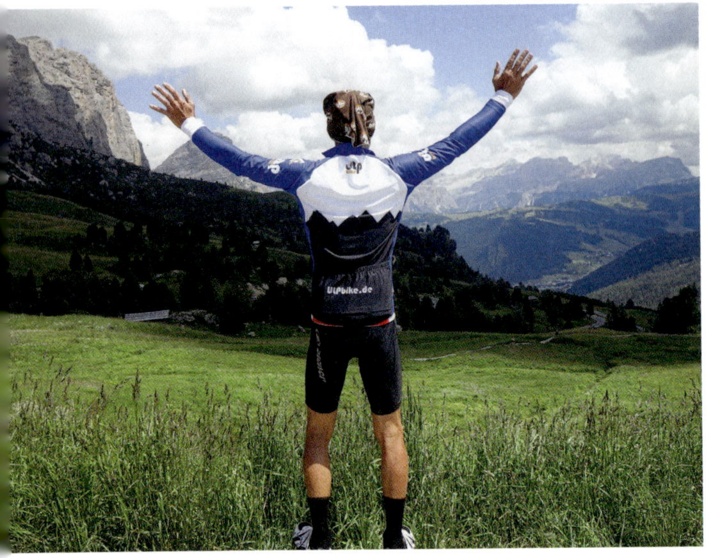

*Mit der passenden und funktionellen Bekleidung geht es auf zur Alpenüberquerung ...*

schutz unbedingt in den Rucksack. Ebenso sind bei plötzlichen Regenfällen leichte Überschuhe empfehlenswert. Zur Basisausrüstung sollte immer eine Kleinigkeit zu essen zählen – egal, ob man Müsliriegel, Bananen oder Energiegels bevorzugt. Ferner sei darauf hingewiesen, dass in größeren Höhen die UV-Strahlung zunimmt; deshalb ist es wichtig, ausreichend Sonnenschutz aufzutragen.

## GPS-Gerät

Für die Navigation während der Fahrt wird ein GPS-Gerät benötigt. Der Hauptzweck des GPS-Gerätes ist die Navigation mit einer hinterlegten Karte und einem gespeicherten Track. Daneben lassen sich noch Höhenmeter, Durchschnittsgeschwindigkeit, Fahrzeit und vieles mehr ablesen. Nimmt man etwas mehr Geld in die Hand, so lässt sich auch die Pulsmessung integrieren. Mit Routenplanern wie Komoot, Basecamp und GPSies lassen sich problemlos Strecken erstellen, die im Anschluss auf das GPS-Gerät geladen werden können. Auch mit Strava, einem beliebten sozialen Netzwerk zum Tracking sportlicher Aktivitäten, lassen sich GPS-Routen erstellen.

## Bekleidung

Rennradfahren – will man es sportlich betreiben – setzt eine gewisse Funktionskleidung voraus, die den Fahrer vor Witterungseinflüssen und körperlichen Schäden schützt und das Fahren erleichtert. Grundsätzlich empfiehlt sich eine Rennhose jüngeren Datums mit antibakteriellem Sitzpolster, unter der keine Unterhose getragen wird. Genauso wichtig ist ein Funktionsunterhemd, das in Kombination mit einem Radtrikot den entstehenden Schweiß vom Körper ableitet. Je nach Witterung und Meereshöhe kann man zwischen langen und kurzen Hosen sowie langen und kurzen Armen wählen. Die Sportsocken sollten mit möglichst wenigen Nähten versehen sein und auch gut passen.

Bei wechselnden Temperaturen sind Armlinge und Beinlinge sowie eine leichte Radweste und eine dünne Radsportmütze sehr hilfreich. Sie wärmen beim Aufbruch und in der Abfahrt. Später können sie schnell ausgezogen und in den Trikottaschen verstaut werden. Bei kühlerer Witterung oder Touren in höheren Lagen sind außerdem eine Regenjacke und ein Multifunktionstuch von großem Nutzen.

Ein Schuhsystem, das fest mit dem Pedal verbunden ist, ermöglicht einen runden Tritt und hilft dem Fahrer, gerade am Berg, gleichmäßig kraftvoll zu pedalieren. Von Hackenpedalen und Riemen sollte man heute Abstand nehmen, da Systempedale bei Bedarf deutlich leichter und schneller den Fuß freigeben als es der Pedalriemen zulässt. Wem die richtigen Rennradschuhe beim Gehen zu unpraktisch erscheinen, der kann Mountainbikepedale an den Renner montieren und mit den dazu passenden Schuhen fahren; mit diesen geht es sich deutlich angenehmer.

Unbedingt sind Radhandschuhe, ein passender Fahrradhelm sowie eine Radsportbrille zu tragen. Mittlerweile müsste über den Sinn von Radhelmen nicht mehr diskutiert werden. Radhandschuhe dämpfen zum einen durch ihre Polsterung die Stöße, die sich beim Fahren auf die Hände übertragen. Zum anderen schützen sie bei Stürzen die Handflächen. Aufgrund der erreichbaren Geschwindigkeit schützt eine möglichst eng anliegende Radbrille außerdem die Augen vor Fliegen, Staub und emporgeschleuderten Fremdkörpern und verhindert das ständige Tränen der Augen auf Abfahrten.

# Vorbereitungs- und Trainingstipps

## Ausdauertraining

Um sich optimal auf eine Transalptour vorzubereiten, beginnt man am besten schon im Frühjahr mit dem Radtraining. Neben dem normalen Fitnessprogramm ist das Training der Grundlagenausdauer besonders wichtig! Der Bereich liegt zwischen 60 und 75 Prozent der maximalen Herzfrequenz. Diese bestimmt man anhand eines Laktattests, oder man orientiert sich an folgender Faustregel: Männer 220 minus Lebensalter, Frauen 226 minus Lebensalter. Der Grundlagenausdauerbereich eines 30-jährigen Sportlers liegt zum Beispiel zwischen 114 und 143 Schlägen pro Minute.

Die Radausfahrten sollten lange (3–5 Std.), ruhig und mit einer relativ hohen Trittfrequenz absolviert werden. Wenn man einige Kilometer in den Beinen hat und sich die Muskulatur und das Herz-Kreislauf-System an die Belastungen gewöhnt haben (nach ca. 8 Wochen), kann man mit schnelleren Ausfahrten im Grundlagenbereich 2 beginnen: ca. 75–90 Prozent der maximalen Herzfrequenz. Jetzt können die Trainingsbereiche auch kombiniert werden, indem man während der Ausfahrt abwechselnd schnellere Abschnitte mit langsameren verbindet (Intervalltraining).

Um sich fit für den Berg zu machen, fährt man Strecken mit einem höheren Kraftaufwand, d. h. mit schwerem Gang und niedriger Trittfrequenz. Wichtig ist auch immer der runde Tritt, um seine volle Kraft auszuschöpfen (die Oberschenkelvorderseite »drückt«, die Oberschenkelrückseite »zieht«).

Auch das gezielte Rumpftraining (Bauch- und Rückenmuskulatur) ist nicht zu vernachlässigen. Gerade für Einsteiger ist des Weiteren die Beinmuskulatur wichtig, um mehr Kraft für längere Ausfahrten zu haben. Ausgleichend empfiehlt sich zusätzlich eine andere Sportart, zum Beispiel das Laufen, um eine sehr gute Grundlagenausdauer aufzubauen.

Einen wichtigen Punkt bei der Kraftausdauer spielt die Ernährung. Da der Körper unter Belastung hauptsächlich auf Kohlenhydrate zugreift, ist ein ausgiebiges Frühstück der richtige Start in einen Tourentag! Es ist von Vorteil, während der Tour auf schwer verdauliche Mahlzeiten zu verzichten. Besser sind Kohlenhydrate, z. B. eine kleine Portion Nudeln mit einer leichten Sauce, ein Brötchen oder eine Suppe mit Nudeleinlage. Fettige Gerichte und Rohkost sind zu meiden.

Die Pausen sollten nicht zu oft und nicht zu lange ausfallen. Im Vorfeld ist zu überlegen, an welchem Punkt der Tour man eine längere Mittagspause macht und wo es sinnvoll ist, kleinere Pausen einzulegen. Ungünstig ist z. B. eine längere Mittagspause mitten am Berg. Da hätte die Muskulatur keine Möglichkeit, das gebildete Laktat (Milchsäure) abzubauen. Besser ist es, den Körper hier nur mit kleinen Energienachschüben zu versorgen (ein paar Bissen Banane oder eine Fruchtschnitte). Nach einer großen Kraftanstrengung muss eine aktive Erholung stattfinden, einige Kilometer sollten dazu mit lockerem Tritt gefahren werden. Nach der Tour ist es ratsam, die geleerten Kohlenhydratspeicher wieder zu füllen und verbrauchtes Muskelmaterial mithilfe von Eiweiß wieder aufzubauen.

Ein weiterer entscheidender Faktor ist der Flüssigkeitshaushalt. Es ist von großer Bedeutung, den Körper während einer Tour ausreichend mit Flüssigkeit zu versorgen. Am

*Gerade bei höheren Temperaturen sollte der Wasserhaushalt stets ausgeglichen sein.*

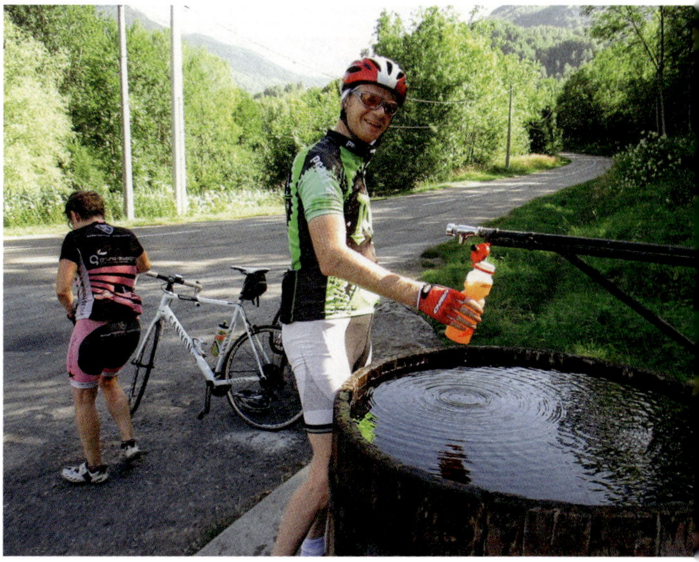

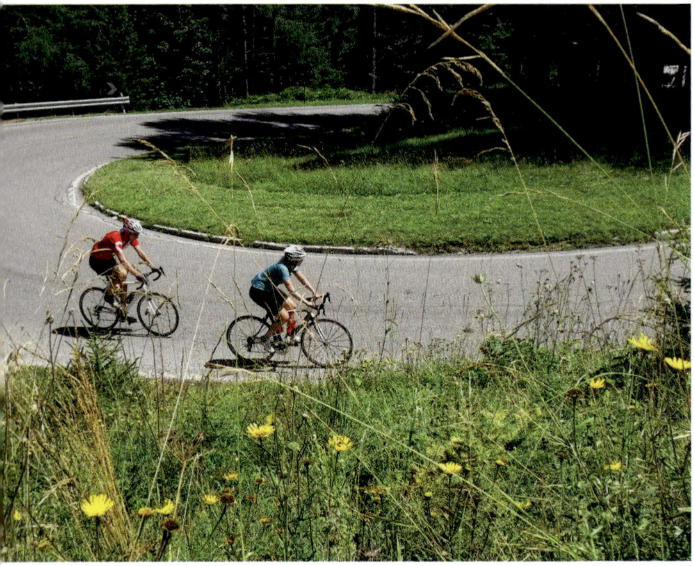

*Mit dem richtigen Trainingspartner bringt das Training noch mehr Spaß.*

besten geeignet ist Wasser oder ein leicht isotonisches Getränk, z. B. eine Fruchtsaftschorle im Verhältnis ¼ Fruchtsaft zu ¾ Wasser. Es gibt auch spezielle Fitness-/Elektrolytgetränke, wobei hier die Mischungsangaben immer viel zu hoch sind. Pro Stunde ist eine Flüssigkeitsmenge von 0,5–0,75 Liter ein Richtwert. Kontraproduktiv ist auch ein Zuviel an Flüssigkeit, da der Magen zu sehr belastet wird und sich dadurch die Leistungsfähigkeit senkt. In der Mittagspause und auch am Abend kann man durch ein höher gemischtes isotonisches Getränk die Verluste an Elektrolyten ausgleichen. Hier bietet sich eine Fruchtsaftschorle im Verhältnis 1 Teil Fruchtsaft zu 2 Teilen Wasser an. Wer zu wenig isst oder/und trinkt, bekommt klare Signale von seinem Körper: extremes Schwächegefühl, Zittern, ein flaues Gefühl im Magen bis hin zu Übelkeit, Gleichgewichtsverlust, Muskelkrämpfe. Von dem sogenannten »Hungerast« hat bestimmt jeder schon mal gehört. Durch eine gute Nahrungs- und Flüssigkeitsversorgung kann diese üble Erfahrung vermieden werden! Eine Tour sollte man immer auch gemütlich angehen. Wer zu wild losstrampelt, leert schnell seine Kohlenhydratspeicher und hat gar nicht die Möglichkeit, diese ausreichend aufzufüllen. Wer hingegen über eine gute Grundkondition verfügt und die Tour mit Verstand angeht, kann sogar auf seinen Fettstoffwechsel zurückgreifen und sich die Kohlenhydratspeicher für die Berge und anstrengenden Passagen aufsparen! Je mehr und stärker der Körper belastet wird, desto mehr greift die Muskulatur auf den schnellen Energielieferanten Kohlenhydrat zu. Fett ist zwar ein guter Energielieferant, nur leider dauert die Energiegewinnung zu lange, sodass eine Energieversorgung über das Fett nur bei niedriger Belastung erfolgen kann (z. B. im Grundlagenausdauerbereich).

Um für den nächsten Tourentag fit zu sein, ist die Regeneration ein wichtiger Punkt. Stretching ist hier schon mal eine gute Unterstützung, aber auch ausreichender und guter Schlaf. Man sollte also abwägen, ob die körperliche Fitness für die ausgewählte Tour ausreichend Puffer bietet, um abends auch mal »lange und feuchtfröhlich Party machen« zu können! Denn schließlich ist so eine Transalptour ja auch Urlaub!

## Trainingsplan für eine leichte bis mittlere Rennrad-Transalp

**1.–8. Woche: Grundlagenausdauer 1 (60–75 % der maximalen Herzfrequenz)**

Mo 30–60 Minuten gezieltes Rumpf- und Beintraining
Di 1,5 Stunden lockere Ausfahrt in der Ebene
Mi Ruhetag
Do 1 Stunde Lauf- oder Walkingtraining
Fr 30–60 Minuten gezieltes Rumpf- und Beintraining
Sa 3–5 Stunden lockere Ausfahrt in wechselndem leichten Terrain (keine knackigen Bergfahrten!)
So Ruhetag

Damit keine Langeweile bei den relativ lockeren Trainingseinheiten entsteht, kann man folgende Punkte mit einbeziehen:

- Runder Tritt, auch mal einbeinig fahren.
- Die Landschaft genießen.
- Strecke machen anstatt einer Runde und mit dem Zug zurückfahren.

**9. Woche: Grundlagenausdauer 2**
**(75–90 % der maximalen Herzfrequenz)**

| | | |
|---|---|---|
| Mo | Ruhetag | |
| Di | 1,5 Stunden | Ausfahrt in der Ebene und am Berg mit leichter Steigung |
| Mi | 30–60 Minuten | gezieltes Rumpf- und Beintraining |
| Do | 1 Stunde | Lauftraining |
| Fr | 30–60 Minuten | gezieltes Rumpf- und Beintraining |
| Sa | 3–5 Stunden | relativ lockere Ausfahrt in wechselndem leichten Terrain, hauptsächlich in der Ebene |
| So | 1 Stunde | Lauftraining |

Damit keine Langeweile bei den gemäßigten Trainingseinheiten entsteht, kann man folgende Punkte mit einbeziehen:

- Runder Tritt, auch mal einbeinig fahren.
- Die Landschaft genießen.
- Schnellere Abschnitte in die sonst eher langsamen Abschnitte einbauen (Herzfrequenzbereich ausnutzen/Intervalltraining).

**10. Woche: Grundlagenausdauer 2**
**(75–90 % der maximalen Herzfrequenz)**

| | | |
|---|---|---|
| Mo | Ruhetag | |
| Di | 1,5 Stunden | Ausfahrt in der Ebene und am Berg mit leichter Steigung |
| Mi | 30–60 Minuten | gezieltes Rumpf- und Beintraining |
| Do | 1 Stunde | Lauftraining |
| Fr | 30–60 Minuten | gezieltes Rumpf- und Beintraining |
| Sa | 3–5 Stunden | überwiegend lockere Ausfahrt, aber mit Belastungsspitzen am Berg (zwei- bis dreimal 6 Min. Bergfahrt bei hoher Herzfrequenz, ca. 85–90 % der maximalen Herzfrequenz) |
| So | 1 Stunde | Lauftraining |

**11.–13. Woche**
**Siehe 10. Woche!**

- Die Länge der Bergfahrten steigern auf jeweils 10 Minuten, wenn möglich auch längere Bergfahrten einbauen!
- Einmal pro Woche beim Lauftraining Intervalle einbauen (zwei- bis dreimal für 2–3 Min. an die obere Grenze des Grundlagenausdauerbereichs 2 gehen)!

**Ab der 14. Woche**

| | | |
|---|---|---|
| Mo | Ruhetag | |
| Di | 1,5 Stunden | Ausfahrt in der Ebene und am Berg mit leichter Steigung |
| Mi | 30–60 Minuten | gezieltes Rumpf- und Beintraining |
| Do | 1–1,5 Stunden | Lauftraining mit kurzen Belastungsspitzen (dreimal für 2–4 Min.) |
| Fr | 30–60 Minuten | gezieltes Rumpf- und Beintraining |
| Sa | 3–5 Stunden | Ausfahrt in unterschiedlichem Terrain (Ebene und Berg) mit wechselnden Trainingszonen (Grundlagenausdauer 1 und 2) |
| So | 1–1,5 Stunden | Lauftraining (lange und ausdauernd im Grundlagenausdauerbereich 1) |

- So viele und lange Bergfahrten am Stück wie möglich einbauen.

*Ein abwechslungsreicher Trainingsplan führt langfristig zum Erfolg.*

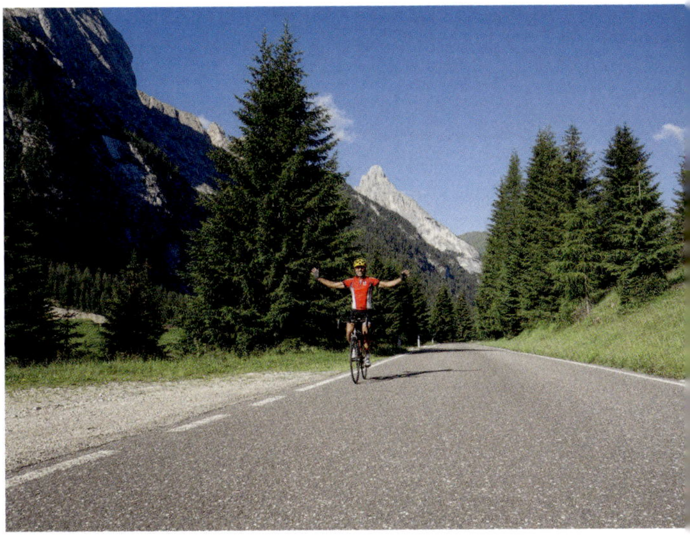

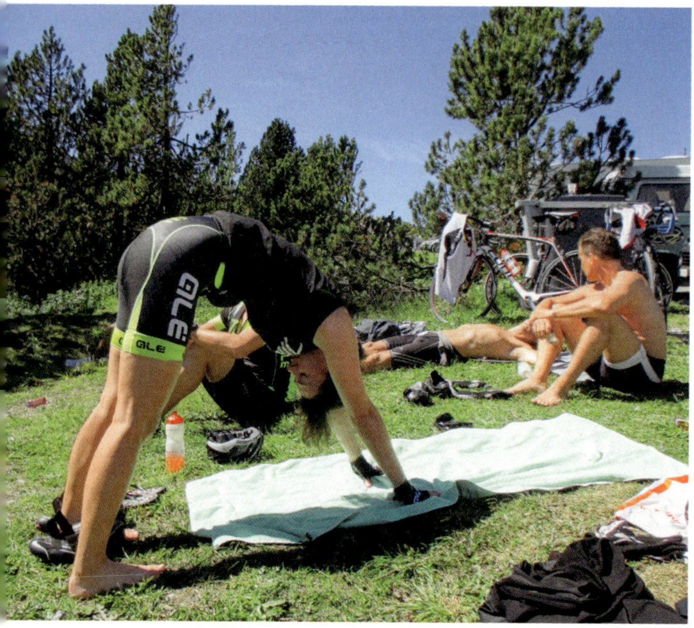

*Leichte Dehnübungen zwischendurch oder im Anschluss an das Training helfen, die Muskulatur zu lockern.*

- Wer im Flachland wohnt, kann Berge annähernd simulieren, indem er bei einer niedrigen Trittfrequenz mit hohem Widerstand/Gang fährt.
- Bei längeren Bergfahrten eine Herzfrequenz von 80 Prozent der maximalen Herzfrequenz nicht übersteigen.
- Kurze Bergstücke können als Intervalle eingebaut werden!
- Wer eine mittelschwere Transalp vorbereitet, sollte die Trainingseinheiten noch mehr intensivieren (längere Ausfahrten, längeres Bergtraining)!
- Ein bis zwei Wochen vor der Tour nur gemäßigtes Training, hauptsächlich im Grundlagenausdauerbereich 1!

## Trainingsplan für eine schwere Rennrad-Transalp

**1.–8. Woche: Grundlagenausdauer 1 (60–75 % der maximalen Herzfrequenz)**

Mo 30–60 Minuten gezieltes Rumpf- und Beintraining
Di 1,5–2 Stunden lockere Ausfahrt in der Ebene
Mi Ruhetag
Do 1 Stunde Lauftraining
Fr 30–60 Minuten gezieltes Rumpf- und Beintraining
Sa 3–5 Stunden lockere Ausfahrt in wechselndem leichten Terrain
So Ruhetag

Damit keine Langeweile bei den relativ lockeren Trainingseinheiten entsteht, kann man folgende Punkte mit einbeziehen:

- Runder Tritt, auch mal einbeinig fahren.
- Die Landschaft genießen.
- Strecke machen anstatt einer Runde und mit dem Zug zurückfahren.

**9. Woche: Grundlagenausdauer 2 (75–90 % der maximalen Herzfrequenz)**

Mo Ruhetag
Di 1,5–2 Stunden Ausfahrt in der Ebene und am Berg mit leichter Steigung
Mi 30–60 Minuten gezieltes Rumpf- und Beintraining
Do 1–1,5 Stunden Lauftraining
Fr 30–60 Minuten gezieltes Rumpf- und Beintraining
Sa 3–5 Stunden relativ lockere Ausfahrt in wechselndem Terrain
So 2–4 Stunden relativ lockere Ausfahrt in wechselndem Terrain, hauptsächlich in der Ebene

Damit keine Langeweile bei den gemäßigten Trainingseinheiten entsteht, kann man folgende Punkte mit einbeziehen:

- Runder Tritt, auch mal einbeinig fahren.
- Die Landschaft genießen.
- Schnellere Abschnitte in die sonst eher langsamen Abschnitte einbauen (Herzfrequenzbereich ausnutzen).

**10. Woche: Grundlagenausdauer 2 (75–90 % der maximalen Herzfrequenz)**

Mo Ruhetag
Di 1,5–2 Stunden Ausfahrt in der Ebene und am Berg mit leichter Steigung
Mi 30–60 Minuten gezieltes Rumpf- und Beintraining

| | | |
|---|---|---|
| Do | 1–1,5 Stunden | Lauftraining mit kurzen Belastungsspitzen (zwei- bis dreimal für 2–4 Min.) |
| Fr | 30–60 Minuten | gezieltes Rumpf- und Beintraining |
| Sa | 3–5 Stunden | relativ lockere Ausfahrt in wechselndem Terrain |
| So | 2–4 Stunden | überwiegend lockere Ausfahrt, aber mit Belastungsspitzen am Berg (zwei- bis dreimal 10 Min.; Bergfahrt bei hoher Herzfrequenz, ca. 85–90 % der max. Herzfrequenz) |

**11.–13. Woche**
**Siehe 10. Woche!**

- Den Anteil und die Dauer an Bergfahrten steigern!
- Wenn möglich auch längere Bergfahrten am Stück einbauen (30–60 Min.).
- Wer im Flachland wohnt, kann Berge durch eine niedrige Trittfrequenz mit hohem Gang annähernd simulieren.
- Bei längeren Bergfahrten eine Herzfrequenz von 80 Prozent der maximalen Herzfrequenz möglichst nicht überschreiten.

**Ab der 14. Woche**

| | | |
|---|---|---|
| Mo | Ruhetag | |
| Di | 1,5–2 Stunden | Ausfahrt in der Ebene und am Berg mit leichter Steigung |
| Mi | 30–60 Minuten | gezieltes Rumpf- und Beintraining |
| Do | 1–1,5 Stunden | Lauftraining mit kurzen Belastungsspitzen |
| Fr | 30–60 Minuten | gezieltes Rumpf- und Beintraining |
| Sa | 3–5 Stunden | Ausfahrt in unterschiedlichem Terrain (Ebene und Berg) |
| So | 3–5 Stunden | Ausfahrt in unterschiedlichem Terrain mit hohem Berganteil in wechselnden Trainingszonen |

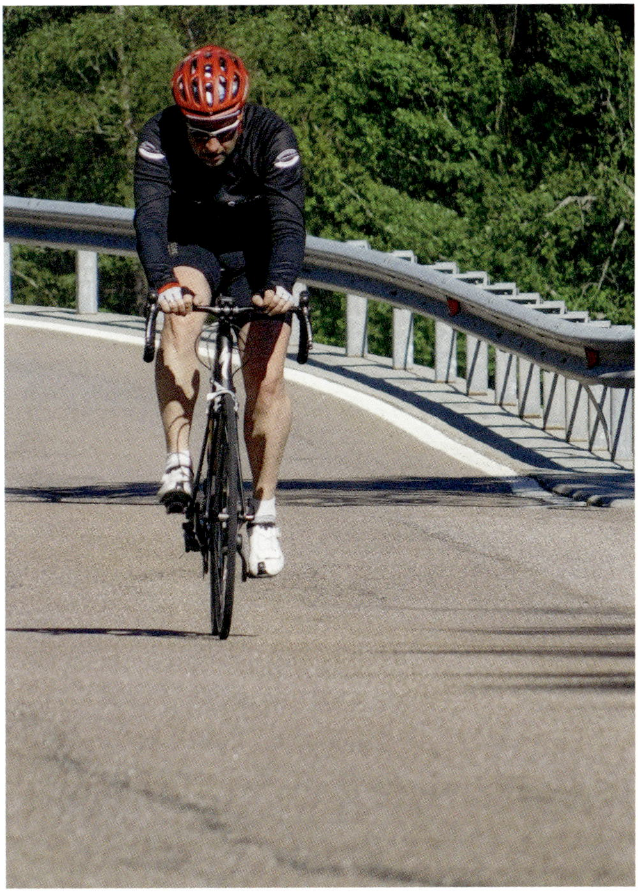

*Die gute Vorbereitung wird sich auszahlen: So wird auch der steilste Anstieg Spaß bringen.*

- Es sollten Bergfahrten von 60 Minuten und länger eingebaut werden.
- Wer im Flachland wohnt, kann Berge simulieren, indem er bei einer niedrigen Trittfrequenz mit hohem Widerstand/Gang (großes Kettenblatt) fährt.
- Bei längeren Bergfahrten eine Herzfrequenz von 80 Prozent der maximalen Herzfrequenz möglichst nicht überschreiten.
- Kurze Bergfahrten können ruhig als Intervalle mit einer Herzfrequenz von 85–90 Prozent der maximalen Herzfrequenz eingebaut werden.
- Ein bis zwei Wochen vor der Tour nur gemäßigtes Training, hauptsächlich im Grundlagenausdauerbereich 1!

Viel Spaß
und viel Erfolg!

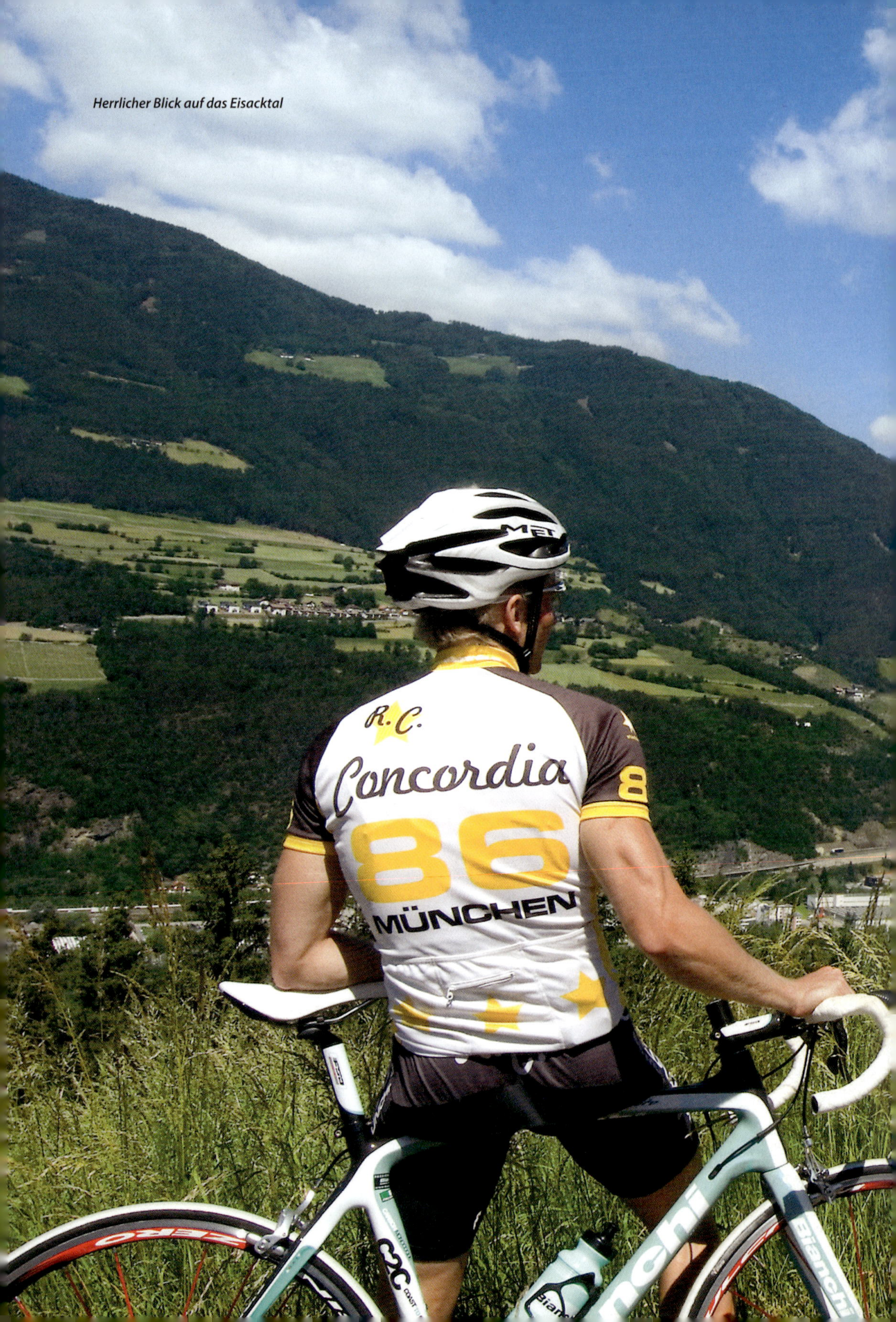

Herrlicher Blick auf das Eisacktal

# TOUR 1
# Garmisch – Gardasee

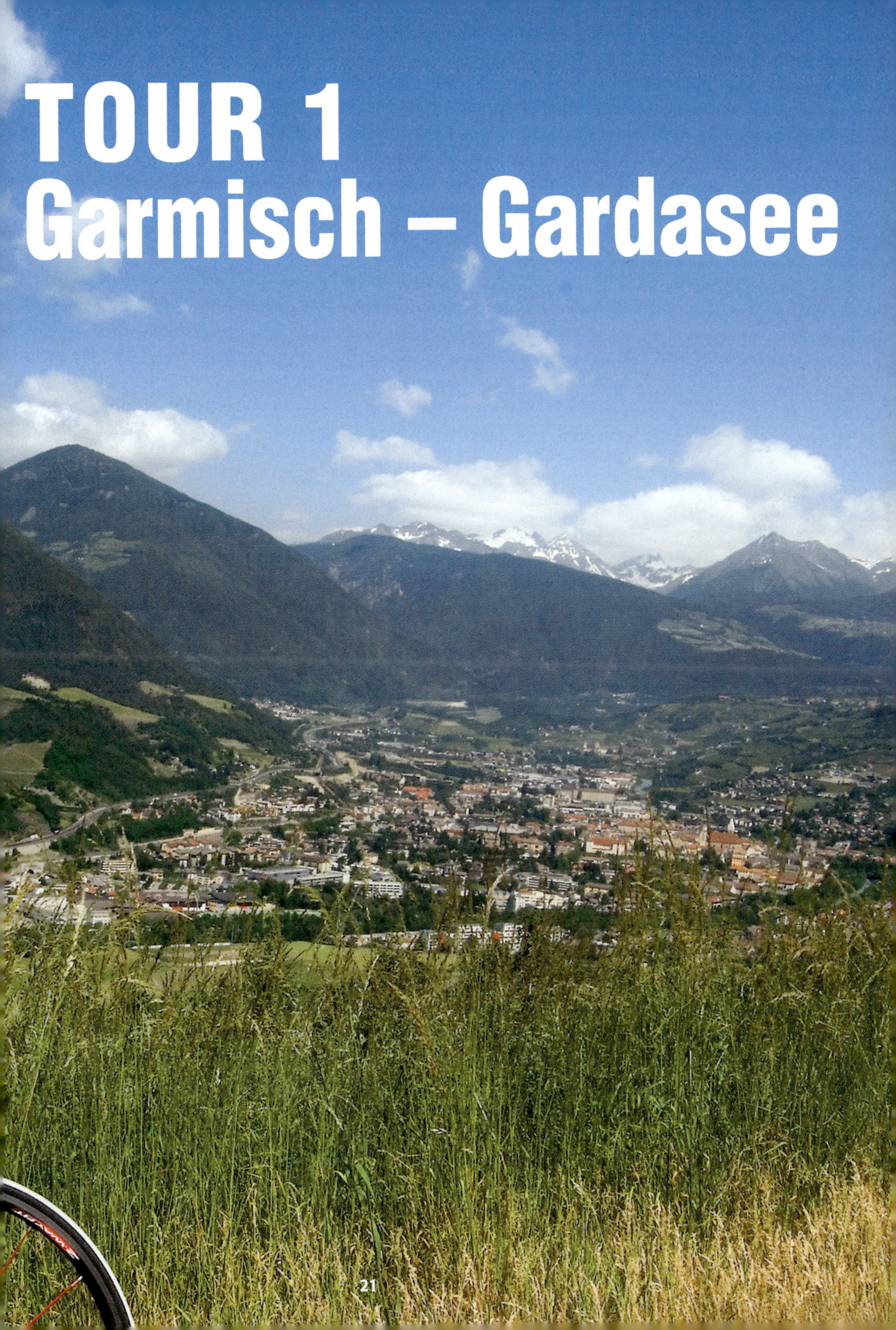

# 1a Die Genießertour
## – durch das Inntal, den Vinschgau und entlang der Südtiroler Weinstraße

leicht | 375 km | 4800 hm | 4 Tage

**AUSGANGS-/ENDPUNKT**
Garmisch – Gardasee

**ETAPPEN**
Garmisch – Prutz, ca. 110 km, 1370 hm; Prutz – Meran, ca. 125 km, 1280 hm; Meran – Kaltern, ca. 40 km, 710 hm; Kaltern – Riva, ca. 100 km, 1440 hm

**STRECKENVERLAUF**
Garmisch (708 m), Landeck (817 m), Norbertshöhe (1454 m), Reschenpass (1504 m), Meran (320 m), Tramin (283 m), Andalo (1050 m)

**CHARAKTER/ERLEBNISWERT**
Grundkondition ist Voraussetzung für diese Genießertour. Die Anstiege sind moderat und gut fahrbar. Es gibt viele landschaftliche Höhepunkte wie schroffe Felsen, fruchtbare Flusstäler und Weinberge sowie urige Bergdörfer.

**SEHENSWERTES**
Via Claudia, Reschensee, Apfelplantagen im Vinschgau, Südtiroler Weinstraße, Molvenosee, Brentagruppe, Riva, Gardasee

**KARTEN**
freytag & berndt, Tirol, 1:150 000; freytag & berndt, Südtirol–Trentino–Gardasee–Venetien, 1:200 000

**TOURIST-INFO**
Tourist-Info Garmisch-Partenkirchen, Richard-Strauss-Platz 2, 82467 Garmisch-Partenkirchen, Tel. 08821/18 07 00, www.garmisch-partenkirchen.de; Tourist-Info Prutz, Hintergasse 2, A-6522 Prutz, Tel. +43/(+43/(0) 50 22 55 00, www.tiroler-oberland.com; Kurverwaltung Meran, Freiheitsstraße 45, 39012 Meran, Tel. +39/0473/272/000, www.merano-suedtirol.it; Tourist-Info Kaltern, Marktplatz 8, I-39052 Kaltern, Tel. +39/0471/96 31 69, www.kaltern.com; Tourist-Info Gardasee, Tel. +39/0464/55 44 44, www.visitgarda.com/de/gardasee/

**Die Route von Garmisch-Partenkirchen bis zum Gardasee zählt zu den Klassikern unter den Transalp-Touren. Mit moderaten Anstiegen ist sie auch für Einsteiger zu empfehlen. Sie folgt teilweise den Spuren der Via Claudia und passiert den Alpenhauptkamm am Reschenpass. Die Tour ist landschaftlich gespickt mit Ausblicken auf schroffe Bergpanoramen, fruchtbare Flusstäler, weitläufige Weinberge und urige Bergdörfer. Mit italienischem Flair führt sie durch den Vinschgau, das Etschtal, entlang der Südtiroler Weinstraße, vorbei an der Brentagruppe bis nach Riva und ans Ufer des Gardasees.**

### 1. Etappe: Garmisch-Partenkirchen – Mittenwald – Inntal – Landeck im Inntal – Prutz

Der Ausgangspunkt der Tour ist die Olympiastadt von 1936, Garmisch-Partenkirchen, auf einer Höhe von 708 Metern. Wir verlassen den Ort über die Hauptstraße B2 in Richtung Mittenwald und durchfahren Klais. Am Ortsende von Klais überqueren wir die Bahnschienen und folgen diesen am Schmalensee vorbei bis ins Zentrum von Mittenwald. Nach 17 Kilometern erreichen wir Mittenwald. Mit seinen traditionellen, oberbayerischen Häusern hat sich das Dorf bis in die heutige Zeit sein historisches Aussehen bewahrt. Zur rechten Hand baut sich das massive Wettersteingebirge mit der Wettersteinspitze auf. Auf der linken Seite ragen die Bergspitzen des

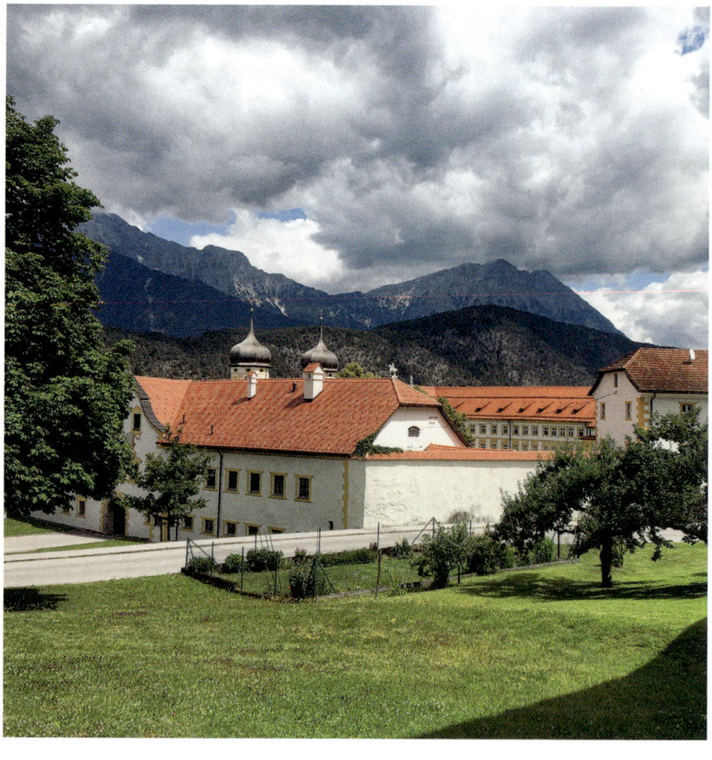

Karwendelgebirges empor, und wir fahren durch das Tal zwischen den beiden Bergmassiven hindurch.
Am Ortsende halten wir uns rechts und fahren über die Leutascher Landesstraße über den Grenzübergang nach Österreich. Entlang des Leutaschtals führt der Weg über die Ortsteile Leutasch, Schanz, Burggraben, Gasse, Platzl und Buchen nach Telfs. Dieser Ort liegt an einer Kreuzung wichtiger Verkehrswege: dem Inntal in Richtung Mieminger Plateau und weiter zum Fernpass und der Verbindung nach Seefeld in Tirol und Garmisch-Partenkirchen. Ab Telfs folgen wir dem Verlauf des Inns auf dem gut beschilderten Inntal-Radweg. Dieser zählt mit einer Gesamtlänge von etwa 520 Kilometern zu den längsten Radwanderwegen Europas. Er beginnt in Maloja in der Schweiz, verläuft durchs österreichische Tirol und endet im bayrischen Passau, wo der Inn in die Donau mündet.
Über die Ortschaften Pfaffenhofen, Rietz, Stams, Silz und Ötztal-Bahnhof geht es weiter bis nach Imst. Wir können dabei das herrliche Alpenpanorama der Stubaier und der Ötztaler Alpen genießen. Von Imst fahren wir weiter auf dem Radweg durch das Oberinntal über Mils, Schönwies und Zams nach Landeck. Auch Landeck liegt an einer strategisch wichtigen Stelle im Inntal. Seine Lage an der Via Claudia Augusta aus römischer Zeit und die Burgen und Schlösser aus dem Mittelalter dokumentieren dies anschaulich. Es geht immer am Flussufer entlang, und der Inn scheint unser ewiger Begleiter zu sein; rechter Hand erheben sich die Lechtaler Alpen. Die gesamte Strecke entlang des Inns verläuft überwiegend flach und ist ohne größere Anstrengungen zu befahren.

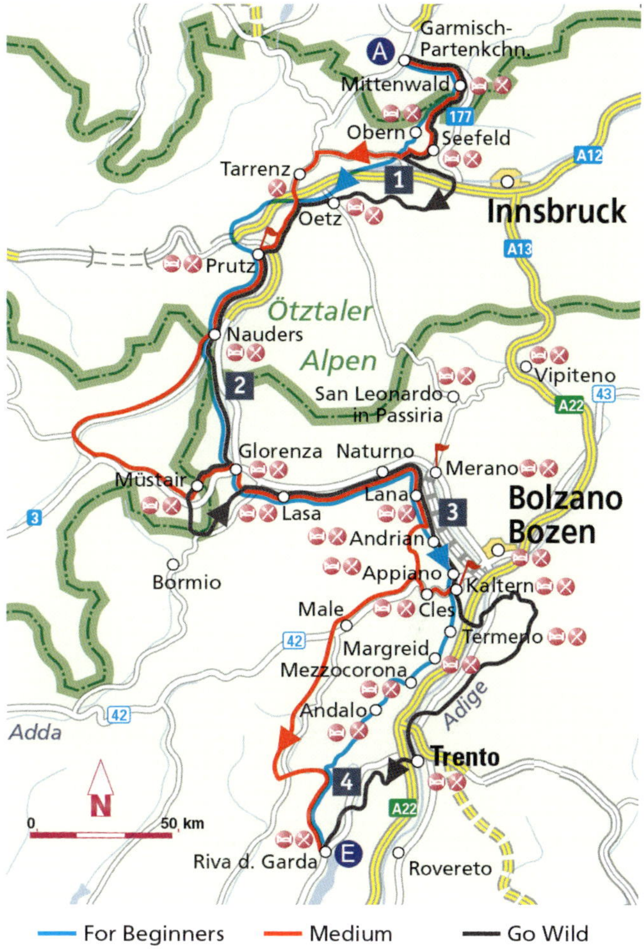


Wir folgen der L76 vorbei an Fließ, die in die Reschen-Bundesstraße (B180) übergeht, bis nach Prutz. Alternativ ist es auch möglich, den Inntal-Radweg bis nach Prutz zu benutzen. Hier in Prutz, am Ausgang des Kaunertals, endet die Tour für heute, nachdem wir ins-

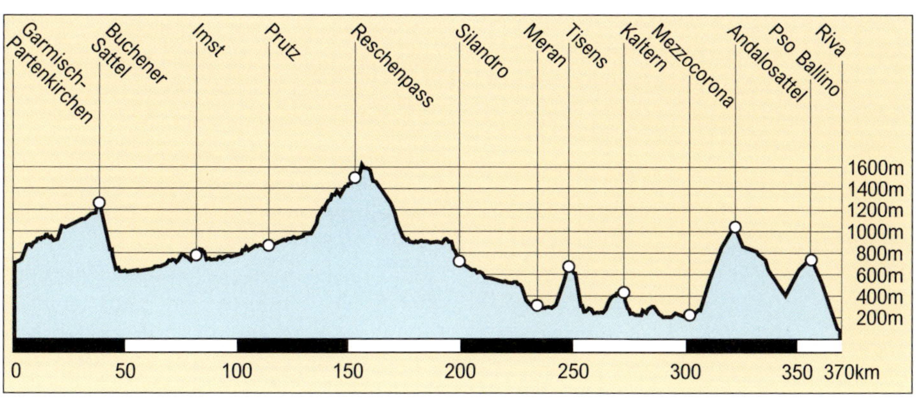


*Das prunkvolle Zisterzienserkloster Stift Stams*

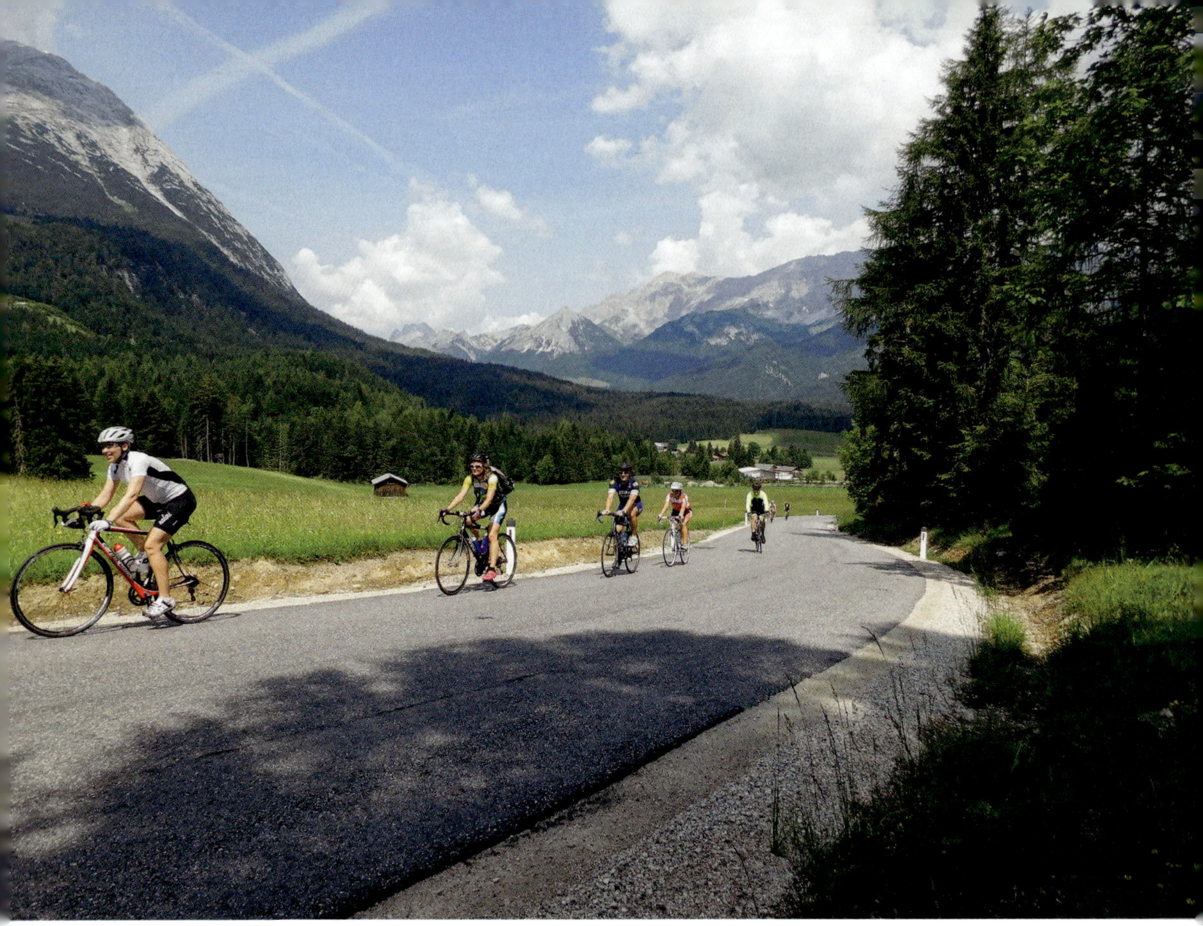

*Bei der Auffahrt von Leutasch zum Buchener Sattel*

gesamt 110 Kilometer und 1370 Höhenmeter bewältigt haben. Mit den leckeren Tiroler Spezialitäten wie beispielsweise Tiroler Gröstl (Fleisch, Kartoffeln, Zwiebeln und anderes in einer Pfanne gebraten), Tiroler Speck oder Tiroler Kasspatzn können wir die heute verlorenen Kalorien schnell wieder ausgleichen.

### WICHTIGE ADRESSEN

***Übernachtung:*** Hotel Vier Jahreszeiten, Bahnhofstr. 23, 82467 Garmisch-Partenkirchen, Tel. 08821/91 60, www.vierjahreszeiten.cc; Gasthof zur Linde, Badgasse 11, 82467 Garmisch-Partenkirchen, Tel. 08821/964 60 54; Gasthof Gemse, Dorfstr. 15, A-6522 Prutz, Tel. +43/(0)5472/62 04; Hotel Post, Dorfstr. 1, A-6522 Prutz, Tel. +43/(0)5472/62 17, www.postprutz.at

***Restaurants:*** Restaurant Schatten, Sonnenbergstr. 10–12, 82467 Garmisch-Partenkirchen, Tel. 08821/943 08 90, www.hotel-schatten.de; Pizzeria Esperanto, Entbruck 94, A-6522 Prutz, Tel. +43/(0)5472/63 67

***Taxiservice:*** Taxi Huber Garmisch-Partenkirchen, Tel. 08821/41 79; Engelberts Taxi, Prutz, Tel. +43/(0)5472/202 88

## 2. Etappe: Prutz – Pfunds – Norbertshöhe – Nauders – Vinschgau – Meran

An diesem Tag starten wir von Prutz und folgen weiter dem Inntal-Radweg, der leicht bergauf verläuft. Die bekannten Wintersportgebiete Serfaus und Fiss liegen nur wenige Kilometer von unserer Route entfernt, und wir genießen die traumhaften Ausblicke auf die Samnaungruppe. Der asphaltierte Radweg führt uns über Tösens nach Pfunds, und wir folgen den Wegweisern zur Kajetansbrücke. Von hier verlassen wir die Reschen-Bundesstraße für einen kurzen Ausflug in die Schweiz. Dafür überqueren wir die alte Steinbogenbrücke und biegen links in die Engadiner Bundesstraße (B184) ein. Wer die Abzweigung links auf die Kajetansbrücke verpasst, fährt unter der Brücke hindurch und biegt ungefähr 100 Meter später links ab, um auf die Reschen-Bundesstraße zu gelangen. Alternativ ist es auch möglich, bereits ab Prutz die Reschen-

Bundesstraße nördlich des Inns zu befahren und später rechts in die B184 einzubiegen. Die Straße ist jedoch stark befahren.
Während der Inn in einer tiefen Schlucht verschwindet, wachsen am rechten Fahrbahnrand schroffe und steile Felswände empor. Unmittelbar hinter der Schweizer Zollstation biegen wir links ab und überqueren den Inn. Jetzt gilt es, die Norbertshöhe zu erklimmen. Diese Passhöhe ist weitgehend unbekannt. Sie liegt abseits der Verkehrsströme. Nach elf nummerierten Kehren, verteilt auf 6,5 Kilometer, bei gleichmäßiger Steigung von sieben bis acht Prozent haben wir es geschafft. Am Gasthof Norbertshöhe ist der Scheitelpunkt mit 1454 Metern erreicht und lädt zum kurzen Verweilen ein. Danach führt die Straße bergab nach Nauders. Dort treffen wir wieder auf die Reschen-Bundesstraße. In Nauders hat die berühmte Alpenrundfahrt RATA (Race Across The Alps) über 540 Kilometer und 13 600 Höhenmeter ihren Start- und Zielpunkt.
Von Nauders verläuft neben der Reschen-Bundesstraße ein asphaltierter Wirtschaftsweg. Um zu diesem zu gelangen, passieren wir nach dem Ortseingang eine Unterführung und fahren die kleine Anhöhe hinauf, links an der Festung Nauders vorbei. Die 150 letzten Höhenmeter zur Passhöhe, verteilt auf sieben Kilometer, sind leicht zu bewältigen. Nach der Staatsgrenze wechseln wir auf dem Wirtschaftsweg die Straßenseite. Die durchschnittliche Steigung der Rampe beträgt 3,3 Prozent. Maximal erreichen wir neun Prozent. Der höchste Punkt mit 1504 Metern befindet sich kurz vor dem Dorf Reschen.
Der Reschenpass (Passo di Resia) ist eine der wichtigsten Nord-Süd-Verbindungen in den Alpen. Er verbindet das Inntal an der Grenze zur Schweiz und Österreich mit dem Vinschgau. Gebiete südlich des Alpenhauptkamms (am Reschen z. B. die Etsch) entwässern größtenteils zur Adria, nördlich davon zur Nordsee, Ostsee und über die Donau zum Schwarzen Meer. In einigen Fällen (bei Föhn) wirkt der Alpenhauptkamm auch als Wetterscheide. Während auf der Südseite noch die Sonne scheint, kann es im Norden bereits heftig regnen.
Am Reschensee zeigt sich uns eine besondere Kulisse. Aus der Wasseroberfläche ragt eine Kirchturmspitze hervor. Sie gehört zur Kirche des ehemaligen Dorfes Alt-Graun. 1950 wurde eine Staumauer errichtet und dieser Ort geflutet, um Strom zu gewinnen. Bis zur Staumauer fahren wir auf der Straße. Mit herrlichem Ausblick auf die schneebedeckten Gipfel der Ort-

*Die Norbertshöhe mit ihren elf Kehren ist erfolgreich bezwungen!*

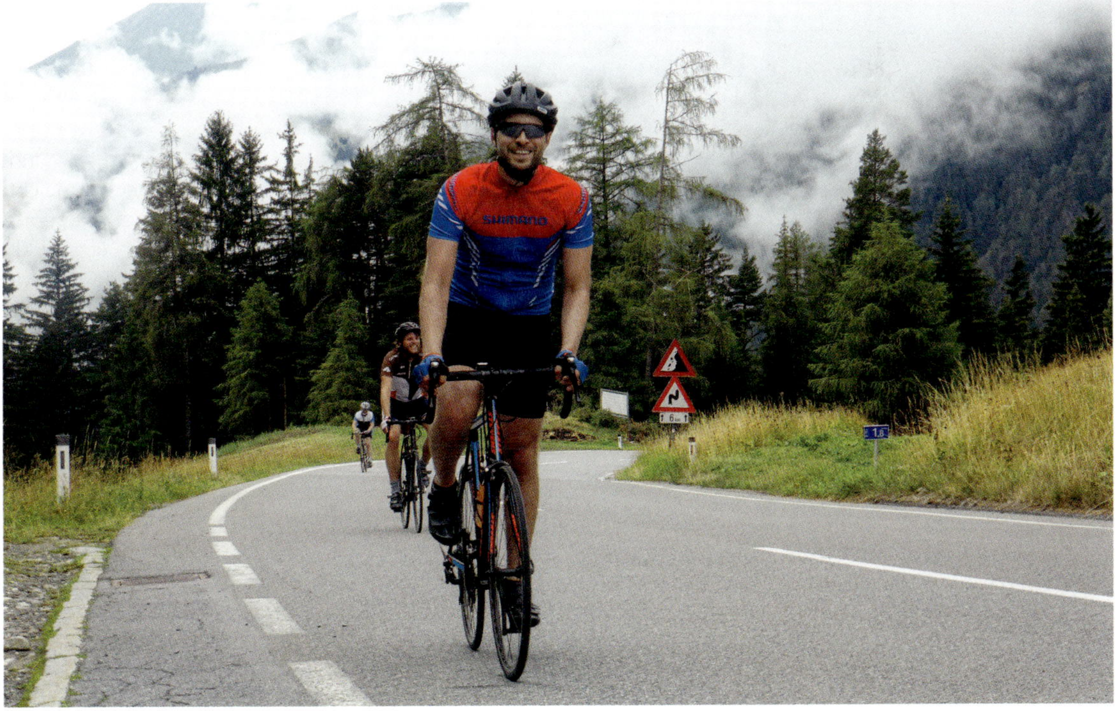

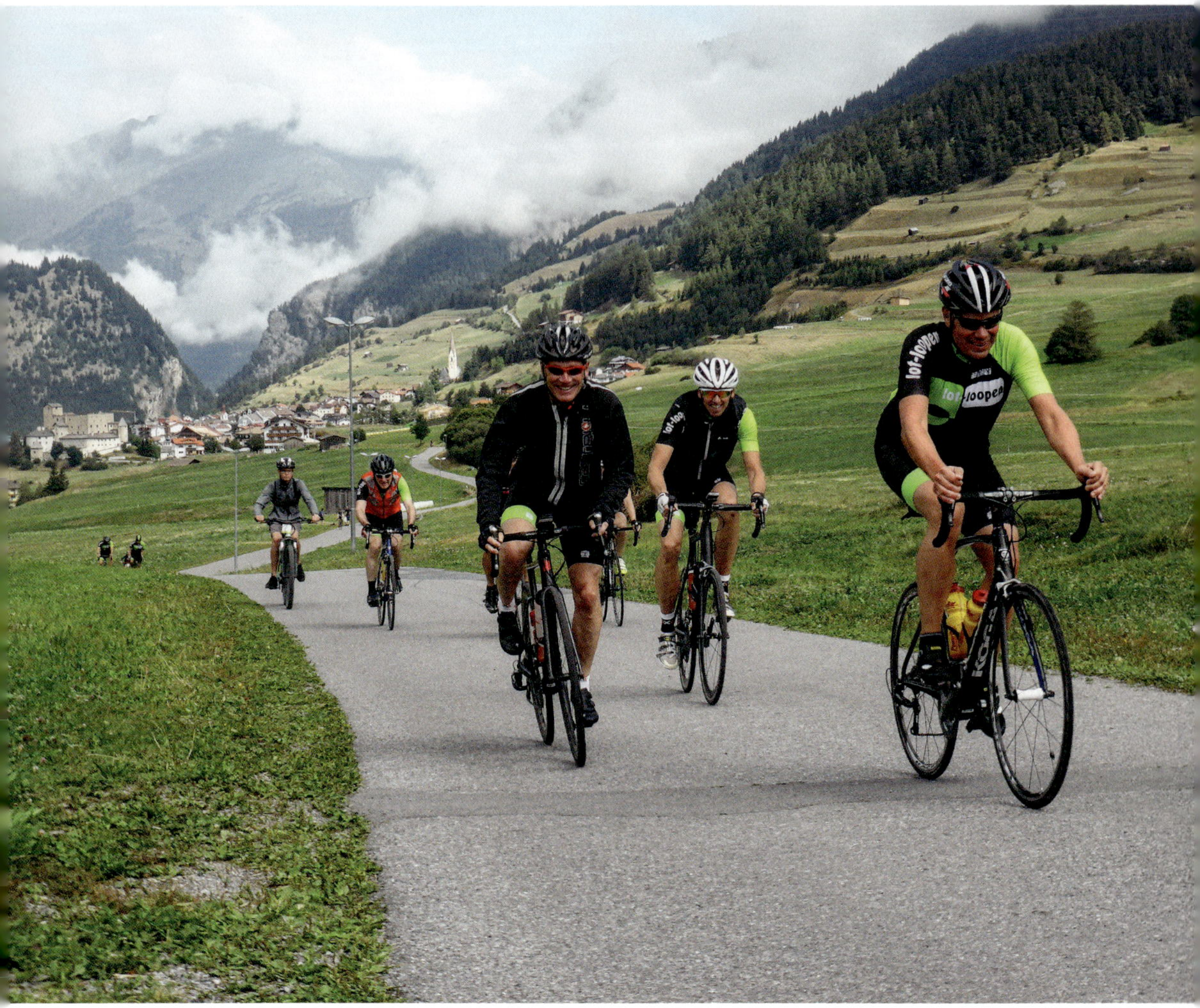

*Von Nauders aus mit rundem Tritt zum Reschenpass*

lergruppe geht es nach der Staumauer rechts auf dem Radweg am Westufer des Haidersees entlang. Eine rasante Abfahrt durch den Vinschgau auf dem gut markierten Etschtal-Radweg liegt vor uns.

Der asphaltierte Radweg schlängelt sich durch die fruchtbare Kulturlandschaft mit Apfelplantagen und traditionellen Südtiroler Dörfern. Trotz hohen Tourismusaufkommens zeigen sich die Südtiroler Dörfer ursprünglich. Es geht vorbei an Burgeis, Schleis, Laatsch und Glurns. Hinter den dicken Stadtmauern von Glurns versteckt sich ein mittelalterliches Dorf, das zu besichtigen sich sehr lohnt. Am Dorfplatz befinden sich etliche Cafés. In der italienischen Sonne schmeckt der Cappuccino eben doch noch ein kleines bisschen besser. Weiterhin verläuft die Route bergab. Ohne große Anstrengung rollen wir weiter über Prad, Laas, Schlanders, Latsch und Kastellbell-Tschars nach Naturns. Die neu geteerten Radwege werden kurz von Schotterwegen unterbrochen. Diese sind mit dem Rennrad jedoch gut zu bewältigen.

Ein Abstecher lohnt sich in das idyllische Dorf Laas. Dieses ist geprägt vom »weißen Gold«, dem strahlend weißen Laaser Marmor. Die besondere Reinheit des Marmors lockt Künstler, Liebhaber und Bewunderer an. Hoch über dem Dorf wird er abgebaut und mittels einer Schrägbahn ins Tal befördert. Im Marmorwerk sowie auch in den kleineren Werkstätten der Steinmetze wird er kunstvoll geformt und weiterverarbeitet. Den weißen Stein kann man im Dorfkern beispielsweise an Treppen, Grabsteinen, Skulpturen und Brunnen bestaunen. Am Eingang zum Schnalstal, ca. 15 km von Meran,

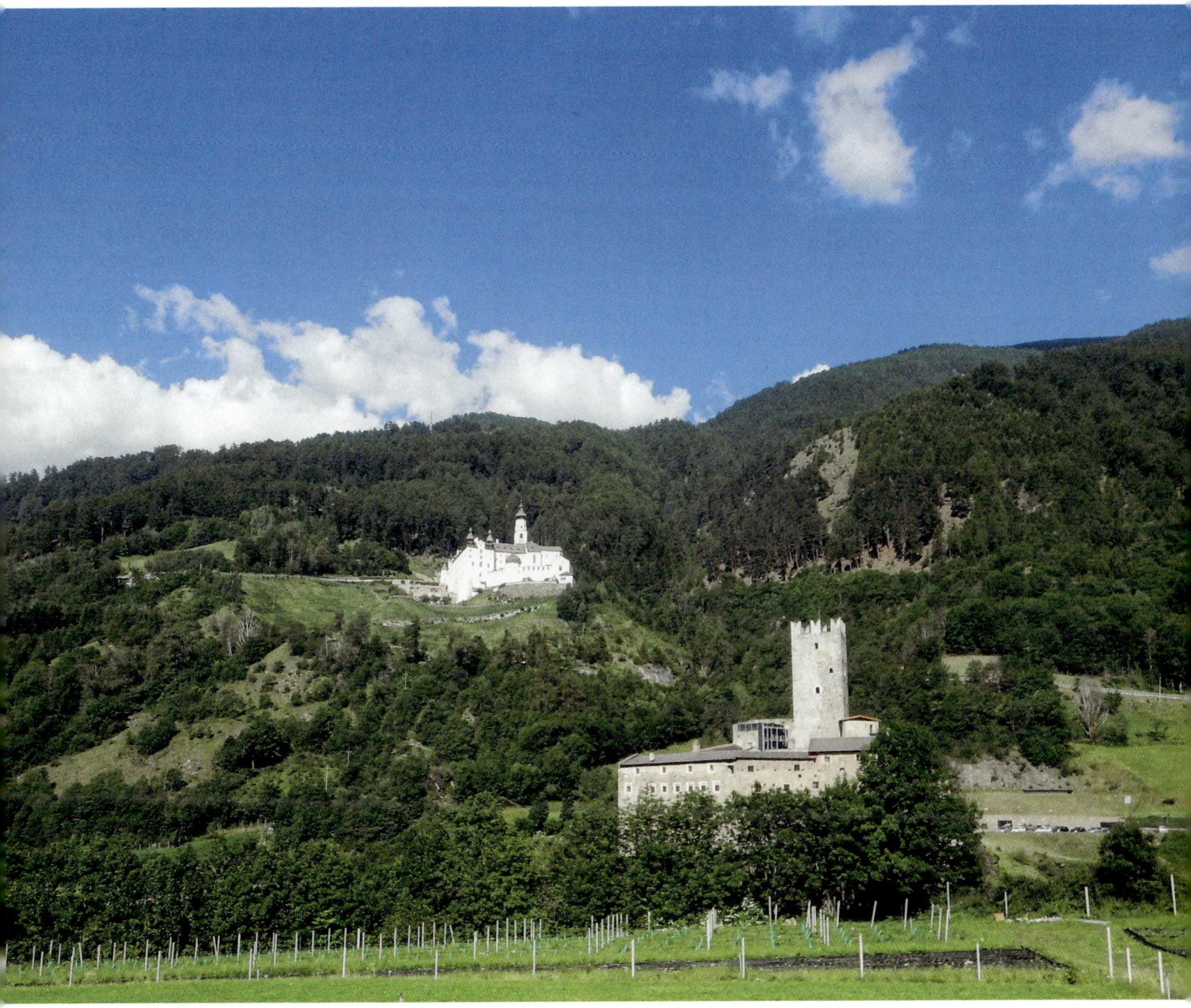

erhebt sich das Schloss Juval majestätisch auf einem Felsen. Die Burganlage auf einem prähistorischen Platz wurde von Hugo von Montalban um 1278 erbaut. Sie wechselte mehrmals ihre Besitzer. 1368 zählte sie zum Besitz der Herren von Starkenberg; 1540 erwarb sie die Familie Sinkmoser. Danach fiel sie dem Geschlecht der Hendl zu, das sie 1813 an den Bauern Josef Blaas verkaufte. Die Burg wurde nicht mehr instand gehalten und verfiel langsam. 1913 kaufte sie der holländische Kolonialherr William Rowland und sanierte sie vorbildlich. Seit 1983 ist sie der Wohnsitz von Reinhold Messner, der mehrere Kunstsammlungen dort untergebracht hat: eine umfangreiche Tibetika-Sammlung, eine Bergbildgalerie und eine Maskensammlung aus fünf Kontinenten.

Entspannt bergab nähern wir uns unserem heutigen Etappenziel, dem bekannten Südtiroler Erholungsort Meran. Er liegt inmitten eines Talkessels, an der Taleinfahrt des hinter uns liegenden Vinschgaus, des Passeiertals und des Ultentals. Als Belohnung warten Südtiroler Spezialitäten wie Schlutzkrapfen, Speck- und Spinatknödel.

*Oberhalb von Burgeis liegt weithin sichtbar das Benediktinerkloster Marienberg.*

**WICHTIGE ADRESSEN**

***Übernachtung:*** Hotel Residenz Flora, Via XXX Aprile 2, I-39012 Meran, Tel. +39/0473/44 83 35, www.hotelsmerano.it.de; Hotel Zima, Winkelweg 83, I-39012 Meran, Tel. +39/0473/23 04 08, www.hotelzima.com

***Restaurant:*** Gasthof Rainer, Laubengasse266, I-39012 Meran, Tel. +39/0473/23 61 49

***Taxiservice:*** Taxi Service Meran, Tel. +39/34 71 71 86 30

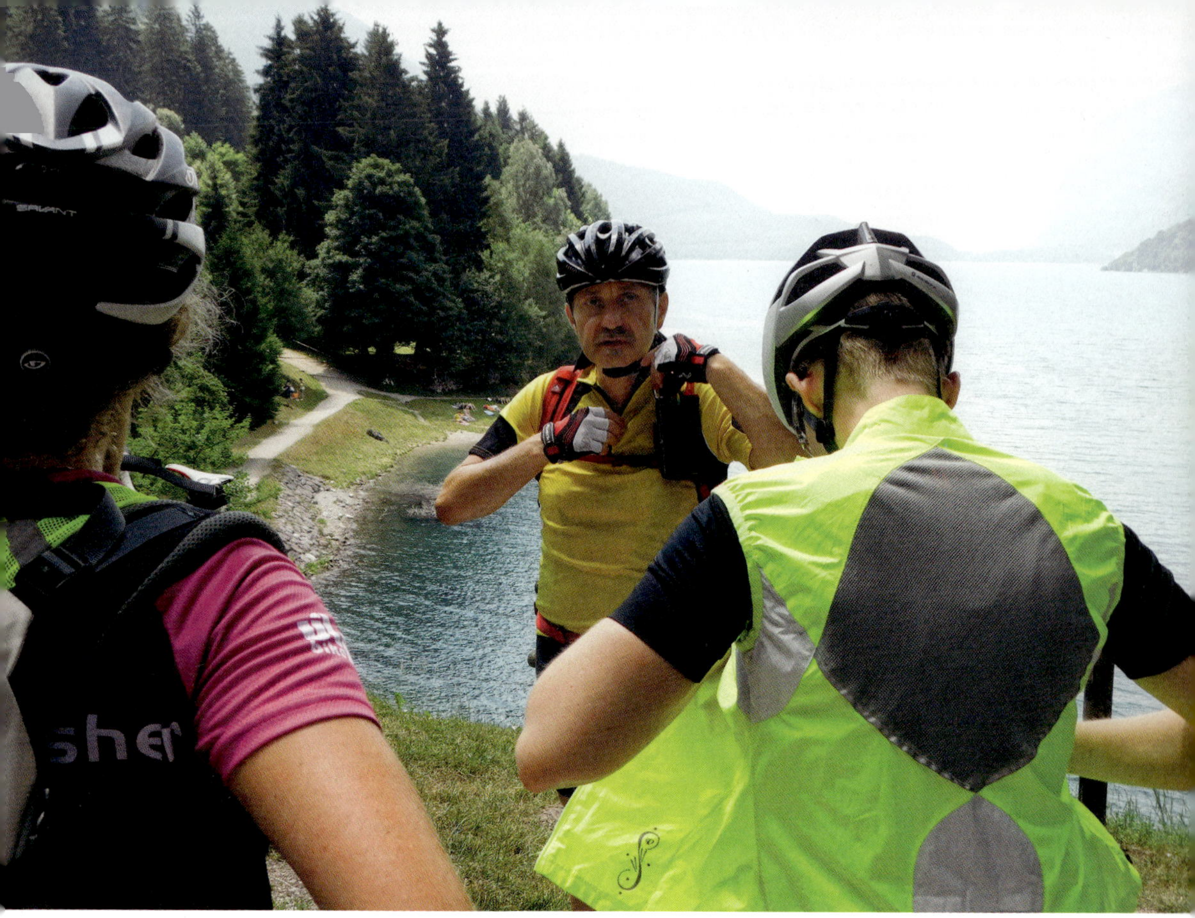

*Den fantastischen Ausblick am Molvenosee sollten wir uns nicht entgehen lassen.*

## 3. Etappe: Meran – Gampenpass – Tisens – Eppan – Kaltern

Diese kürzere Etappe in der Südtiroler Region verläuft hauptsächlich auf geteerten Radwegen. Das Panorama ist geprägt von imposanten Burgen und Schlössern, traditionsreichen Ansitzen und Bauernhöfen, die in weitläufigen Obst- und Weingärten eingebettet liegen.

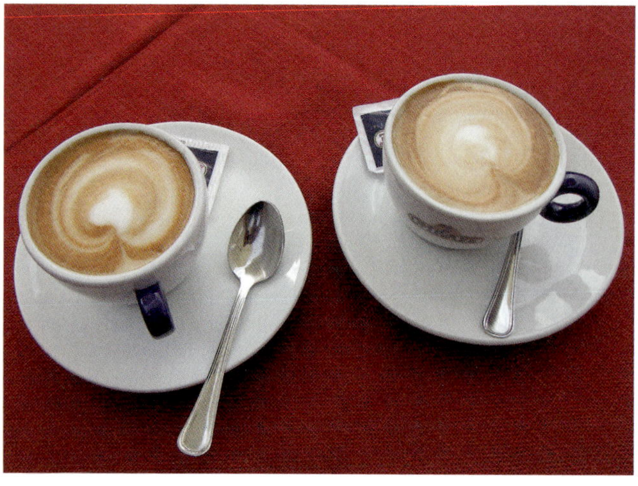

*Eine kurze Cappuccino-Pause*

Wir verlassen den Talkessel von Meran über die Gampenstraße (SS238). Diese Straße ist stark frequentiert und leicht ansteigend. Über Marling und Tscherms gelangen wir nach Lana (316 m), die größte Obstanbaugemeinde Südtirols. Wir fahren nicht über den Gampenpass, sondern nach Tisens und von dort aus nach Nals. Hier beginnt die Südtiroler Weinstraße, die in südlicher Richtung nach Salurn verläuft. Diese führt uns stetig bergab nach Andrian, ein Dorf auf 285 Metern zwischen Bozen und Meran. Der mediterrane Baustil und das warme Klima verschaffen dem Ferienort ein südliches Flair. Wir folgen der Südtiroler Weinstraße mit ihren sanften Hügeln nach Eppan und schließlich nach Kaltern.

Die Südtiroler Weinstraße (Strada del Vino dell' Alto Adige) zählt zu den Highlights in der Südtiroler Region. Sie beginnt in Nals und verläuft durch das Überetsch und Unterland bis nach Salurn. Das Landschaftsbild ist ge-

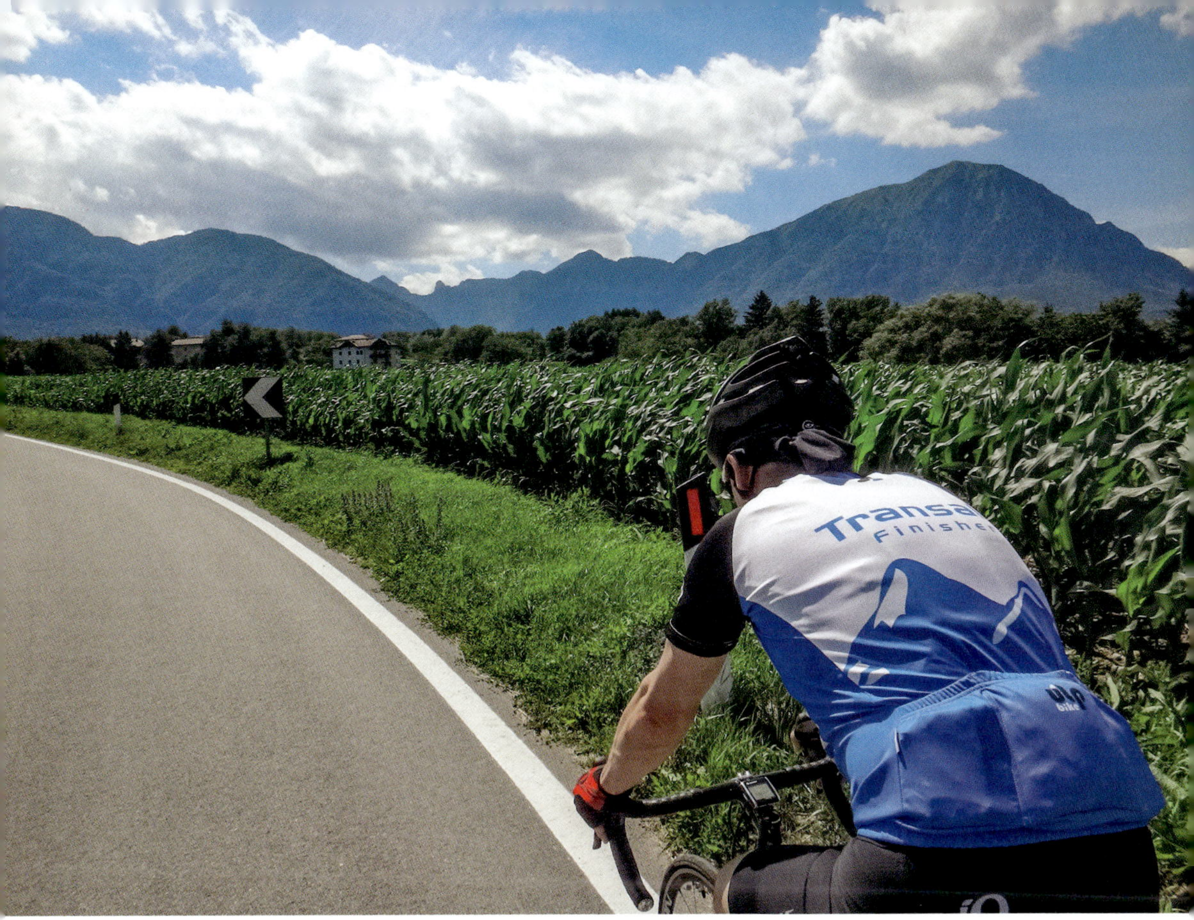


kennzeichnet durch weinbebaute Berghänge und Hügel, die teilweise sogar bis ins Tal reichen. Der Wein gedeiht in dieser Region besonders gut aufgrund des mediterranen Klimas, der Alpen als natürlichem Schutzwall im Norden, einer guten Verteilung der Niederschlagsmengen und der lockeren Beschaffenheit der Böden. In den unterschiedlichen Weinanbaugebieten werden hier je nach Hanglage, Klima und sonstigen Bedingungen weiße Weine wie Weißburgunder, Gewürztraminer, Chardonnay, Sauvignon Blanc, Sylvaner und Riesling angebaut. An roten Weinsorten findet man Vernatsch, Cabernet, Merlot, Lagrein und Blauburgunder.

Das Gebiet rund um Eppan gehört zu den burgenreichsten Regionen und liegt im Überetsch. Der Reichtum der Region und die sonnige Lebenskultur fallen auf, auch die edlen Bauweisen der Ansitze, Burgen und Schlösser zwischen den Weinbergen wirken beeindruckend. Alte Erker, herrschaftliche Häuser und urige Weinkeller gilt es zu bestaunen. Es gibt 17 verschiedene Kellereigenossenschaften, in deren Kellern meist Weinproben veranstaltet werden.

Einen landschaftlichen Genuss bieten die beiden Badeseen von Eppan, der große und kleine Montiggler See. Eppan und Kaltern sind architektonisch geprägt durch den Überetscher Baustil, der nördliche und südliche Bauweisen vereint. Kaltern liegt noch etwas südlicher – und hier endet die heutige Etappe. Der idyllische Kalterer See mit seinem klaren und warmen Wasser lädt zum Baden ein.

Der warme Alpensee zählt zu den bekanntesten Ferienregionen Südtirols. Eingebettet in die Südtiroler Weinberge im Süden von Kaltern, gilt er als Herzstück der Region. Zypressen, Lorbeer- und Olivenbäume säumen das Bild. An den sonnenbeschienenen Hängen gedeiht die »Vernatschtraube« besonders gut. Aus ihr gewinnen die Winzer die Kalterer-See-Auslese. Außerdem werden noch weitere edle Tropfen wie Lagrein, Cabernet oder Sauvignon in den Kellereien in Kaltern produziert. Im Dorfzentrum von Kaltern befindet sich das Weinmuseum. Weinliebhaber können sich

*Entlang der Südtiroler Weinstraße geht es zu unserem heutigen Etappenziel Kaltern.*

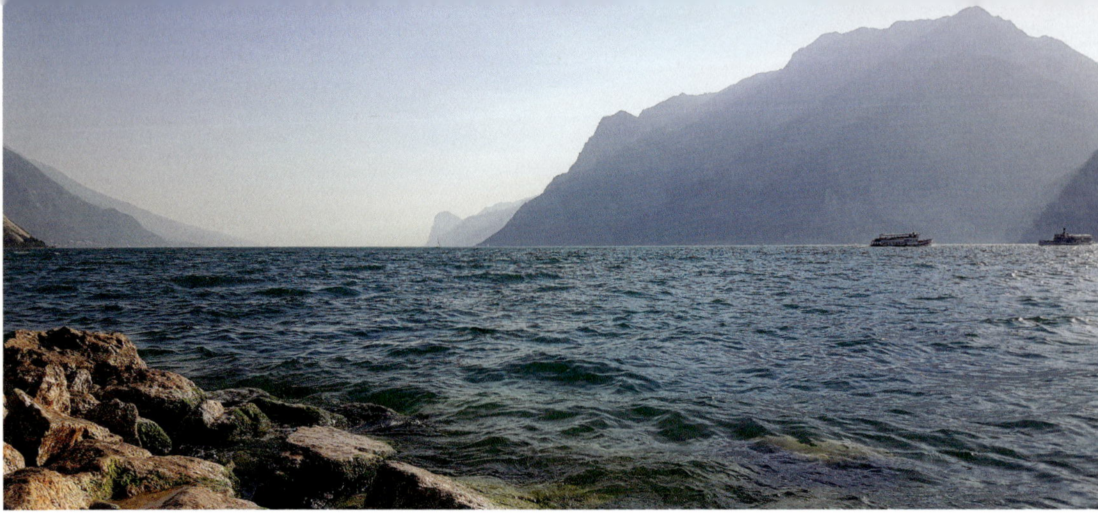

*Endlich geschafft!*

hier die Kultur der Region näherbringen lassen. Von Kaltern führt die längste und steilste Standseilbahn Europas auf den Mendelpass und bezwingt dabei in zwölf Minuten einen Höhenunterschied von 850 Metern.

**WICHTIGE ADRESSEN**

***Übernachtung:*** Weisses Rössl, Marktplatz 11, I-39052 Kaltern Dorf, Tel. +39/0471/96 31 37, www.weisses-roessl-kaltern.com; Hotel Jagdhof Torgglhaus, Bichl 2, I-39052 Kaltern, Tel. +39/0471/96 34 21, www.torgglkeller.com
***Restaurant:*** Zum Turm – Restaurant, Gasthof, Weinkeller, Andreas-Hofer-Str. 32, I-39052 Kaltern, Tel. +39/0471/96 32 81
***Taxiservice:*** Taxi Walter, Tel. +39/338/693 55 39

## 4. Etappe: Kaltern – Mezzocorona – Andalo – Molveno – Riva

Vor uns liegt die letzte Etappe bis zum heiß ersehnten Eintauchen in das kühle Nass des Gardasees. Sie führt von Kaltern weiter entlang der Südtiroler Weinstraße ins vier Kilometer entfernte Tramin. Hier wächst die Rebe, aus der der bekannte Weißwein Gewürztraminer gewonnen wird. Über Kurtatsch geht es nach Margreid, einem reizenden Weindorf mit malerischen, engen Gassen am Fuße des Fennbergs. In der Grafengasse im Ortskern von Margreid rankt sich die älteste datierte Weinrebe Südtirols an der warmen Hausmauer empor. 1601 wurde sie gepflanzt und trägt heute noch alljährlich bis zu 80 Kilogramm Trauben. Wir fahren weiter nach Mezzocorona, wo wir auf der SS43 über Spormaggiore und Cavedago bergauf nach Andalo fahren. Auf der vier Kilometer langen Abfahrt zum Molvenosee können wir neue Kräfte sammeln. Wem das als Entspannung nicht genügt, der kann noch ein kurzes Bad im Molvenosee nehmen. Dieser See ist ein etwa vier Kilometer langes Gewäser, das bis zu 120 Meter tief ist. Mehrere Zuflüsse und ein kleiner Bach sorgen für den Wasserzufluss. Im Westen grenzt er an die Brentagruppe. Über den Lago di Nembia fließt der Fluss in den Gardasee. Am Ufer des Molvenosees gibt es zahlreiche Einkehrmöglichkeiten. Von Molveno geht es über S. Lorenze in Banale weitere 20 Kilometer auf der SS421 treppenförmig hinunter nach Ponte Arche. Bis zum Gardasee sind es jetzt nur noch 25 Kilometer.

*Eine Ehrenrunde in Riva lassen wir uns nicht nehmen.*

Nach Ponte Arche erwartet uns der letzte, kurze Anstieg. Wir bleiben weiter auf der SS421 und durchqueren die Ortschaften Vigo Lomaso, Fiavè und Ballino. Es folgt die lange Abfahrt vorbei am Tennosee, der übrigens aufgrund seiner türkisblauen Färbung auch Lago Azzurro genannt wird. Es folgen die letzten Kilometer zum Gardasee. An der Uferpromenade von Riva del Garda endet die letzte Etappe unserer Alpenüberquerung – geschafft!

**WICHTIGE ADRESSEN**

***Übernachtung:*** Garni Villa Maria, Via dei Tigli 19, I-38066 Riva del Garda, Tel. +39/0464/55 22 88, www.garnimaria.com; Hotel Villa Miravelle, Via Monte Oro 9, I-38066 Riva del Garda, Tel. +39/0464/55 23 35, www.hotelvillamiravalle.com
***Restaurant:*** Antiche Mura, Via Bastione, 19, I-38066 Riva del Garda, Tel. +39/0464/556063, www.antiche-mura.it
***Taxiservice:*** Coast to Coast, Tel. +39/0360/53 90 90

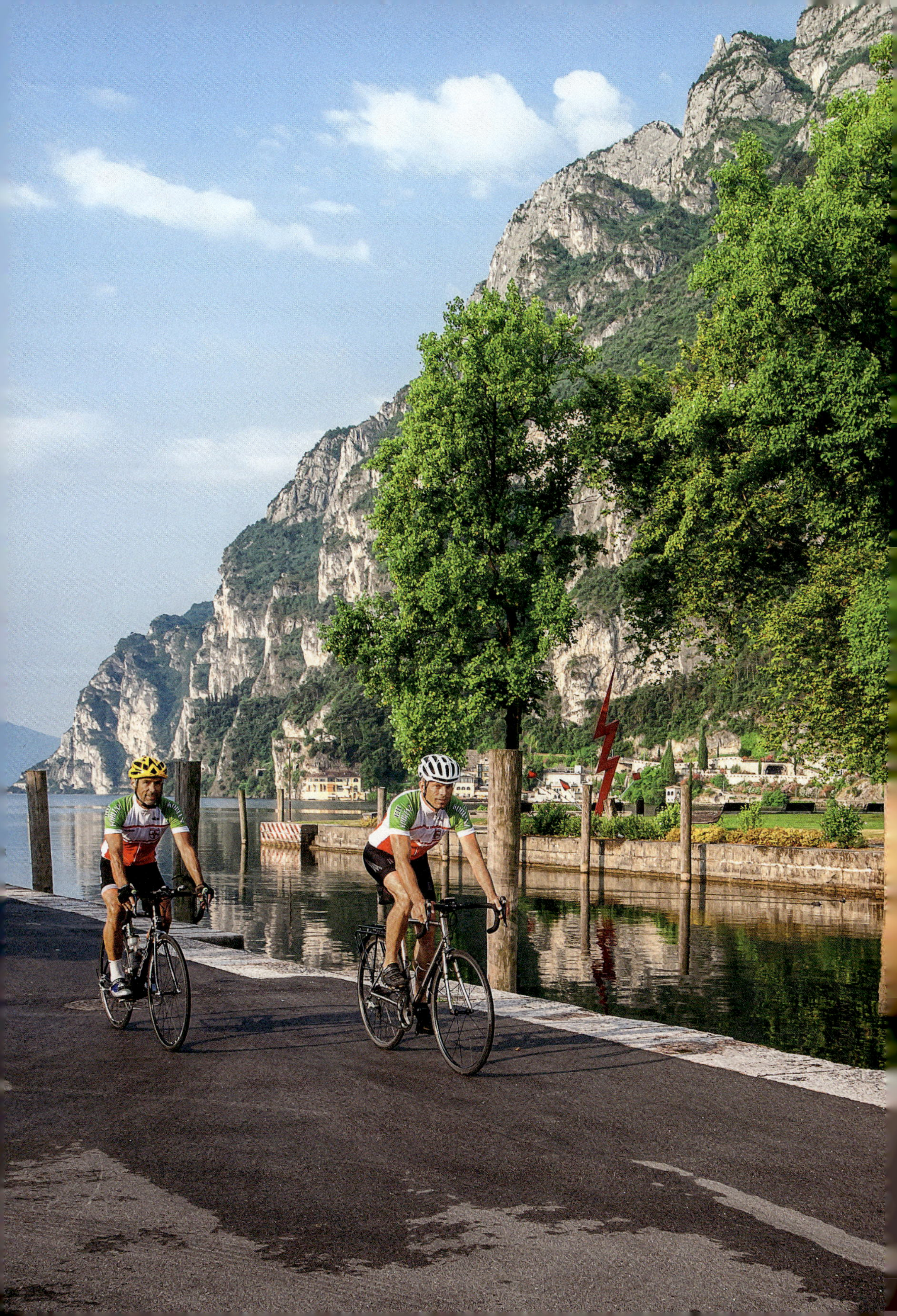

# 1b Herrlich
## – Mieminger Plateau, Ofenpass, Gampenpass, Mendelpass und Brenta

mittel | 510 km | 8790 hm | 4 Tage

**AUSGANGS-/ENDPUNKT**
Garmisch – Gardasee

**ETAPPEN**
Garmisch – Prutz, ca. 115 km, 2200 hm; Prutz – Meran, ca. 180 km, 2120 hm; Meran – Kaltern, ca. 70 km, 1690 hm; Kaltern – Riva del Garda, ca. 145 km, 2780 hm

**STRECKENVERLAUF**
Garmisch (708 m), Holzleitner Sattel (1119 m), Ofenpass (2149 m), Gampenpass (1512 m), Mendelpass (1363 m), Madonna di Campiglio (1542 m), Passo Ballino (763 m)

**CHARAKTER/ERLEBNISWERT**
Sehr gute Grundkondition ist Voraussetzung für diese Transalp. Die Pässe fordern einiges an Anstrengung. Belohnt wird man dafür mit rasanten Abfahrten durch Weinberge und urige Bergdörfer.

**SEHENSWERTES**
Ofenpass-Nationalpark, Weltkulturerbe Müstair, Glurns, Meran, Südtiroler Weinstraße, Brenta, Stenico, Gardasee

**KARTEN**
freytag & berndt, Tirol, 1:150 000; freytag & berndt, Südtirol–Trentino–Gardasee–Venetien, 1:200 000

**TOURIST-INFO**
Tourist-Info Garmisch-Partenkirchen, Richard-Strauss-Platz 2, 82467 Garmisch-Partenkirchen, Tel. 08821/18 07 00, www.garmisch-partenkirchen.de; Tourist-Info Prutz, Hintergasse 2, A-6522 Prutz, Tel. +43/(0)50 22 55 00, www.tiroler-oberland.com; Kurverwaltung Meran, Freiheitsstraße 45, 39012 Meran, Tel. +39/0473/272000, www.merano-suedtirol.it; Tourist-Info Kaltern, Marktplatz 8, I-39052 Kaltern, Tel. +39/0471/96 31 69, www.kaltern.com; Tourist-Info Gardasee, Tel. +39/0464/55 44 44, www.visitgarda.com/de/gardasee/

**Die Medium-Variante des Klassikers Garmisch–Gardasee setzt eine gute Kondition voraus, bringt jedoch auch eine Menge Fahrvergnügen und grandiose Ausblicke mit sich. Vom klassischen Startpunkt Garmisch-Partenkirchen geht es über das Mieminger Plateau ins Inntal und weiter ins Engadin. Über den Ofenpass gelangen wir ins Münstertal und radeln durch malerische Dörfer des Vinschgaus bis nach Meran. Der Gampenpass und der Mendelpass warten noch auf uns, bis wir schließlich über den Talort der Brenta, Madonna di Campiglio, zum Gardasee gelangen.**

### 1. Etappe: Garmisch – Mittenwald – Inntal – Mieminger Plateau – Nassereith – Imst – Piller Höhe – Prutz

Die Tour beginnt in Garmisch-Partenkirchen und führt, genauso wie die Tour »For Beginners«, über die Deutsche Alpenstraße bis nach Mittenwald. Von dort folgen wir der Leutascher Landesstraße L14 und fahren über die Landesgrenze nach Österreich. Über die kleinen österreichischen Dörfer Schanz, Burggraben und Weidach gelangen wir auf der L14 bis nach Seefeld in Tirol. Der bekannte Wintersportort (1180 m) war in den Jahren 1964 und 1976 im Rahmen der Olympischen Winterspiele in Innsbruck Austragungsort der

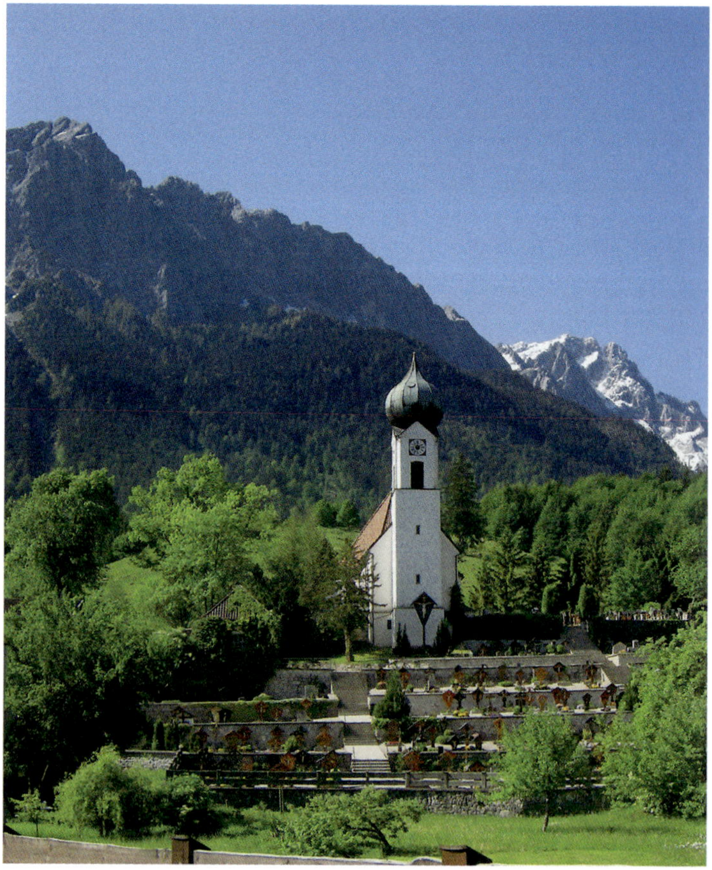

nordischen Skidisziplinen. Der Ort versprüht alpines Flair, da er eingekesselt von den schroffen Gipfeln des Karwendelgebirges im Osten, des Wettersteingebirges im Norden und der Mieminger Kette im Westen liegt. In Seefeld und in der nahen Umgebung befinden sich zahlreiche Hotels, die zeigen, dass der Tourismus hier zu einer wichtigen Einnahmequelle zählt. Wichtige Anziehungspunkte für Touristen bilden die beiden Skigebiete Rosskopf und Gschwandkopf. Im Sommer bietet die Region für Bergfreunde ein umfangreiches Netz an Wanderwegen; außerdem ziehen die alpinen Bedingungen viele Mountainbiker an.

Wir folgen der Möserer Landesstraße L36 über Mösern tendenziell bergab nach Telfs. Kurz nach dem Ortsende bietet sich ein kultureller Stopp an, um die Friedensglocke von Mösern zu bewundern. Am äußeren Westhügel von Mösern steht dieses Denkmal als Symbol für den Zusammenhalt und die gute Nachbarschaft im Alpenraum. Am 12. Oktober 1997 ließ der Südtiroler Landeshauptmann Dr. Silvius Magnago die Friedensglocke des Alpenraumes zum ersten Mal erklingen. Anlass war das 25-jährige Bestehen der Arbeitsgemeinschaft der Alpenländer Bayern, Tirol und Südtirol (ARGE ALP). Die Höhe der Glocke beträgt 2,51 Meter und sie hat einen Durchmesser von 2,54 Metern. Sie ziert die folgende Inschrift: »Ich läute für die gute Nachbarschaft und den Frieden der Alpenländer.« Täglich um 17 Uhr wird die schwere Glocke geläutet. Der dazugehörige Friedenswanderweg umfasst insgesamt sieben verschiedene Stationen, die zur Selbstbesinnung und zum Nachdenken anregen sollen. Von dort aus eröffnet sich ein herrlicher Panoramablick über das Tiroler Inntal.

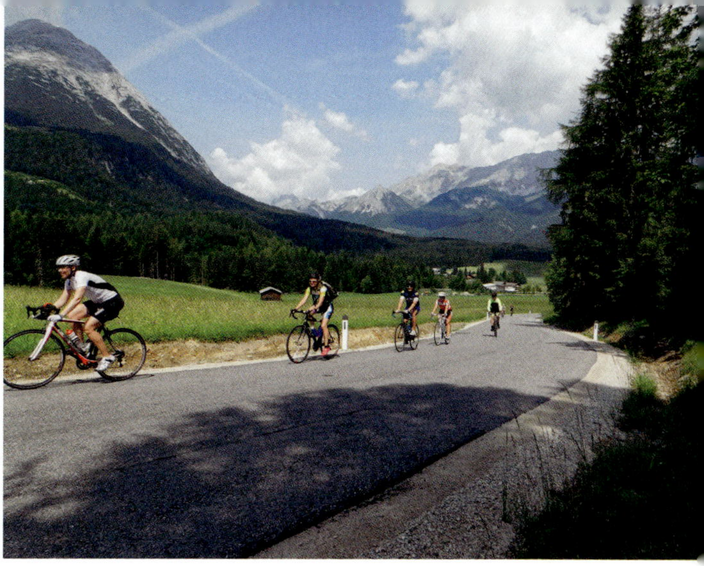

*Der Buchener Sattel verbindet die Leutasch mit Telfs, links oben die Hohe Munde.*

Über die Saglstraße geht es ins Zentrum von Telfs (634 m), und über die Obermarktstraße gelangen wir auf die Mieminger Bundesstraße B189, die von dort auf das Mieminger Plateau führt. Es liegt zwischen Telfs und dem Fernpass auf 850 bis 1200 Meter Höhe. Die Hochfläche ist ungefähr 14 Kilometer lang und maximal vier Kilometer breit. In dieser rauen Bergkulisse wurden die Szenen zur bekannten Serie »Der Bergdoktor« gedreht, die 1990 ausgestrahlt wurde. In Wildermieming können das Bergdoktorhaus und weitere Filmschauplätze besichtigt werden.

Es geht bergauf über Affenhausen (846 m) nach Barwies (875 m) und über Obsteig (991 m) zum Holzleitensattel auf 1119 Meter. Die Straße erreicht hier bis zu 12 Prozent Steigung. Als Belohnung erhalten wir eine schöne Aussicht auf das Inntal.

Eine leicht kurvige Abfahrt führt uns nach Nassereith. Weiter geht es über die Mieminger Bundesstraße bis nach Tarrenz. Wir fahren auf

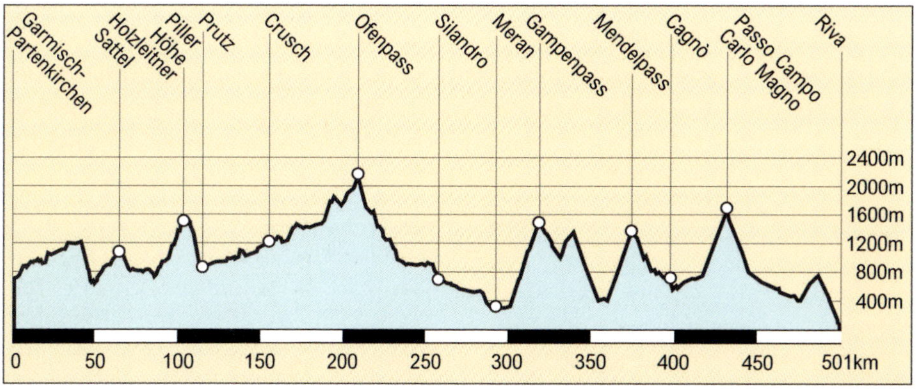


*Linke Seite: Im Werdenfelser Land startet unsere Transalp-Tour.*

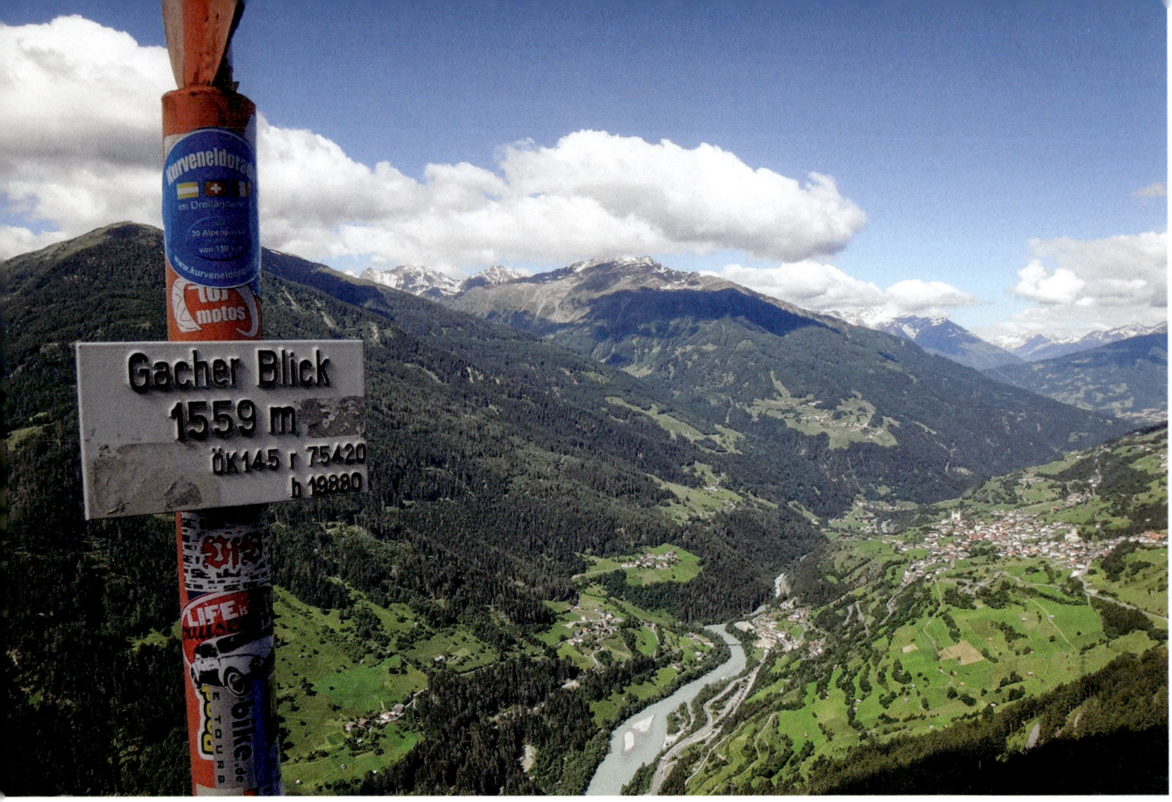


*Von der Piller Höhe bietet der »Gacher Blick« eine fantastische Aussicht auf das Inntal.*

der Mieminger Bundesstraße (B189) durch das Inntal nach Imst, wo der nächste Anstieg auf uns wartet. Unsere Route führt uns über die Piller Höhe (1559 Höhenmeter), die das obere Inntal mit dem Pitztal verbindet, nach Prutz. Diese Strecke ist ein Geheimtipp, denn sie stellt eine Alternative zur stark befahrenen Route über das Inntal dar. Von Imst zur Piller Höhe beträgt der Höhenunterschied ungefähr 750 Höhenmeter. Es sind Steigungen von maximal 12 bis 14 Prozent zu bewältigen. Über Brennbichl auf 721 Metern folgen wir den Hinweisschildern ins Pitztal. Es geht zuerst vier Kilometer leicht bergauf durch den Wald nach Arzl im Pitztal (880 m). Innerhalb der Ortschaft ist eine steile Stelle zu überwinden. Dann geht es acht Kilometer weiter leicht bergauf nach Wenns auf 982 Meter. In Wenns verlassen wir die Hauptstraße nach rechts in Richtung Piller.

Die schmale und wenig befahrene Straße führt durch idyllische Weidenlandschaft, und wir kommen an bewirtschafteten Höfen vorbei. Wir genießen die Ausblicke über das Pitztal. Linker Hand erhebt sich die Aifenspitze. Kurz vor der Piller Höhe wird es mit 14 Prozent kurvig und anstrengend. Nach weiteren vier Kilometern erreichen wir die Piller Höhe auf 1559 Meter. Belohnt für unsere sportliche Leistung werden wir vom »Gacher Blick«, von dem aus man einen gigantischen Ausblick auf das obere Inntal und den Kaunergrat genießt. Auf der Piller Höhe wurde im Jahr 2001 von einem Hobbyarchäologen einer der größten Funde aus der Mittleren Bronzezeit (1550 bis 1350 v. Chr.) entdeckt. Unter einem Felsblock befanden sich über 300 verschiedene Bronzegegenstände, unter anderem Schwerter, Dolche, Lanzenspitzen, Beile sowie Sicheln und Trachtenschmuck. Wissenschaftler vermuten, dass ein Zusammenhang zwischen diesem

**WICHTIGE ADRESSEN 1**

***Übernachtung:*** Hotel Vier Jahreszeiten, Bahnhofstr. 23, 82467 Garmisch-Partenkirchen, Tel. 08821/91 60, www.vierjahreszeiten.cc; Gasthof zur Linde, Badgasse 11, 82467 Garmisch-Partenkirchen, Tel. 08821/964 60 54; Gasthof Gemse, Dorfstr. 15, A-6522 Prutz, Tel. +43/(0)5472/62 04; Hotel Post, Dorfstr. 1, A-6522 Prutz, Tel. +43/(0)5472/62 17, www.postprutz.at

***Restaurants:*** Restaurant Schatten, Sonnenbergstr. 10–12, 82467 Garmisch-Partenkirchen, Tel. 08821/943 08 90, www.hotel-schatten.de; Pizzeria Esperanto, Entbruck 94, A-6522 Prutz, Tel. +43/(0)5472/63 67

***Taxiservice:*** Taxi Huber Garmisch-Partenkirchen, Tel. 08821/41 79; Engelberts Taxi, Prutz, Tel. +43/(0)5472/202 88

Fund und dem nahe gelegenen Brandopferplatz besteht, der ebenfalls aus der Mittleren Bronzezeit stammt. Eventuell handelt es sich um Opfergaben und Gegenstände für rituelle Handlungen bei Brandopfern.
Von der Piller Höhe fahren wir nach Kaunerberg ab. Es geht noch ein paar Hundert Meter leicht bergauf, dann heißt es Schwung holen auf dem Zwischenstück. Einen weiteren Kilometer steigt die Straße nochmals an, bis es dann endgültig bergab geht. Die Abfahrt ins Tal verläuft über zahlreiche Spitzkehren, die uns ins Tal schaukeln. Über Kaunerberg, Kauns und Faggen erreichen wir Prutz (884 m), wo diese Etappe endet.

## 2. Etappe: Prutz – Scoul – Zernez – Ofenpass – Müstair – Glurns – Meran

Die Strecke beginnt wie die Beginner-Tour mit dem leichten Dahinpedalieren entlang des Inns bis zur Kajetansbrücke. Von dort aus geht es auf der gegenüberliegenden Flussseite weiter in die Schweiz nach Martina. Bei dieser Route biegen wir jedoch nicht links zur Norbertshöhe ab, sondern bleiben in der Schweiz und folgen der Bundesstraße geradeaus ins Untere Engadin. Ab der schweizerischen Grenze wird die Bundesstraße 184 zur B27. Es geht leicht bergauf, die Straße verläuft in weiten, leichten Kurven, der Inn bleibt weiterhin in der Schlucht verschwunden. Nördlich befindet sich die Silvrettagruppe. Nach insgesamt 45 Kilometern durchfahren wir Scoul (Schuls). Wir bleiben auf der B27 und erreichen weitere 28 Kilometer später Zernez auf 1474 Metern.
Von Zernez folgen wir der Bundesstraße 28 über den Ofenpass. Dieser Pass ist relativ einfach zu bewältigen und stellt keine großen Ansprüche an die Kondition. Die Ofenpassstraße führt von Zernez durch das Münstertal nach Sta. Maria. Von Zernez aus beträgt die Anfahrt 22 Kilometer. Die Strecke führt am Fluss Spöl entlang bergauf bis nach Ova Spin.
Hier beginnt der Schweizerische Nationalpark. Er ist der älteste Nationalpark der Alpen. Er wurde 1914 gegründet und besitzt eine Fläche

*Auf dem Weg in Richtung Schweizer Grenze*

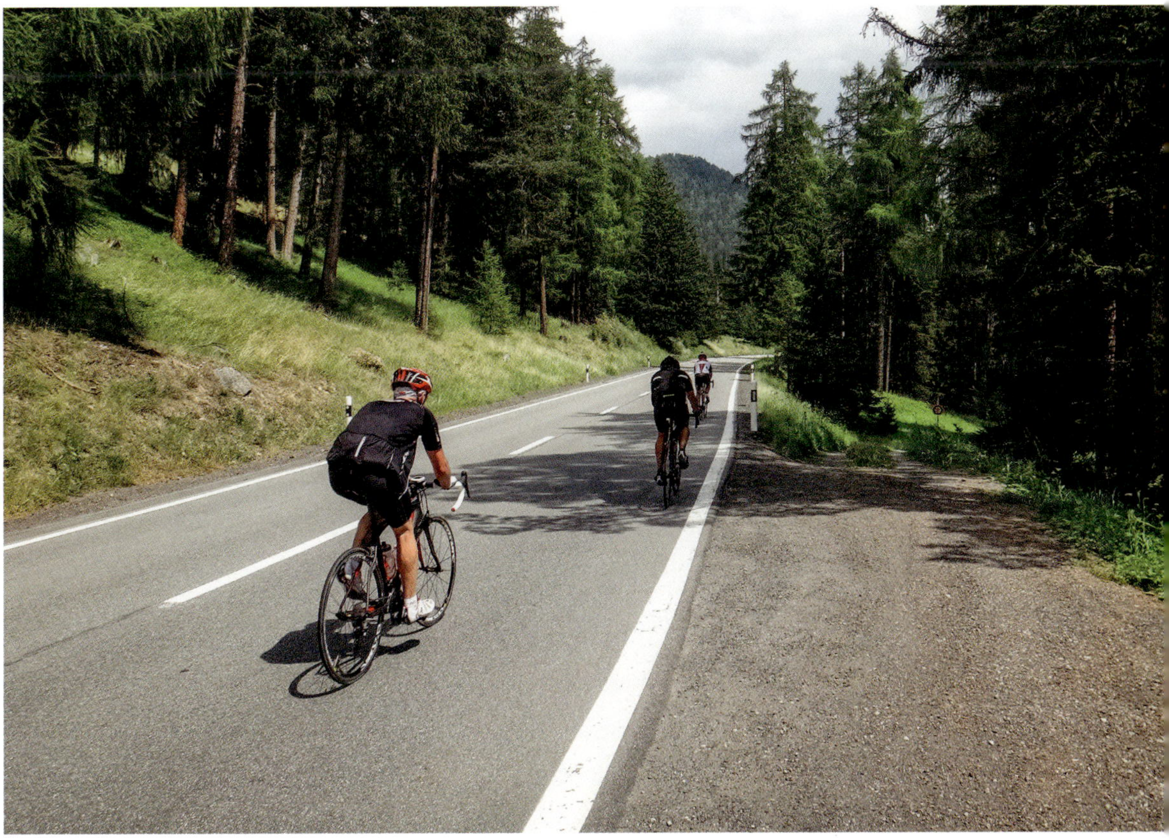

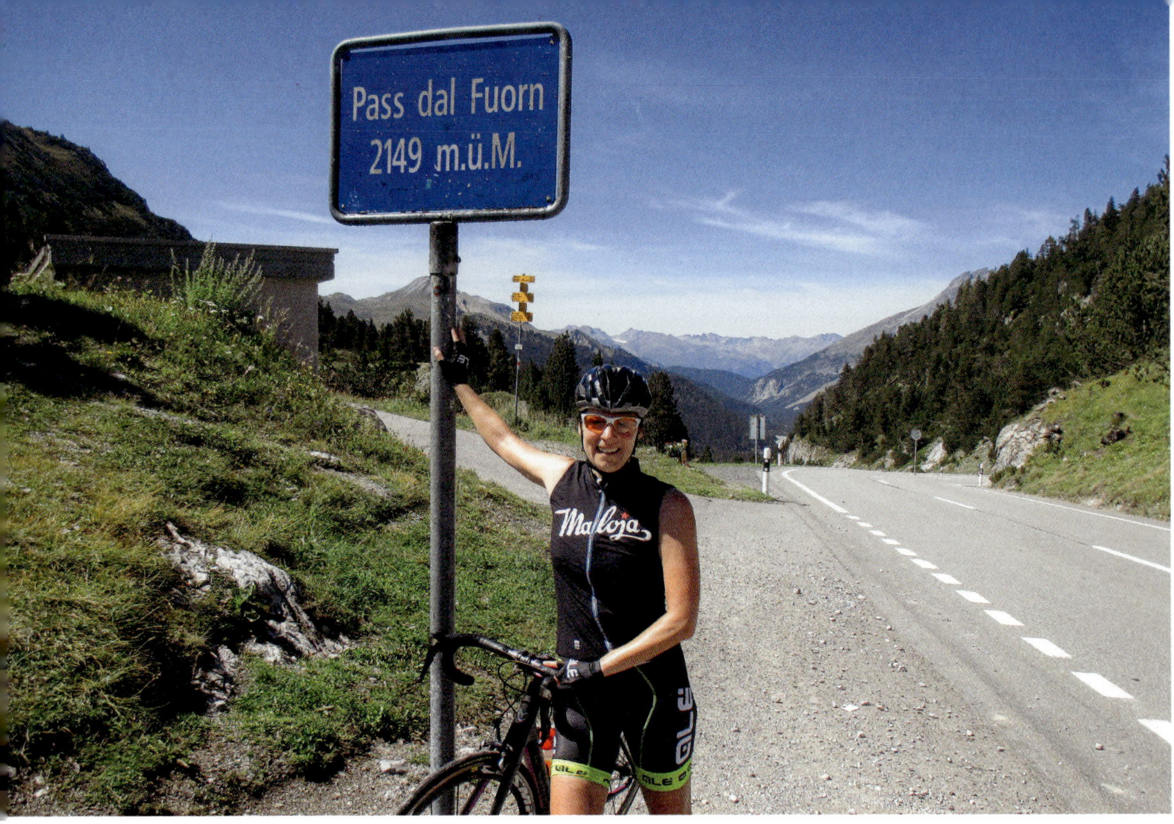


*Der Ofenpass ist bezwungen.*

*Die herrlich ruhigen Straßen sind ein wahrer Rennrad-Traum.*

von 172 Quadratkilometern. Geografisch liegt er zwischen Scuol, Scharl, Zernez und dem Ofenpass im Kanton Graubünden. Seit 1979 zählt er zu den UNESCO-Biosphärenreservaten. Den Besucher erwarten Wanderwege, zahlreiche Möglichkeiten zur Wildbeobachtung und einige Naturlehrpfade. Die Natur erinnert an die Wildheit kanadischer Wälder.

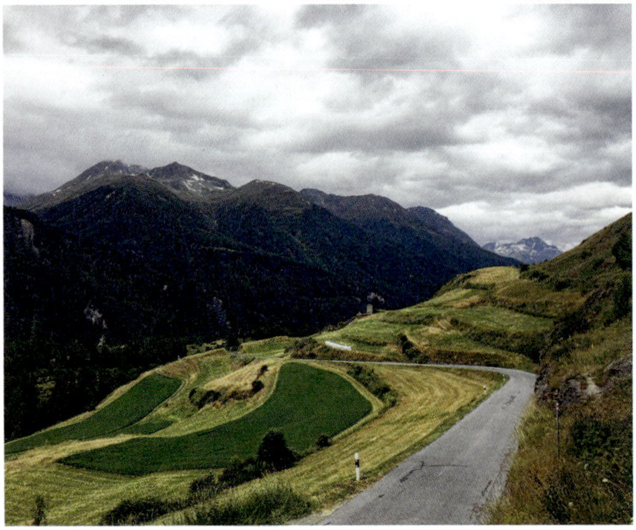

Ungefähr 80 Prozent des Nationalparks sind mit Wäldern bedeckt. Das Ökosystem des Naturparks umfasst mehrere Tausend verschiedene Tier- und Pflanzenarten. Es ist möglich, Murmeltiere, Steinwild, Hirsche, Gämsen, Vögel und Insekten zu beobachten. Die Natur des Nationalparks wird ursprünglich belassen: Es werden keine Eingriffe in die Natur unternommen, keine Tiere gejagt, keine Bäume gefällt und keine Wiesen gemäht.

Nach einer kurzen Abfahrt von sechs Kilometern geht es zehn Kilometer weiter bergauf. Auf den letzten drei Kilometern zur Passhöhe beträgt die Steigung maximal 10 Prozent, was den Pass erträglich macht. Den höchsten Punkt erreichen wir auf 2149 Meter. Von der Passhöhe aus kann man am Horizont den Piz Nair (3010 m) im Norden und im Süden den Piz Daint (2969 m) erblicken. Über Sta. Maria geht die Fahrt nach Müstair. Dort überqueren wir die Grenze zu Südtirol und erreichen schließlich Glurns im Vinschgau.

Die Region Südtirol gehörte über Jahrhunderte zum Kulturraum Österreichs und zum deutschen Sprachraum. Im Anschluss an den Ersten Weltkrieg im Jahr 1919 wurde die Region von den Siegermächten des Ersten Weltkriegs dem italienischen Staat zugesprochen. In den ersten Jahren stellte sich das erzwungene Zusammenleben als sehr schwierig dar. Zuvor war die Region mit dem Tiroler Land, welches heute in Österreich liegt, verbunden. Im Mittelalter gehörte das von Baiern, Langobarden und Rätoromanen besiedelte Land zum Teil zu Bayern und zum Teil zu Italien. Heute hat die italienische Provinz Sonderstatus; sie ist der südliche Zipfel von Tirol, aber gleichzeitig auch die nördlichste Provinz Italiens. Die Amtssprache ist Italienisch, jedoch sind zwei Drittel der Bevölkerung deutschsprachig. Außerdem spricht ein Teil der Bevölkerung noch die ladinische Sprache, die auch im Friaul und in Graubünden teilweise gesprochen wird. Straßenschilder oder öffentliche Ämter haben meist Angaben sowohl auf Deutsch als auch auf Italienisch.

In Glurns haben wir uns italienisches Eis und Cappuccino reichlich verdient. Es lohnt sich außerdem, den lieblichen, hinter den dicken Stadtmauern liegenden Ortskern von Glurns zu besuchen. Dieses Kleinod mittelalterlicher Architektur besitzt einen besonderen Charme und ist auch historisch sehr interessant. Von Glurns aus rollen wir auf dem Etschtal-Radweg stetig bergab bis nach Meran, vorbei an den romantischen Südtiroler Dörfern Prad, Laas, Schlanders, Latsch, Kastelbell und Naturns. In Meran endet die heutige Etappe. Unsere Belohnung sind die zahlreichen Südtiroler Spezialitäten wie Schlutzkrapfen, Marillenknödel oder Apfelstrudel. Wer mag, kann sich auf die Suche nach den »Hexenschluckern« machen. Dabei handelt es sich um eine beinahe ausgestorbene Spezialität dieser Region. Was genau sich dahinter verbirgt, wird nicht verraten …

## 3. Etappe: Meran – Gampenjoch – Mendelpass – Kaltern

### WICHTIGE ADRESSEN 2

***Übernachtung:*** Hotel Residenz Flora, Via XXX Aprile 2, I-39012 Meran, Tel. +39/0473/44 83 35, www.hotelsmerano.it.de; Hotel Zima, Winkelweg 83, I-39012 Meran, Tel. +39/0473/23 04 08, www.hotelzima.com

***Restaurant:*** Gasthof Rainer, Laubengasse 266, I-39012 Meran, Tel. +39/0473/23 61 49

***Taxiservice:*** Taxi Service Meran, Tel. +39/3471 71 86 30

*Wir genießen die ungetrübten Ausblicke über die Schweizer Berge.*

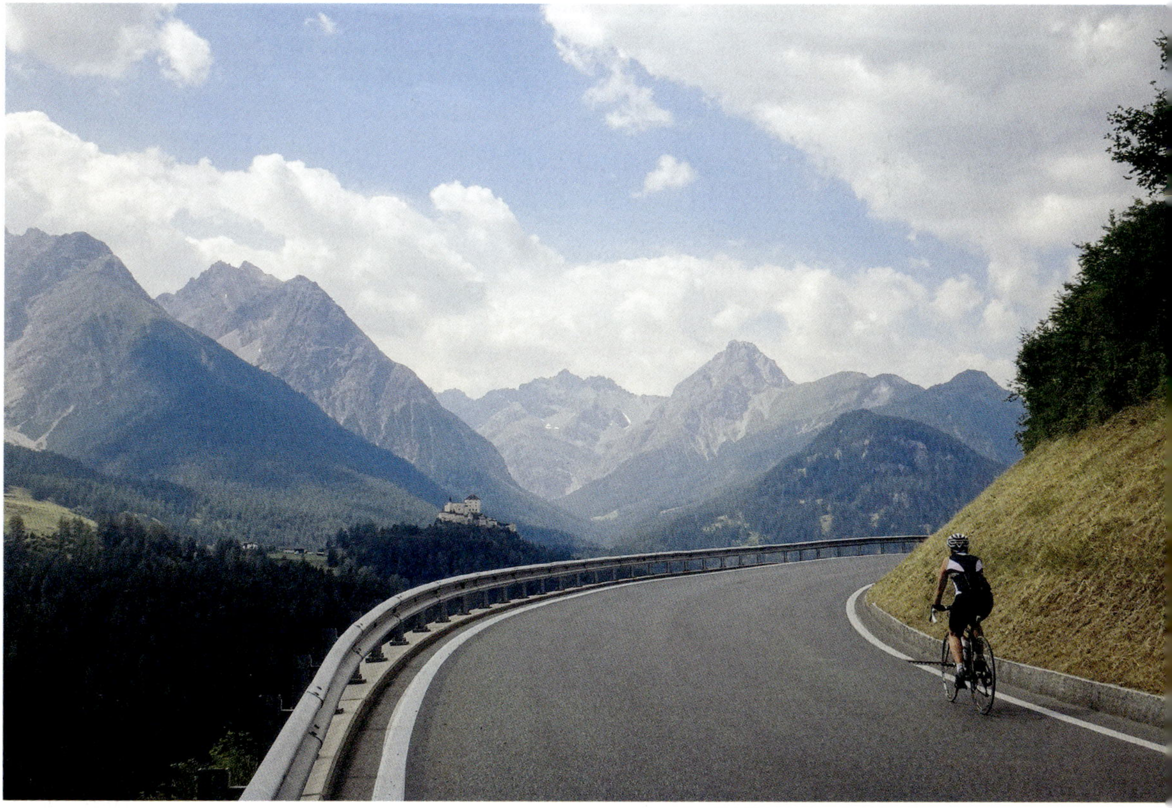

Die heutige Etappe führt uns über den Gampenpass und den Mendelpass von Meran nach Kaltern. Wir können uns auf herrliche Ausblicke über das Etschtal und das Nonstal freuen. Die Strecke beginnt mit einer minimalen Steigung von Meran über Marling ins fünf Kilometer entfernte Lana – also optimal, um uns aufzuwärmen. In Lana beginnt der Anstieg zum Gampenjoch (1512 m). Auf 17,5 Kilometern überwinden wir insgesamt 1202 Höhenmeter mit einer maximalen Steigung von 8,5 Prozent. Insgesamt ist dieser Pass also angenehm in gleichmäßigem Tretrhythmus zu befahren.

Entlang der Strecke befinden sich mehrere kleine Tunnel, die nicht beleuchtet sind. Ein Rücklicht mitzunehmen ist von Vorteil. Die Straße verläuft fast geradlinig, bis auf zwei Kehren kurz vor der Passhöhe. Im Westen kann man die Laugenspitze (2434 m) erspähen. Im Norden erblickt man den Wechsel (1760 m). Auf der Passhöhe befindet sich linker Hand ein Restaurant mit einer schönen Terrasse. Vom Gampenjoch können wir uns 13 Kilometer lang talwärts bis nach Fondo der Geschwindigkeit hingeben. Die Steigung beträgt auf der Südseite des Passes maximal 6 Prozent. Fondo liegt im oberen Nonstal, im Norden der Provinz Trentino, und ist der Hauptort des Val di Non am Rande der Adamello-Presanella-Gruppe.

Das Nonstal erstreckt sich im nordwestlichen Trentino und wird vom Fluss Noce durchflossen. Das Gebiet besteht aus drei aneinandergereihten Hochebenen, die durch tiefe Schluchten und Klammen voneinander getrennt sind. Die Region ist sehr bekannt für ihren Anbau von Äpfeln. Die Obstplantagen sind weit übers Tal verstreut, und im Frühjahr kann man das rosafarbene Meer der Apfelblüte bestaunen. Eine der Hauptattraktionen ist der Rio Sass in Fondo, der im Lauf der Jahrhunderte einen Canyon gegraben hat und praktisch mitten durch den Ort führt. Der Canyon ist bis zu 90 Meter tief; man kann diesen geführt über eine Reihe von hängen-

*Im Nonstal führt die Fahrt durch weitläufige Apfelplantagen.*

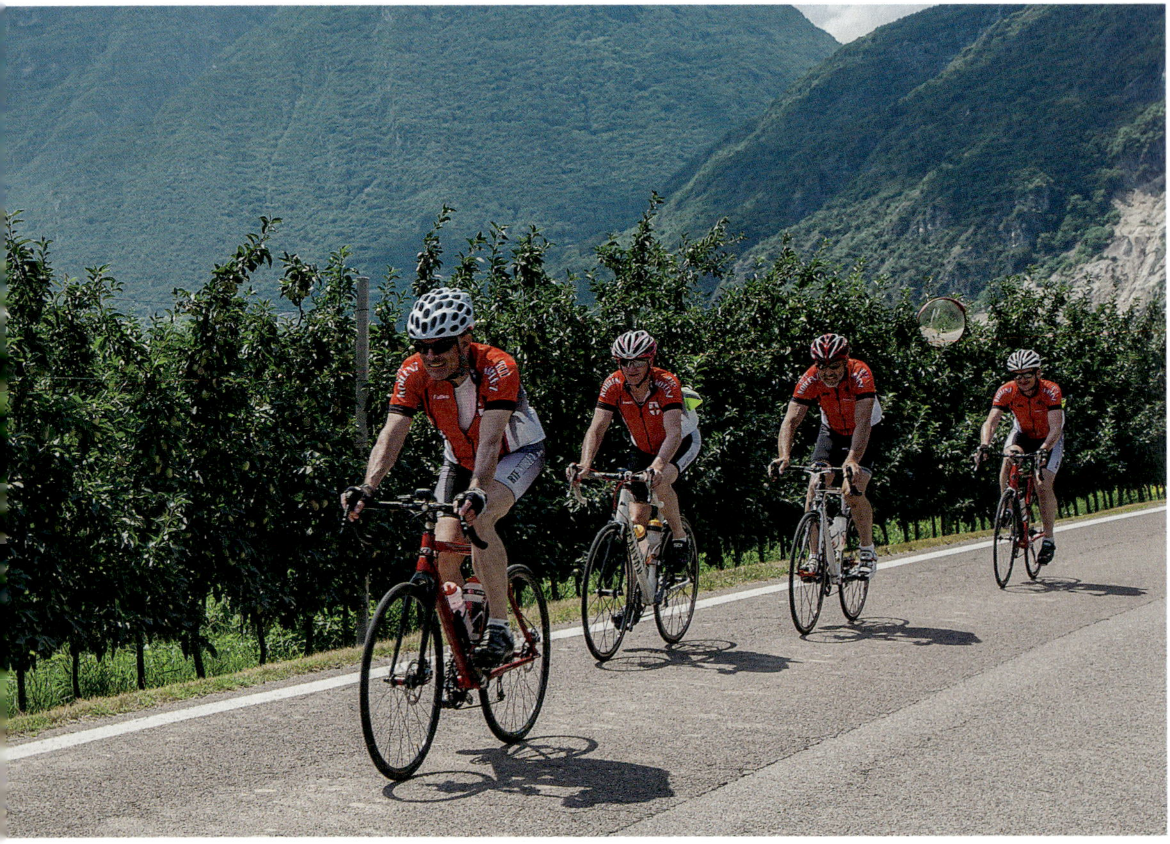

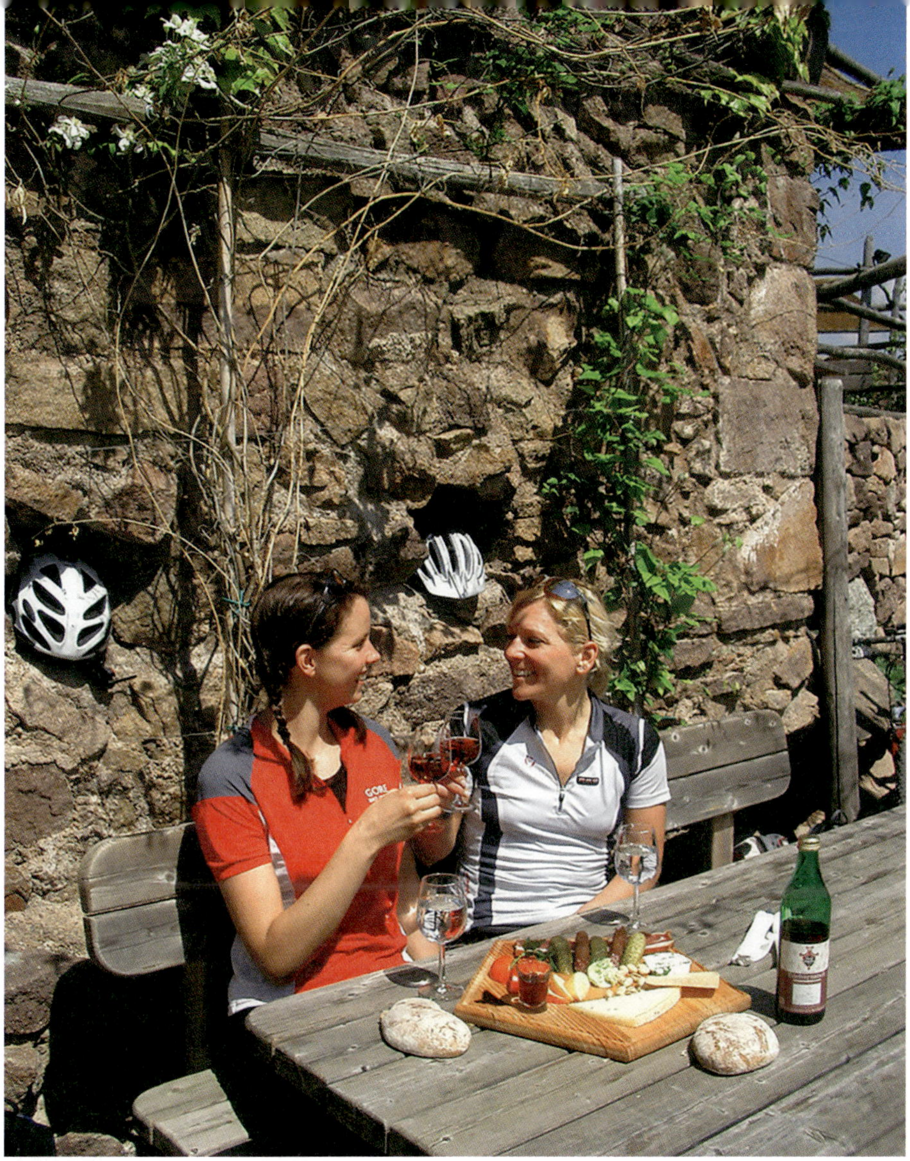

*Die zahlreichen Südtiroler Spezialitäten lassen wir uns nicht entgehen …*

den Laufstegen und Treppen erkunden. Eine weitere Besonderheit der Region ist der beeindruckende Tovelsee, der zu den schönsten Trentiner Bergseen zählt. Eine Fundgrube für historisch Interessierte sind die Burgen und Schlösser, die Palazzi und Adelssitze, die freskenverzierten Wohnhäuser und die kunstreichen Sakralbauten.

Über das Gampenjoch ist Fondo mit Meran in Südtirol und über den Mendelpass mit Bozen verbunden. Der Ort bildet für viele Touristen einen Ausgangspunkt für Wanderungen auf den Mendelkamm, ins Brenta-Gebirge und ins Ortlermassiv. Nördlich von Fondo liegt das deutschsprachige Deutschnonsberg, welches zu Südtirol gehört. Das Dorf macht einen verschlafenen Eindruck – und die Häuser liegen weit über das Tal verstreut.

Vom Ausgangspunkt Fondo nehmen wir den Mendelpass (Passo della Mendola) über die Westseite in Angriff. Dieser Pass gilt als Hausberg der Südtiroler Radrennfahrer und ist aufgrund dessen sehr befahren. Zusätzlich ist er stark vom Ausflugsverkehr betroffen. An Wochenenden sollte man ihn möglichst meiden. Im Westen des Mendelpasses verläuft die S42 ohne Kehren mit durchschnittlich 4,5 Prozent Steigung. Mit einer maximalen Steigung von 12 Prozent geht es über Ronzone und Ruffrè. Wir erreichen nach 9 Kilometern die Passhöhe auf 1363 Metern.

Der Mendelpass ist der tiefste Einschnitt des

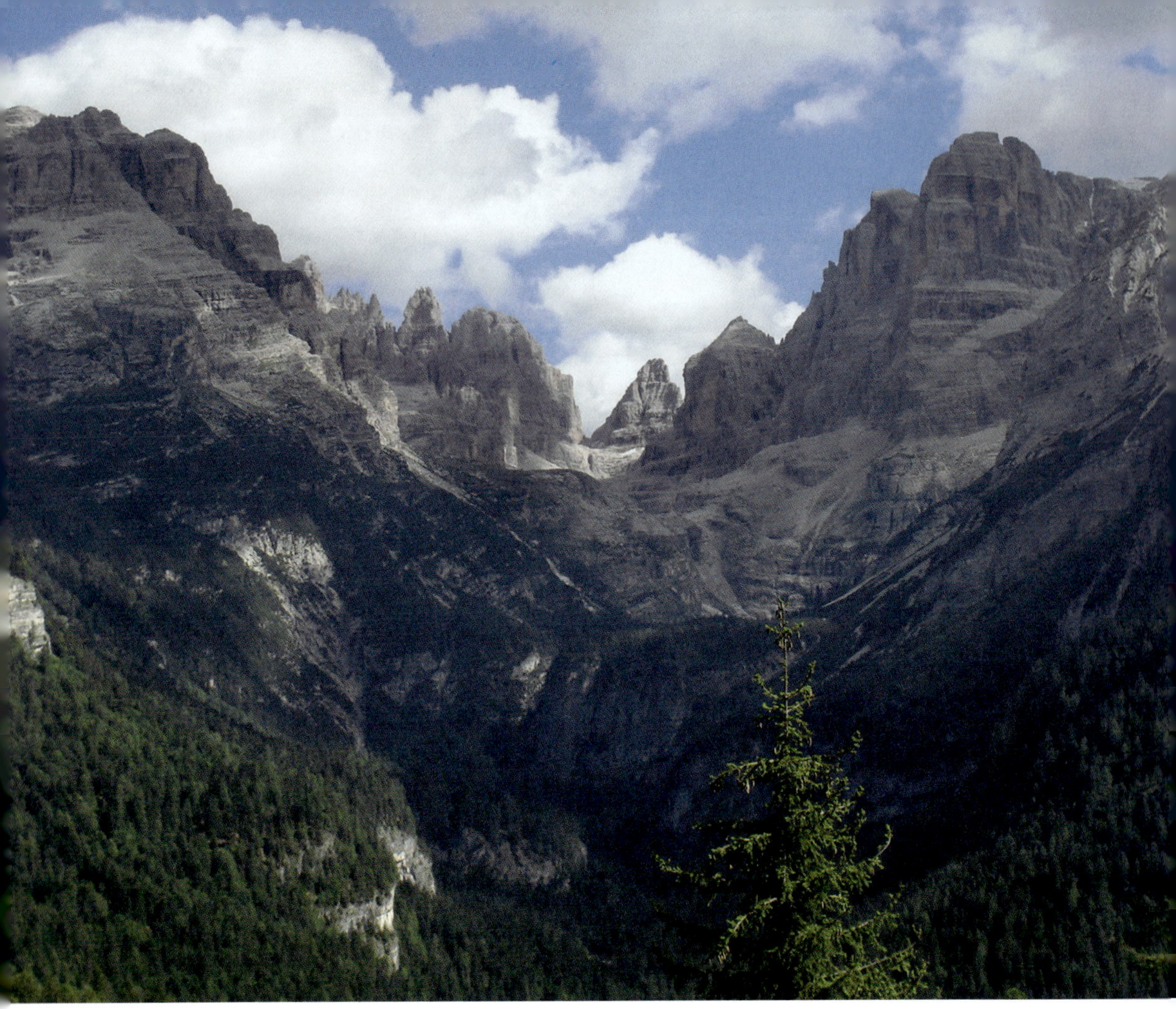

*Die Felsburgen der Brentagruppe über Madonna di Campiglio*

*Rechte Seite oben: Kühlung für die strapazierten Füße …*

*Rechte Seite unten: Das Ziel in Riva ist erreicht!*

Mendelkamms zwischen dem 1737 Meter hohen Monte Pénegal im Norden und dem 2116 Meter hohen Monte Roen im Süden. Der Pass verbindet auf 1363 Metern das Überetsch bei Eppan mit dem Nonstal bei Fondo. Der Mendelpass ist seit jeher die Sprachgrenze zwischen dem deutschsprachigen und dem italienischsprachigen Südtirol. Die Passhöhe ist wenig spektakulär. Auf eine schöne Aussicht muss dennoch nicht verzichtet werden. Rechter Hand zweigt die Straße zum Monte Pénegal ab. Folgt man dieser Auffahrt, erreicht man nach vier Kilometern und einem Höhenunterschied von 358 Metern das Hotel Facchin. Vom Aussichtspunkt dort genießt man einen herrlichen Panoramablick über die Ortler-, Presanella- und Brentagruppe im Westen, im Osten über Sarntaler, Ötztaler und Zillertaler Alpen und im Norden über die Dolomiten. Die zu bewältigenden Steigungen betragen anfangs 10 Prozent, später 12 Prozent und die letzten 300 Meter 18 Prozent. Aber die Mühen werden, wie bereits geschildert, sehr belohnt.

Beim Abstieg ins Tal sind 17 Kehren zu durchfahren. Die Passstraße führt weite Strecken am Mendelkamm entlang. Bis zur Abzweigung der SP14 geht es 15 Kilometer lang bergab. Das Gefälle liegt zwischen 5,7 und maximal 10 Prozent. Von Eppan folgen wir noch ein kleines Stück der Weinstraße und gelangen schließlich

**WICHTIGE ADRESSEN 3**

***Übernachtung:*** Weisses Rössl, Marktplatz 11, I-39052 Kaltern Dorf, Tel. +39/0471/96 31 37, www.weisses-roessl-kaltern.com; Hotel Jagdhof Torgglhaus, Bichl 2, I-39052 Kaltern, Tel. +39/0471/96 34 21, www.torgglkeller.com

***Restaurant:*** Zum Turm – Restaurant, Gasthof, Weinkeller, Andreas-Hofer-Str. 32, I-39052 Kaltern, Tel. +39/0471/96 32 81

***Taxiservice:*** Taxi Walter, Tel. +39/338/693 55 39

nach Kaltern. Das Gläschen Wein als regionales Schmankerl haben wir uns an diesem Tag verdient.

## 4. Etappe: Kaltern – Mendelpass – Fondo – Revo – Male – Madonna di Campiglio – Riva

Der Mendelpass wartet ein zweites Mal darauf, von uns befahren zu werden, dieses Mal jedoch von der Ostseite. Die Etappe führt von Fondo weiter nach Madonna di Campiglio und von dort an den lange herbeigesehnten Gardasee. Wir verlassen das schöne Weindorf Kaltern und fahren bergauf nach St. Nikolaus. Der Tag beginnt mit dem Anstieg über 17 Kehren zur Passhöhe des Mendelpasses. 16 Kilometer und 930 Höhenmeter sind bis zum höchsten Punkt zu bewältigen. Von dort fahren wir hinab nach Fondo, dann weiter nach Revo und über Male nach Madonna di Campiglio. Über Tione geht es nach Ponte Arche und weiter nach Riva an den Gardasee. Das Eintauchen ins kühle Nass entschädigt für alle Strapazen.

### WICHTIGE ADRESSEN 4

***Übernachtung:*** Garni Villa Maria, Via dei Tigli 19, I-38066 Riva del Garda, Tel. +39/0464/55 22 88, www.garnimaria.com; Hotel Villa Miravelle, Via Monte Oro 9, I-38066 Riva del Garda, Tel. +39/0464/55 23 35, www.hotelvillamiravalle.com

***Restaurant:*** Antiche Mura, Via Bastione, 19, I-38066 Riva del Garda, Tel. +39/0464/55 60 63, www.antiche-mura.it

***Taxiservice:*** Coast to Coast, Tel. +39/0360/53 90 90

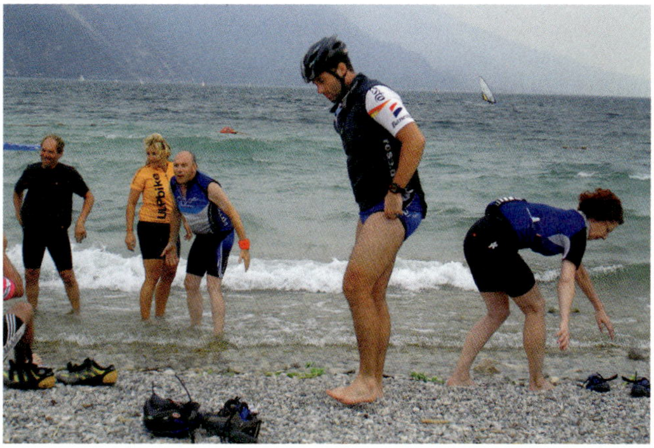

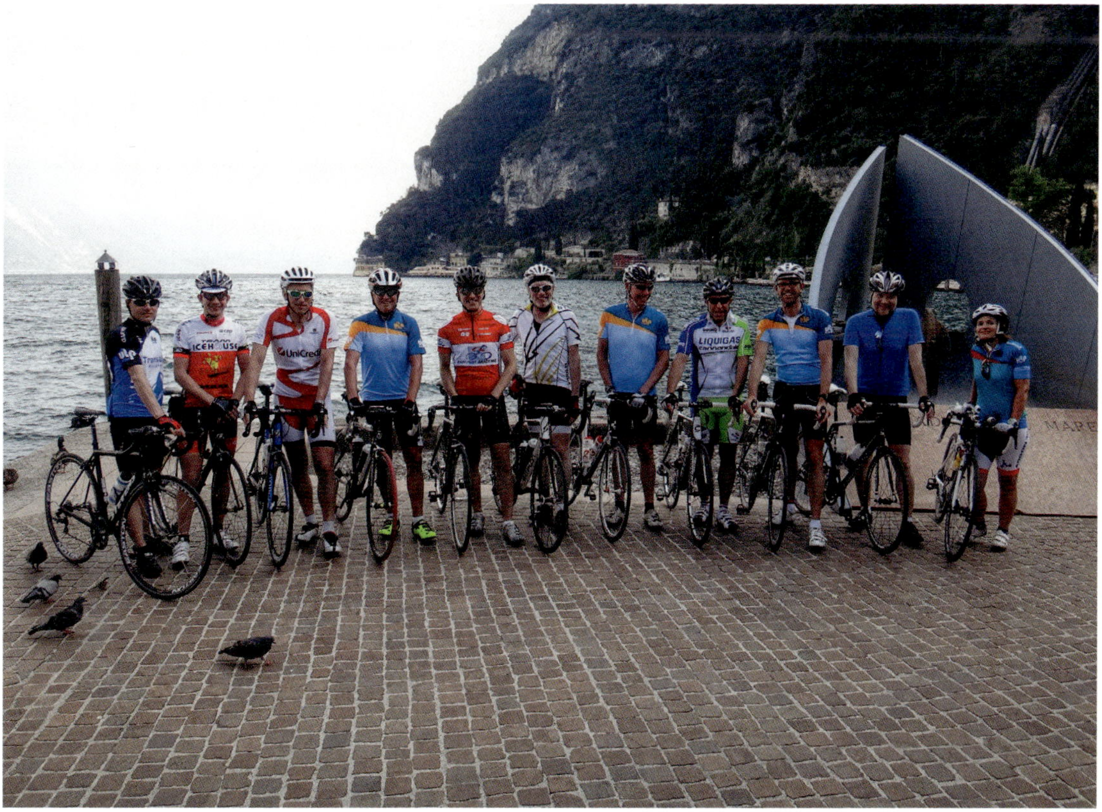

# 1c Für gut Trainierte

## – Pässe in den Stubaier Alpen, am Ortler und in der Brenta

schwer | 650 km | 14 320 hm | 4 Tage

**AUSGANGS-/ENDPUNKT**
Garmisch – Gardasee

**ETAPPEN**
Garmisch – Prutz, ca. 150 km, 3300 hm; Prutz – Meran, ca. 170 km, 3070 hm; Meran – Kaltern, ca. 140 km, 4000 hm; Kaltern – Riva del Garda, ca. 190 km, 3950 hm

**STRECKENVERLAUF**
Garmisch (708 m), Kühtaisattel (2020 m), Piller Höhe (1559 m), Norbertshöhe (1454 m), Umbrailpass (2506 m), Stilfser Joch (2757 m), Jaufenpass (2094 m), Penser Joch (2211 m), Kaltern (407 m), Monte Bondone (1650 m)

**CHARAKTER/ERLEBNISWERT**
Diese anspruchsvolle Tour ist nichts für schwache Beine. Achtung, man könnte dem Pässerausch verfallen: beim Kühtaisattel, beim Umbrailpass, beim klassischen Stilfser Joch, dem Jaufenpass oder Penser Joch.

**SEHENSWERTES**
Stubaier Alpen, Weltkulturerbe Müstair, Ortler, Meran, Südtiroler Weinstraße, Burg Runkelstein

**KARTEN**
freytag & berndt, Tirol, 1:150 000; freytag & berndt, Südtirol–Trentino–Gardasee–Venetien, 1:200 000

**TOURIST-INFO**
Tourist-Info Garmisch-Partenkirchen, Richard-Strauss-Platz 2, 82467 Garmisch-Partenkirchen, Tel. 08821/18 07 00, www.garmisch-partenkirchen.de; Tourist-Info Prutz, Hintergasse 2, A-6522 Prutz, Tel. +43/(0)50 22 55 00, www.tiroler-oberland.com; Kurverwaltung Meran, Freiheitsstraße 45, 39012 Meran, Tel. +39/0473/272/000, www.merano-suedtirol.it; Tourist-Info Kaltern, Marktplatz 8, I-39052 Kaltern, Tel. +39/0471/96 31 69, www.kaltern.com; Tourist-Info Gardasee, Tel. +39/0464/55 44 44, www.visitgarda.com/de/gardasee/

**Diese Tour stellt hohe Ansprüche an die sportliche Leistungsfähigkeit, belohnt dafür aber auch mit gigantischen Ausblicken auf schroffe Gebirgszüge der Alpen. Sie führt uns von Garmisch-Partenkirchen durch das Leutaschtal nach Seefeld in Tirol, an den Stubaier Alpen vorbei nach Oetz und über die Piller Höhe nach Prutz. Wir bezwingen den Umbrailpass und das Stilfser Joch. Über den Jaufenpass erreichen wir Sterzing, um schließlich über das Penser Joch zuerst nach Bozen und dann nach Kaltern zu gelangen. Am letzten Tag überwinden wir das Lavazé-Joch, bewältigen die steile Auffahrt zum Monte Bondone und kommen schließlich am Gardasee an. Wenn das nicht eine herrliche Auswahl an Pässen ist …**

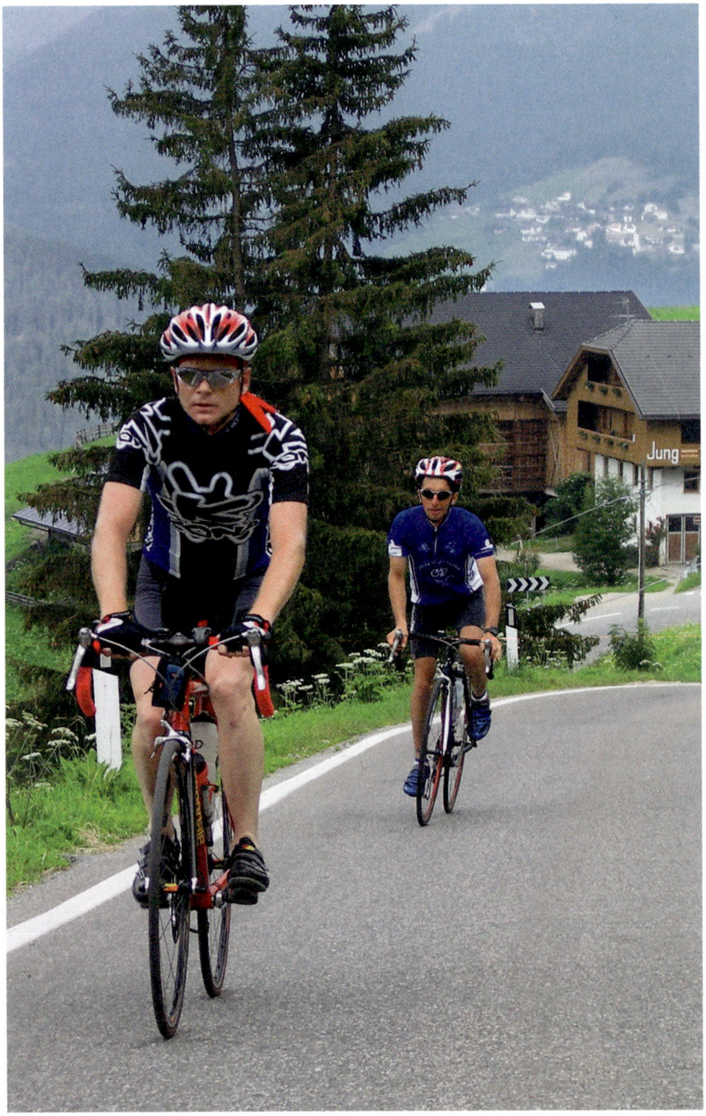

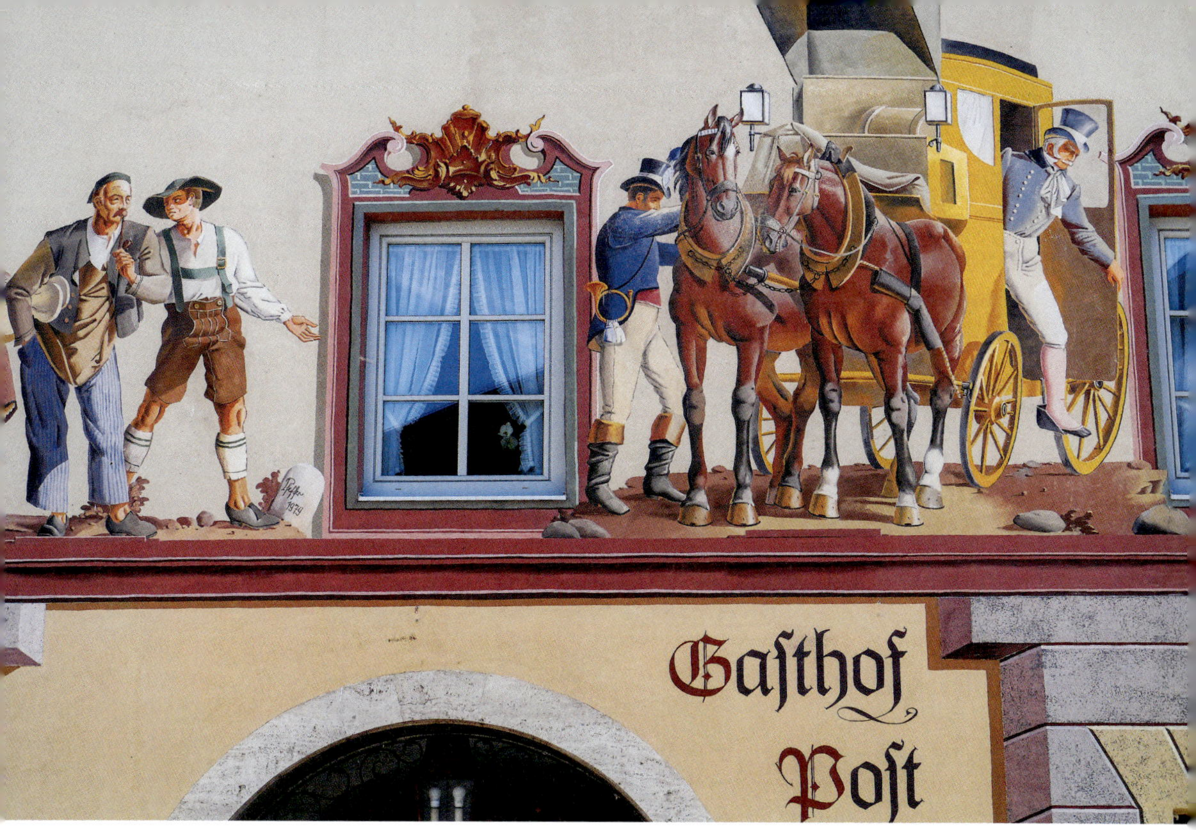


*Mittenwald ist bekannt für seine Lüftlmalereien.*

## 1. Etappe: Garmisch-Partenkirchen – Mittenwald – Telfs – Kematen – Kühtai – Oetz – Piller Höhe – Prutz

Von unserem Startpunkt Garmisch-Partenkirchen auf 708 Meter bis nach Telfs verläuft die Tour gleich wie die Medium-Variante. In Telfs überqueren wir den Inn und fahren auf der Völser Landesstraße L11 über die kleinen österreichischen Dörfer Pfaffenhofen, Flaurling, Polling, Hatting, Inzing, Unterperfuss durch das Inntal bis nach Kematen in Tirol auf 610 Meter. Alternativ kann man auch den Inntal-Radweg bis nach Kematen befahren. Beide Strecken sind sehr flach. Von Kematen aus fahren wir auf den Kühtaisattel auf 2020 Meter. Der Anstieg beträgt insgesamt 22,7 Kilometer bei einem Höhenunterschied von 1407 Metern. Die durchschnittliche Steigung ist mit 6,3 Prozent erträglich. Die maximale Steigung ist 16 Prozent. Es sei darauf hingewiesen, dass die Straße leicht kurvig – mit unregelmäßiger Steigung – verläuft. Dabei fällt es schwer, einen rhythmischen Fahrfluss aufrechtzuerhalten. Zudem kann es im Sommer hier richtig heiß werden. Seine Kräfte sollte

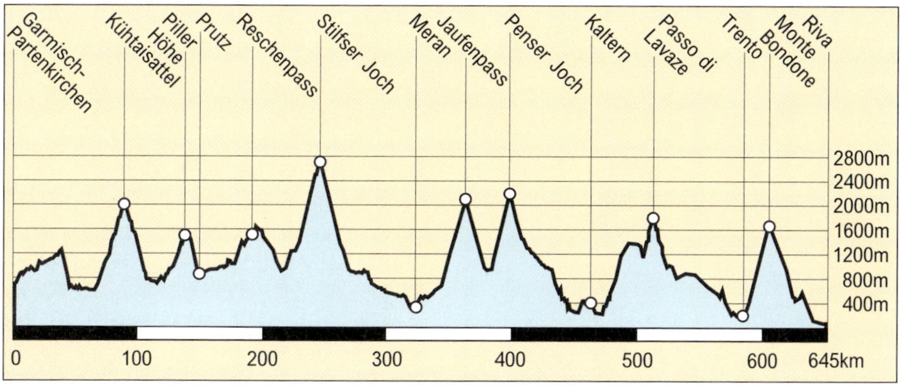


*Linke Seite: Von Oetz geht es steil bergauf Richtung Kühtai.*

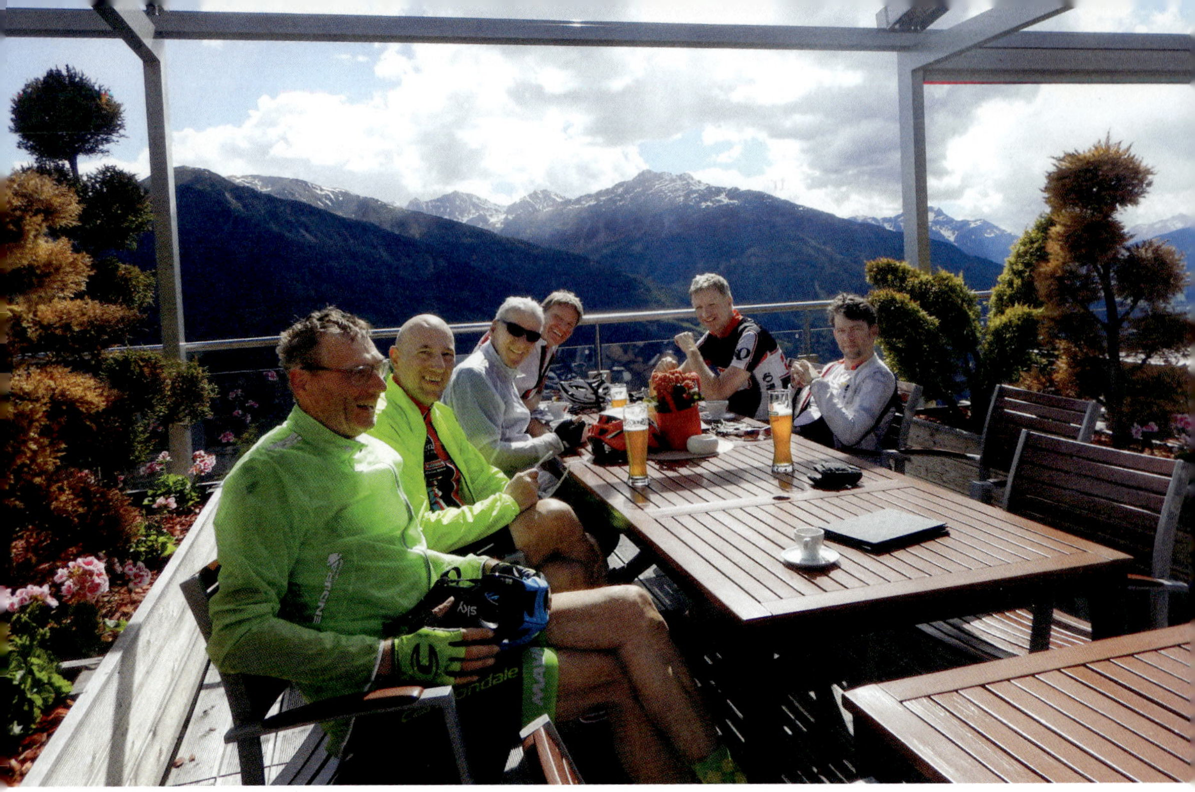

*Im Café »Gacher Blick« lässt sich die Aussicht über das Inntal bei einer kühlen Erfrischung noch besser genießen.*

man sich deswegen gut einteilen und das Pulver nicht gleich zu Beginn verschießen. Wir verlassen das Inntal. Das Becken verengt sich zum Sellrainer Tal und wirkt insgesamt hochalpiner. Stetig aufwärts pedalierend, passieren wir die Dörfer Sellrain (908 m) und Gries im Sellrain (1187 m). Jetzt heißt es kräftig in die Pedale treten, denn es folgen einen Kilometer lang 16 Prozent Steigung. Dann lässt die Steigung wieder etwas nach. Es geht sogar kurzzeitig bergab. Nach einer kurzen Erholungsphase steigt der Weg nach Sankt Sigmund im Sellrain wieder an. Über eine weit geschwungene S-Kurve kommen wir nach Haggen auf 1646 Meter. 5,5 Kilometer einsames Hochtal und zwei Galerien später erreichen wir über eine Steigung von 4,7 Prozent die Ortschaft Kühtai. Sie ist mit 2020 Metern der höchstgelegene Skiort in Österreich. Der Ort um den Kühtaisattel wuchs nach dem Zweiten Weltkrieg sehr schnell zu einem beliebten Urlaubsort. Viele Touristen kommen hier zum Wandern und Skifahren her.

Bis zum eigentlichen Kühtaisattel sind es nur noch wenige Meter. Wir genießen den Ausblick auf den Pirchkogel (2828 m) und den Gaißkogel (2820 m). Wir fahren über zahlreiche Serpentinen hinunter ins 13 Kilometer entfernte Oetz (820 m), das im vorderen Ötztal liegt, in einem weiten Tal zwischen zwei Bergsturzlandschaften. Im Rausch der Geschwindigkeit überwinden wir 1208 Meter Höhenunterschied. Vorsicht: Manchmal befinden sich Kühe auf der Fahrbahn.

Das Ötztal befindet sich seitlich des Inntals in Tirol und ist 65 Kilometer lang. Es ist das längste Seitental des Inntals und außerdem das längste Quertal der Ostalpen. Im Westen begrenzen die Ötztaler Alpen das Tal und im Osten die Stubaier Alpen. In diesem Tal befinden sich die fünf Gemeinden Sautens,

### WICHTIGE ADRESSEN 1

***Übernachtung:*** Hotel Vier Jahreszeiten, Bahnhofstr. 23, 82467 Garmisch-Partenkirchen, Tel. 08821/91 60, www.vierjahreszeiten.cc; Gasthof zur Linde, Badgasse 11, 82467 Garmisch-Partenkirchen, Tel. 08821/964 60 54; Gasthof Gemse, Dorfstr. 15, A-6522 Prutz, Tel. +43/(0)5472/62 04; Hotel Post, Dorfstr. 1, A-6522 Prutz, Tel. +43/(0)5472/62 17, www.postprutz.at

***Restaurants:*** Restaurant Schatten, Sonnenbergstr. 10–12, 82467 Garmisch-Partenkirchen, Tel. 08821/943 08 90, www.hotel-schatten.de; Pizzeria Esperanto, Entbruck 94, A-6522 Prutz, Tel. +43/(0)5472/63 67

***Taxiservice:*** Taxi Huber Garmisch-Partenkirchen, Tel. 08821/41 79; Engelberts Taxi, Prutz, Tel. +43/(0)5472/202 88

Oetz, Umhausen, Längenfeld und Sölden. Es ist vor allem durch seine großen Wintersportgebiete sehr bekannt.
Von Oetz fahren wir über die Bundesstraße über Brunau und Ambach in Richtung Ötztal-Bahnhof. Wir biegen links in die Tiroler Bundesstraße und kurz vor Brennbichl dann ein zweites Mal nach Arzl im Pitztal ab. Die restliche Route verläuft, wie in der Medium-Route bereits beschrieben, über die Piller Höhe nach Prutz, wo wir übernachten.

## 2. Etappe: Prutz – Norbertshöhe – Nauders – Glurns – Müstair – Umbrailpass – Stilfser Joch – Meran

Von Prutz starten wir – wie bereits in den anderen beiden Routen beschrieben – durch das flache Inntal bis nach Pfunds. Kurz danach folgt unser erster größerer Anstieg. Über Martina in der Schweiz fahren wir über die Norbertshöhe nach Nauders (auch bereits in der Beginner-Route beschrieben), und über den leicht ansteigenden Reschenpass erreichen wir Italien. Es geht stetig bergab durch den wunderschönen Vinschgau, vorbei an den traditionellen Südtiroler Dörfern Burgeis, Schleis und Laatsch. Mit aufgewärmten Muskeln erreichen wir das Festungsstädtchen Glurns. Jetzt wird es anstrengend. Wir haben vor, über den Umbrailpass und über das Stilfser Joch nach Prad zu gelangen. Von Glurns fahren wir heute ein zweites Mal in die Schweiz. Wir durchfahren das Münstertal mit seinem Hauptort Münster und gelangen nach Sta. Maria im Münstertal auf 1275 Meter.
In Münster lohnt es sich, das Benediktinerkloster St. Johann, das Wahrzeichen der Gemeinde Val Müstair, zu besichtigen. Die mittelalterliche Klosteranlage stammt aus der Karolingerzeit, und Kunstliebhaber können hier mittelalterliche Sakralarchitektur und den größten erhaltenen Freskenzyklus aus dem 8. und 12. Jahrhundert bewundern.
Über 33 enge Kehren und mit durchschnittlich 11 Prozent Steigung erreichen wir nach 16 Kilometern die Passhöhe des Umbrails auf 2506 Metern Höhe. Neben der Passhöhe selbst befinden sich hier die Zollstation und ein Gasthaus.Teilweise führt die Strecke durch den Wald. Nach der Passhöhe fährt man ein paar Hundert Meter weit bis zur Grenzstation nach Italien. Der Umbrailpass (italienisch Giogo di Santa

*Die Norbertshöhe ist die erste Steigung auf der zweiten Etappe.*

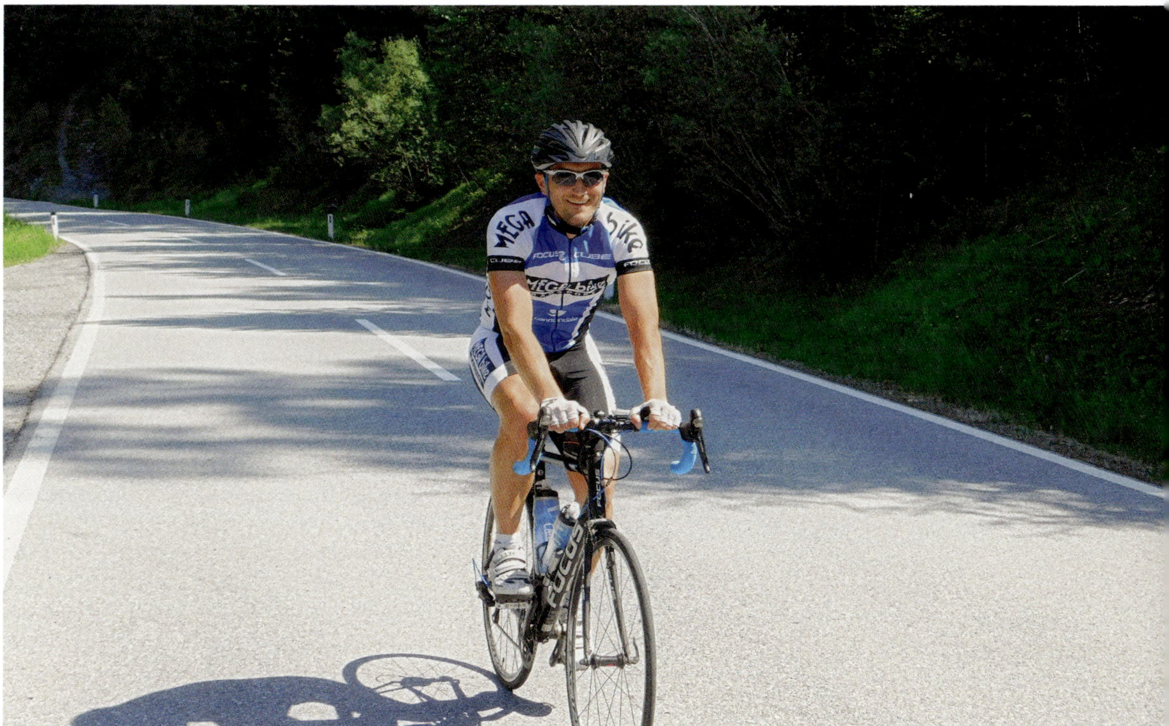

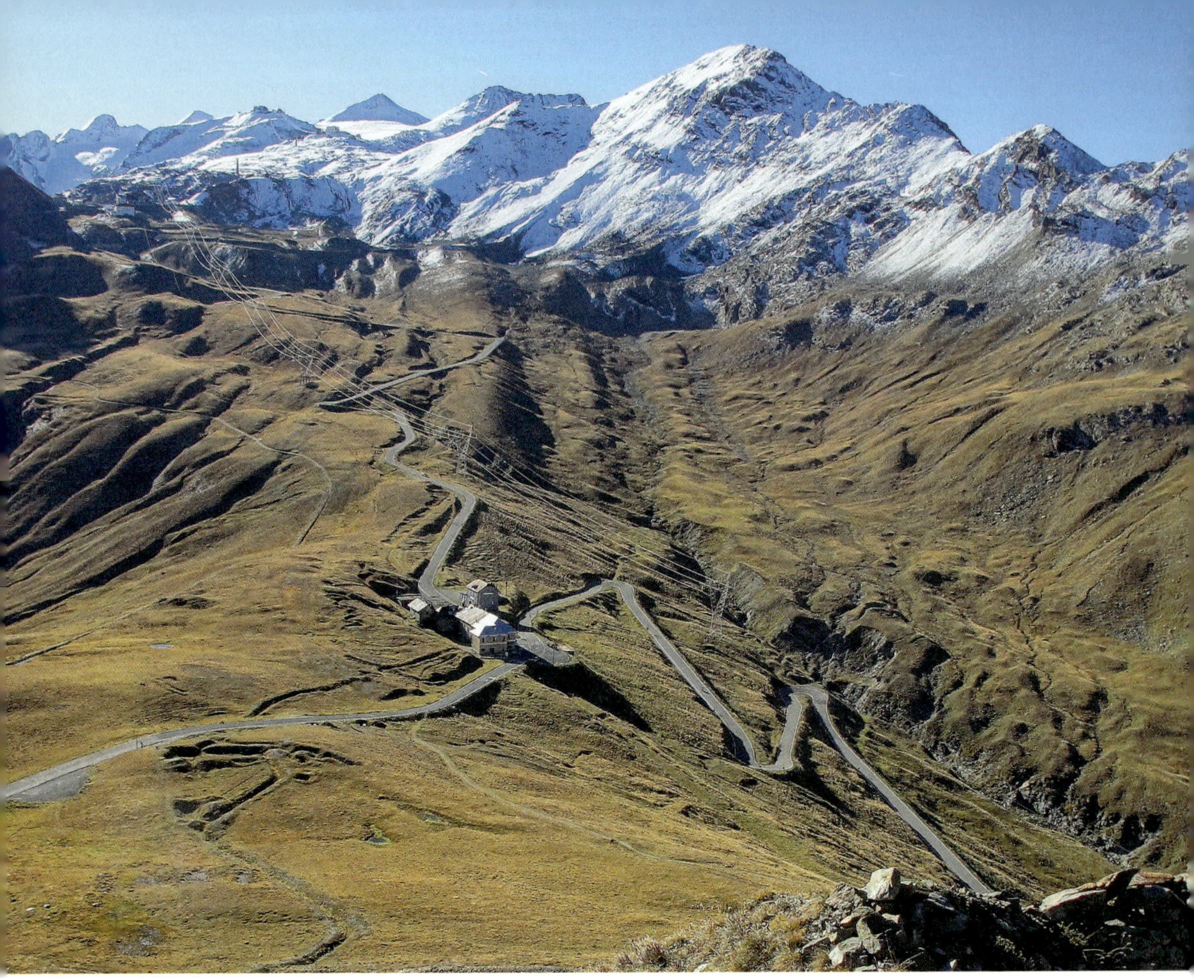

*Der Umbrailpass wird von gewaltigen Berggipfeln überragt.*

Maria, rätoromanisch Pass dal Umbrail, früher auch Wormser Joch) ist der höchste Schweizer Straßenpass. Er verbindet das Münstertal bei Santa Maria im Kanton Graubünden mit dem Addatal bei Bormio und liegt nahe der italienischen Grenze. 1901 wurde die Straße fertiggestellt. Dieser Pass besitzt auch historische Bedeutung. Bereits im 15. Jahrhundert diente er als wichtiger Handelsverkehrsweg und verband Bormio mit dem Norden. Ein Postkurs führte in dieser Zeit über den Pass. Er bildete außerdem die direkte Fortsetzung der venezianischen Wege über den Gavia und den Mortirolo in Richtung Norden. Im Jahr 1499 sandte der Herzog von Mailand Truppen über diesen Pass, um Kaiser Maximilian I. militärisch zu unterstützen. Herzog Ludovico Sforza flüchtete im gleichen Jahr auf diesem Weg nach Tirol, als die Franzosen Mailand besetzten.

Es geht weiter bergauf zum Stilfser Joch (2757 m), das im Herzen des gleichnamigen Nationalparks, eingeschlossen von der Ortlergruppe und dem Münstertal, liegt. Auf diesem letzten Stück sind, auf einer Länge von 3,5 Kilometern, noch einmal 269 Höhenmeter zu überwinden. Mit sechs Kehren und einer langen Geraden zum Sattel sind wir am Ziel. Die Luft ist hier schon recht dünn. Hat sich dieser Pass seinen Namen »Königin der Alpenstraßen« verdient? Ja, hat er – sagen wir! Sportlich herausfordernd sind auch andere Pässe, aber die Tatsache, dass es sich um die dritthöchste Passstraße der Alpen und um die

## WICHTIGE ADRESSEN 2

***Übernachtung:*** Hotel Residenz Flora, Via XXX Aprile 2, I-39012 Meran, Tel. +39/0473/44 83 35, www.merano-flora.it, Preise: ab € 43 inkl. Frühstück; Hotel Zima, Winkelweg 83, I-39012 Meran, Tel. +39/0473/23 04 08, www.hotelzima.com, Preise: ab € 46 inkl. Frühstück

***Restaurant:*** Gasthof Rainer, Laubengasse 266, I-39012 Meran, Tel. +39/0473/23 61 49

***Taxiservice:*** Taxi Service Meran, Tel. +39/0473/21 26 42

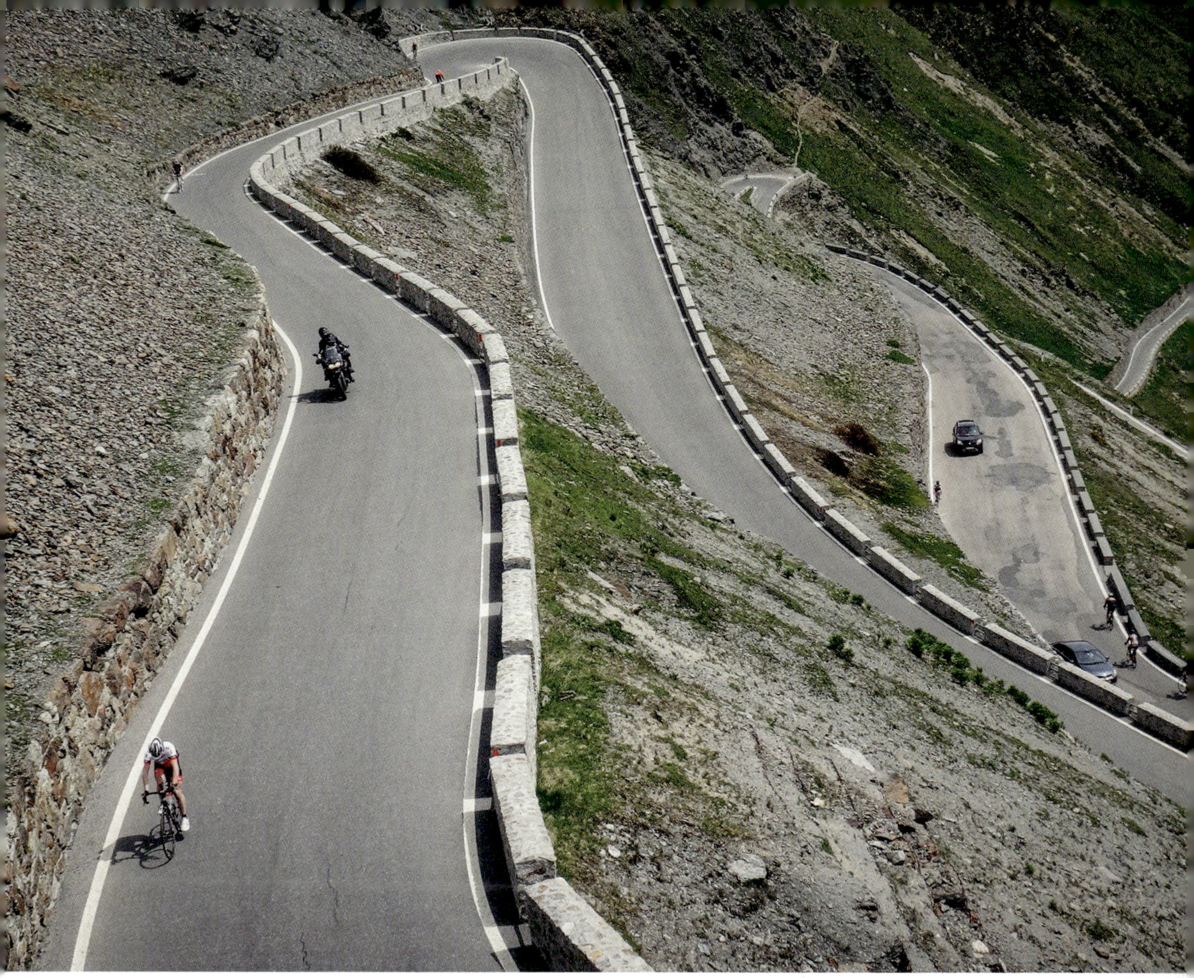

kehrenreichste der Ostalpen handelt, gepaart mit landschaftlich herrlichen Aussichten über die Bergwelt der Ortlergruppe und Ausblicken über den nahen Vinschgau, macht diesen Pass zu etwas Besonderem. Das zieht natürlich auch viele Radler und Ausflügler an. Auf dem Pass herrscht meist ein reges Treiben.

Der Großteil der Berggruppe liegt im italienischen Südtirol, weitere Teile im Trentino, in der Lombardei und im schweizerischen Graubünden. Der Gebirgsstock ist 40 Kilometer breit und 50 Kilometer lang und besitzt zahlreiche Gletscher. Den höchsten Berg bildet mit 3905 Metern der Ortler. Zentrale Gebirgsspitze ist der Monte Cevedale beziehungsweise die ihm vorgelagerten Zufallspitzen. Weitere Hauptgipfel sind außerdem die Königsspitze und der Monte Zebrù. Zum Ortlergebiet zählen insgesamt über 70 Dreitausender.

Die Abfahrt nach Prad ist rasant, erfordert aber auch höchste Konzentration, da sich die Fahrbahndecke teilweise in schlechtem Zustand befindet. Von Prad führt die Strecke gemütlich bergab entlang des Etschtals nach Meran.

## 3. Etappe: Meran – Sterzing – Penser Joch – Bozen – Kaltern

Die heutige Etappe führt uns auf den Spuren des legendären Freiheitskämpfers Andreas Hofer entlang. Er genießt in Österreich den Status eines Nationalhelden, denn er gilt als Anführer der Tiroler Aufstandsbewegung von 1809. Während der Befreiungskriege im Jahr 1809 führte er die Tiroler insgesamt dreimal siegreich zum Kampf gegen Napoleon an. Nach einer folgenden Niederlage gegen Bayern wurde er jedoch festgenommen und am 20. Februar 1810 hingerichtet.

Die Ortschaften St. Leonhard und Kalch am Jaufenpass sind historische Orte, in denen man mit der Geschichte Hofers in Kontakt kommt. Der Jaufenpass liegt in Südtirol, an nördlichster Stelle der inneritalienischen Alpenpässe. Die Scheitelstrecke verbindet das Passeiertal

*Das Stilfser Joch mit seinen 48 Kehren ist einer der beliebtesten Gebirgspässe unter Rennradfahrern.*

bei St. Leonhard in Passeier mit dem Wipptal bei Sterzing. Umgeben ist dieser Pass von den Ötztaler Alpen im Norden und von den Sarntaler Alpen im Süden. Jährlich findet hier auch der Ötztaler Radmarathon statt.

Von unserem Startpunkt Meran fahren wir nördlich in Richtung St. Leonhard im Passeiertal (688 m). Dort beginnt die Passstraße. Der Weg verläuft serpentinenförmig und erreicht Steigungen von höchstens 12 Prozent. Das Landschaftsbild ist geprägt von grünen Weidenhängen und Wäldern. Wir durchqueren Walten bei der Hälfte der Strecke und genießen das schöne Bergpanorama der Texelgruppe. Oben auf der Passhöhe angekommen, lohnt es sich, auf den Westkamm zu steigen, um die herrliche Aussicht zu genießen. Die Nordrampe besitzt engere Kehren, und der Straßenbelag ist an manchen Stellen beschädigt. Die Abfahrt nach Sterzing bereitet dennoch großes Vergnügen.

*Auf geht's zum Jaufenpass!*

Von Sterzing fahren wir südlich über das Penser Joch nach Bozen. Die Auffahrt auf das Penser Joch beträgt 15,7 Kilometer und 1263 Höhenmeter. Mit durchschnittlich 8 Prozent und maximal 13 Prozent Steigung zählt dieser Pass zu den sportlichen Herausforderungen, ist aber gut zu meistern. Nur wenige Kehren gibt es bis zur Passhöhe. Die Abfahrt nach Bozen bringt auf 50 Kilometer mit maximal 12 Prozent Gefälle viel Vergnügen mit sich. Es sei darauf hingewiesen, dass auf den letzten neun Kilometern 22 zwischen 20 und 300 Meter lange Tunnel zu durchfahren sind, um die enge Talferschlucht zu überwinden. Mittlerweile sind diese beleuchtet und weiß getüncht. Dennoch ist Vorsicht geboten und ein Rücklicht zu empfehlen. Kurz vor Bozen erhebt sich in spektakulärer Lage auf einem exponierten Felsen über der Talfer die Burg Runkelstein. Sie erhebt sich am Ausgang des Sarntals auf einem dreiseitig abfallenden Felsen. Die Burg ist aufgrund der gut erhaltenen Fresken sehr berühmt und zieht zahlreiche Liebhaber der Romantik an. Sie wurde im 13. Jahrhundert zur Sicherung der Stadt Bozen ge-

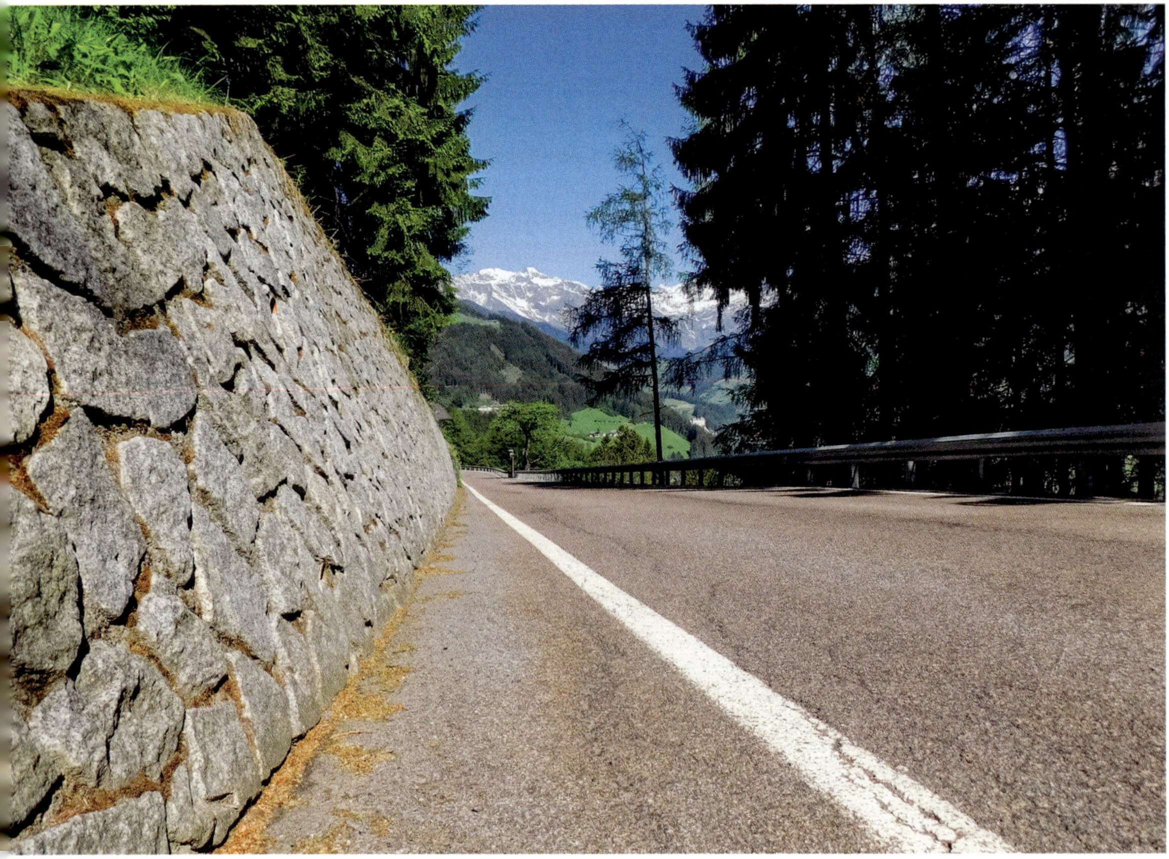

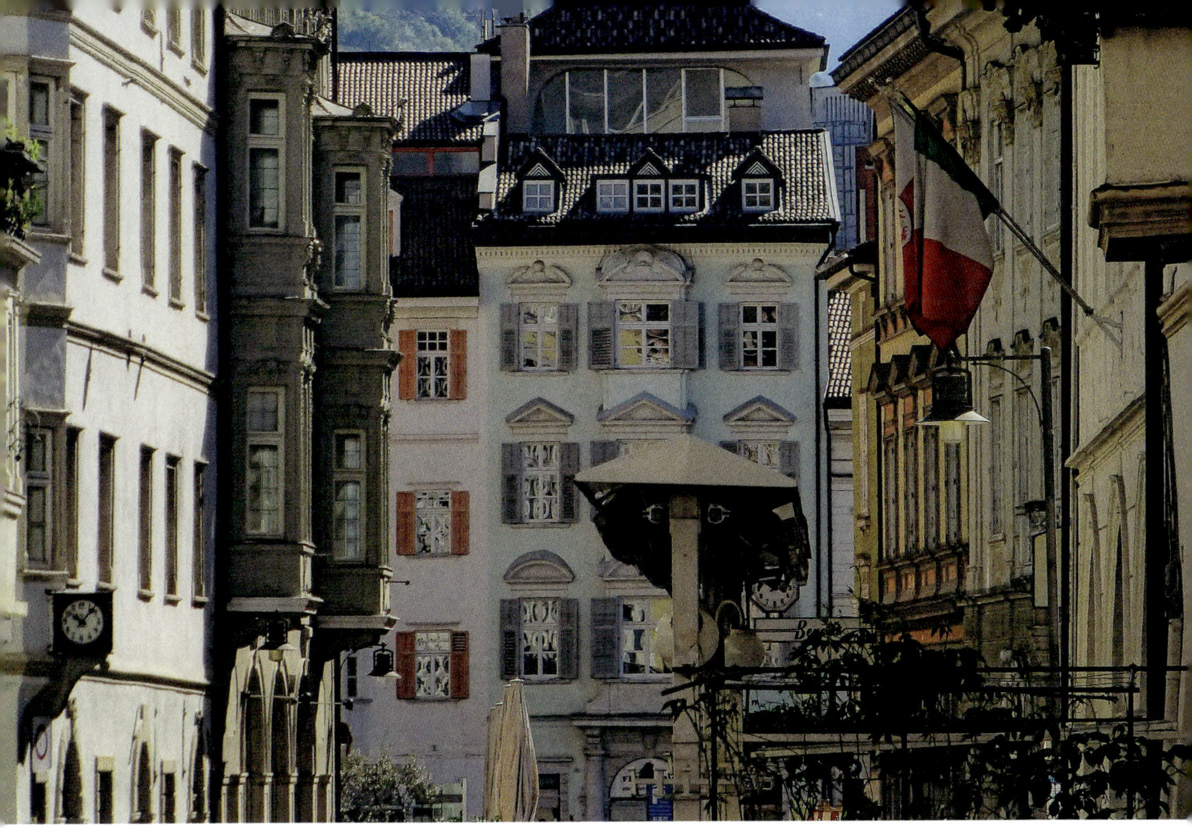

gründet. Im Jahr 1237 erhielten die Gebrüder Friedrich und Beral von Wangen vom Bischof von Trient die Erlaubnis, die Burg zu bauen. Im Jahr 1277 wurde sie im Streit zwischen dem Bischof von Trient und Meinhard II. belagert. Sie wechselte mehrmals den Besitzer und verfiel teilweise. Im 19. Jahrhundert ordnete Kaiser Franz Joseph eine Restaurierung an und schenkte die Burg der Stadt Bozen, die seitdem

**WICHTIGE ADRESSEN 3**

***Übernachtung:*** Weisses Rössl, Marktplatz 11, I-39052 Kaltern Dorf, Tel. +39/0471/96 31 37, www.weisses-roessl-kaltern.com; Hotel Jagdhof Torgglhaus, Bichl 2, I-39052 Kaltern, Tel. +39/0471/96 34 21, www.torgglkeller.com
***Restaurant:*** Zum Turm – Restaurant, Gasthof, Weinkeller, Andreas-Hofer-Str. 32, I-39052 Kaltern, Tel. +39/0471/96 32 81
***Taxiservice:*** Taxi Walter, Tel. +39/338/693 55 39

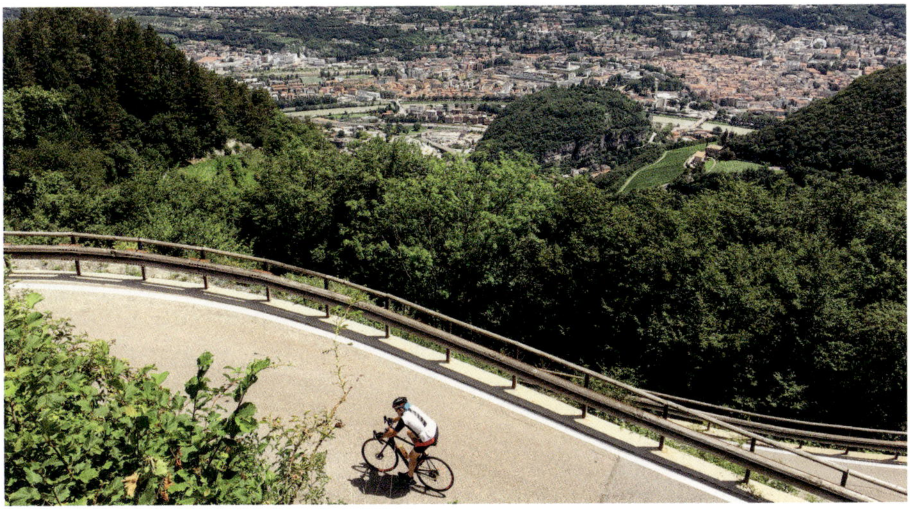

*Oben: In der Bozener Fußgängerzone können wir uns einen Cappuccino genehmigen.*

*Am vierten Etappentag wartet der Monte Bondone auf uns.*

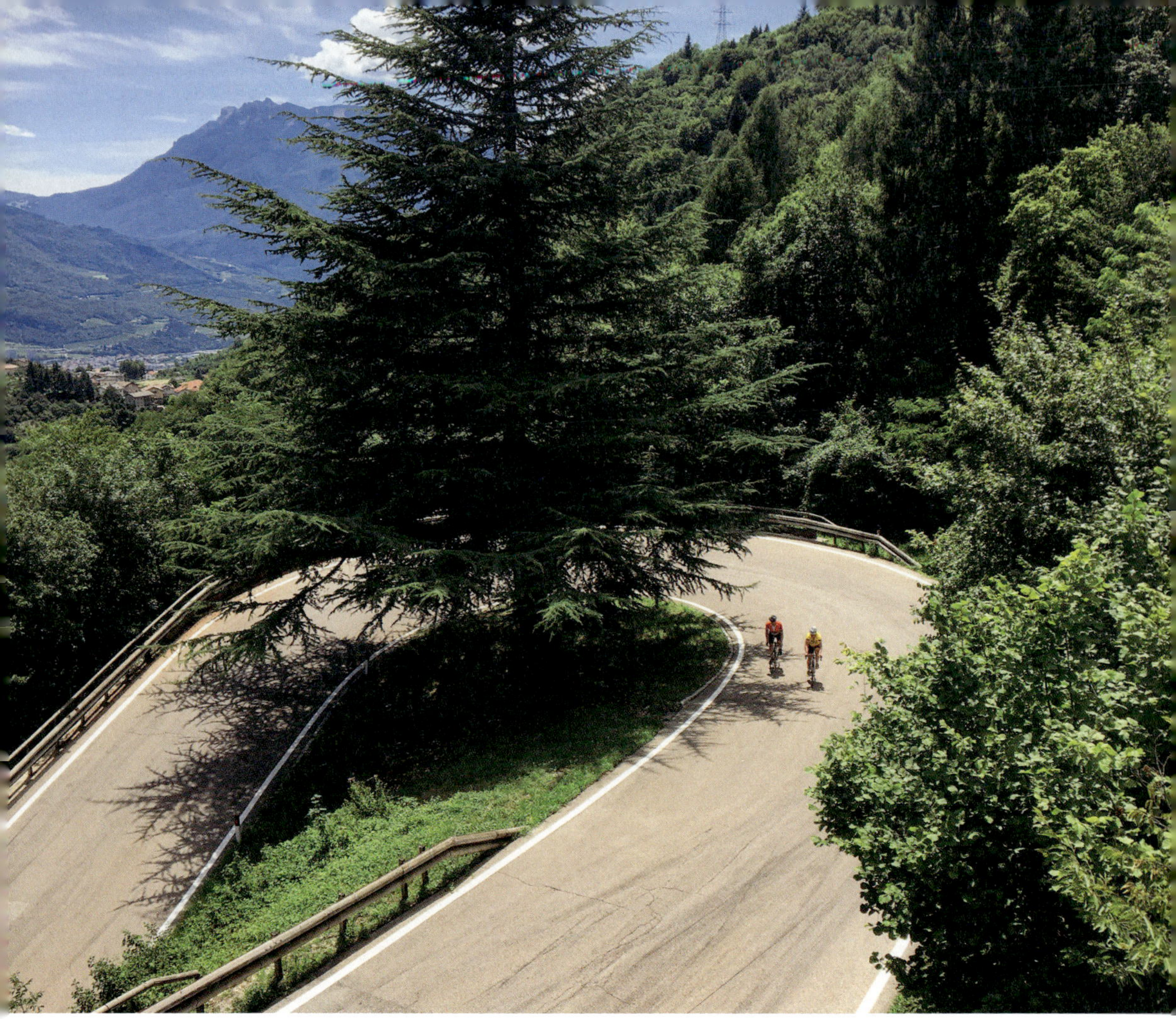

*Der Hausberg von Trento, der Monte Bondone*

für deren Erhalt sorgt. Mit ihrem majestätischen Charakter ist sie definitiv ein Hingucker. Von Bozen fahren wir entlang der Weinstraße nach Kaltern. Für Weinliebhaber bietet sich hier die Möglichkeit, bei einer Weinprobe die regionalen Weinsorten zu testen.

## 4. Etappe: Kaltern – Auer – Montan – Aldein – Deutschnofen – Schwarzenbach – Lavazé-Joch – Cavalese – Lavis – Trento – Monte Bondone – Cavedine – Dro – Riva

Die letzte Etappe führt von Kaltern über das Lavazé-Joch nach Cavalese und weiter nach Trento. Bevor die letzte Abfahrt zum Gardasee lockt, bezwingen wir noch die Auffahrt des Monte Bondone. Wir verlassen Kaltern in Richtung Tramin, fahren dann jedoch über die Dörfer Auer, Montan und Aldein nach Deutschnofen. Nach Birchabruck auf 877 Metern Höhe beginnt die Anfahrt auf das Lavazé-Joch (1805 m). Die Strecke bis zur Passhöhe beträgt 13 Kilometer mit einer durchschnittlichen Steigung von 7,5 Prozent. Bis nach Rauth verläuft die Strecke sehr geradlinig, teilweise durch Waldgebiet. In Rauth gibt es ein Restaurant zum Einkehren. Nach Rauth wird die Straße etwas steiler, es winden sich einige Serpentinen den Pass entlang. Die maximale Steigung ist mit 10 Prozent aber dennoch angenehm. Kurz vor der Passhöhe wird die Straße bereits wieder flacher. Die Aussicht auf der Passhöhe ist beeindruckend. Man sieht von dort das Ortlermassiv, die Gletscher des Alpenhauptkamms, den Rosengarten und hinüber zum Schlernmassiv. Von der Passhöhe fahren wir hinunter nach Cavalese. Über die Dörfer Grauno, Valda, Cembra, Pressano geht es nach Lavis. Wir durchfahren Trento, um den

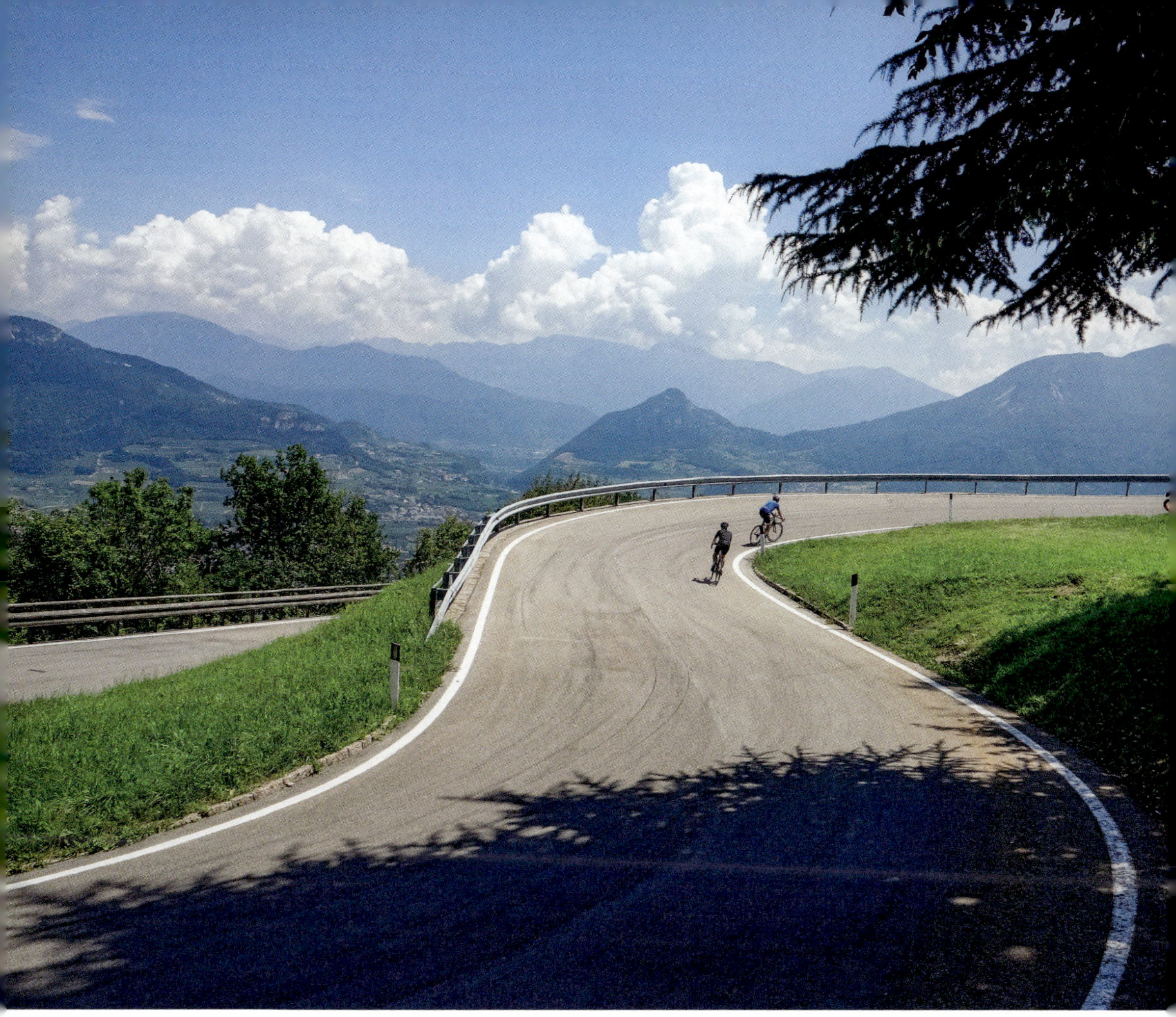

Monte Bondone in Angriff zu nehmen. Er ist der Trainingsberg der Rennradler aus Trient und außerdem der Hausberg von Gilberto Simoni, der 2001 und 2003 den Giro d'Italia gewann.
Von Trento auf 194 Höhenmetern fahren wir über die Etschbrücke in Richtung Riva del Garda und biegen links zum Monte Bondone ab. Jetzt beginnt die steile Auffahrt mit zahlreichen Serpentinen und Kehren. Wir passieren das Dorf Sardagna und quälen uns bis nach Candriai und weiter nach Vaneze auf 1397 Meter zum Monte Bondone. Ablenken können wir uns mit den schönen Ausblicken auf das im Tal liegende Trento. Nahe der Passhöhe hat man einen Blick auf zahlreiche Liftanlagen. Im Sommer herrscht hier weniger Betrieb als im Winter. Die Abfahrt ist nur wenig kurvig und lädt dazu ein, sich dem Rausch der Geschwindigkeit ein weiteres Mal hinzugeben. Wir kommen an den Dörfern Lasino, Cavedine und Drena vorbei und erreichen schließlich Dro. Von hier aus ist der Gardasee nur noch einen Katzensprung entfernt. Wir kommen an Arco vorbei und erreichen schließlich die Uferpromenade von Riva. Jetzt heißt es eintauchen ins Wasser, anstoßen auf die gelungene Tour und das italienische Dolce Vita genießen.

*Kehre für Kehre kurbeln wir uns den Monte Bondone hoch und genießen dabei den Ausblick auf Trento.*

**WICHTIGE ADRESSEN 4**

***Übernachtung:*** Garni Villa Maria, Via dei Tigli 19, I-38066 Riva del Garda, Tel. +39/0464/55 22 88, www.garnimaria.com; Hotel Villa Miravelle, Via Monte Oro 9, I-38066 Riva del Garda, Tel. +39/0464/55 23 35, www.hotelvillamiravalle.com
***Restaurant:*** Antiche Mura, Via Bastione, 19, I-38066 Riva del Garda, Tel. +39/0464/55 60 63, www.antiche-mura.it
***Taxiservice:*** Coast to Coast, Tel. +39/0360/53 90 90

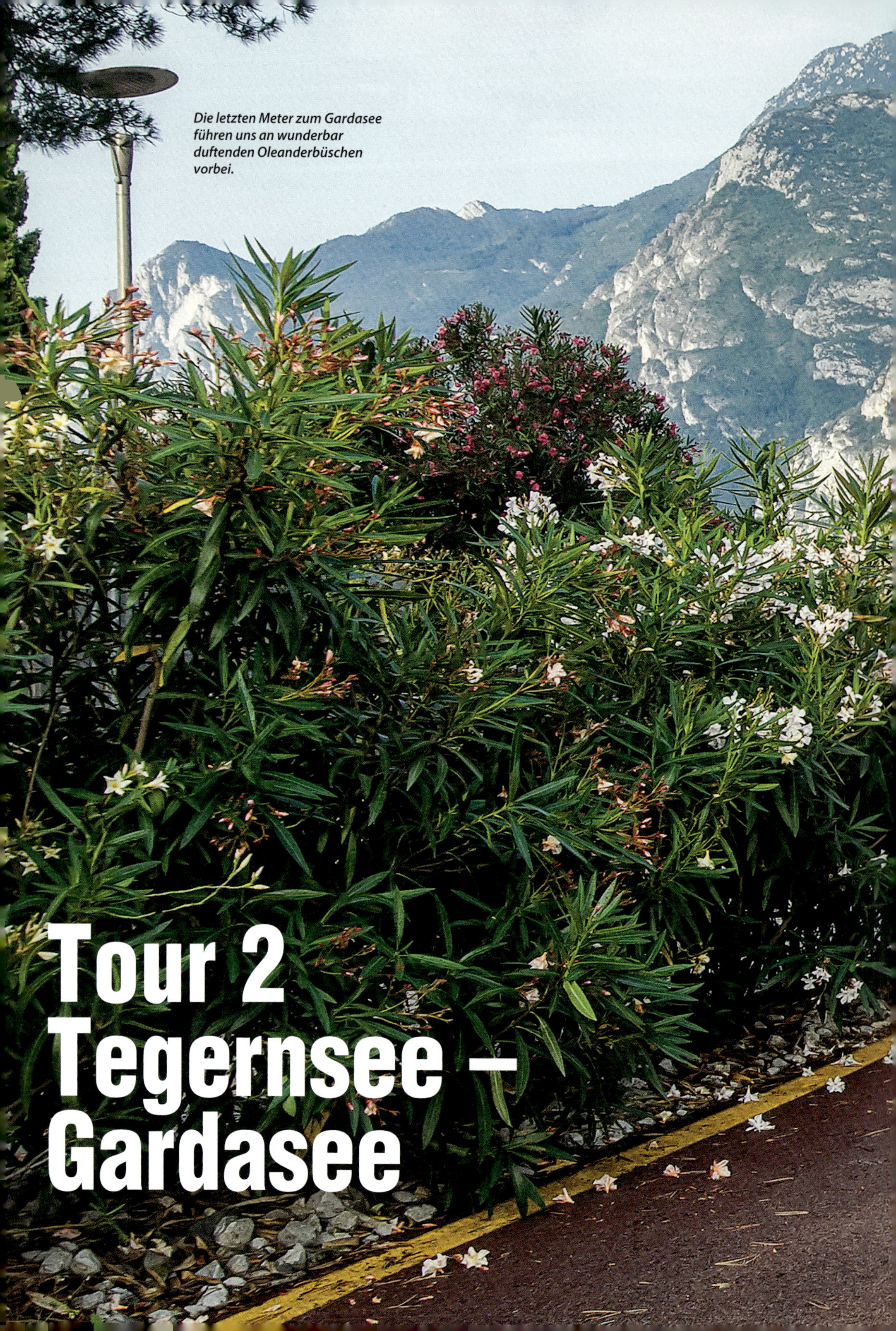

*Die letzten Meter zum Gardasee führen uns an wunderbar duftenden Oleanderbüschen vorbei.*

# Tour 2 Tegernsee – Gardasee

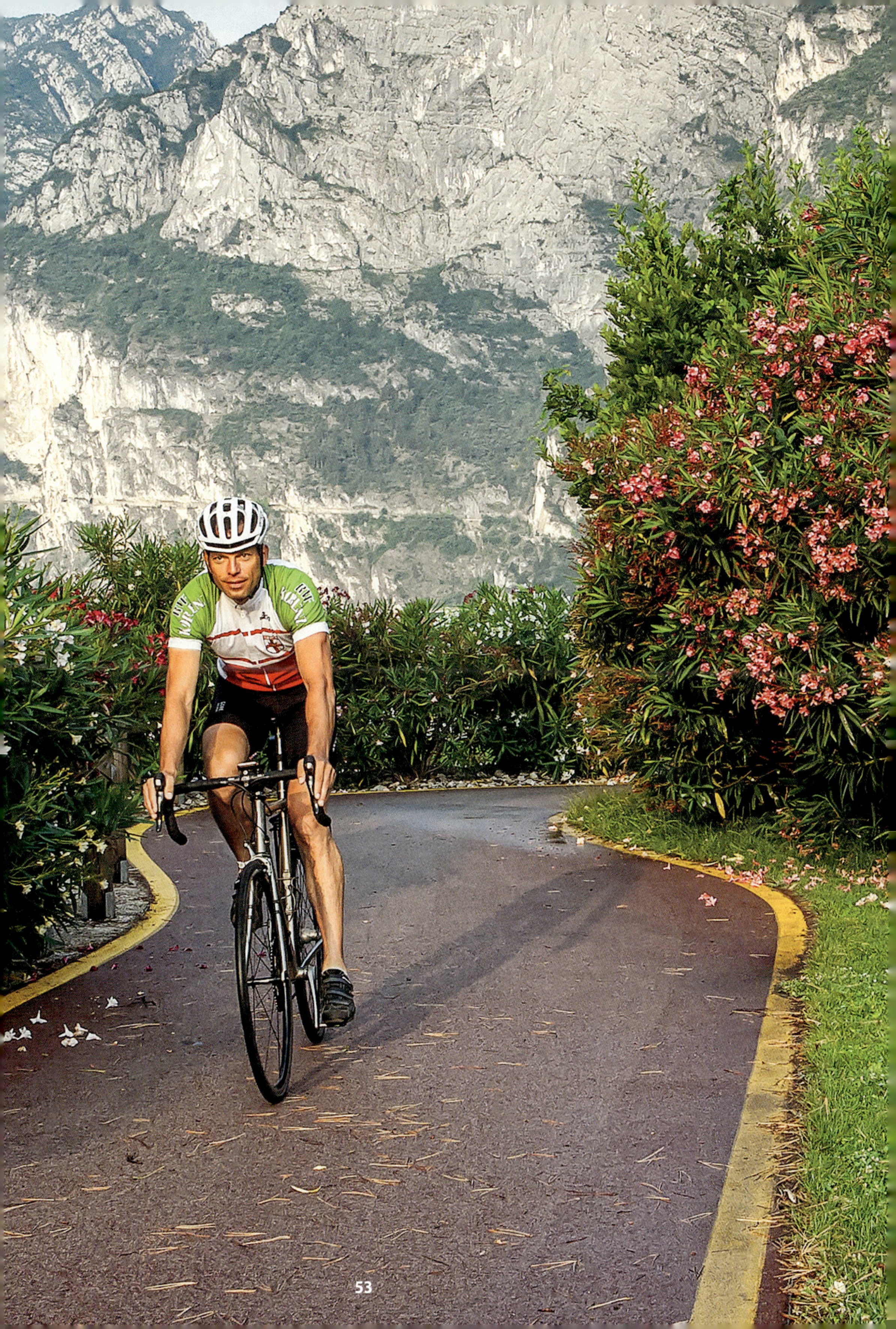

# 2a Für Einsteiger
## – Brenner, Südtiroler Weinstraße und die Ausläufer der Brenta

| leicht | 333 km | 3650 hm | 4 Tage |
|---|---|---|---|

**AUSGANGS-/ENDPUNKT**
Tegernsee – Gardasee

**ETAPPEN**
Bad Wiessee – Gries am Brenner, ca. 120 km, 1520 hm; Gries am Brenner – Tramin, ca. 117 km, 760 hm; Tramin – Ponte Arche, ca. 70 km, 1020 hm; Ponte Arche – Riva, ca. 26 km, 350 hm

**STRECKENVERLAUF**
Achenpass (941 m), Brenner (1374 m), Brixen (559 m), Bozen (262 m), Südtiroler Weinstraße, Brenta, Molveno (864 m), Ponte Arche (400 m), Passo Ballino (763 hm)

**CHARAKTER/ERLEBNISWERT**
Einsteiger-Transalp über den Brenner, durch herrliche Wein- und Apfelplantagen der Südtiroler Weinstraße und des Val di Non samt wundervoller Aussichten auf die bizarren Felstürme der Brenta. Im Hinterland des Gardasees dann vereinen sich alpine mit mediterranen Landschaften – ein krönender Abschluss!

**SEHENSWERTES**
Schloss Ambras Sterzing, Südtiroler Weinstraße, Molvenosee, Brenta, Castel Stenico, Tennosee

**KARTEN**
freytag & berndt, Tirol, 1:150 000; freytag & berndt, Südtirol–Trentino–Gardasee–Venetien, 1:200 000

**TOURIST-INFO**
Tourist-Info Bad Wiessee, Lindenplatz 6, 83707 Bad Wiessee, Tel. 08022/860 30, https://www.tegernsee.com; Tourist-Info Gries am Brenner, Gries 73, A-6156 Gries, Tel. +43/(0)5274/872 37, www.wipptal.at; Tourist-Info Tramin, Mindelheimerstraße 10A, I-39040 Tramin an der Weinstraße, Tel. +39/0471/86 01 31, www.tramin.com; Tourist-Info Gardasee, Tel. +39/0464/55 44 44, www.visitgarda.com/de/gardasee/

**Diese Genießer-Transalp lässt die Herzen von Rennrad-Transalp-Einsteigern mit kulinarischen Highlights und fantastisch abwechslungsreicher Landschaft höherschlagen. Die Tour führt vom Tegernsee über den Alpenhauptkamm am Brenner, durch idyllische Weinberge und Apfelplantagen, vorbei an Südtiroler Burgen im Etschtal. Ab hier bietet sie herrliche Ausblicke auf liebliche Täler und vom Molvenosee aus auf die bizarren Felsgipfel der Brenta. Das gegensätzliche Wechselspiel der Landschaft erreicht seinen Höhepunkt kurz vor dem Gardasee, wo die alpin geprägte Gegend dem italienisch-mediterranen Charakter weicht.**

### 1. Etappe: Bad Wiessee – Achenpass – Gries am Brenner

Wir starten an der Westseite des Tegernsees im Kur- und Kasinoort Bad Wiessee auf einer Höhe von 740 Metern. Von hier aus radeln wir in Richtung Süden entlang der Bundesstraße 318 bis Rottach-Egern. An dieser Stelle verlassen wir den Tegernsee und biegen an der ersten Ampel im Ort nach rechts auf die Achensee-Bundesstraße 307 ein. Diese alte Handelsstraße wurde seit dem 15. Jahrhundert für den Salztransport von Hall nach

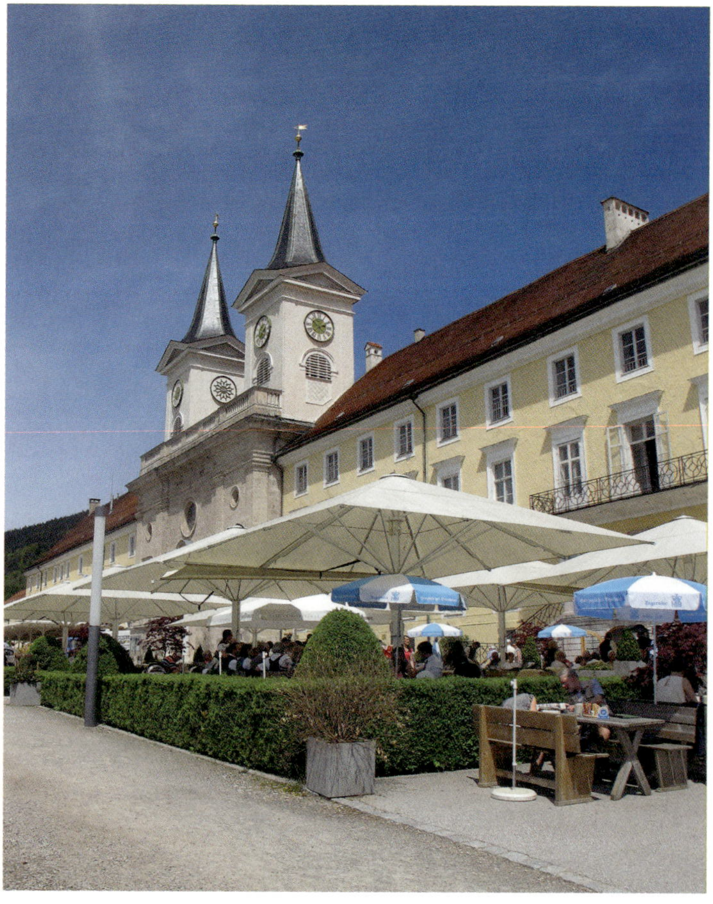

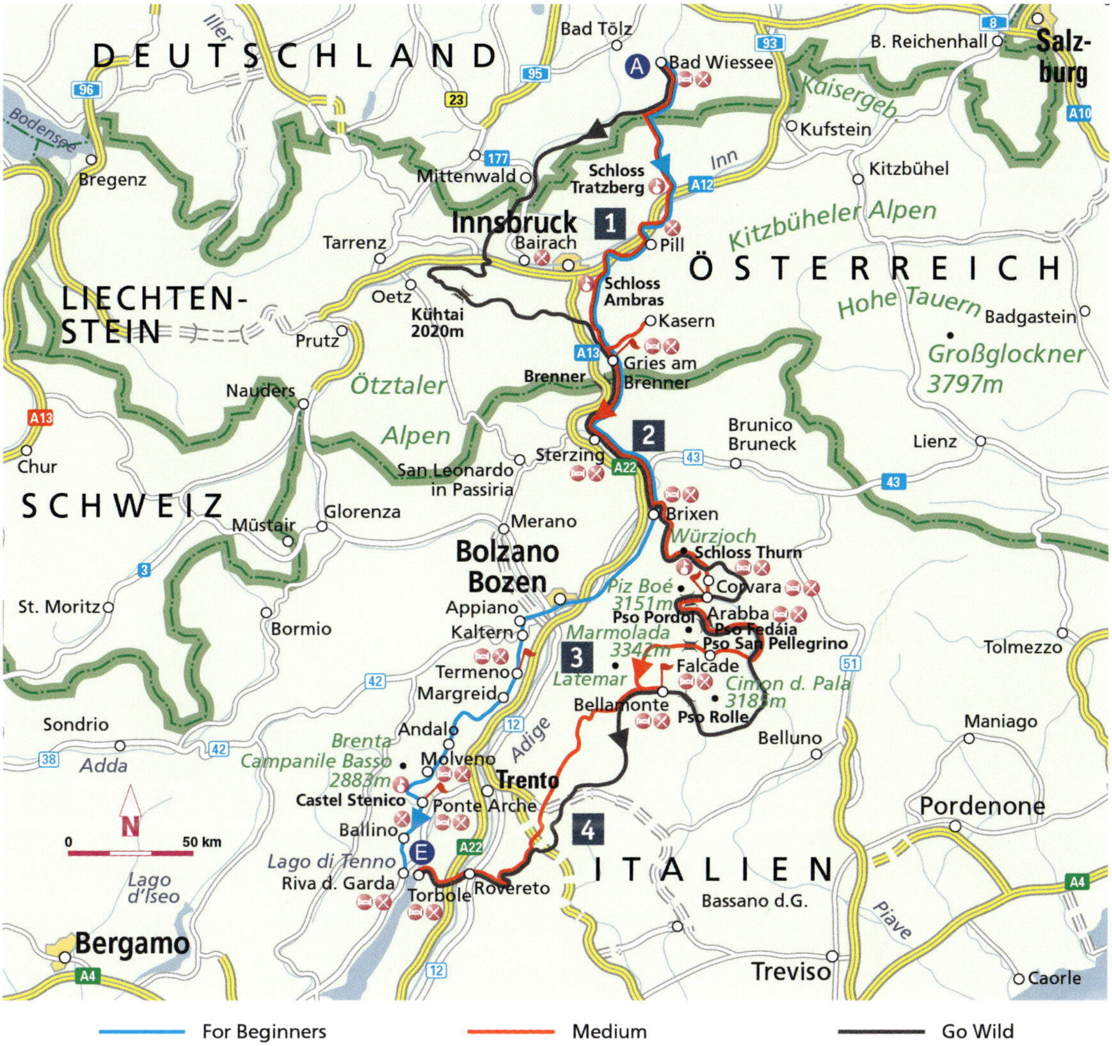


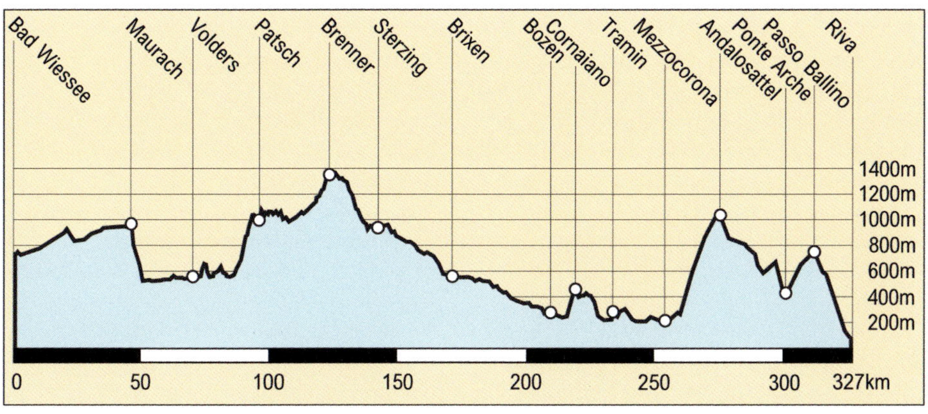


München und später dann als wichtige militärische Transitroute der bayerischen Armee viel frequentiert. Im 19. Jahrhundert löste der wachsende Tourismus die Achenpassstraße als Warenhandelsroute ab. Fast unmerklich steigt die Straße stetig an, bis wir den 941 Me-

***Linke Seite:** Am Tegernsee beginnt unsere Tour. Wer will, kann seinen Startpunkt auf die andere Uferseite verlegen und sich vorher noch in der legendären Kloster-Gaststätte stärken.*

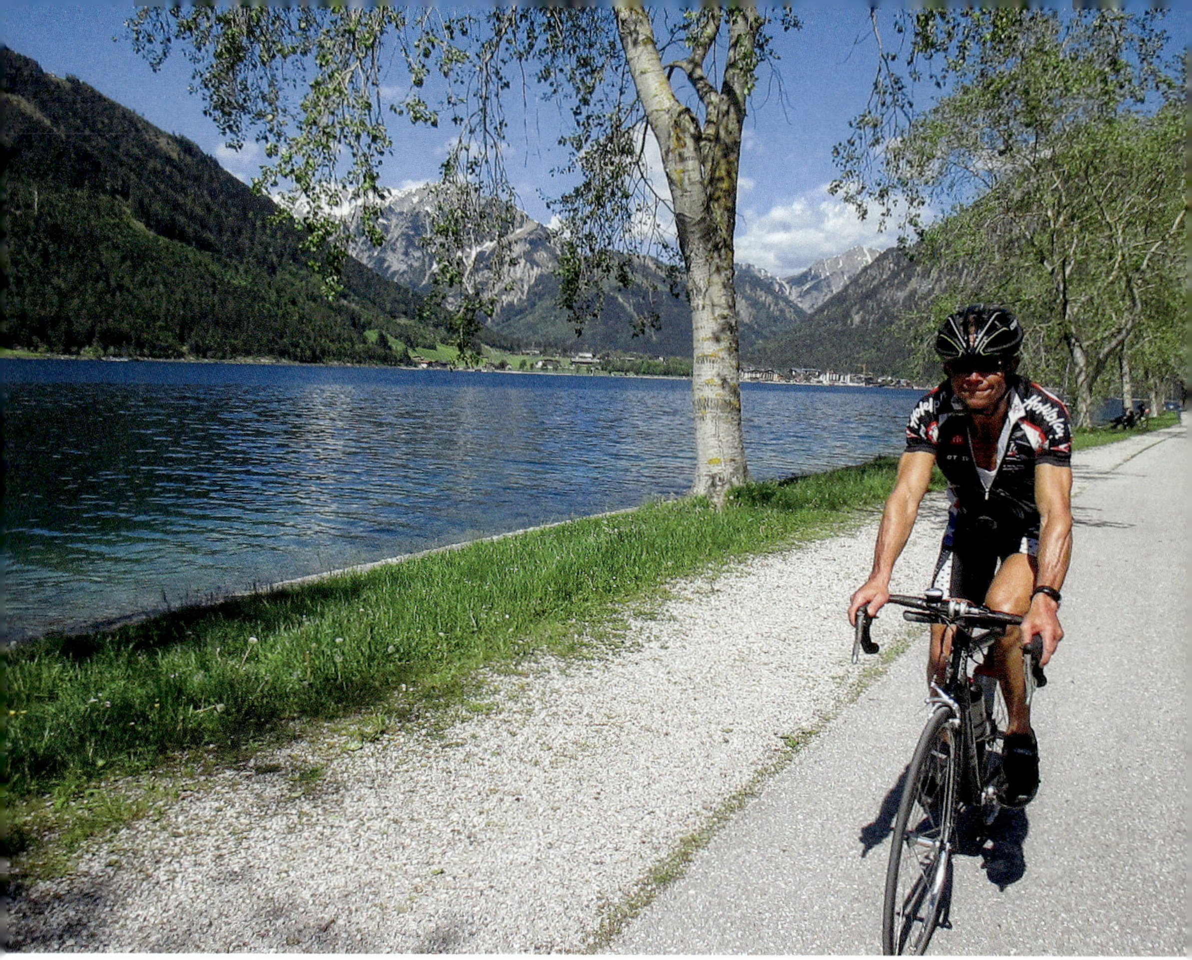

*Entlang des Achensees führt unsere Route auf einer kaum befahrenen Nebenstraße.*

ter hoch gelegenen Achenpass erreichen. Ab hier geht es leicht bergab. Wir passieren die alte Grenzstation zu Österreich und biegen links auf die Bundesstraße 181 ein, die uns nach ca. 15 Kilometern nach Achenkirch am nördlichen Ufer des Achensees bringt.

Dieser ist der größte See Tirols und von hervorragender Wasserqualität. An seiner tiefsten Stelle ist er 133 Meter tief und als Bergsee selbst im Sommer eiskalt. Dicht entlang des Sees führt uns unser Weg durch einige Galerietunnel bis zum Ende des Sees, wo wir in Maurach rechts abbiegen und gleich wieder links auf die kleine Bundesstraße in den Ort und weiter Richtung Jenbach einbiegen. Die Straße nach Jenbach führt 200 Höhenmeter relativ eng und steil ins Inntal hinab.

Mitten in Jenbach (und bevor wir die Inntalautobahn und den Inn erreicht haben) verlassen wir die Hauptstraße vor einem M-Preis-Supermarkt auf der rechten Seite und biegen rechts auf die Straße Richtung Tratzberg/Stans ab. Nur wenige Kilometer hinter Jenbach können wir das Renaissance-Schloss Tratzberg erblicken, das im 16. Jahrhundert erbaut wurde und heute eines der bedeutendsten Kunst- und Kulturdenkmäler des Landes ist. Weiter geht es durch Stans bis ins Industriegebiet Schwaz, und wir fahren zweimal unter der Inntal-Autobahn durch. In Richtung Pill überqueren wir den Inn und fahren auf der Bundesstraße hinter der Brücke rechts nach Weer, Wattens und Hall weiter. Mitten in Hall biegen wir an einer großen, stark befahrenen Kreuzung links ab (Richtung Inntal-Autobahn). Wir überqueren den Inn und die Autobahn erneut und folgen der Bundesstraße nach Ampass und Aldrans hinauf, die nach einigen Metern zum Schloss Ambras steil ansteigt.

Es fungiert als Außenstelle des Kunsthistorischen Museums in Wien. Erbaut wurde das Renaissanceschloss von Erzherzog Ferdinand II. von Tirol, der hier seine Porträt- und Harnischsammlung hatte, deren größter Teil je-

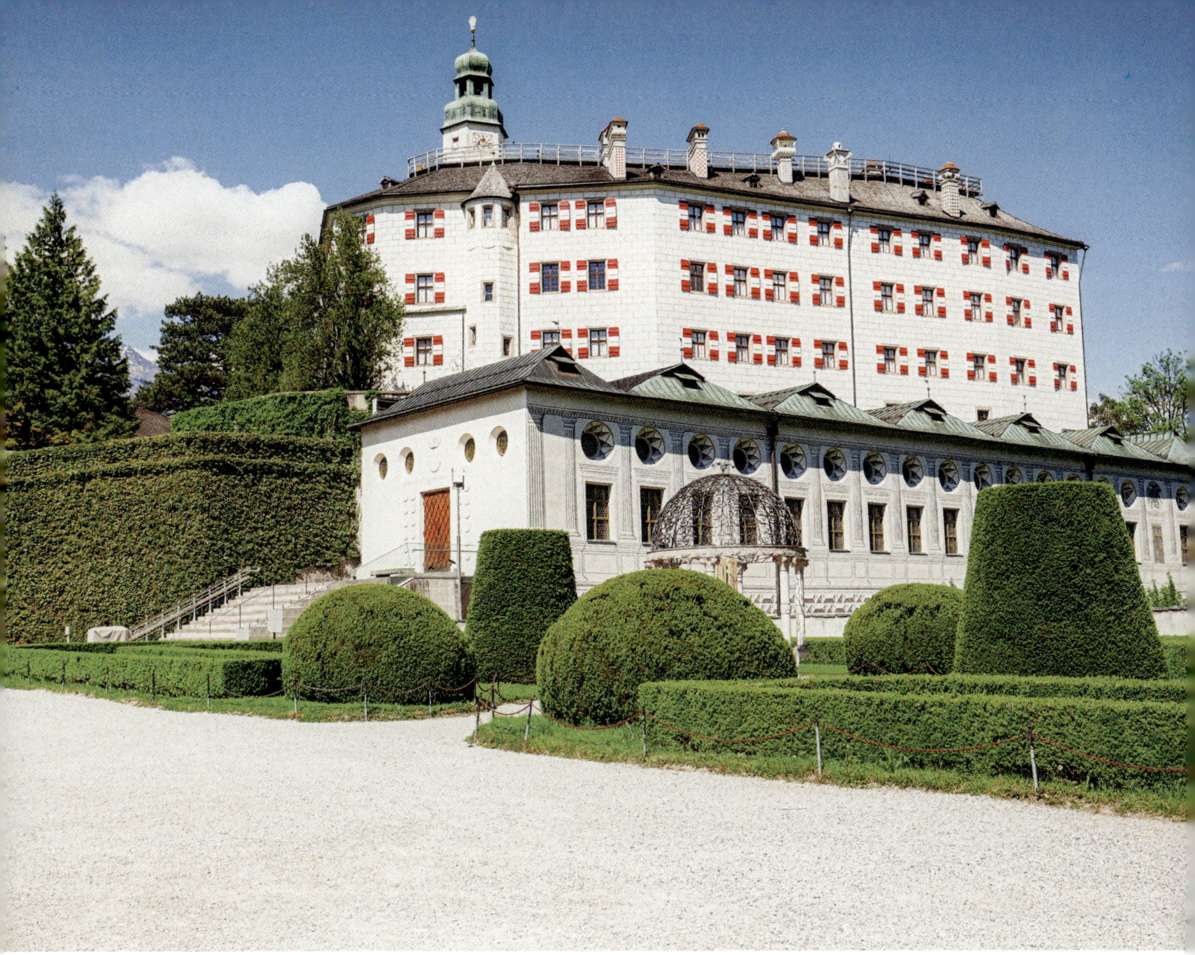

doch jetzt in Wien steht. Neben den kuriosen Sammlungen (Kunst- und Wunderkammer; die Saliera war ursprünglich auch hier untergebracht) ist besonders der Spanische Saal sehenswert. In ihm werden im Sommer Schlosskonzerte veranstaltet. Der wunderbare Schlosspark umgibt das Gebäude oberhalb des Stadtteils Amras. Gleich nach dem Haupteingang sieht man einen großen, schön angelegten Weiher. Das mit einer Mauer umgebene Areal ist zum größten Teil als englischer Landschaftspark angelegt. Der Ostteil weist Relikte der Renaissance-Gartenanlage auf. Sehenswert sind die Ritterhöhle, der Keuchengarten und der künstliche Wasserfall, der von einem Seitenarm des Sistranser Bachs gespeist wird.
Keine Sorge, die Auffahrt zum Schloss ist die heftigste Steigung der Brennerstraße, die erst kurz vor dem Pass an sich wieder etwas steiler wird. Wir befinden uns nun in der Anfahrt auf den Brennerpass und folgen dem zu Beginn weiten Tal entlang der alten Römerstraße. Diese windet sich mäßig ansteigend, leicht wellig stets auf der östlichen Seite der Brenner-Autobahn hinauf. Von Aldrans fahren wir weiter über Lans, Patsch und Ellbögen nach Matrei am Brenner, wo die alte Römerstraße

*Schloss Ambras lohnt einen Besuch allemal.*

**WICHTIGE ADRESSEN 1**

***Übernachtung:*** Hotel Pension Ostler, Sanktjohanserstr. 47, 83707 Bad Wiessee, Tel. 08022/812 84, www.hotel-ostler.de; Hotel Alpenhof, Anton-von-Rieppel-Str. 26–28, 83707 Bad Wiessee, Tel. 08022/86 01–0, www.alpenhof-tegernsee.de; Pension Hörtnagl, Nösslach 453, A-6156 Gries am Brenner, Tel. +43/(0)5274/875 05, www.pensionhoertnagl.com; Pension Alpenblick, Nösslach 462, A-6156 Gries am Brenner, Tel. +43/(0)5274/877 56
***Restaurants:*** Abwinkler Hof, Ringbergstr. 43, 83707 Bad Wiessee, Tel. 08022/838 68, www.abwinklerhof.de; Gasthof Weisses Rössl, Brennerstraße 52, A-6156 Gries am Brenner, Tel +43/664/400 55 55, www.weisses-roessl.eu
***Taxiservice:*** Taxi Company Dieter Spitz in Bad Wiessee, Tel. 08022/994 45; Wipptal Taxi, Steinach am Brenner, Tel. +43/(0)664/122 30 55

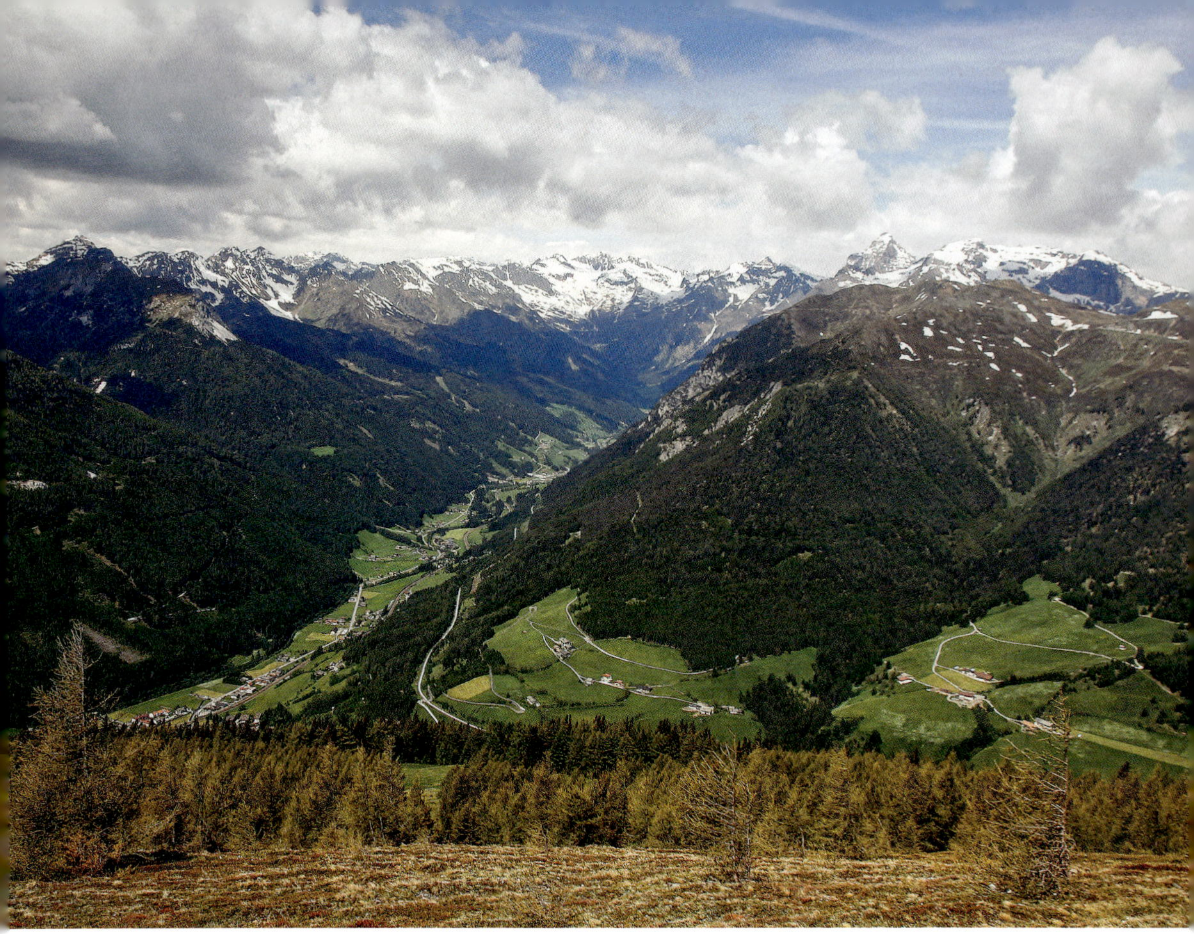

*Über dem Brennerpass ragen die Gipfel der Stubaier Alpen auf.*

und die Brenner-Bundesstraße zusammentreffen. Von hier aus sind es nur noch ca. 11 Kilometer und 200 Höhenmeter bis zu unserem Etappenziel Gries am Brenner, das schon in der Römerzeit eine wichtige Station vor dem Pass auf dem Weg gen Süden war. Viele bekannte historische Persönlichkeiten wie Karl der Große, Albrecht Dürer, Johann Wolfgang von Goethe und Wolfgang Amadeus Mozart machten hier Rast. Seit der Fertigstellung der Brenner-Autobahn führt der Transitverkehr nicht mehr durch das Dorf, und Gries ist ein eher ruhiger Ferienort ohne Massentourismus geworden. Die Straßengasthöfe bestehen hier teilweise schon seit Jahrhunderten.

## 2. Etappe: Gries am Brenner – Brixen – Bozen – Tramin

Die heutige Etappe führt uns zu Beginn erst einmal über den Brenner, der die Grenze zwischen Tirol und Südtirol bildet. Die Brennerautobahn ist die meistbefahrene Verbindung zwischen Österreich und Italien und für Süddeutschland von großer Bedeutung. Im Gegensatz zu den Schweizer Pässen liegt der Schwerpunkt hier nicht auf der Eisenbahn, sondern auf dem Straßenverkehr. Der Brenner ist mit seinen 1374 Höhenmetern der niedrigste Pass des Alpenhauptkamms in den österreichischen Zentralalpen. Von Gries erreichen wir nach knapp 5 Kilometern und 200 Höhenmetern den Grenzort Brenner, von dem es in rasanter Fahrt 16 Kilometer bergab nach Sterzing geht. Es lohnt sich wirklich, einen kleinen Abstecher in das Zentrum dieses hübschen Städtchens zu machen.

Aufgrund der Lage zwischen den alpinen Übergängen Jaufen und Brennerpass sowie Penser Joch war Sterzing schon immer eine bedeutende Stadt. Ausgezeichnet durch ein Handelsprivileg, begann der Ort am Südhang der wichtigen Brennerroute aufzustreben. Den steilsten Aufschwung erlebte die Stadt im 15. Jahrhundert, als um 1400 im Wipptal der Bergbau einsetzte (vor allem Silberminen wurden hier erschlossen). Aus diesem Grund wählten viele Unternehmer die Stadt als Firmensitz. Gerne gestalteten sie ihre Häuser im Stil der Patrizier neu und überbauten die ältere Bausubstanz. Die vielen charakteristischen Bauten der Stadt gehen auf diese Gründerzeit zurück. Sterzing spielte in der Geschichte Tirols wegen seiner verkehrstechnisch und geografisch günstigen Lage im Wipptal trotz der geringen Einwohnerzahl eine bedeutende Rolle als Handels- und Marktplatz, Gerichtssitz, Verkehrsknotenpunkt, Zentrum des Bergbaus, in Kultur und Kunst. In den ersten Nachkriegsjahren diente Sterzing aufgrund der Nähe zum Brennerpass als wichtiger Durchgangsort der sogenannten »Rattenlinie«, einer Route, auf der hochrangige Nationalsozialisten aus Europa flüchteten. Der damalige Sterzinger Pfarrer – wie auch andere katholische Geistliche in Südtirol – beteiligte sich als Fluchthelfer; so verhalf er etwa Adolf Eichmann zu einer Unterkunft im Franziskanerkloster Bozen.

Von Sterzing geht es weiter Richtung Brixen (559 m). Ein gut beschilderter neuer Radweg, der am Sportzentrum von Sterzing beginnt, bietet uns die Möglichkeit, gemütlich und ohne Verkehr die Eisack entlang nach Süden zu pedalieren. Die Radler unter uns, die Straßen bevorzugen, nehmen einfach die Bundesstraße 12 weiter, auf der wir vom Brenner herunter kamen. In Sterzing startet man am besten an der gut beschilderten Sportzone im Süden der Stadt und hält sich erst links (vor Brixen auch kurzzeitig rechts) der Autobahn. Leicht wellig fahren wir nun 30 Kilometer nach Brixen im schönen Eisacktal. Die Eisack ist Südtirols zweitgrößter Fluss. Er entspringt am Brenner und mündet südlich von Bozen in die Etsch. Die Bundesstraße 12 und der Radweg (direkt links der Eisack) führen geradewegs durch Brixen hindurch. Hinter der Stadt wird das Tal enger und wir passieren Klausen, Ponte Gardena und Blumau. Spätestens vor Bozen raten wir, auf jeden Fall auf den Radweg zu wechseln, da uns dieser sicher und einfach an der Eisack entlang durch die Stadt bringt. Vielfach wird er auch von Rennradlern, Tourenbikern und Inlineskatern als

*Entlang der Südtiroler Weinstraße*

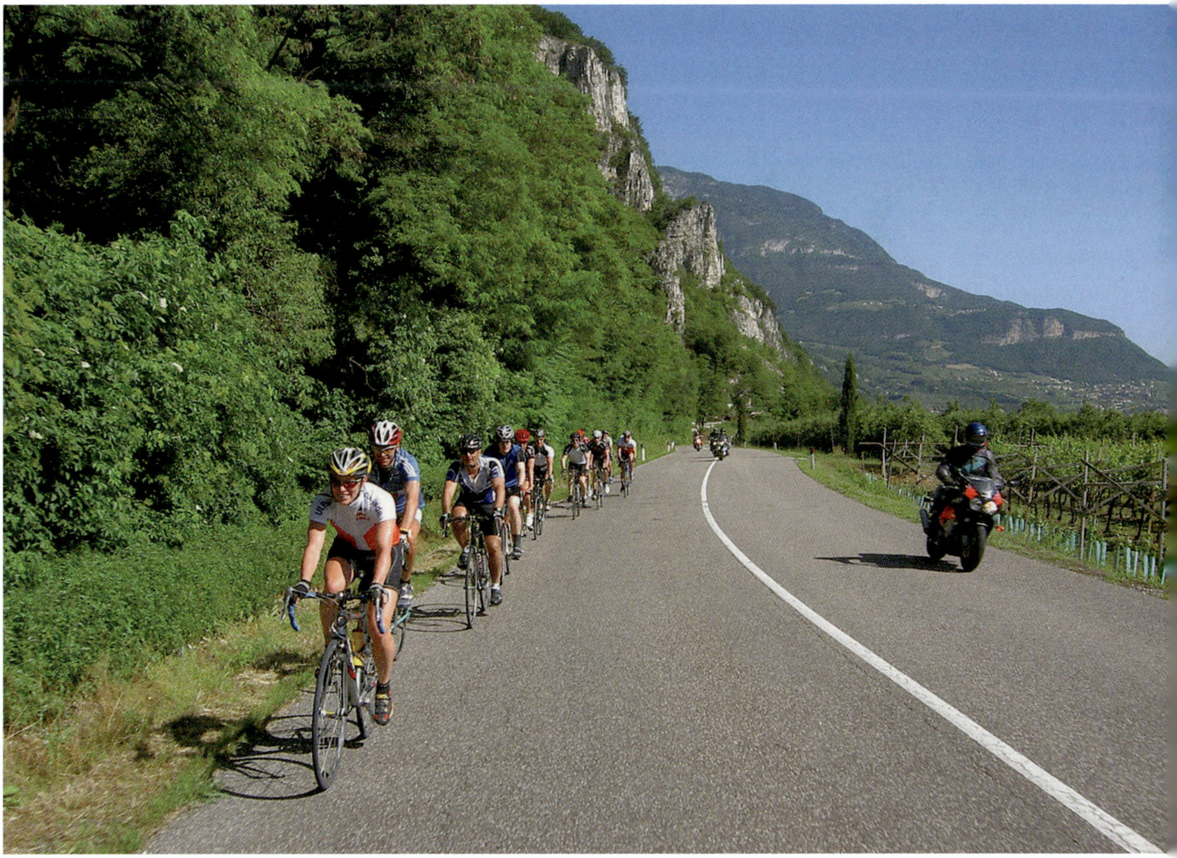

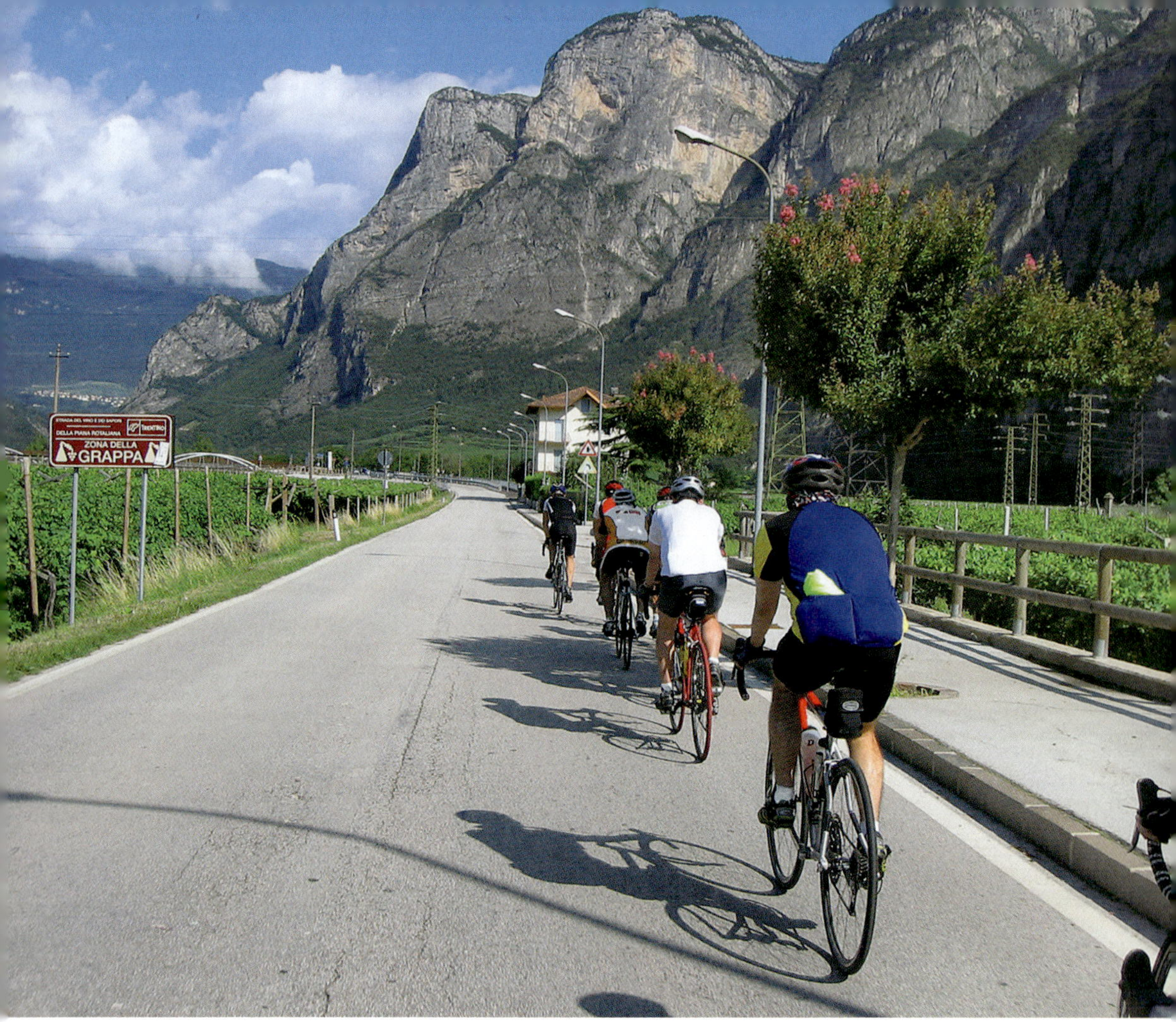


*Weinberge, so weit das Auge reicht*

Trainingsstrecke genutzt und ist daher zu bestimmten Zeiten viel frequentiert, aber dafür zweispurig angelegt. Kurz hinter Bozen wird er zum bekannten Etschtal-Radweg.

Die Südtiroler Landeshauptstadt Bozen liegt inmitten einmalig schöner Naturlandschaften. Im Osten begrenzen die Dolomiten den Blick, im Süden geht es hinaus ins Schlösser- und Weinparadies Überetsch, im Westen liegen die wunderschönen Lärchenwiesen des Tschögglbergs und im Norden das urige Sarntal. In der Stadt selbst locken unzählige gemütliche Restaurants mit dem Besten aus der italienischen und österreichischen Küchentradition. Tür an Tür findet man viele Boutiquen, Märkte und Gourmetläden, für die Bozen bekannt ist. Wer in der Stadt bummelt oder in den nahe liegenden Bergen wandert, braucht auf Kultur nicht zu verzichten. Im Archäologiemuseum ist die 5400 Jahre alte Mumie des »Ötzi« ausgestellt, zudem gibt es eine lebhafte Theater-, Musik- und Opernszene. Von Bozen aus haben wir zwei Möglichkeiten. Entweder wir halten uns stets auf dem Radweg nach Trento, der sich entlang der Etsch und der Autobahn windet, und verlassen diesen erst unterhalb von Kaltern/Tramin, um hier in die Weinberge des westlichen Etschtals in unseren nächsten Etappenort zu fahren. Bei der zweiten

### WICHTIGE ADRESSEN 2

***Übernachtung:*** Garni Gartenheim, Rathausplatz 4, I-39040 Tramin, Tel. +39/0471/86 04 82, www.gartenheim.com; Hotel Winzerhof, Rechtentalstr. 6, I-39040 Tramin, Tel. +39/0471/86 01 83, www.hotel-winzerhof.com

***Restaurant:*** Buschenschank, Alexander-von-Keller-Weg 11, I-39040 Tramin, Tel. +39/0471/86 12 22, www.buschenschank-gamper.com, Montag Ruhetag

***Taxiservice:*** Taxi Walter in St. Josef am See/Kaltern, Tel. +39/338/693 55 39

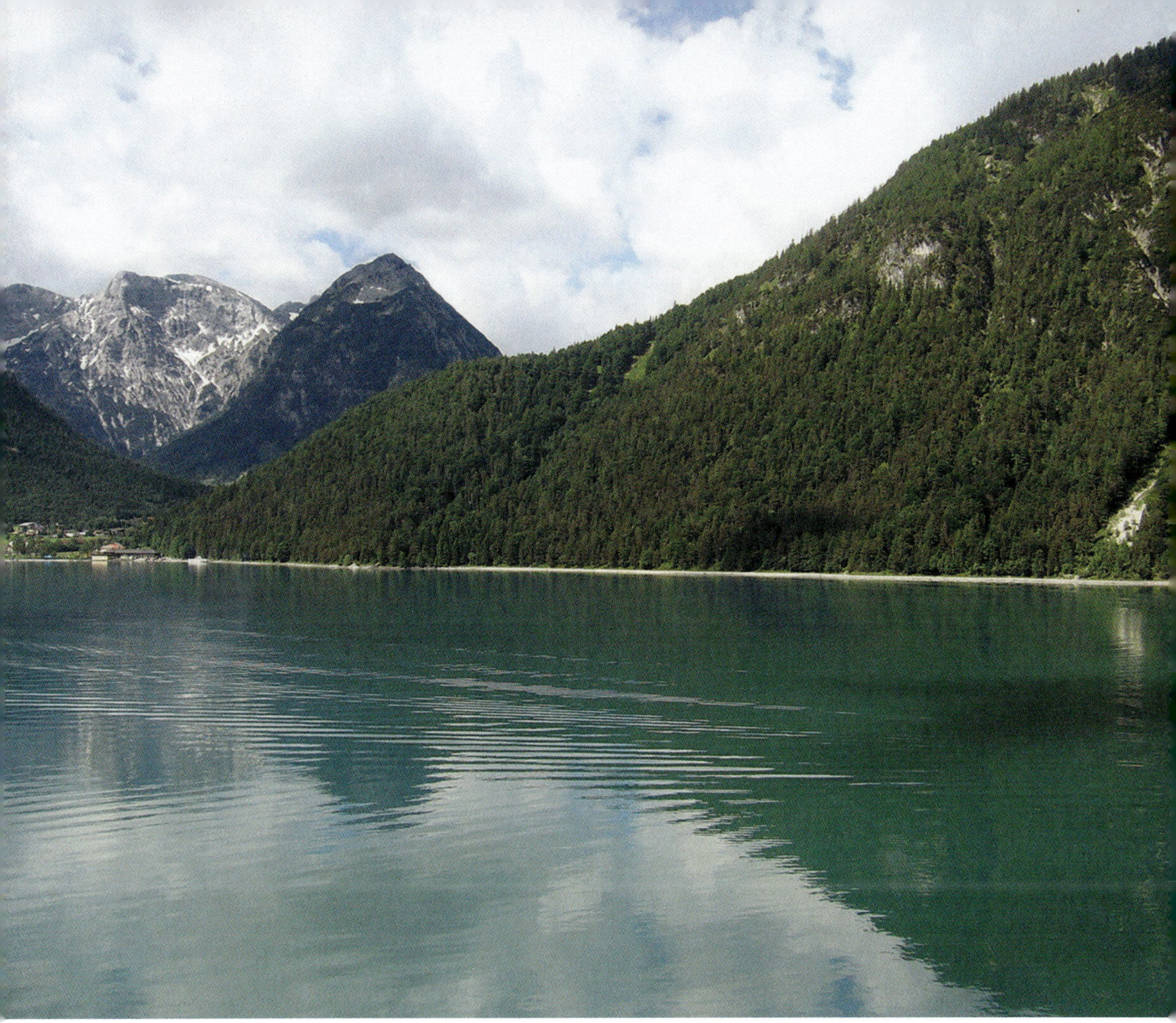

Variante halten wir uns schon in Bozen westlich in Richtung Südtiroler Weinstraße. Hier ist es etwas hügeliger; wir fahren durch die netten kleinen Weinorte Girlan, St. Michael und Kaltern bis nach Tramin. Für die Weinstraßenvariante halten wir uns in Bozen rechts der Eisack. Dann geht es unter der Autobahnbrücke durch und kurz auf den Radweg rechts an der Etsch in Richtung Sigmundskron. Die erste Brücke fahren wir links über die Etsch und gleich wieder links vorbei an Schloss Sigmundskron bis Girlan. Weiter geht es nach St. Michael, wo wir hinter dem Ort auf den Radweg nach Kaltern fahren, da die Weinstraße doch immer recht stark befahren ist. In Kaltern endet der Radweg, und wir rollen auf der Südtiroler Weinstraße, die uns in einem Endspurt von 6 Kilometern nach Tramin bringt, unserem Etappenende entgegen. Wer sich heute nach der Tour noch etwas erfrischen möchte, findet im Kalterer See, den man von der Weinstraße aus unten im Talgrund sieht, eine hervorragende Möglichkeit. In diesem See, der der wärmste der Alpen ist, tummeln sich im Sommer stets viele Familien und Badelustige.

## 3. Etappe: Tramin – Mezzocorona – Andalo – Molveno – Ponte Arche

Tramin ist der Ort für Weinkenner und Genießer der Südtiroler Küche. Berühmt ist das Weindorf für die Rebsorte Gewürztraminer, aber auch Vernatsch und Lagrein gehören dort zu den am meisten angebauten Sorten. Wir fahren auf der Weinstraße Richtung Süden über Kurtatsch bis Margreid. Hinter diesem Ort verlassen wir die Weinstraße und biegen rechts in die kleine, weniger befahrene Bundesstraße nach Rovere ein. In diesem Ort folgen wir der Straße bergauf und biegen nach einigen 100 Metern nach links Richtung Mezzocorona ab. Dort halten

*Ein Bild des Friedens – der Molvenosee, den wir auf der dritten Etappe sehen.*

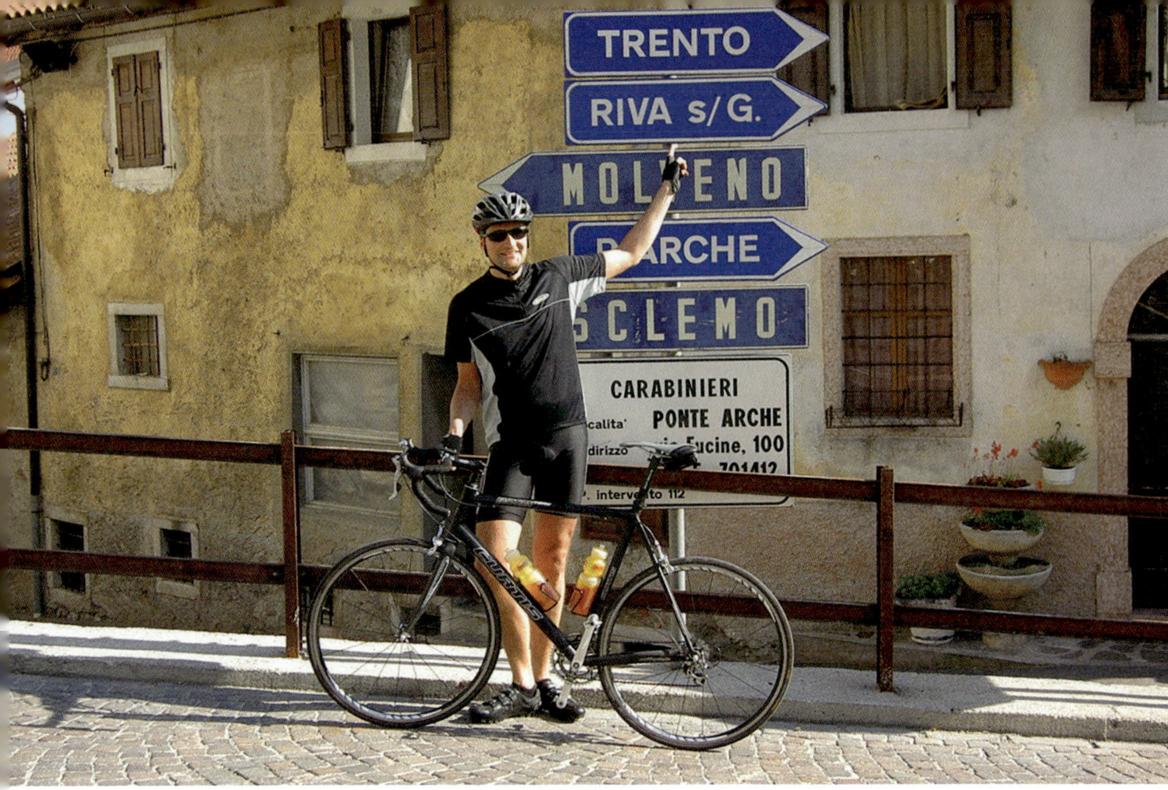


*Der Wegweiser zeigt unser Ziel an.*

wir uns rechts und fahren ins Val di Non, das bekannt für seinen Apfelanbau ist. Im Talgrund herrscht ein gemäßigtes Klima, das ein gutes Obstwachstum ermöglicht. Inzwischen stammt jeder dritte in Italien geerntete und (auch viel in Deutschland) gegessene Apfel aus dem Nonstal. Wir folgen dem Talverlauf erst auf der rechten Seite des Flusses und überqueren ihn nach einigen Kilometern in Richtung Spormaggiore. Wir biegen links ab, und unsere Straße schlängelt sich nun wunderschön durch die lieblichen Apfelplantagen über Spormaggiore (575 m) nach Andalo (1050 m). Dieser bekannte Skiort befindet sich auf einem Sattel im Zentrum der Hochebene zwischen der Brentagruppe im Nordwesten und des Paganellamassivs im Südosten. Von hier aus geht es in rasanter Fahrt nach Molveno (864 m) am Fuße des herrlichen Molvenosees bergab, der 4 Kilometer lang und bis zu 120 Meter tief ist. In Molveno lohnt sich eine kleine Rast mit Blick auf die spektakulären Felstürme der Brenta im Westen. Geologisch gesehen gehört die Brentagruppe zu den Dolomiten, obwohl sie sich westlich des Etschtals befindet. Wir pedalieren weiter über S. Lorenzo in Banale nach Dorsino, wo wir uns rechts halten und auf eine kleinere Straße nach Stenico abbiegen.

Hoch über dem Dorf thront das Castel Stenico, eines der ältesten Schlösser der Region und eine Festung von großer strategischer Wichtigkeit. Seine Geschichte ist untrennbar mit der der Fürstbischöfe von Trient verbunden, die bis ins 18. Jahrhundert seine Besitzer waren. Als in diesem Jahrhundert Napoleons Truppen das Land besetzten und das Schloss unter österreichische Herrschaft kam, begann sein langsamer, aber steter Verfall. Im Jahr 1975 wurde das Schloss der autonomen Provinz Trient übergeben. Seit diesem Zeitpunkt beherbergt es Ausstellungen, Wettbewerbe der modernen Kunst und der Fotografie sowie eine beträchtliche archäologische Sammlung. Gebäude und Innenhöfe werden im Süden von einer mächtigen Mauer umgeben und gen Norden von einem ein-

### WICHTIGE ADRESSEN 3

***Übernachtung:*** Hotel Al Cervo, Via Cesare Battisti 55, I-38077 Ponte Arche, Tel. +39/0465/70 14 18, www.hotelalcervo.it; Cattoni Hotel Plaza, Via Cesare Battisti 19, I-38077 Ponte Arche (TN), Tel. +39/0465/70 14 42, www.cattonihotelplaza.it

***Restaurant:*** Hotel Posta, Via Cesare Battisti 63, Tel. +39/0465/70 11 77, www.postahotel.com

***Taxiservice:*** Taxi Alimonta Umberto in Ponte Arche, Tel. +39/0465/70 14 26, auch Minibusse

drucksvollen Außenhof abgeschlossen. Gegenüber dem Außenhof erhebt sich der Palazzo Romanico. Der sogenannte Torre della Fame, der Hungerturm, ist der älteste Teil des Castel Stenico. Aus dem 13. Jahrhundert stammt hingegen die S.-Martino-Kapelle mit ihren wertvollen romanischen Fresken. Vom netten Ort Stenico rollen wir bergab bis in unseren Etappenort Ponte Arche auf einer Höhe von 400 Metern über Seehöhe.

## 4. Etappe: Ponte Arche – Lomaso – Passo Ballino – Riva

Unsere Schlussetappe führt uns in Richtung Süden zum Gardasee, wo wir uns auf mediterranes Flair mit Palmen, Strandpromenade, gigantische Eisbecher, Cappuccino und italienische Delikatessen freuen dürfen. Von Ponte Arche aus geht es auf der Staatsstraße 421 über Lomaso auf den Passo Ballino (763 m) inmitten der Gardaseeberge. Riva ist hier gut beschildert. Fast unmerklich ist die Passhöhe und somit unser höchster Punkt für heute erreicht. Ab Ballino geht es in fantastischer Fahrt bergab. Wir genießen den Blick auf den ruhig gelegenen Tennosee mit seinem smaragdgrünen Wasser und dem grasbewachsenen Ufer. Er lässt sich bequem in einer Stunde zu Fuß umrunden und ist mit seinem sauberen Wasser ein beliebter Badesee im Hinterland von Riva.

An den wenigen kleinen Dörfern des Tennotals wird der Kontrast zwischen alpiner Berglandschaft und mediterraner Vegetation besonders deutlich, der für das Gardaseeumland so charakteristisch ist. Olivenhaine prägen das Bild der südlicheren Orte, während sich die Landschaft in den höher gelegenen Dörfern bereits sehr alpin zeigt. Ab dem Tennosee fahren wir über Ville del Monte und Tenno in berauschenden Serpentinen zu Tal. Von der Straße aus bieten sich herrliche Blicke auf den Gardasee, die zum Fotografieren oder Verweilen einladen, bevor man ins lebhafte Stadtleben von Riva eintaucht. Hier herrscht eine bunte Mischung aus gesetztem Kurpublikum, Familien und Sportfreaks. Riva hat den schönsten und längsten Badestrand am See. Das milde Klima begünstigt die mediterrane Vegetation, sodass der Ort wie eine Oase inmitten der imposanten Berge daliegt. Mit seinen rund 13 000 Einwohnern ist Riva der zweitgrößte Ort am See. Der Gardasee gehört erst seit 1919 zu Italien und stand davor lange unter österreichischer Herrschaft. Man spürt dies nach wie vor an einer angenehmen Mischung aus italienischer Leichtigkeit und Tiroler Bodenständigkeit.

### WICHTIGE ADRESSEN 4

***Übernachtung:*** Garni Villa Maria, Via dei Tigli 19, I-38066 Riva del Garda, Tel. +39/0464/55 22 88, www.garnimaria.com, Preise: ab € 28 inkl. Frühstück; Hotel Villa Miravelle, Via Monte Oro 9, I-38066 Riva del Garda, Tel. +39/0464/55 23 35, www.hotelvillamira-valle.com, Preise: ab € 50 inkl. Frühstück

***Restaurant:*** La Colombera, Fraz S. Alessandro Via Rovigo 30, I-38066 Riva del Garda, Tel. +39/0464/55 60 33, mobil: +39/0338/240 14 21, www.lacolombera.it, sehr beliebt, unbedingt vorreservieren!

***Taxiservice:*** Taxi Coast to Coast, Tel. +39/0360/53 90 90

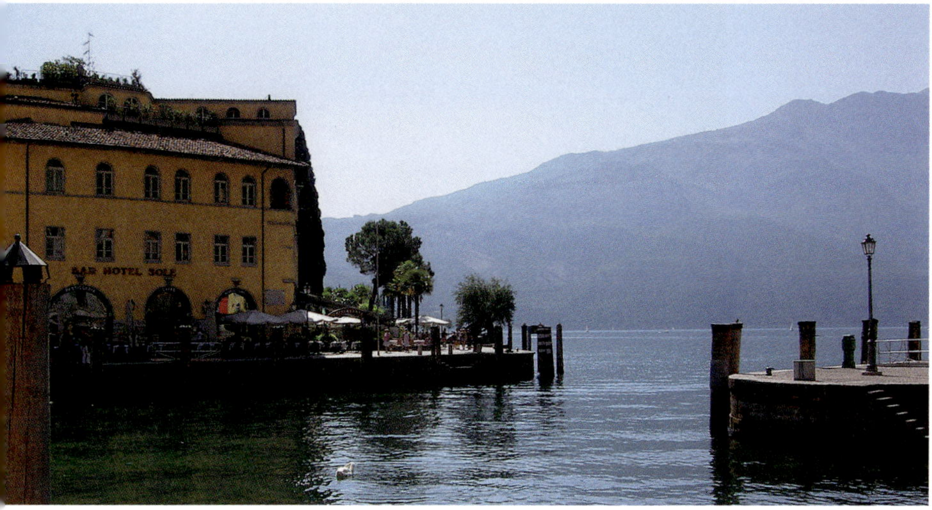


*Angekommen! Der Blick von Riva auf den Lago di Garda*

# 2b Extraklasse
## – der Brenner und die schönsten Pässe der östlichen Dolomiten

mittel | 519 km | 9790 Hm | 4 Tage

**AUSGANGS-/ENDPUNKT**
Tegernsee – Gardasee

**ETAPPEN**
Bad Wiessee – Gries am Brenner, ca. 140 km, 2130 hm; Gries am Brenner – Arabba, ca. 124 km, 2800 hm; Arabba – Bellamonte, ca. 105 km, 2820 hm; Bellamonte – Torbole, ca. 150 km, 2040 hm

**STRECKENVERLAUF**
Achenpass (941 m), Brenner (1374 m), Brixen (559 m), Würzjoch (1987 m), Passo Campolongo (1875 m), Passo Pordoi (2239 m), Passo Fedaia (2056 m), Passo San Pellegrino (1918 m), Lago di Caldonazzo, Folgaria (1166 m), Rovereto (204 m), Torbole (68 m)

**CHARAKTER/ERLEBNISWERT**
Eine mittelschwere Tour über den Brenner und die fantastischen Pässe der östlichen Dolomiten, auf den Spuren alter Kriegsschauplätze und auf einsamen Straßen durchs Hinterland von Rovereto an den Gardasee

**SEHENSWERTES**
Schloss Ambras, Sterzing, Sella, Marmolada, Castello di Rovereto

**KARTEN**
freytag & berndt, Tirol, 1:150 000; freytag & berndt, Südtirol–Trentino–Gardasee–Venetien, 1:200 000

**TOURIST-INFO**
Tourist-Info Bad Wiessee, Lindenplatz 6, 83707 Bad Wiessee, Tel. 08022/860 30, www.tegernsee.com; Tourist-Info Gries am Brenner, Gries 73, A-6156 Gries,Tel. +43/5274/872 37, www.wipptal.at; Tourist-Info Südtirol, www.dolomitensuedtirol.com; Tourist-Info Dolomiten, www.dolomiti.it; Tourist-Info Gardasee, Tel. +39/0464/55 44 44, www.visitgarda.com/de/gardasee/

**Am Tegernsee beginnt unsere Tour. Wer will, kann seinen Startpunkt auf die andere Uferseite verlegen und sich vorher noch in der legendären Kloster-Gaststätte stärken.**

### 1. Etappe: Bad Wiessee – Achenpass – Schmirnalm – Gries am Brenner

Wir fahren dieselbe Route wie die Tegernsee-Gardasee-Beginners, nur mit einem reizvollen Abstecher ins verborgene Schmirntal. Die bei »Tegernsee – Gardasee for Beginners« beschriebene Tagesetappe von Bad Wiessee nach Gries am Brenner bietet einen wundervollen Abstecher von Stafflach

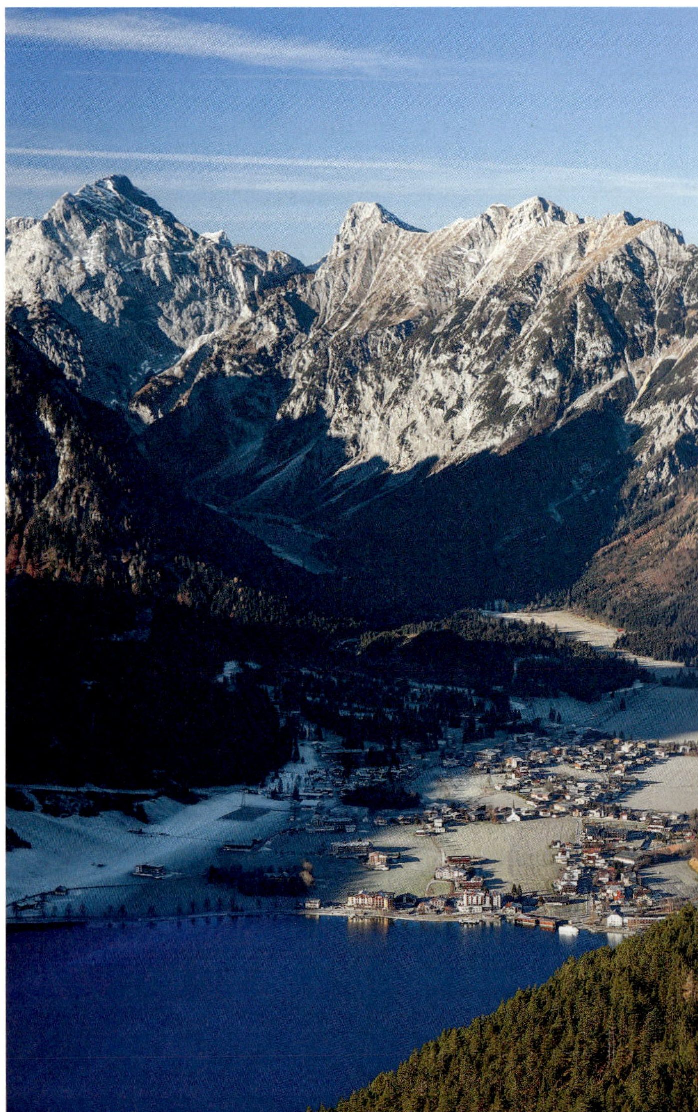

kurz vor Gries hinauf nach Schmirn. Wir fahren von der Brennerstraße in Richtung St. Jodok auf 1125 Meter Höhe ab und kurbeln hoch auf die ruhigen Almen von Schmirn bzw. Kasern auf 1620 Meter Seehöhe. Schmirn wurde bereits in vorrömischer Zeit erstmals begangen und bewirtschaftet, jedoch nicht vom Wipptal aus, sondern von Hintertux über das Tuxer Joch. In seiner Abgeschiedenheit wurde Schmirn hauptsächlich als Weideland genutzt. So gingen die meisten Ereignisse des restlichen Landes spurlos an diesem Tal vorüber. 1955 bekam es die erste Elektrizität, und erst 1972 wurde die Zufahrtsstraße von St. Jodok eröffnet. Die asphaltierte Straße endet in Kasern. Hier kehren wir wieder um und rollen hinunter in Richtung Gries.

## 2. Etappe: Gries – Brixen – Würzjoch – St. Martin in Thurn – La Villa – Corvara – Passo Campolongo – Arabba

Wie in der zweiten Etappe »For Beginners« beschrieben, fahren wir die ca. 45 Kilometer über den Brenner und Sterzing bis nach Brixen. Die Heimatstadt des Extrembergsteigers und Abenteurers Reinhold Messner ist mit ihren ca. 19 000 Einwohnern die drittgrößte Stadt Südtirols. Von hier aus pedalieren wir auf der östlichen Seite der Eisack entlang durch die Innenstadt und halten uns links in Richtung Würzjoch (Passo del Erbe). Die stetig leicht steigende Straße führt uns in 30 Kilometern über die Dörfer St. Andrä, St. Jakob und St. Georg bis auf den 2000 Meter hoch gelegenen Pass. Die Straße ist an manchen Stellen recht eng, aber gut ausgebaut. Verkehr gibt es hier wenig. Das Würzjoch verbindet das Eisacktal mit dem Val Badia in den Dolomiten und liegt eingebettet inmitten frischer grüner Almen. Am Scheitel des Würzjochs (1987 m) steht das Albergo »Ütin de Börz«, von dessen Terrasse man direkt auf die schroffe und beeindruckende Nordwand des Peitlerkofels (2874 m) blickt. In der Ferienzeit und an Wochenenden können hier die Plätze schon einmal knapp werden, denn das Würzjoch liegt zwar abseits der Touristenstrecken, ist aber dennoch ein beliebtes Ziel für Motorradfahrer und Bergwanderer.

Wir folgen der Straße weiter auf der Hochebene, bis wir nach ca. 14 Kilometern St. Martin in Thurn erreichen. Hier befindet sich das ladinische Landesmuseum Schloss Thurn in der dortigen Burg. Im Ort selbst ist das ladinische Kulturinstitut Micurà de Rü.

Das Ladinisch, auch Dolomitenladinisch genannt, das in dieser Region gesprochen wird, ist eine romanische Sprache. Der Name leitet

### WICHTIGE ADRESSEN 1

***Übernachtung:*** Hotel Pension Ostler, Sanktjohanserstr. 47, 83707 Bad Wiessee, Tel. 08022/812 84, www.hotel-ostler.de; Hotel Alpenhof, Anton-von-Rieppel-Str. 26–28, 83707 Bad Wiessee, Tel. 08022/86 01–0, www.alpenhof-tegernsee.de; Pension Hörtnagl, Nösslach 453, A-6156 Gries am Brenner, Tel. +43/(0)5274/875 05, www.pensionhoertnagl.com; Pension Alpenblick, Nösslach 462, A-6156 Gries am Brenner, Tel. +43/(0)5274/877 56

***Restaurants:*** Abwinkler Hof, Ringbergstr. 43, 83707 Bad Wiessee, Tel. 08022/838 68, www.abwinklerhof.de; Gasthof Weisses Rössl, Brennerstraße 52, A-6156 Gries am Brenner, Tel +43/664/4005555, www.weisses-roessl.eu

***Taxiservice:*** Taxi Company Dieter Spitz in Bad Wiessee, Tel. 08022/994 45; Wipptal Taxi, Steinach am Brenner, Tel. +43/(0)664/122 30 55

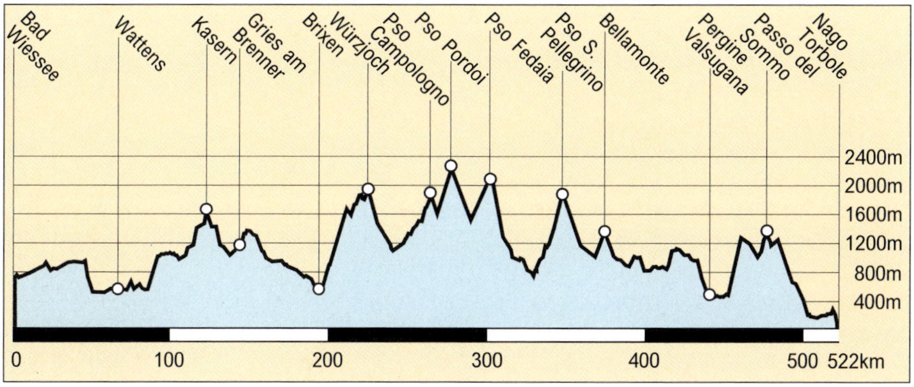


*Linke Seite: Über Pertisau am Achensee ragen die schroffen Gipfel des Karwendels auf.*

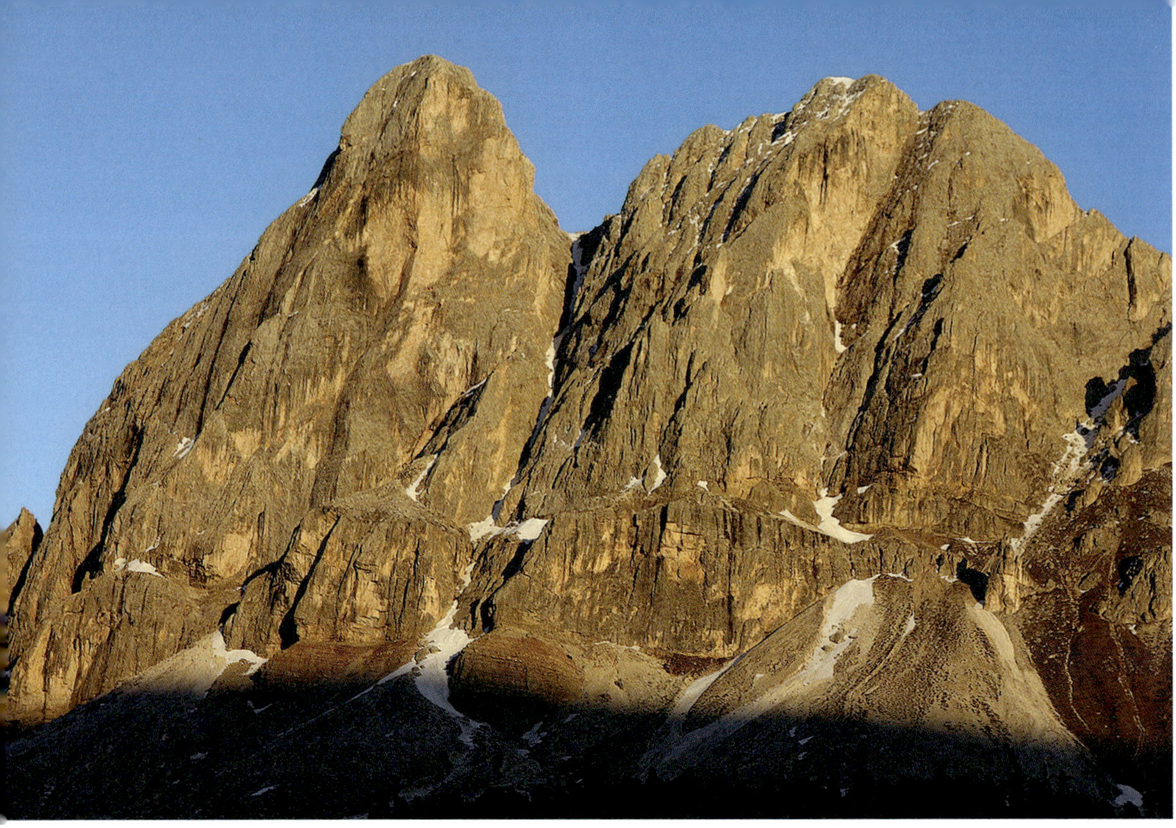

*Vom Würzjoch blickt man direkt in die schroffe Nordwand des Peitlerkofels.*

sich vom Lateinischen ab, da es sich beim Ladinischen um eine vulgärlateinische Restsprache des romanisierten Alpenraums handelt. Ob es je eine überregionale rätoromanische Ursprache gab, ist unter Wissenschaftlern jedoch umstritten. Nach Meinung einiger Forscher besteht aber eine enge Verwandtschaft des Dolomitenladinischen mit dem in Gebieten Graubündens gesprochenen Rätoromanisch und dem Furlanisch. Heute noch gibt es 30 000 Muttersprachler des Ladinischen; damit gehört es zu den kleinsten Sprachen Europas. St. Martin in Thurn gehört mit Corvara, Abtei, Wengen und Enneberg zu den fünf ladinischen Gemeinden des Gadertals, in denen Ladinisch sogar als regionale Behörden- und Schulsprache anerkannt ist.

**WICHTIGE ADRESSEN 2**

***Übernachtung:*** Hotel Genziana, Via Colesel 16, I-32020 Arabba, Tel. +39/043/67 91 24, www.hotelgenziana.net; Hotel Mesdi, Via Mesdi 75, I-32020 Arabba, Tel. +39/0436/791 19, www.hotelmesdi.com
***Restaurant:*** Albergo Pordoi, Via Boe Nr. 9, I-32020 Arabba, Tel. +39/0436/791 13, www.albergopordoi.it
***Taxiservice:*** Taxi Claudio Cariani, Tel. +39/0329/264 39 62

Wir fahren durch St. Martin und halten uns rechts, sobald wir auf die Staatsstraße 244 treffen. Auf dieser radeln wir ca. 19 Kilometer über Pederoa, Badia und La Villa bis nach Corvara auf einer Höhe von 1568 Metern, wo der Giro d'Italia schon mehrmals sein spannendes Etappenende feiern konnte und das als Wintersportort bekannt ist. Von Corvara aus erklimmen wir den Passo di Campolongo (1875 m), der sich an der Ostseite der Sellagruppe befindet und die direkte Verbindung zwischen Corvara und Arabba ist. Für Rennradler ist der Pass Teil der Vier-Pässe-Rundfahrt um die Sella ebenso wie ein Streckenabschnitt des legendären Dolomitenmarathons, auf den wir später zurückkommen werden. Schon am Ortsende von Corvara steigt die Straße an und windet sich in zehn Kehren gleichmäßiger Steigung hinauf. Je höher wir kommen, desto beeindruckender wird das Panorama auf den Ort und auf Gipfel wie den Sassongher (2665 m), der in nordwestlicher Richtung zu sehen ist.

Weiter oben lässt die Steigung nach und die Kehren verschwinden. Hier tauchen wir von der zweisprachigen Region Norditaliens in den italienisch sprechenden Teil ein, und schon einige Kilometer später sind wir auch schon auf der Passhöhe angelangt. Nur 4 Kilometer lang ist die Abfahrt, die sich in 5 Kehren mit bis zu 10 Prozent Gefälle hinunter nach Arabba windet. Und da sind wir auch schon an unserem Etappenziel für heute angelangt.

## 3. Etappe: Arabba – Passo Pordoi – Passo Fedaia – Caprile – Falcade – San Pellegrino – Predazzo – Bellamonte

Arabba grenzt unmittelbar an den steilen Südabfall der Sellagruppe und ist ein beliebtes Ferienziel für Wanderer, Biker und Skifahrer. Der Ort gilt mit seinen 1602 Metern Höhe als besonders schneesicher im Winter. Im Süden begrenzen die Vorläufer der Marmolada das Gemeindegebiet Arabbas. Auf unserem Programm für heute steht zunächst der Passo Pordoi (2239 m), zu dem wir in westlicher Richtung aus Arabba hinausfahren. Die Passstraße ist der südliche Streckenabschnitt der Sella-Runde und der zweithöchste Gebirgspass in den Dolomiten, mit einer durchgehend asphaltierten Straße ausgebaut. Noch in Arabba beginnen die ersten der 33 Kehren, und wir begeben uns auf die knapp 9 Kilometer lange Strecke dem Pass entgegen. Flüssig fahren wir die gleichmäßige Steigung empor. Rechter Hand erhebt sich das Sellamassiv mit seinem höchsten Gipfel, dem Piz Boè (3151 m). Ab der 20. Kehre kann man bereits den Pass erkennen. Wobei man sich nicht zu früh freuen sollte, denn die letzten paar Kehren ziehen sich ganz schön in die Länge. Hinunter geht es in rasanter Fahrt direkt in den Ort Canazei auf einer Höhe von 1465 Metern. Diesen verlassen wir auf einer Seitenstraße in südöstlicher Richtung gleich wieder und fahren mit mäßiger Steigung durch die Orte Alba und Penia zum Passo di Fedaia.

Auf der Straße zum Fedaiapass erwarten uns 10 Galerietunnel, wovon der letzte ca. 300 Meter lange Tunnel unbeleuchtet und daher sehr dunkel ist. Hier empfiehlt sich eine gute Be-

*Am Pordoijoch, im Hintergrund Grohmann- und Fünffingerspitze*

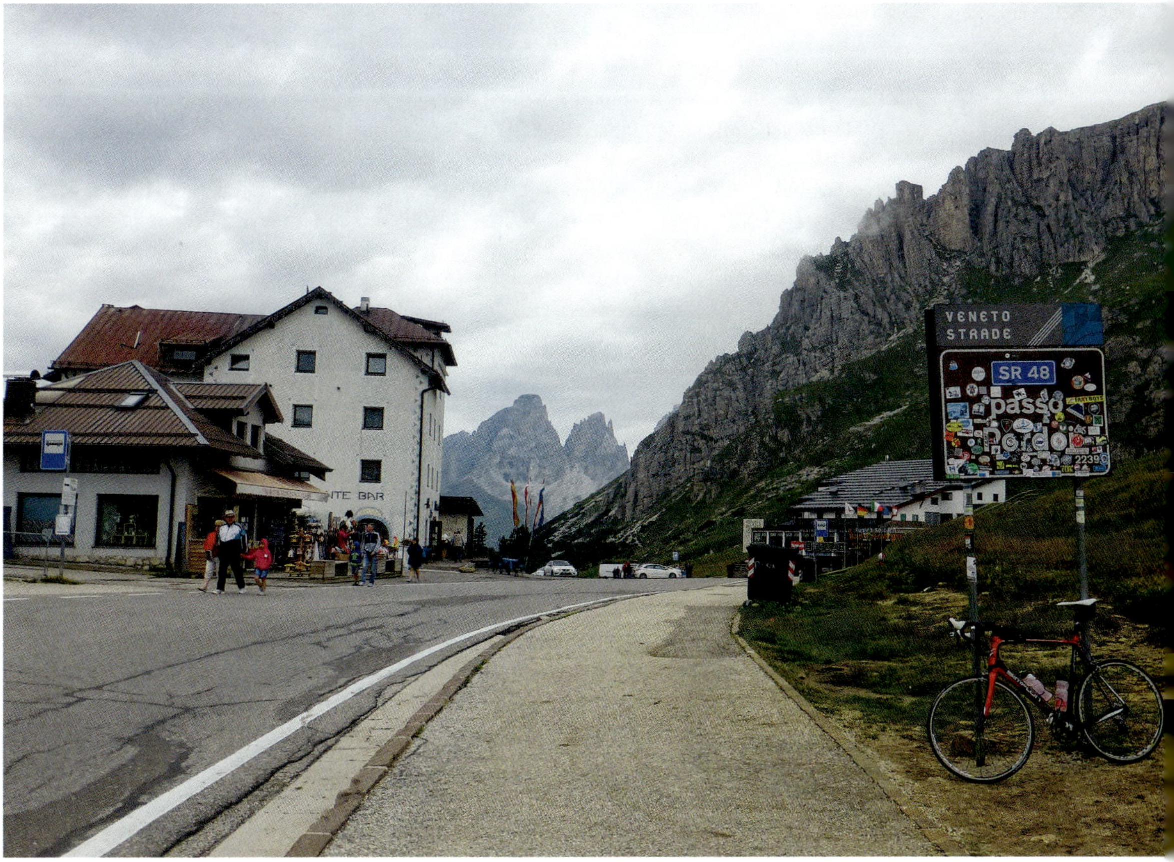

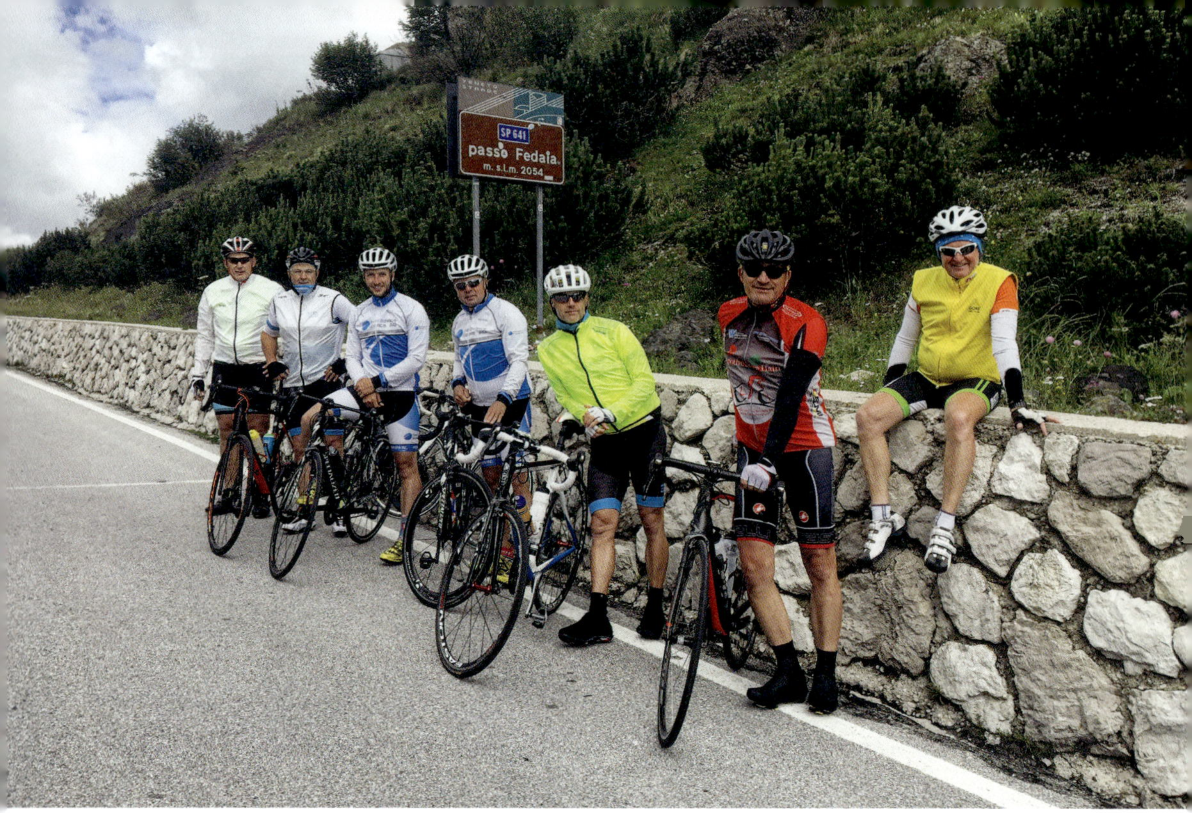


*Am Passo Fedaia hat man einen herrlichen Ausblick auf die Nordseite der Marmolada.*

leuchtung am Rad. Nach etwa 12 Kilometern und 600 Höhenmetern erreichen wir den Fedaia-Stausee, der an beiden Enden eine Staumauer hat. Am Westufer des Stausees nehmen einige Routen über den Marmoladagletscher auf den Gipfel (Punta Penia, 3342 m) des höchsten Dolomitenberges ihren Anfang. Am Ostufer des Sees führt im Winter eine der längsten Skiabfahrten der Alpen vorbei, deren Höhenunterschied von der Marmolada (Punta Rocca) bis Malga Ciapela unglaubliche 1900 Meter beträgt. Immer wieder wird der Punta Rocca als schönster Skigipfel der Dolomiten bezeichnet. Nach weiteren 2,5 Kilometern kommen wir an der Fedaia-Passhöhe (2056 m) beim Rifugio Marmolada an. Einen fantastischen Blick auf die Felsen und Eisfelder an der nördlichen Marmolada hat man von hier oben. Zu Recht nennen die Menschen diesen majestätischen Gipfel »Königin der Dolomiten«. Wir kehren der Marmolada den Rücken zu und fahren den Pass in Richtung Osten hinab. Die anfangs bis zu 16 Prozent steile Straße windet sich über mehrere Talstufen abwärts. Wir fahren über die wildromantische Sottogudaschlucht und rollen nach 14,5 Kilometern und ca. 1000 Höhenmetern tiefer in Caprile ein. Von hier aus geht es weiter auf der Bundesstraße 203 über Alleghe nach Cencenighe (774 m) am Fuße des Passo San Pellegrino. Der Pass verbindet das Cencenighetal mit dem Fassatal und war früher eine bedeutende Handelsstraße zwischen Venedig und Bozen. In Cencenighe folgen wir der Beschilderung in Richtung »Pso. di S. Pellegrino«. Wir gelangen auf einer bis zu 10 Prozent ansteigenden Straße in ein enges Tal, das nach einigen Kilometern jedoch breiter wird und sanft in Wiesen ausläuft. Weniger sanft hingegen steigt die Passstraße, die sich ab Falcade (1297 m) mit 14 Prozent emporhebt. Auf einem Teilstück von einem Kilometer beträgt die Steigung sogar gemeine 18 Prozent. Kurz danach kann man sich bei gleichmäßig zum Pass ansteigenden 10 Prozent erholen. Nach 20,5 Kilometern erreichen wir die wenig spektakuläre Passhöhe (1918 m). Erst auf dem letzten Teilstück unserer Abfahrt können wir einen weiten Blick in Richtung Westen auf die Rosengartenspitzen erhaschen. Nach weiteren 12 Kilometern Abfahrt vom Pass passieren wir Moena (1184 m), den größten Ort im Fassatal. Von hier aus halten wir uns links und fahren das Tal auf der Staatsstraße 48 bis Predazzo knappe 10 Kilometer weiter. Wieder halten wir uns links und orientieren uns an der Beschilderung zum Passo Rolle. So fahren wir die letzten 6 Kilometer und 350 Höhenmeter bis in unseren heutigen Etappenort Bellamonte (1372 m) hinauf. Der Ort, bekannt für seinen Wintersport, liegt in Wiesen eingebettet auf einer wunderschönen Hochebene zwischen den Dolomitengipfeln der Latemar- und der Palagruppe sowie der Lagoraikette.

## 4. Etappe: Bellamonte – Rizzolaga – Montagnaga – Folgaria – Rovereto – Torbole

Heute fahren wir auf unserer letzten Etappe in Richtung Westen und lassen uns die ersten Kilometer wieder nach Predazzo hinabrollen. Weiter geht es dann auf der Staatsstraße 48 nach Cavalese. Wir halten uns links und kommen über Molina nach Stramentizzo auf der Staatsstraße 612, die wir aber vor dem Stramentizzo-See linker Hand wieder verlassen und auf der Bundesstraße 71 den Avisio-Fluss überqueren. Der Stramentizzo-See ist ein künstliches Becken am Eingang des Val di Fiemme. Durch den Bau des Staudamms, der zur Entstehung dieses Seebeckens führte, wurde das Dorf mit dem wohlklingenden Namen Valfloriana im Jahr 1958 von den Fluten überschwemmt.

Wir halten uns stets südlich des Sees, den wir nach einiger Zeit hinter uns lassen, und passieren Dörfer wie Valfloriana, das neu errichtet wurde, und Piscine. Im Dorf Sover verlassen wir die B 71 und fahren in Richtung Lago di Caldonazzo. Wir rollen durch die Dörfer Sveseri, Brusago, Serraia, Baselga di Pine, Montagnaga, Pérgine. Hier umrunden wir den See auf südwestlicher Seite und kommen nach Calceranica al Lago und

### WICHTIGE ADRESSEN 3

***Übernachtung:*** Hotel Antico, Via Prai De Mont 19, I-38037 Bellamonte (TN), Tel. +39/0462/57 61 22, www.albergoantico.com; Hotel Sole, Via de lór 8, I-38037 Bellamonte di Predazzo, Tel. +39/0462/57 62 99, www.hsole.it

***Restaurant:*** Restaurant Hotel Sole, Via de lór 8, I-38037 Bellamonte di Predazzo, Tel. +39/0462/57 62 99, www.hsole.it

***Taxiservice:*** Taxi Giacomelli Renzo in Predazzo, Tel. +39/0462/50 19 27

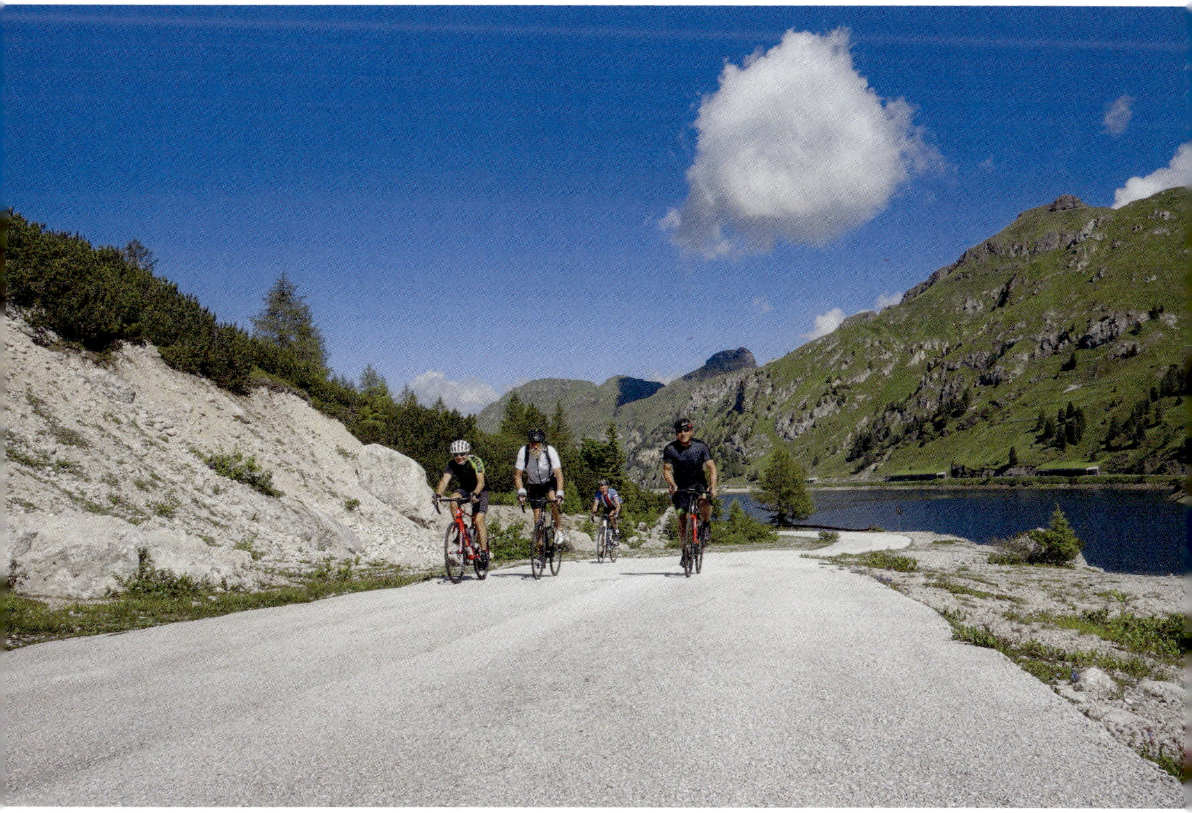

*Der Passo di San Pellegrino verbindet das Fassatal mit dem Cencenighetal.*

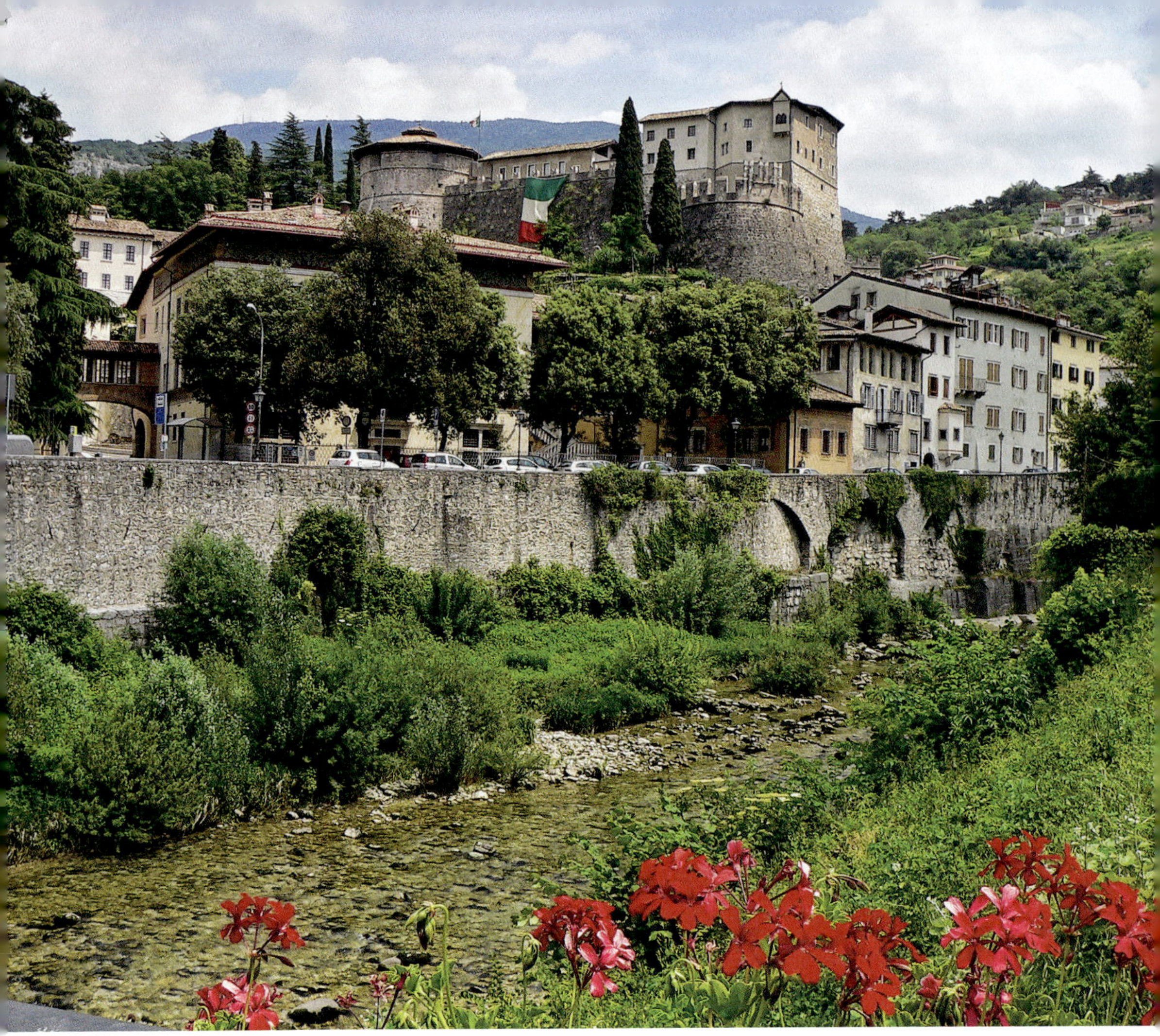

*Das Schloss von Rovereto dominiert das Stadtbild.*

Caldonazzo, im Südosten des Sees gelegen. Ein Blick nach Süden zeigt uns den Monte Cimon mit seinen 1486 Metern. Diesen lassen wir zu unserer Rechten liegen und folgen der Beschilderung nach Lavarone. Nun geht es über Nosellari und Carbonare weiter auf der Staatsstraße 350 bis zum Wintersportort Folgaria (1166 m). Hier halten wir uns links und fahren ein kleines Sträßchen nach Mezzaselva und Serrada hinab. In weit ausladenden Kehren geht es nach Scottini und Terragnolo. Hoch über dem Terragnolo-Fluss fliegen wir in rasanter Abfahrt durch die Ortschaften Valduga und Noriglio bis nach Rovereto (204 m) hinab.

Mit 35 000 Einwohnern ist Rovereto nach der Hauptstadt Trient die zweitgrößte Stadt im Trentino. In der Altstadt kann man noch heute den starken venezianischen Einfluss erkennen und in den verschiedenen Bauten im Zentrum wiederfinden. Rovereto ist vor allem unter Liebhabern der modernen Kunst bekannt, da einige wichtige Künstler dieser Epoche von hier stammen, wie z. B. Fortunato Depero. Daher befindet sich in Rovereto auch der Hauptsitz des MART (Museum für moderne und zeitgenössische Kunst). Das ließ die Stadt innerhalb kürzester Zeit zu einem der wichtigsten europäischen Treffpunkte für Kunst und Kultur werden; Info: MART, Corso Bettini 43, I-38068 Rovereto, www.mart.trentino.it.

Auf einem Felsen am rechten Ufer des Leone, genau dort, wo der Fluss das Etschtal erreicht, erhebt sich das Schloss von Rovereto. Sein heutiges Aussehen erhielt das Schloss im Zuge der Restauration unter den Venezianern im 15. Jahrhundert. Der fünfeckige Grund-

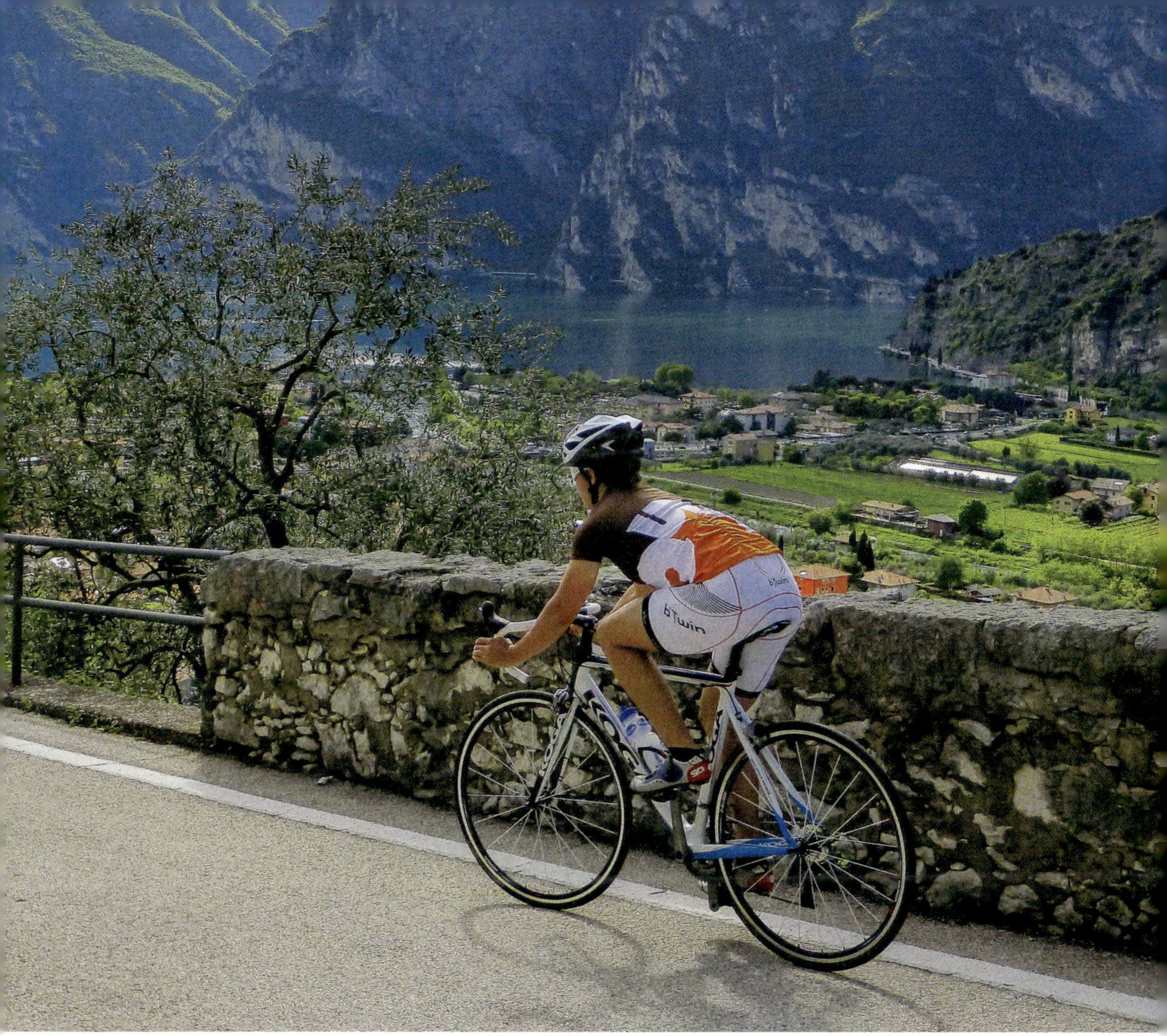

riss und die mächtigen Mauern samt Schießlöchern, welche übrigens eine hauptsächlich militärische Funktion erahnen lassen, machen das Schloss zu einem der besten Beispiele spätmittelalterlicher Festungsanlagen im gesamten Alpenraum.

Aus der Einöde des Hinterlandes von Rovereto sind wir wieder in der Zivilisation angekommen. So müssen wir gleich die verkehrsreiche Innenstadt Roveretos geradeaus durchqueren, bis wir zum Bahnhof kommen. Von hier fahren wir einige Meter auf der Hauptstraße Richtung Süden, bis wir am Fluss auf den Radweg treffen, dem wir rechter Hand folgen. Dieser durchwegs gut beschilderte Weg führt uns sicher nach Torbole an den Gardasee. Zunächst geht es jedoch nach Mori, durch Weinfelder und kleine Wäldchen bis auf den kleinen Passo San Giovanni und weiter bis nach Nago, von wo man den ersten Blick auf den Gardasee hat. In rasanter Fahrt lassen wir es bis Torbole (68 m) ausrollen und haben unser Ziel erreicht.

*In rauschender Fahrt geht es dem Ziel entgegen – der Gardasee wartet.*

## WICHTIGE ADRESSEN

***Übernachtung:*** Garni Toresela, Via Rivana 5, I-38060 Torbole, Tel. +39/0464/54 00 30, www.hoteltoresela.it; Aktivhotel Santalucia, Via S. Lucia 6, I-38069 Torbole, Tel. +39/0464/50 51 40, www.aktivhotel.it

***Restaurant:*** AL PORTO Ristorante Pizzeria, Piazza Goethe 18, I-38069 Torbole, Tel.+39 0464.548884, www.pizzeriaalporto torbole.it/en

***Taxiservice:*** Torbole Tour, Tel. +39/0329/435 28 78, www.torbo letour.com

# 2c Die Herausforderung

## – Stubaier Alpen, Brenner, die Pässe der östlichen Dolomiten

schwer | 622 km | 12 870 Hm | 4 Tage

**AUSGANGS-/ENDPUNKT**
Tegernsee – Gardasee

**ETAPPEN**
Bad Wiessee – Gries am Brenner, ca. 190 km, 2970 hm; Gries am Brenner – Arabba, ca. 146 km, 3400 hm; Arabba – Bellamonte, ca. 140 km, 3600 hm; Bellamonte – Torbole, ca. 146 km, 2900 hm

**STRECKENVERLAUF**
Achenpass (941 m), Mittenwald (923 m), Haiminger Berg, Kühtai (2020 m), Brenner (1374 m), Brixen (559 m), Würzjoch (1987 m), Passo di Valparola (2192 m), Passo di Falzarego (2105 m), Passo Pordoi (2239 m), Passo Fedaia (2056 m), Passo Rolle (1970 m), Passo Manghen (2047 m), Spiazo Alto (1260 m), Folgaria (1166 m), Rovereto (204 m), Torbole (68 m)

**CHARAKTER/ERLEBNISWERT**
Diese Tour ist für konditionsstarke Rennradler gedacht. Es geht durch herrliche Berglandschaften der Stubaier Alpen und der östlichen Dolomiten, einen Pass nach dem anderen erkletternd.

**SEHENSWERTES**
Zisterzienserkloster Stift Stams, Sterzing, Sella, Marmolada, Palagruppe, Castello di Rovereto

**KARTEN**
freytag & berndt, Tirol, 1:150 000; freytag & berndt, Südtirol–Trentino–Gardasee–Venetien, 1:200 000

**TOURIST-INFO**
Tourist-Info Bad Wiessee, Lindenplatz 6, 83707 Bad Wiessee, Tel. +08022/86030, www.tegernsee.com; Tourist-Info Gries am Brenner, Gries 73, A-6156 Gries, Tel. +43/(0)5274/872 37, www.wipptal.at; Tourist-Info Südtirol, www.dolomiten-suedtirol.com; Tourist-Info Dolomiten, www.dolomiti.it; Tourist-Info Gardasee, Tel. +39/0464/55 44 44, www.visitgarda.com/de/gardasee/

**Diese herausfordernde Tour führt uns vom Tegernsee über den Sylvenstein-Speicher und Leutasch, über Kühtaisattel und Brenner bis in die Dolomiten und weiter an den Gardasee. Kaum einen Pass auslassend geht es durch die schönsten Gegenden der Dolomiten, in denen es kaum einen Gipfel, Grat oder Gletscher gab, der während des 1. Weltkriegs nicht jahrelang Zentrum erbitterter Kämpfe war. Viele historische Relikte und unvergessliche Ausblicke faszinieren uns auf dieser Route, auf der uns jedoch massenhaft unnachgiebige Kilometer und Höhenmeter erwarten – ein absoluter Traum für jeden sportlich orientierten Rennradfahrer.**

### 1. Etappe: Bad Wiessee – Sylvenstein – Mittenwald – Seefeld – Haiming – Kühtai – Axams – Gries am Brenner

Wie in unserer ersten Etappe »For Beginners« beschrieben, verlassen wir den Tegernsee nach Süden in Richtung Achenpass. Diesen rollen wir ca. einen Kilometer hinunter und fahren die nächste Straße rechts, auf der Bundesstraße 307 bleibend. Nun geht es über den wunderschönen fjordartigen Sylvensteinstausee, der nach einer natürlichen Engstelle im obe-

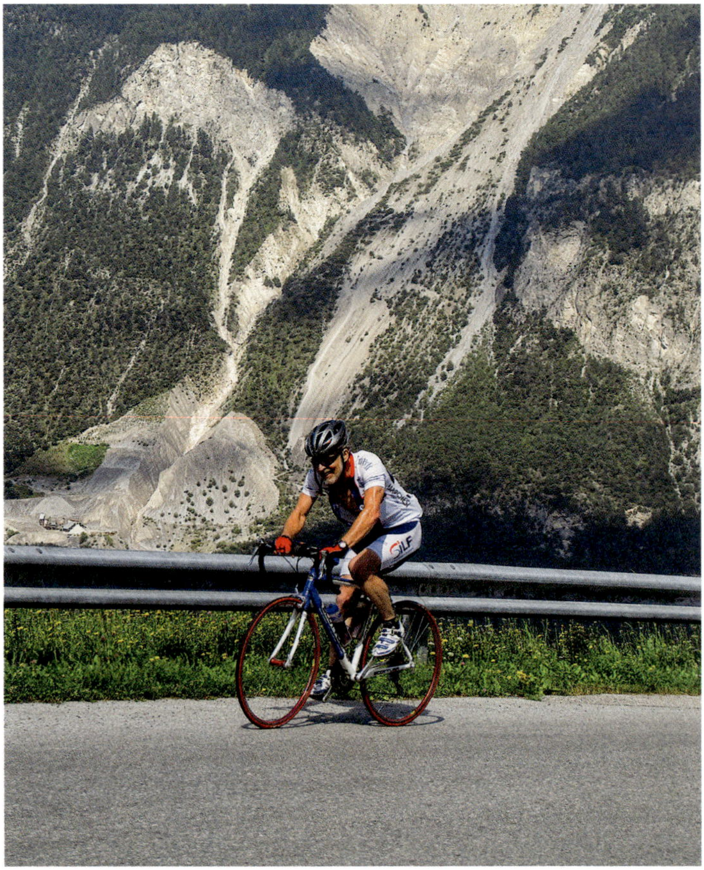

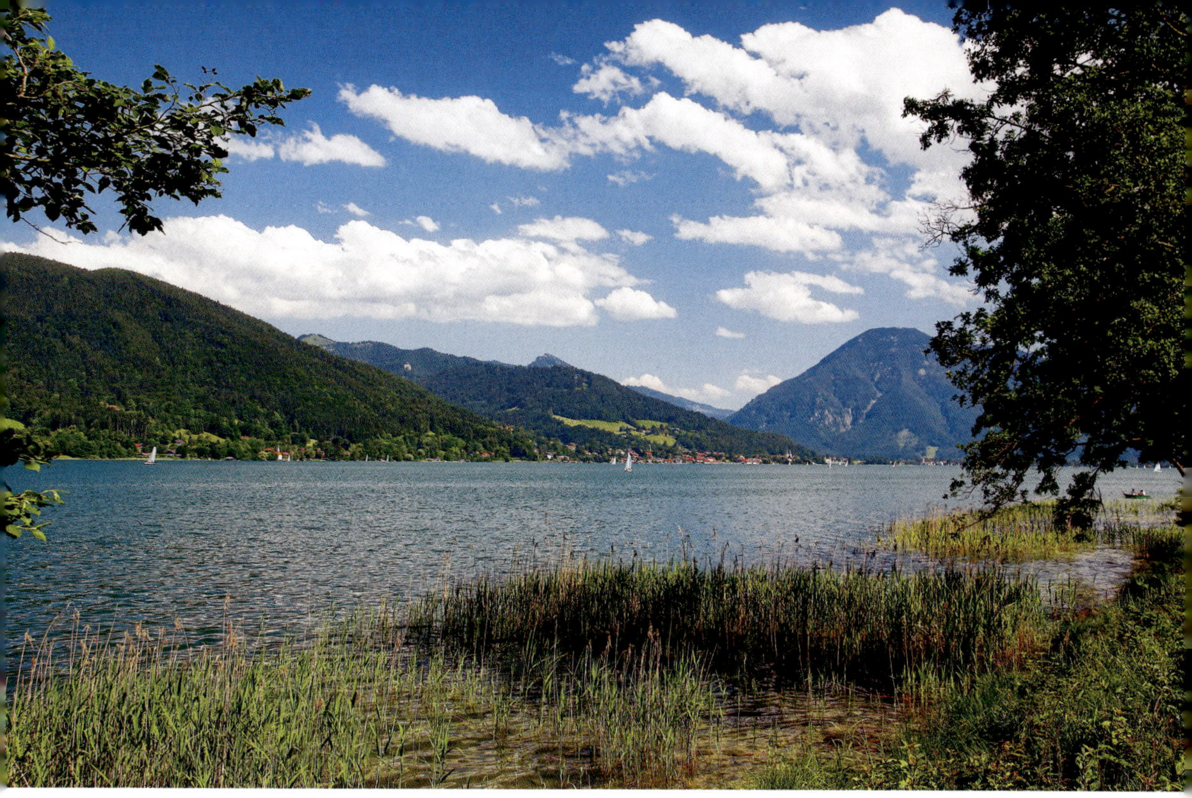

Am Tegernsee startet unsere »Go Wild«-Tour.

ren Isartal, dem Sylvenstein, benannt wurde. Mit seiner imposanten Brücke ist der See ein häufig abgebildetes Motiv vor der alpinen Bergkulisse des Karwendelgebirges. Im See versunken liegt das ehemalige Dorf Fall, welches vor der Flutung abgerissen und einige Dutzend Meter höher an der Straße nach Vorderriß neu erbaut wurde. Aufgrund der landschaftlichen Attraktivität, die etwas an Kanada erinnert, ist der Sylvensteinsee heute ein gefragtes Ausflugsziel und Erholungsgebiet. Wir fahren auf kleinen Sträßchen weiter nach Wallgau, Krün und Mittenwald. Am Ortsende von Mittenwald verlassen wir die Hauptstraße, es geht rechts bergauf durchs Leutaschtal in Richtung Leutasch. Wir befinden uns nun in Österreich und fahren weiter in Richtung Platzl, Buchen und Bairach.

Bei Telfs kommen wir ins Inntal. An dieser Stelle bitte nicht über Seefeld ins Inntal hinunterfahren, denn der Zirler Berg, der vielen vom Auto oder Motorrad bekannt sein dürfte, ist für Radler gesperrt. In Telfs queren wir Inn und Autobahn und fahren auf der anderen Talseite auf der Bundesstraße 171 rechts über Rietz bis Stams. In Stams erblicken wir linker Hand schon das berühmte Zisterzienserkloster Stift Stams, das als geistiges Zentrum der Re-

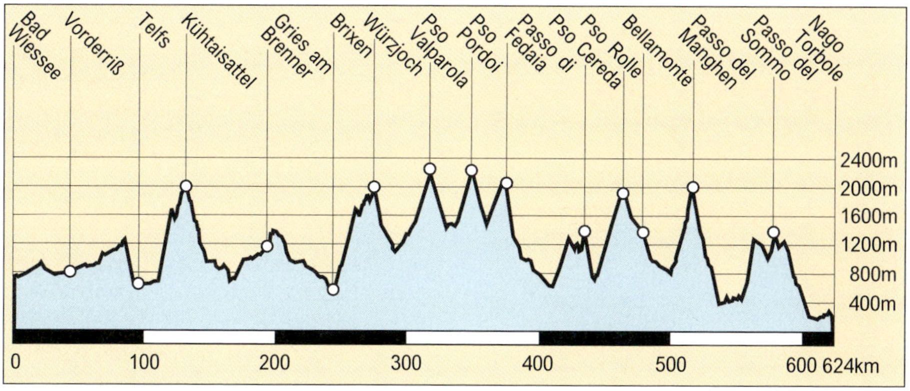


Linke Seite: Über den Haiminger Berg verlassen wir das Inntal Richtung Kühtai.

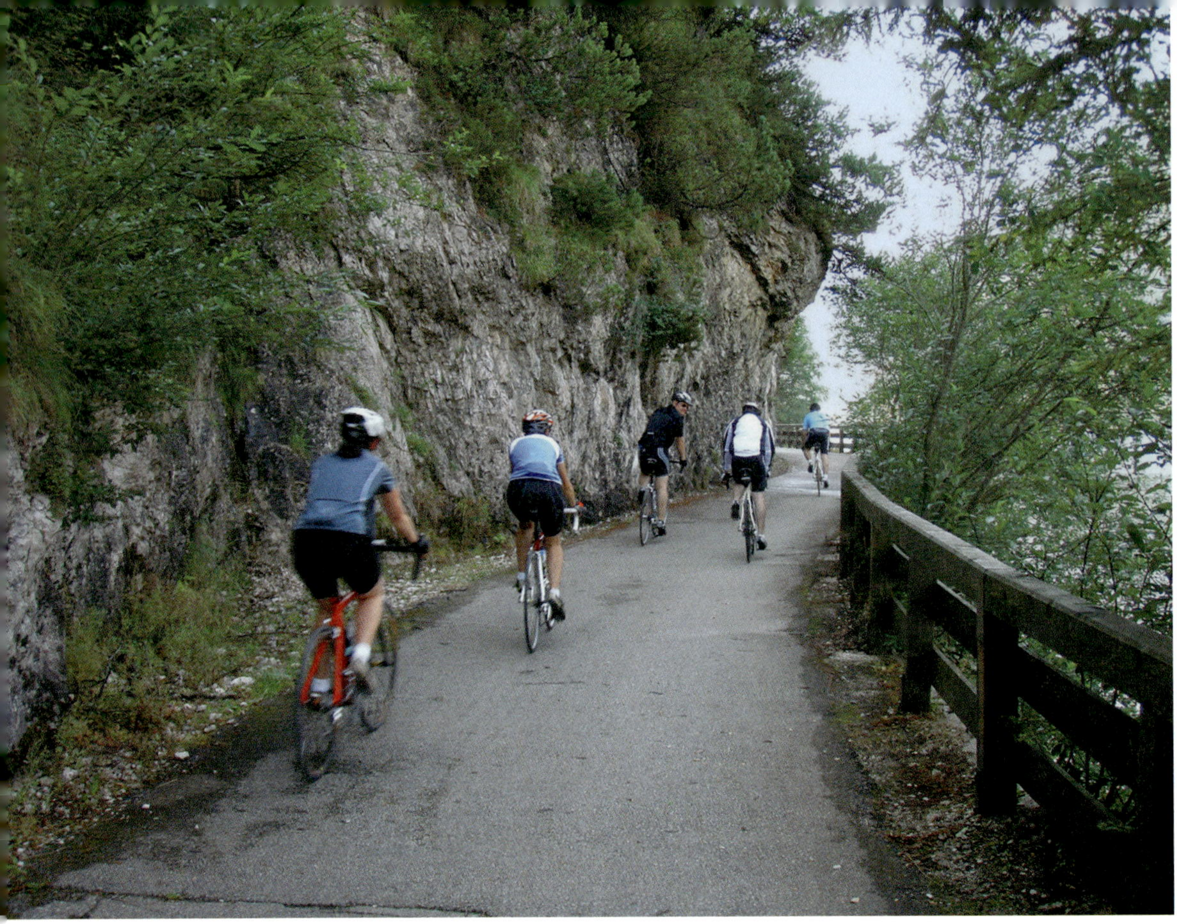

*Meist bestimmen kleine, ruhige Sträßchen den Charakter der ersten Etappe.*

gion weit über die Grenzen Tirols bekannt ist. Gegründet wurde das Stift 1273. Im Jahr 1284 wurde dann die bekannte Stiftskirche geweiht, die ursprünglich eine romanische Basilika war und erst später im Stil des prunkvollen Hochbarock umgebaut wurde. Die wunderbaren Gewölbemalereien im Langhaus zeigen Szenen aus dem Marienleben und stammen vom Augsburger Maler Johann Georg Wolcker. Heute noch herrscht hier ein aktives Klosterleben, das durch die dort lebenden Mönche gestaltet und von vielen Touristen besucht wird. Man kann hier auch als gern gesehener Gast einen entspannenden Klosterurlaub verbringen, wenn man in stressigen Zeiten einmal zur Ruhe kommen möchte. Das Gymnasium Meinhardinum ist ein Skigymnasium und eine Handelsschule mit alpiner und nordischer Ausrichtung, das schon einige berühmte österreichische Skisportler hervorgebracht hat.

Weiter geht es durch Silz bis nach Haiming (670 m), wo wir die Inntal-Bundesstraße verlassen. Am Ende des Ortes führt uns ein kleines Bergsträßchen links auf den Haiminger Berg nach Ochsengarten (1540 m). Über ca. 11 Kilometer und 1000 Höhenmeter schraubt sich die Straße steil nach oben. In Ochsengarten halten wir uns links und kurbeln auf 8 Kilometern die letzten 480 Höhenmeter bis Kühtai empor, unserem höchsten Punkt für heute. Die Landschaft hat sich verändert: Eben

## WICHTIGE ADRESSEN

***Übernachtung:*** Hotel Pension Ostler, Sanktjohanserstr. 47, 83707 Bad Wiessee, Tel. 08022/812 84, www.hotel-ostler.de; Hotel Alpenhof, Anton-von-Rieppel-Str. 26–28, 83707 Bad Wiessee, Tel. 08022/86 01–0, www.alpenhof-tegernsee.de; Pension Hörtnagl, Nösslach 453, A-6156 Gries am Brenner, Tel. +43/(0)5274/875 05, www.pensionhoertnagl.com; Pension Alpenblick, Nösslach 462, A-6156 Gries am Brenner, Tel. +43/(0)5274/877 56

***Restaurants:*** Abwinkler Hof, Ringbergstr. 43, 83707 Bad Wiessee, Tel. 08022/838 68, www.abwinklerhof.de; Gasthof Weisses Rössl, Brennerstraße 52, A-6156 Gries am Brenner, Tel +43/(0)664/ 400 55 55, www.weisses-roessl.eu

***Taxiservice:*** Taxi Company Dieter Spitz in Bad Wiessee, Tel. 08022/994 45; Wipptal Taxi, Steinach am Brenner, Tel. +43/(0)664/ 122 30 55

kämpften wir uns noch durch idyllische Zirben- und Fichtenwälder empor, nun sind wir auf der Hochebene in eine karge Hochgebirgsregion gekommen, in der sich verstreut einige Hotels wiederfinden. Kühtai (2020 m) hat nur 28 Einwohner, ist der höchstgelegene Wintersportort Österreichs und bietet daher absolute Schneegarantie von Anfang Dezember bis weit ins Frühjahr hinein. Da die Straße allerdings gut geräumt wird, fangen die trainingsbegeisterten Rennradler des Inntals schon weitaus früher mit ihrem Bergtraining hier herauf an. Von Kühtai geht es in fantastischer Fahrt 17 Kilometer mal leicht bergauf und dann wieder steil (bis 16 Prozent) bergab. Wenn wir nach rechts blicken, haben wir wunderbare Ausblicke auf die Stubaier Alpen. Weiter geht es über St. Sigmund und Gries im Sellrain bis Sellrain. Hier halten wir uns rechts und pedalieren über Grinzens nach Axams und unmerklich ansteigend weiter nach Götzens und Mutters. Bis zu unserem Etappenziel verbleiben ab hier noch die letzten 30 Kilometer und 520 Höhenmeter, die wir auf der Brenner-Bundesstraße, stets in Richtung Brenner, über Matrei, Steinach am Brenner bis Gries am Brenner zurücklegen.

## 2. Etappe: Gries am Brenner – Brixen – Würzjoch – St. Martin in Thurn – La Villa – Passo di Valparola – Arabba

Unsere heutige Etappe verläuft zunächst auf derselben Route wie bei »Tegernsee – Gardasee Medium« beschrieben. Wir fahren nach Brixen und von dort über das Würzjoch bis St. Martin in Thurn und La Villa. Ab hier fahren wir jetzt nicht nach Corvara, sondern halten uns links in Richtung S. Cassiano und Passo di Valparola. Der Pass ist die direkte Verbindung zwischen dem Grödner Joch und dem Falzàregopass. Im Ersten Weltkrieg wurde die Straße erbaut, um das Kampfgebiet am Falzàrego mit Waffen und Munition zu versorgen. Heute dürfen wir uns auf eine recht gleichmäßige Steigung von etwa 10 Prozent und eine wenig befahrene, gut ausgebaute Straße freuen. In La Villa (1387 m) beginnt unser Weg durch kleinere Ortschaften und Almwiesen in leichten Kurven anzusteigen. Kurz darauf verschwindet die Passstraße im Val di San Cassiano auf einer kleinen Hochebene in dichtem Nadelwald, bevor sie vor der Gipfel-

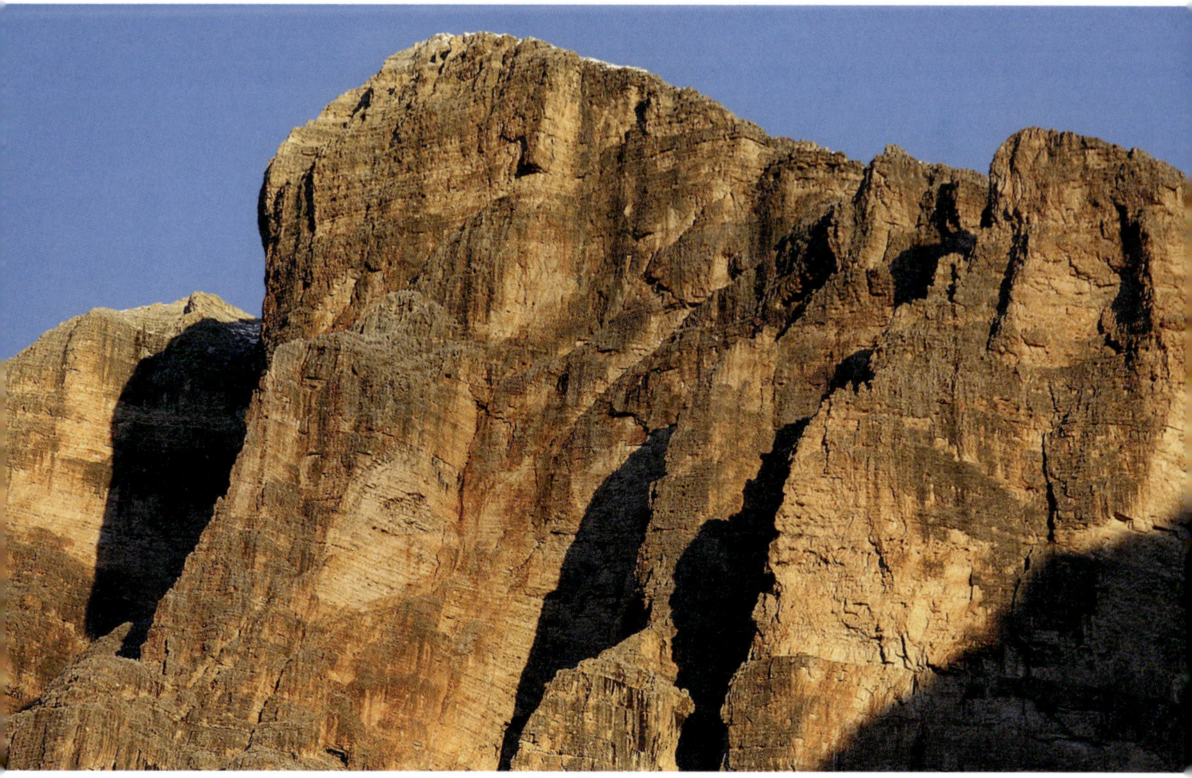

*Die bis 800 Meter hohen Südabstürze der Tofana di Rozes sind der Blickfang über dem Falzàregopass.*

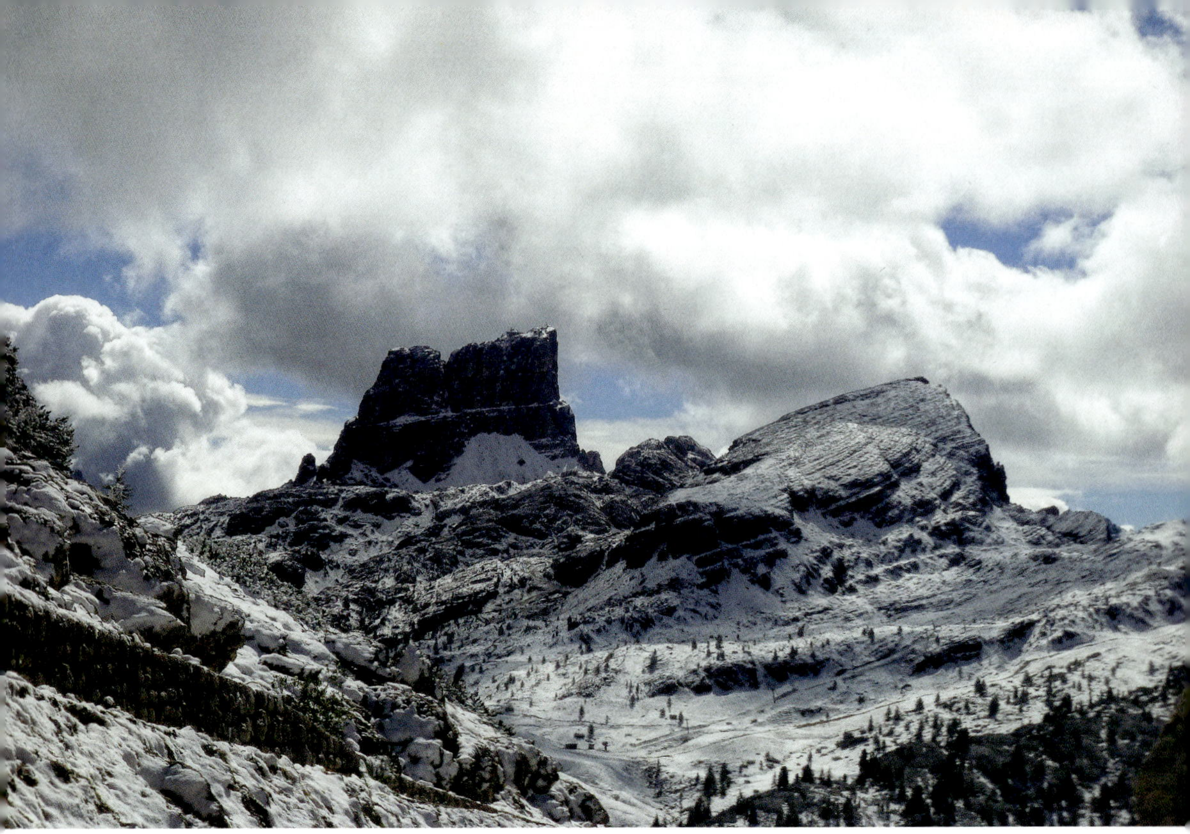

*Auch im Sommer kann, wie hier am Passo di Valparola, auch einmal Schnee fallen …*

gruppe der Tofana in die ersten Serpentinen einsteigt. Wir verlassen die Lärchen- und Kiefernwälder und ein herrlicher Ausblick öffnet sich in Richtung Westen nach Corvara hinüber. Kurz vor der eigentlichen Passhöhe befindet sich auf der rechten Seite das Rifugio Valparola (2168 m). Dies lädt zu einer kurzen oder auch längeren Rast ein. Hinter dem Haus liegt der Lago di Valparola, von dem aus man auf die eigentliche Passhöhe (2192 m) blicken kann, die heute noch die Zeugnisse des damaligen Krieges aufweist. Riesige gesprengte Felstrümmer, Schützengräben, Höhlen und Stellungen lassen blutige und heftige Auseinandersetzungen erahnen.

Bis zum Ersten Weltkrieg gehörte der Pass zu Tirol. Nur wenige Kilometer östlich verlief die Grenze zu Italien. So wurde der Passo di Valparola Teil der Dolomitenfront, da Österreich die Kampflinie aus strategischen Gründen etwas hinter die eigentliche Grenze zurücknahm, um sie so besser verteidigen zu können. Direkt am Pass liegt das alte österreichische Fort Tre Sassi, das jedoch schon zu Beginn des Ersten Weltkrieges sehr veraltet war und bald durch italienische Artillerie außer Gefecht gesetzt wurde. Viele österreichische Soldaten kamen dabei ums Leben. Als Kriegslist beleuchteten die Österreicher jedoch weiterhin das Fort von innen, um so den Eindruck zu erwecken, es wäre weiter im Einsatz. Ihr Plan war, dass die Italiener ihre knapp bemessene Munition verschwenden und komplett verfeuern sollten. Heute ist das Fort ein Museum.

Über die Passhöhe reicht der Blick hinüber zum Passo di Falzàrego (2105 m), auf den die Straße nach etwa zwei Kilometern einmündet. Eine richtige Passabfahrt gibt es also noch nicht. Wir pedalieren weiter in Richtung Süden und erreichen nach wenigen Metern die Passhöhe des Passo di Falzàrego. Neben einem Hotel, einem Souvenirladen und einer Kapelle, zum Gedenken der Toten im Ersten Weltkrieg, finden wir noch die Talstation der Bergbahn

### WICHTIGE ADRESSEN

***Übernachtung:*** Hotel Genziana, Via Colesel 16, I-32020 Arabba, Tel. +39/043/67 91 24, www.hotelgenziana.net; Hotel Mesdi, Via Mesdi 75, I-32020 Arabba, Tel. +39/0436/791 19, www.hotelmesdi.com

***Restaurant:*** Albergo Pordoi, Via Boe Nr. 9, I-32020 Arabba, Tel. +39/0436/791 13, www.albergopordoi.it

***Taxiservice:*** Taxi Claudio Cariani, Tel. +39/0329/264 39 62

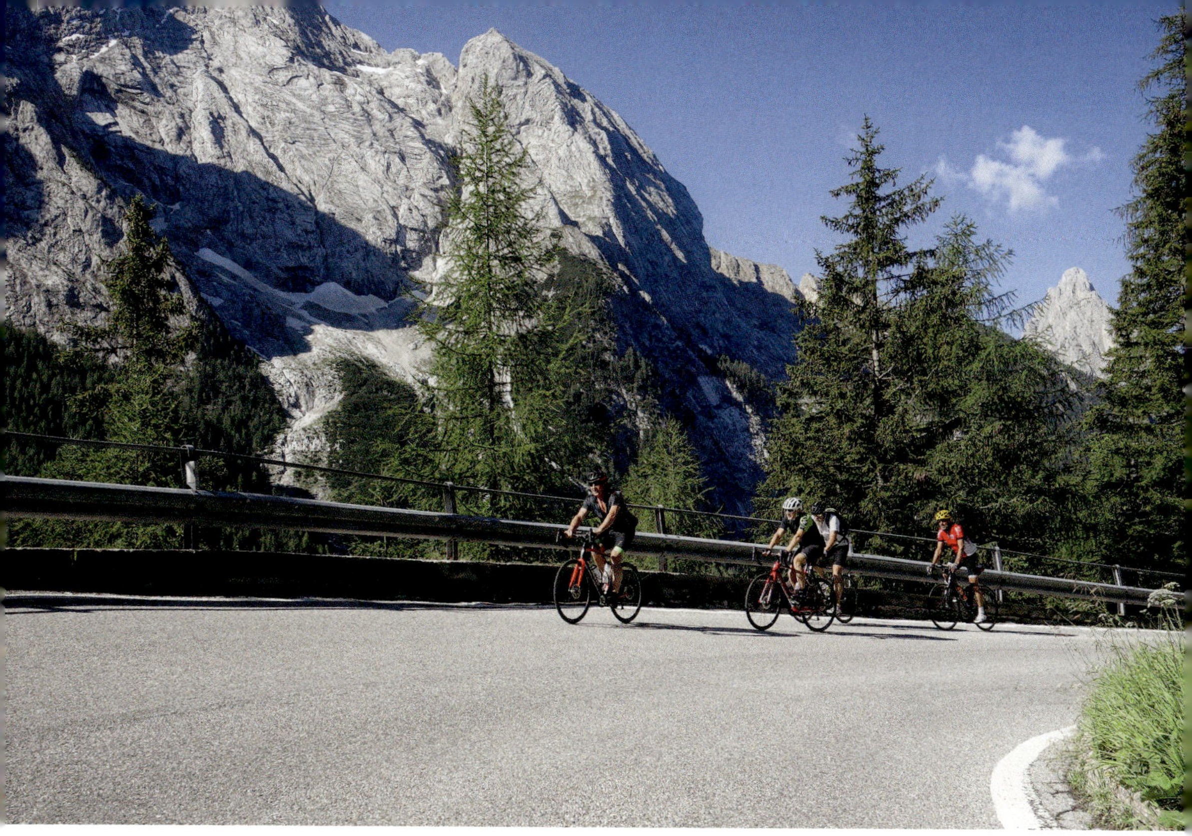

hinauf zum Kleinen Lagazuoi (2779 m) auf der Passhöhe. Dieser Berg überragt alles und prägt das Bild des Passo di Falzàrego. Es lohnt sich wirklich, hier etwas länger zu verweilen, an diesem historischen Ort, wo zu Zeiten des Ersten Weltkriegs zwischen 1914 und 1918 furchtbare Stellungsschlachten tobten. Österreichisch-ungarische Kaiserjäger kämpften blutig gegen die italienischen Alpinsoldaten und hinterließen Trümmer, Granaten, Schützengräben und Bunker, die die Felswände durchziehen. Im Rahmen der touristischen Erschließung des Gebietes seit Mitte des 20. Jahrhunderts wurde der Stollen im Lagazuoi wieder begehbar gemacht. Auch kleinere Stellungen, Laufgräben, Artillerie-Einsatzorte und Bunker können begangen werden und sind teilweise mit Erklärungen versehen. So hat der Berg heute den Charakter eines historischen Freilichtmuseums.

Etwas gedrückt ist unsere Stimmung auf der Abfahrt im Gedenken an die geschichtsträchtigen Ereignisse, die sich uns hier offenbarten. Es geht nun mit 8 Prozent Gefälle ca. 11 Kilometer bergab nach Andraz (1392 m), wo wir uns rechts halten. Wir bleiben auf der Bundesstraße 48, die noch einmal leicht bergauf nach Arabba (1602 m) führt. Es sind nun nur noch ca. 9 Kilometer bis zu unserem Etappenende.

## 3. Etappe: Arabba – Passo Pordoi – Passo Fedaia – Caprile – Cencenighe – Agordo – Sirior – Passo Rolle – Bellamonte

Von Arabba folgen wir der in »Tegernsee – Gardasee Medium« beschriebenen Route über den Passo Pordoi, den Passo Fedaia, über Alleghe bis nach Cencenighe. Statt nun rechts über den Passo di Pellegrino abzubiegen, bleiben wir auf der Bundesstraße 203 in Richtung Agordo. Von hier aus fahren wir nach Südwesten auf der Bundesstraße 247 weiter nach Voltago Agordino. Durch viele kleine italienische Dörfer und lang gezogene Waldstücke führt die sehr wenig befahrene Straße in Richtung Cereda. Die eigentliche Passstraße wird bei Gosaldo erreicht. Dorthin führen einige kleine Sträßchen von Agordo in Richtung des Passes. Der Passo Cereda (1361 m) ist ein wenig bekannter Straßenpass und verläuft auf der Grenze zwischen dem Trentino und der Provinz Belluno (Region Veneto), die Passhöhe liegt aber noch

*Unter den Ausläufern der Marmolada »erklettern« wir den Passo Fedaia.*

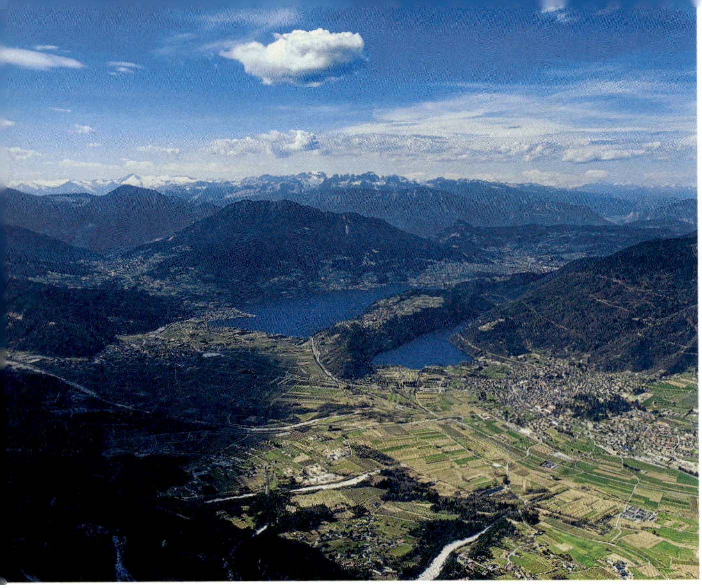

*Weit unter uns liegen Caldonazzo und der gleichnamige See; am Horizont Brenta und Adamello.*

auf Trentiner Seite. Im Vergleich zu den Pässen des Vortages ist die Passhöhe nicht sehr spektakulär. Es gibt lediglich einige Hotels. Wir fahren bergab nach Fiera und folgen der Bundesstraße 50 nach Norden in Richtung Passo Rolle bzw. San Martino di Castrozza. Auf dem Weg passieren wir Siror und erreichen nach ca. 13 Kilometern den knapp 800 Meter höher gelegenen Wintersportort San Martino di Castrozza (1467 m). Wir befinden uns hier mitten im Panéveggio-Naturpark, dessen urige und dichte Waldgebiete zu den schönsten Norditaliens zählen. Je höher wir kommen, desto atemberaubender wird die Aussicht auf die imposanten Zinnen und Türme der Palagruppe im Westen. Auf einer Straße mit 9 Prozent Steigung verlassen wir San Martino für die letzten 9 Kilometer und 500 Höhenmeter bis zum Pass. Über mehrere Kehren mit bis zu 11 Prozent Steigung geht es weiter bergauf. Wir erreichen die Passhöhe (1970 m) auf dem letzten flachen Kilometer. Von hier oben hat man einen herrlichen Blick auf die steilen Felsabstürze der Palagruppe mit dem markanten Cimòn della Pala (3185 m). Aufgrund seiner Form wird er auch das »Matterhorn der Dolomiten« genannt. Bergab geht es nun die letzten 15 Kilometer in rasanter Fahrt bis Bellamonte. Der gemütliche kleine Ort zählt knapp 200 Einwohner und ist neben diversen Wintersportmöglichkeiten bekannt für seine charakteristischen Heustadl, die aus Holz und Stein errichteten »tabià«. Diese historischen Scheunen mit Heuboden stammen teilweise noch aus dem 17. Jahrhundert.

**WICHTIGE ADRESSEN**

***Übernachtung:*** Hotel Antico, Via Prai De Mont 19, I-38037 Bellamonte (TN), Tel. +39/0462/57 61 22, www.albergoantico.com; Hotel Sole, Via de lór 8, I-38037 Bellamonte di Predazzo, Tel. +39/0462/57 62 99, www.hsole.it

***Restaurant:*** Restaurant Hotel Sole, Via de lór 8, I-38037 Bellamonte di Predazzo, Tel. +39/0462/57 62 99, www.hsole.it

***Taxiservice:*** Taxi Giacomelli Renzo in Predazzo, Tel. +39/0462/ 50 19 27

## 4. Etappe: Bellamonte – Molina – Passo Manghen – Borgo Valsogana – Folgaria – Rovereto – Torbole

Von Bellamonte beginnen wir unsere letzte Etappe wieder wie in »Tegernsee – Gardasee Medium« beschrieben. Gemütlich rollen wir nach Predazzo hinunter. Von hier aus geht es 15 Kilometer weiter nach Molina. Wir bleiben stets auf der Bundesstraße 232 über Masi di Cavalese und Torrente Avisio. Ab Molina im Valle di Fiemme erwarten uns fantastische 16 Kilometer und 1230 Höhenmeter. Die Auffahrt startet an der Brücke über den Avisio auf 820 Metern Höhe. Gleich zu Beginn empfängt uns eine kurze steile Rampe an diversen Picknickplätzen vorbei. Auf breiter und flacher werdender Straße fahren wir ins Tal hinein. Die ersten 8 Kilometer bewältigen wir ohne nennenswerte Schwierigkeiten und ohne schönen Fernblick, da es durch dichten Wald geht. Anfangs sehr flach, erreichen wir nach und nach auch Steigungen um die 6 Prozent. Ganz vereinzelt begegnet man einigen Häusern, einen richtigen Ort gibt es aber nicht. Nach 8 Kilometern folgt eine erste Rechtskurve und eine Brücke an einem abzweigenden Tal. Ab hier wird die Straße schmal und steil, meistens zwischen 8 und 12 Prozent. Fast permanent im Wald führt der Weg weiter nach Süden, bevor nach 3 Kilometern eine Serpentinengruppe nach Osten den Hang hinaufzieht. Ohne flacher zu werden, führt uns die Straße aus dem Wald heraus. Auf einer Höhe von 1800 Metern kommen wir an einer Alm mit vielen Kühen vorbei, nach der weitere Kehren folgen. Die letzten Meter lassen uns mit ihren 14 Prozent Steigung noch einmal enorm schwitzen. Danach erreichen wir das Rifugio etwas unterhalb des Passes mit kleinem Teich, wo man sich stärken kann. Die Passhöhe selbst ist nach einer letzten Kehre und ca. 400 Metern hinter dem Rifugio auch gleich erreicht. Vom Passo Manghen (2047 m) kann man den Ausblick in Richtung Süden und ins Val di Calamento genießen. Abwärts rollen wir dann durch schöne Almwiesen und kleine Wäldchen mit vielen Kurven, bis wir Telve erreichen. Von hier aus fahren wir 19 Kilometer und 250 Höhenmeter über Borge Valsugana, Marter, Novaledo nach Levico Terme. Hier steigt die Straße wieder tüchtig an und es geht links über die Ortschaft Lochere in Richtung Monte Rovere. Einige Serpentinen dahinter trifft die Straße aus Caldonazzo auf die unsere. Ab hier gewinnen wir über zwei Kehren rasch an Höhe. Nach der zweiten Serpentine wird die Straße einspurig und führt über den Bergrücken in ein Seitental hinein. Links und rechts beherrschen nun mächtige Felswände das Bild. Weit oben erkennen wir bereits die Silhouette des Einschnittes unserer Straße am Spiazo Alto, der uns das Ziel der Auffahrt weist.

Es wird nun kurzzeitig etwas flacher, und wir durchfahren zwei enge, in den Fels gehauene Tunnel. Beide sind nur einige Meter lang. Trotzdem sollte man beim Durchqueren Vorsicht walten lassen, da man entgegenrasende, tiefer gelegte Fiat Cinquecentos wegen der engen Kurven nur sehr spät erkennen kann und im Tunnel gerade mal eine Autobreite Platz ist. Anschließend führt die Straße in mehreren Serpentinen nach oben, von denen aus wir ein herrliches Bergpanorama bewundern können. Weit unter uns liegen Caldonazzo und der Caldonazzosee. Die Steigung bleibt bei ca. 10 Prozent mit Spitzen bis 13 Prozent. Nach einer markanten Serpentinengruppe und weiteren 500 Metern erreichen wir das sogenannte Belvedere (1040 m), einen Aussichtspunkt, an dem sich vor allem viele Motorradfahrer tummeln. Wir werden mit einem atemberaubenden Ausblick über das gesamte Val Sugana bis weit nach Osten belohnt.

Aufmunternde Sprüche einiger frecher Motorradfahrer: »Jetzt ist es nicht mehr weit«, kann man getrost vergessen. Denn nach dem Belvedere kommt der härteste Teil der Anfahrt. Über mehr als einen Kilometer geht es mit 13 Prozent steil bergan. Die Steigung wird danach wieder etwas milder, zieht sich aber ohne Erholungsmöglichkeiten bis zum Scheitelpunkt am Spiazo Alto (1260 m). Hier folgen wir nun 5 Kilometer lang der besser ausgebauten Bundesstraße 349 nach rechts in Richtung Lavarone. Knappe 7 Kilometer geht es weiter nach Carbonare. Hier treffen wir wieder auf die Route, wie unter »Tegernsee – Gardasee Medium« beschrieben, über Folgaria, Mezzaselva, Serrada bis nach Rovereto und folgen schließlich dem Radweg zum Gardasee hinab.

*Das Ziel ist in Sicht – ein unvergleichliches Gefühl!*

**WICHTIGE ADRESSEN**

***Übernachtung:*** Garni Toresela, Via Rivana 5, I-38060 Torbole, Tel. +39/0464/54 00 30, www.hoteltoresela.it; Aktivhotel Santalucia, Via S. Lucia 6, I-38069 Torbole, Tel. +39/0464/50 51 40, www.aktivhotel.it

***Restaurant:*** AL PORTO Ristorante Pizzeria, Piazza Goethe 18, I-38069 Torbole, Tel. +39 0464/54 88 84, www.pizzeriaalporto torbole.it/en

***Taxiservice:*** Torbole Tour, Tel. +39/329/435 28 78, www.torbole tour.com

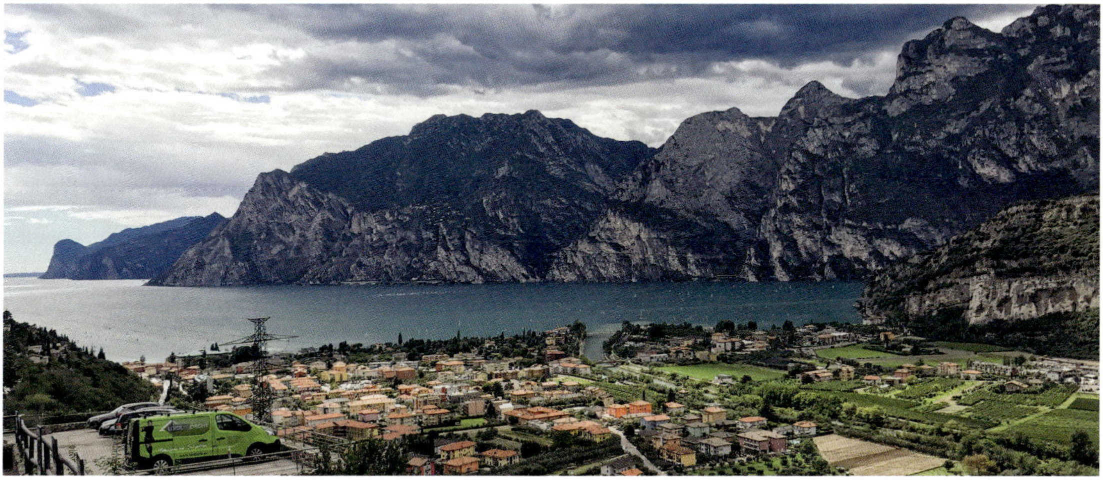

*Rechte Seite oben: Gemeinsam ins Ziel nach den Strapzen des Maratona dles Dolomites*

*Rechte Seite unten: In zahlreichen Kehren geht es hinauf zum Sellapass.*

*Bei der Auffahrt von Osten zum Pordoipass; hinten die Türme der Sellagruppe*

# Der »Maratona dles Dolomites«

Es war im Juli 1987, als der Dolomitenmarathon anlässlich des zehnjährigen Bestehens des Fahrradvereins Alta Badia-Raiffeisen ins Leben gerufen wurde. Damals gab es nur eine einzige 175 Kilometer lange Strecke, auf der insgesamt sieben Pässe in den Dolomiten überwunden wurden. 166 wagemutige Radler waren damals am Start und kämpften mit großem Mut und Sportsgeist um das heiß ersehnte Ziel. Im Laufe der Jahre lockte dieses Jedermann-Rennen eine immer größere Anzahl von begeisterten Sportlern an und wurde schließlich zum wichtigsten Ereignis des Rennradsports für Amateure in Europa. Keiner der Organisatoren ahnte damals, dass nur wenige Jahre später eine Vielzahl von Begeisterten voller Enthusiasmus an diesem Marathon teilnehmen würde.

Die herrliche Landschaft der Dolomiten, die eindrucksvollen Strecken, auf denen sich schon große Meister des Radsports bewegten, sind bestimmt die Hauptgründe für den großen Erfolg des »Maratona dles Dolomites«. Ein großer organisatorischer Aufwand ist nötig, um diesen hochwertig ausgerichteten Wettkampf zu präsentieren. Voller Motivation und Begeisterung nehmen jedes Jahr um die 9000 Radfahrer an diesem Sportfest der Superlative teil, um ihre persönlich gesteckten Ziele in dieser wundervollen Landschaft zu erreichen. Der Start ist in La Villa mit Ziel in Corvara. Das Starterfeld besteht zur Hälfte aus Italienern, die zweite Hälfte teilt sich auf in Deutsche, Holländer, Österreicher, neuerdings auch immer mehr Briten etc. Sobald die Voranmeldungen freigeschaltet werden, prasseln täglich durchschnittlich 995 Anmeldungen auf die Veranstalter ein. So sehr lieben es die Teilnehmer, auf für den Verkehr gesperrten Dolomitenpässen ihr Rennen zu bestreiten und dabei die herrliche Umgebung zu genießen – oder auch nicht …

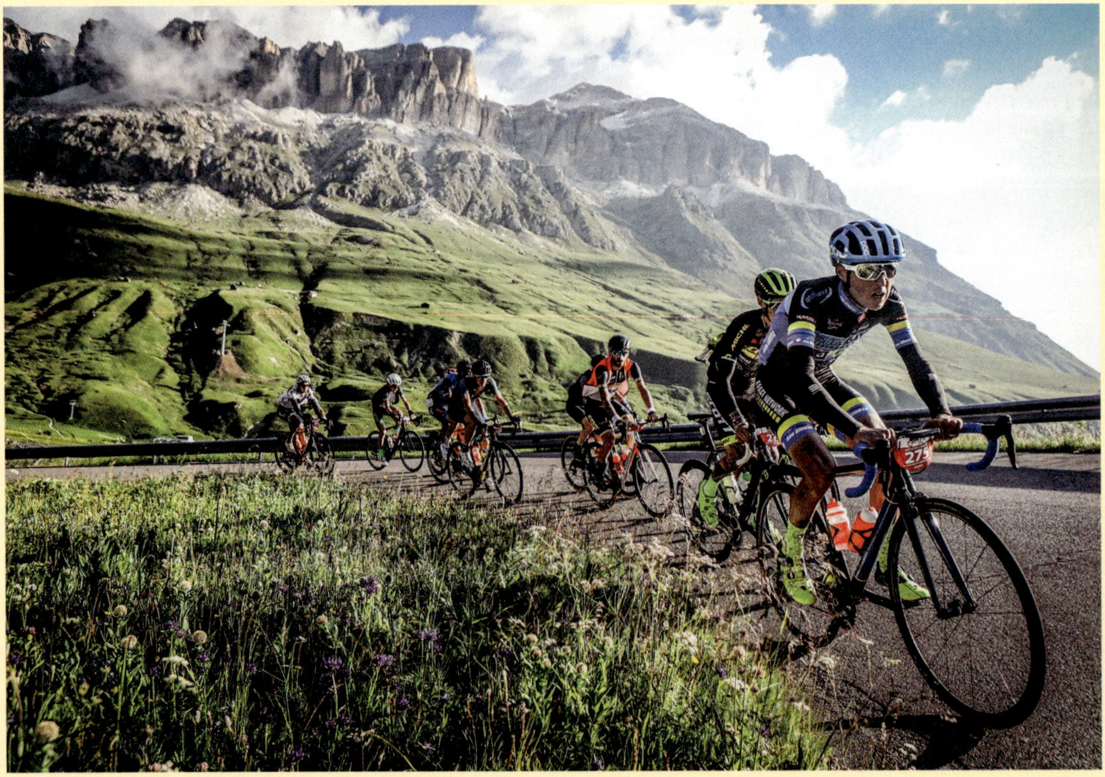

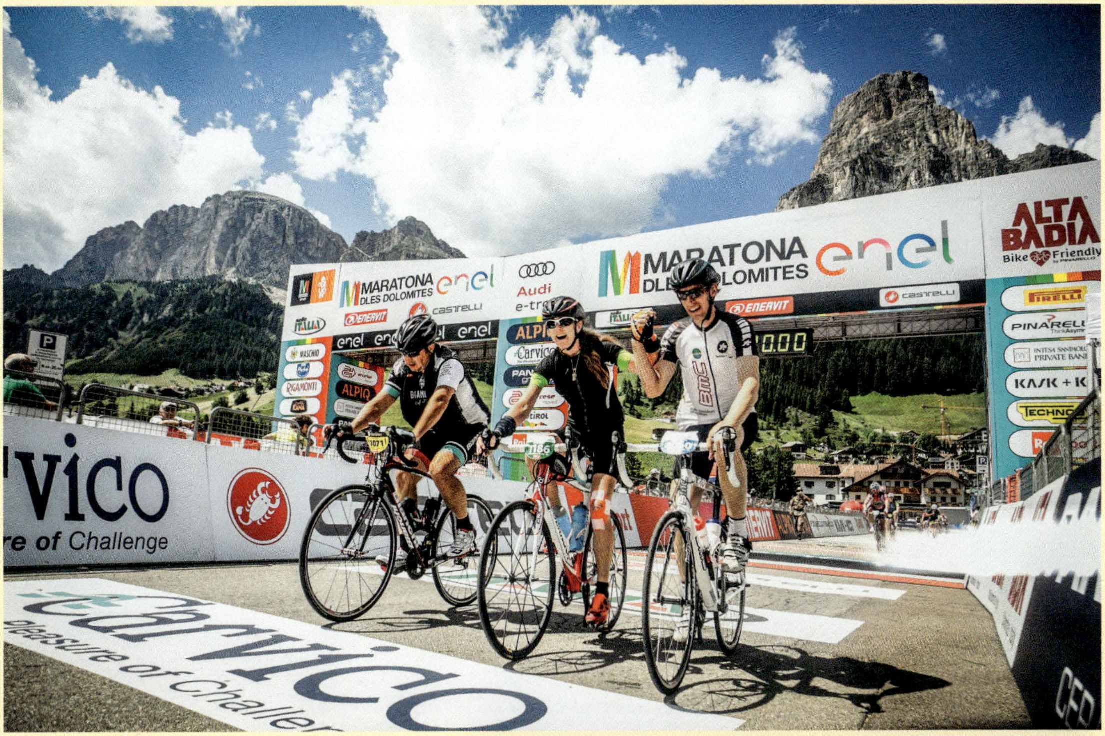


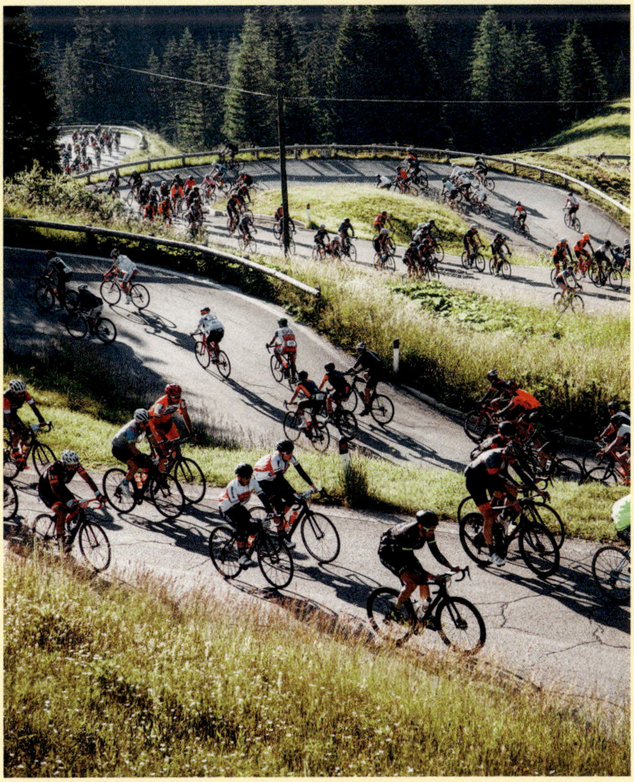

Seit Jahren unverändert sind die drei Strecken: die lange auf 138 Kilometern mit 4230 Metern Höhenunterschied, die mittlere auf 106 Kilometern mit 3130 Metern Höhenunterschied und die klassische Sella Ronda auf 55 Kilometern mit einem Höhenunterschied von 1780 Metern. Alle drei Strecken haben die Runde um das Sellamassiv gemeinsam. Von Corvara aus geht es über den Passo Campolongo, Passo Pordoi, Passo Sella und über den Passo Gardena bis Corvara zurück. Hier endet die kürzeste Strecke. Die mittlere und lange Strecke erklimmen erneut den Passo Campolongo. Von Arabba geht es diesmal in die entgegengesetzte Richtung nach Andraz, Ceradoi, Belvedere di Colle Santa Lucia über den Passo Giau. Letztendlich fährt man über den Passo di Falzàrego, Passo Valparola und wieder über La Villa nach Corvara zurück – ins Ziel. Die mittlere Strecke führt von Ceradoi direkt auf den Passo di Falzàrego und lässt den schweißtreibenden und steilen Passo Giau aus.

*Infos: Komitee Maratona dles Dolomites, Tel. +39/0471/83 95 36, Fax +39/0471/83 99 15, info@maratona.it, www.maratona.it*

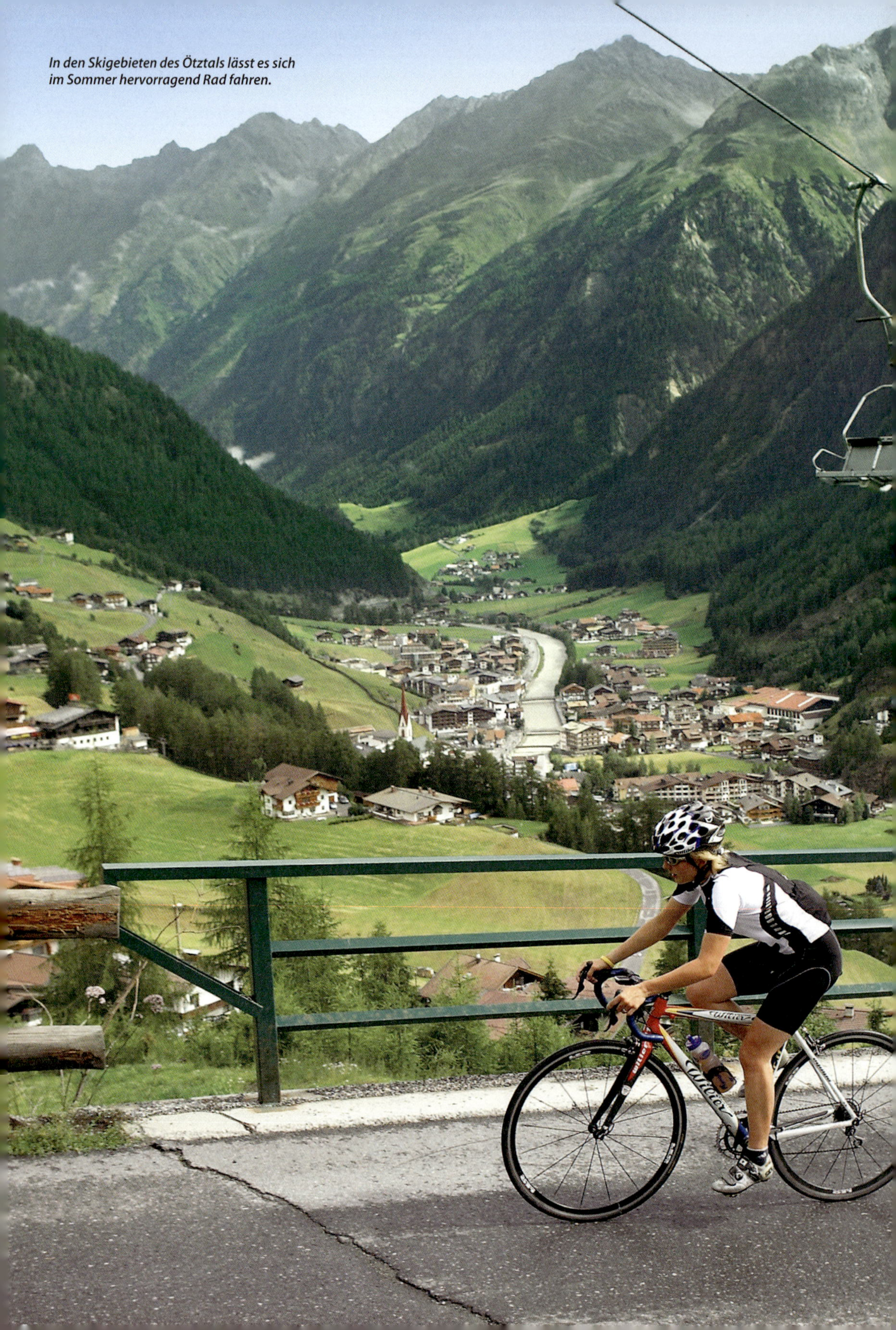

*In den Skigebieten des Ötztals lässt es sich im Sommer hervorragend Rad fahren.*

# Tour 3 Tegernsee – Venedig

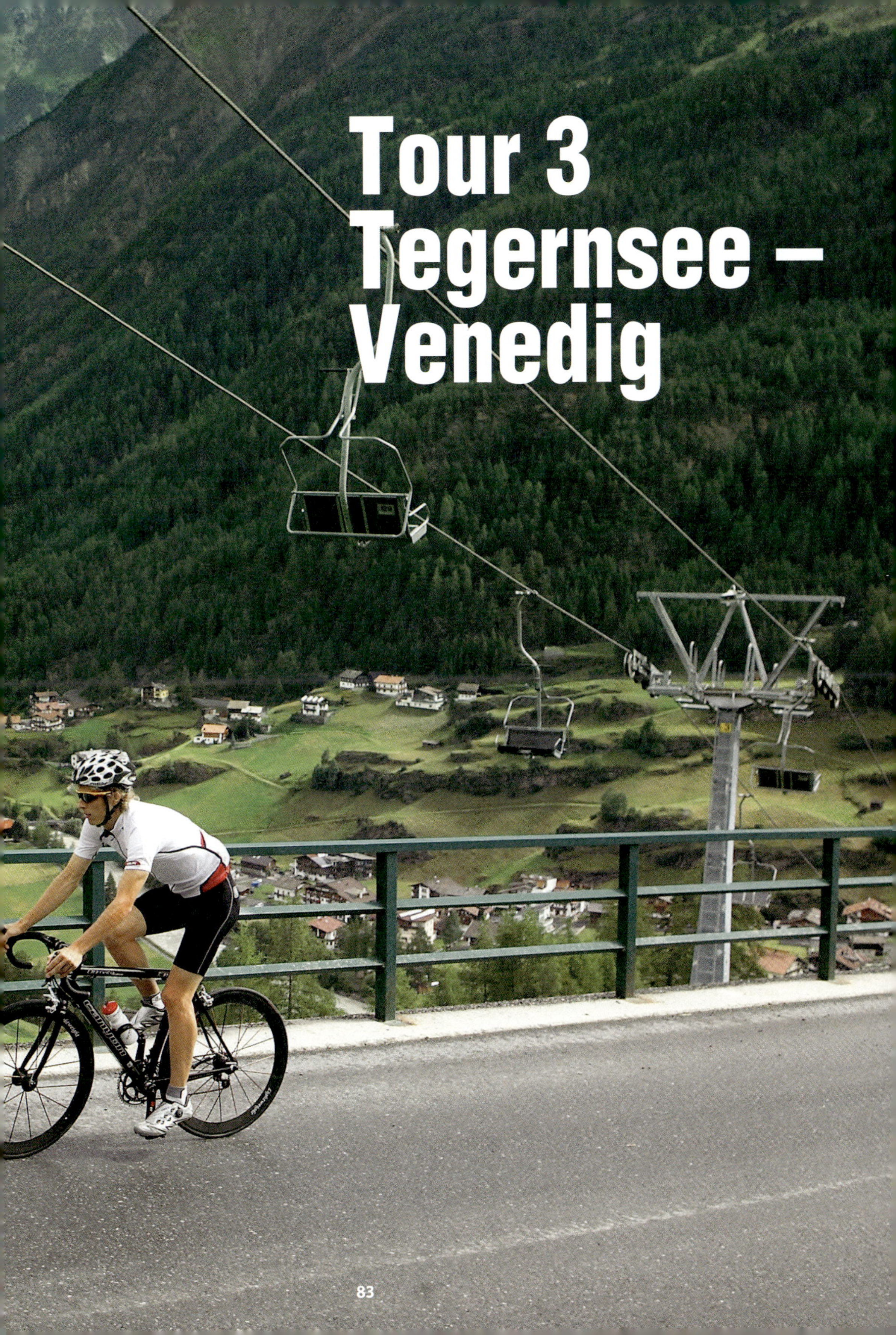

# 3a Unvergesslich

## – der Brenner und die schönsten Pässe der Dolomiten bis zur Adria

mittel | 505 km | 8010 hm | 4 Tage

**AUSGANGS-/ENDPUNKT**
Tegernsee – Venedig

**ETAPPEN**
Bad Wiessee – Sterzing, ca. 140 km, 1760 hm; Sterzing – St. Vigil, ca. 80 km, 2070 hm; St. Vigil – Longarone, ca. 135 km, 2860 hm; Longarone – Jesolo, ca. 150 km, 1320 hm

**STRECKENVERLAUF**
Achenpass (941 m), Brenner (1374 m), Brixen (559 m), Würzjoch (1987 m), Furkelpass (1758 m), Passo Giau (2236 m), Forcola di Staulanza (1773 m), Passo San Osvaldo (827 m)

**CHARAKTER/ERLEBNISWERT**
Diese mittelschwere Tour ist mit guter Grundkondition machbar. Sie bietet viele Pässe – herrliche Ausblicke auf die Dolomiten und die venetischen Berge garantiert. Ein weiteres Highlight ist natürlich unser Ziel: die Adria.

**SEHENSWERTES AM WEGESRAND**
Sterzing, Peitlerkofel, Drei Zinnen, Cortina d'Ampezzo, Passo Giau, Venedig

**KARTEN**
freytag & berndt, Tirol, 1:150 000; freytag & berndt, Südtirol–Trentino–Gardasee–Venetien, 1:200 000

**TOURIST-INFO**
Tourist-Info Bad Wiessee, Lindenplatz 6, 83707 Bad Wiessee, Tel. 08022/860 30, www.tegernsee.com; Tourist-Info Sterzing, Stadtplatz 3, I-39049 Sterzing, Tel. +39/0472/76 53 25, www.infosterzing.it; Tourist-Info St. Vigil, Catarina-Lanz-Str. 14, I-39030 St. Vigil in Enneberg, Tel. +39/0474/50 10 37, www.sanvigilio.com; Tourist-Info Longarone, Via Roma 60, I-32013 Longarone, Tel. +39/0437/57 58 11, www.longarone.net; Tourist-Info Jesolo, Tel. +39/0421/37 06 01, www.jesolo.it

**Wer wollte das nicht immer schon einmal, mit dem Rad im kühlen Deutschland starten und vier Tage später aus eigener Muskelkraft in Italien am Meer ankommen? Das kann auf dieser Route jeder, dessen Grundkondition gut ist und der schon einige Kilometer in den Beinen hat. Vom Tegernsee geht es über den Brenner nach Sterzing und über Brixen bis ins Herz der Dolomiten. Hier überqueren wir den Furkelpass, passieren Toblach im Pustertal, Cortina d'Ampezzo und erklimmen einen der schönsten Alpenpässe, den Passo Giau. Stets umgeben von fantastischer Landschaft und unbeschreiblichen Ausblicken auf die ausgesetzten Felstürme und Gipfel der Dolomiten, entfernen wir uns in Richtung Süden, durchqueren die venezianischen Berge, bis wir stolz die Adria erreichen.**

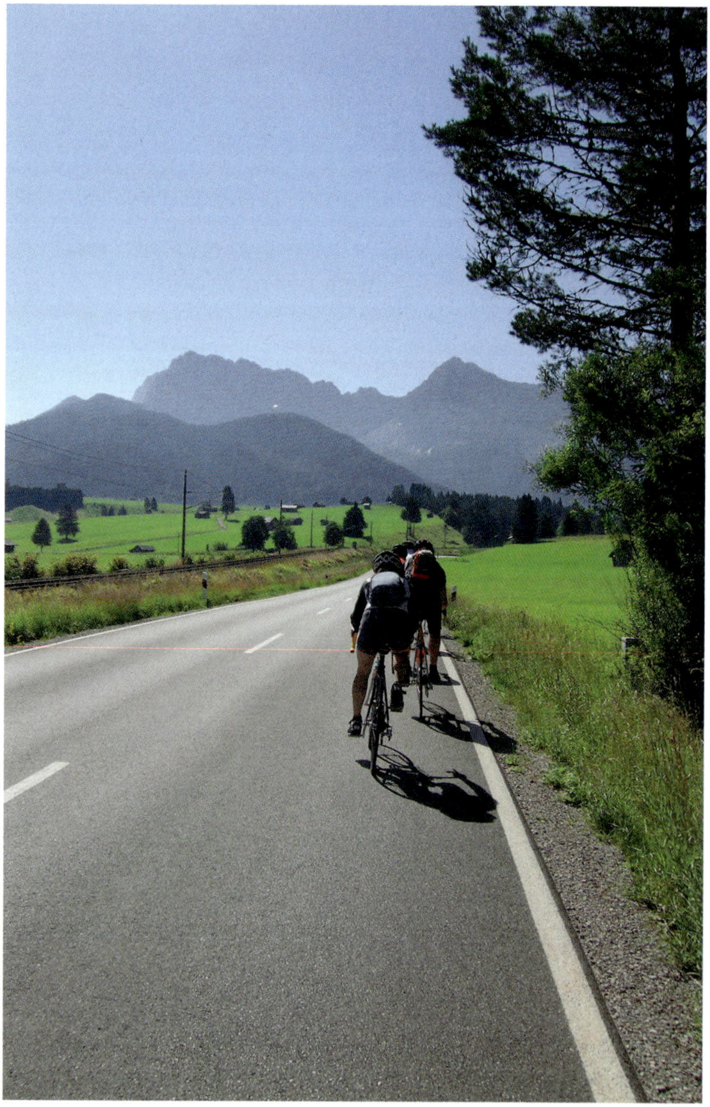

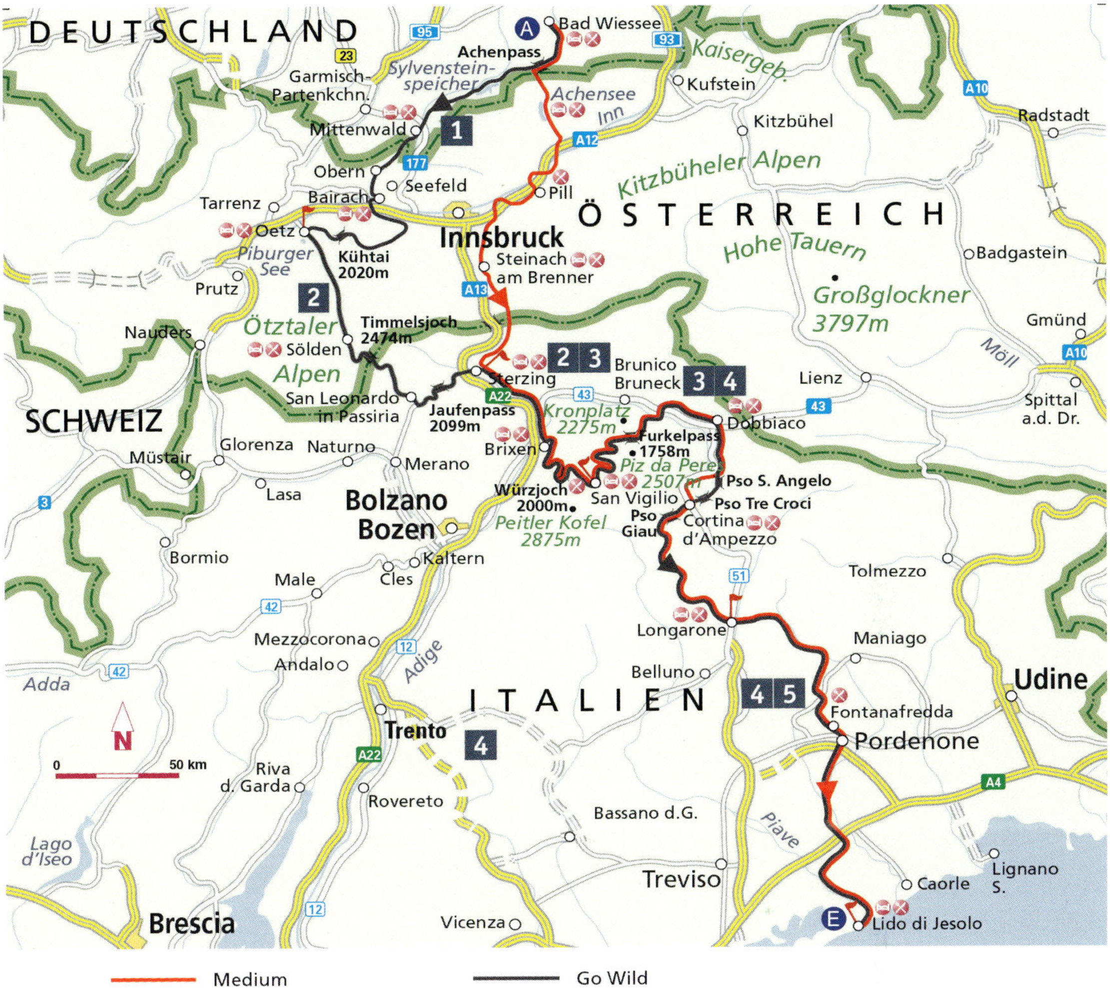


## 1. Etappe: Bad Wiessee – Achenpass – Sterzing

Von Bad Wiessee starten wir, wie in »Tegernsee – Gardasee for Beginners« beschrieben. Wir fahren über den Achenpass, durchs Inntal und über die alte Römerstraße in Richtung Brenner. Unser Etappenort für heute ist allerdings nicht Gries am Brenner, sondern Sterzing. So fahren wir also an Gries vorbei und

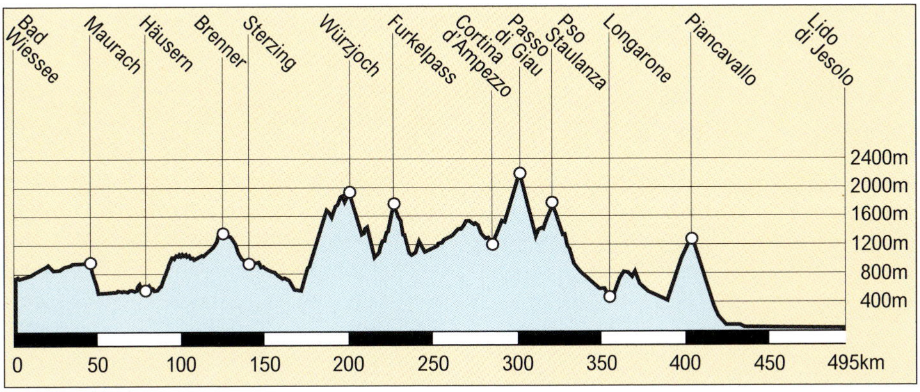


*Linke Seite: Ideal zum Einrollen – auf flachen Straßen geht es Richtung Berge.*

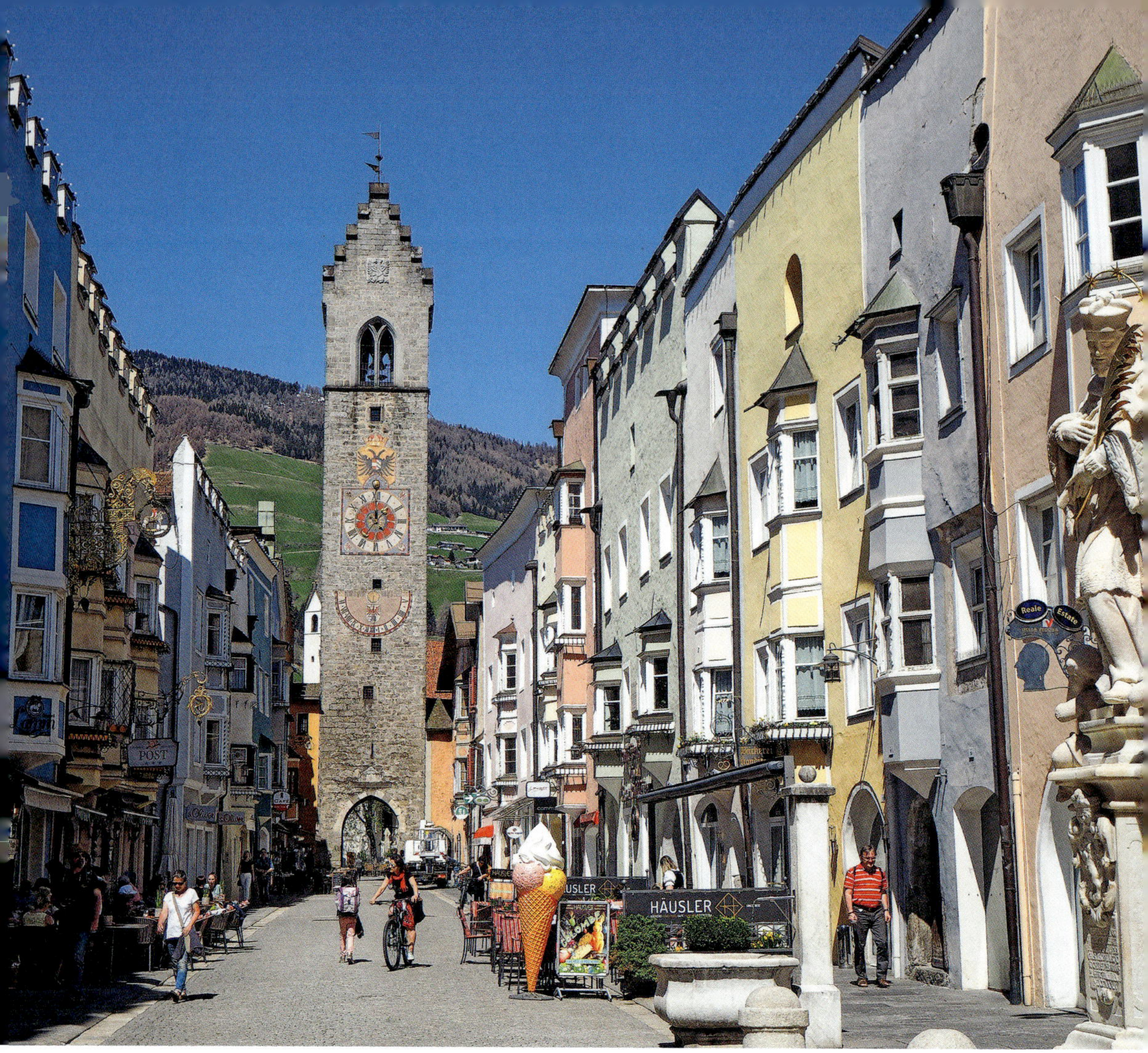


*Der Zwölferturm ist das Wahrzeichen von Sterzing.*

weiter, die letzten 5 Kilometer und 200 Höhenmeter auf den Brenner. Durch den Grenzort Brenner, der uns direkt an der Autobahn gelegen mit wenig Idylle empfängt, fahren wir rasch durch, um nach Sterzing bergab zu rollen. 16 Kilometer geht es in fliegender Fahrt einige Kehren auf der Bundesstraße hinunter in das nette kleine Städtchen an der Eisack. Die Altstadt mit ihren schönen Gasthäusern lädt nach unserer ersten Etappe zum Bummeln ein. Fast alle Häuser sind in gutem Zustand und vielfach mit hölzernen Dächern bedeckt. In dieser typisch mittelalterlichen und fröhlichen Atmosphäre fühlt man sich gleich wohl. Das Wahrzeichen von Sterzing, der Zwölferturm, ist nicht zu übersehen. Der 46 Meter hohe Turm trennt die Alt- von der Neustadt und wurde zwischen 1468 und 1472 erbaut. 1867 brannte der rote Spitzhelm ab und wurde durch einen steinernen Treppengiebel ersetzt.

**WICHTIGE ADRESSEN 1**

***Übernachtung:*** Hotel Pension Ostler, Sanktjohanserstr. 47, 83707 Bad Wiessee, Tel. 08022/812 84, www.hotel-ostler.de; Hotel Alpenhof, Anton-von-Rieppel-Str. 26–28, 83707 Bad Wiessee, Tel. 08022/86 01–0, www.alpenhof-tegernsee.de; Pension Frick, Deutschhausstr. 22, I-39049 Sterzing, Tel. +39/0472/76 44 96, www.pension-frick.com; Hotel Restaurant Lilie, Neustadt 49, I-39049 Sterzing, Tel. +39/0472/76 00 63, www.hotellilie.it
***Restaurants:*** Abwinkler Hof, Ringbergstr. 43, 83707 Bad Wiessee, Tel. 08022/838 68, www.abwinklerhof.de; Restaurant Kleine Flamme, Neustadt 31, I-39042 Sterzing, Tel. +39/0472/76 60 65
***Taxiservice:*** Taxi Company Dieter Spitz in Bad Wiessee, Tel. 08022/994 45; Taxi Rock Walter in Sterzing, Tel. +39/0472/76 70 44

## 2. Etappe: Sterzing – St. Vigil

Von Sterzing geht es heute über Brixen und die 30 Kilometer und 1720 Höhenmeter auf das Würzjoch (1987 m) hinauf, wie im Abschnitt »Tegernsee – Gardasee Medium« beschrieben. Von dort führt uns unsere Route nicht nach San Martino in Badia, sondern über Untermoi, Rina und Zwischenwasser nach St. Vigil, das zu Enneberg gehört. St. Vigil liegt auf einer Höhe von 1200 Metern im Vigiltal, wenige Kilometer nach dessen Abzweigung vom Gadertal. Der Ort kann auf eine tausendjährige Geschichte zurückblicken. Seit 100 Jahren ist der Tourismus die treibende Wirtschaftskraft hier. Die fantastische Natur und vor allem die Berge lassen den Aufenthalt hier zu einem unvergesslichen Erlebnis werden. Im Winter bieten sich der Kronplatz und der Naturpark Fanes-Senes-Prags zum Skifahren an. Morgen früh werden wir durch dieses Skigebiet oberhalb von St. Vigil radeln.

In diesem Dorf wird noch Ladinisch gesprochen, die 2000 Jahre alte Dolomitensprache, die auf die Zeit der Römer zurückgeht. In den vergangenen Jahren hat sich in St. Vigil in Enneberg vieles verändert, vor allem im äußeren Erscheinungsbild der Ortschaft. Das Dörfchen weist ein typisch alpines Aussehen auf mit seinen relativ kleinen Häusern, viel Holz und einer einfachen Bauweise. Die barocke Pfarrkirche ist der Mittelpunkt der Ortschaft, mit dem Dorfplatz, der zum Verweilen einlädt.

### WICHTIGE ADRESSEN 2

***Übernachtung:*** Pension Arnica, Via Paracia 11, I-39030 St. Vigil in Enneberg, Tel. +39/0474/50 10 85, www.pensionarnica.com; Hotel Olympia, Str. Valiares 40, I-39030 St. Vigil in Enneberg, Tel. +39/0474/50 10 28, www.olympiahotel.it
***Restaurant:*** Gasthaus Garsun, Mantena 14, I-39030 St. Vigil in Enneberg, Tel. +39/0474/50 12 82
***Taxiservice:*** Taxi Go Bruneck, Tel. +39/348/873 07 33

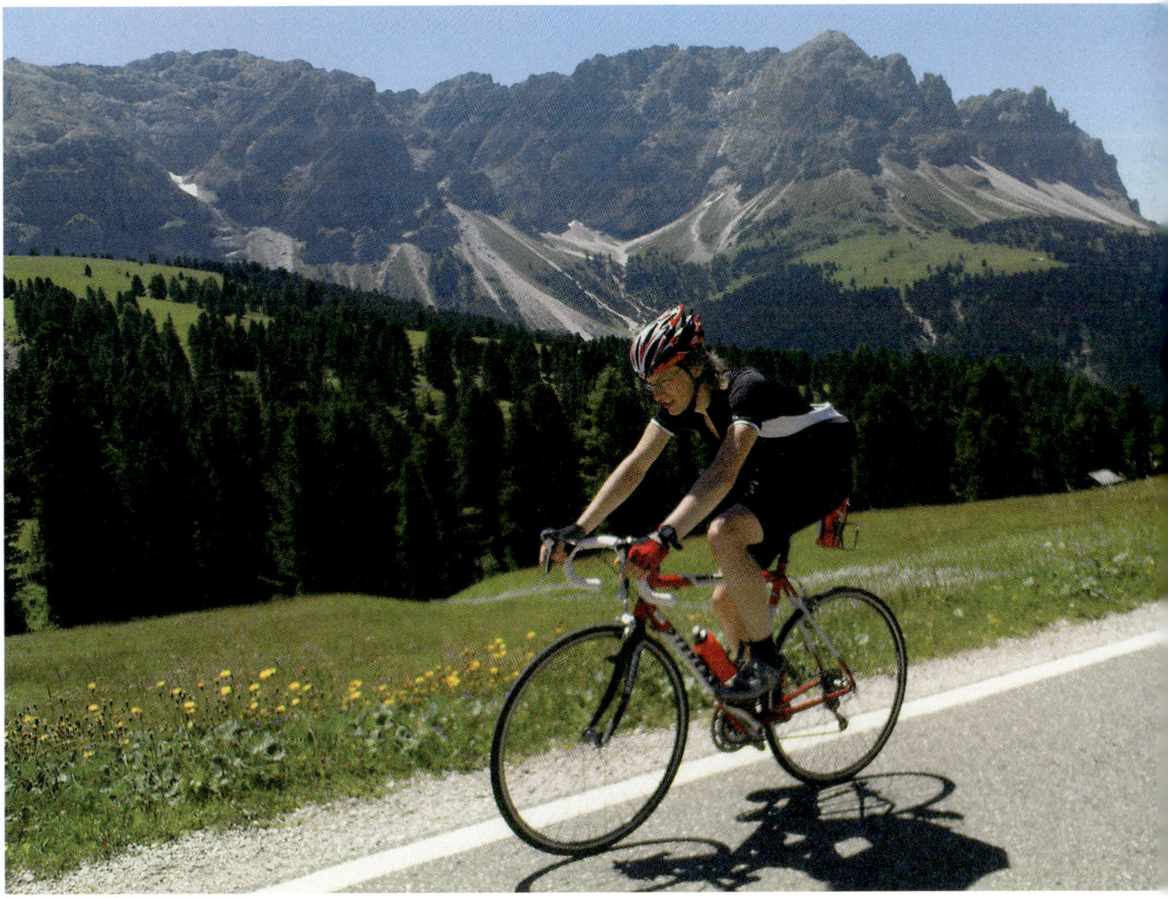

*Es ist nicht mehr weit bis zum Scheitelpunkt des Würzjochs.*

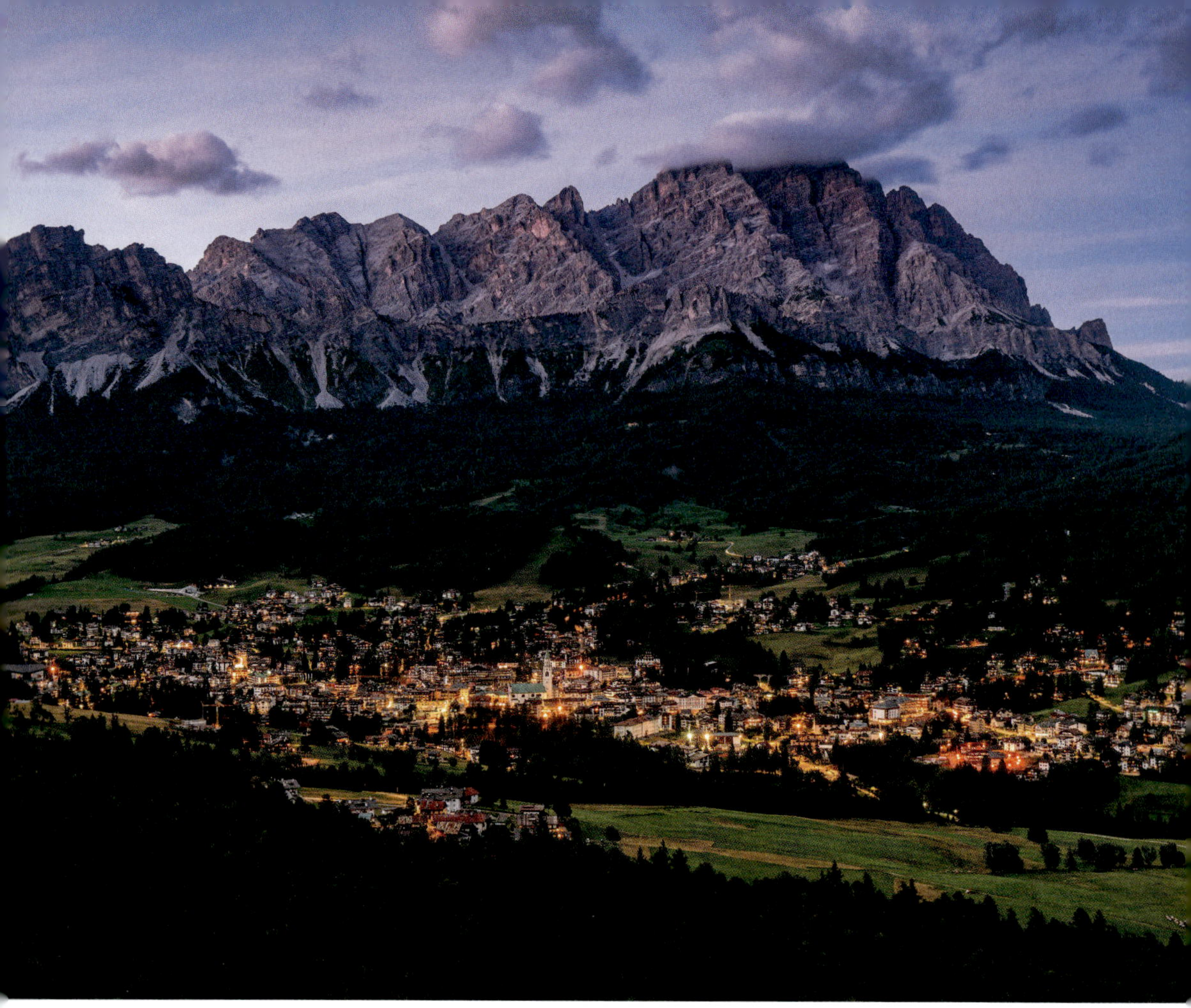

*Über dem Talkessel von Cortina d'Ampezzo dominiert das Massiv des Monte Cristallo.*

## 3. Etappe: St. Vigil – Passo Giau – Forcella Staulanza – Longarone

Unsere heutige Etappe führt uns in der Früh schon steil aus St. Vigil hinauf in Richtung des unscheinbaren Furkelpasses, daher sollte man besser nicht zu viel oder zu knapp vor dem Start frühstücken. Bis zur Passhöhe sind es 8 Kilometer und 590 Höhenmeter. Der Pass liegt zwischen dem 2275 Meter hohen Kronplatz im Norden und dem 2507 Meter hohen Piz da Peres im Süden und verbindet die Ortschaften Olang im Pustertal und St. Vigil in Enneberg. Die durchschnittliche Steigung beträgt 12, die maximale Steigung 15 Prozent. Der Pass ist auch im Winter geöffnet. Da er das Skigebiet Kronplatz kreuzt, werden Skifahrer über eine Brücke über die Passstraße geleitet.

Vom Pass fahren wir weiter über Olang nach Toblach im Pustertal, das zwischen Brixen und Lienz in Ost-West-Richtung verläuft. Hier im flachen Talboden (Toblacher Feld) befindet sich die Wasserscheide, die zur Hälfte nach Westen (zum Eisack und damit in die Adria), zur anderen Hälfte nach Osten (zur Donau und damit zum Schwarzen Meer) entwässert. Von Toblach aus fahren wir im Höhlensteintal die Bundesstraße 51 in Richtung Cortina d'Ampezzo auf einer Höhe von 1224 Metern weiter.

Dieser Stadt ist es gelungen, ihre natürliche Umgebung über die Jahrhunderte hinweg zu erhalten. Dies gelang mithilfe einer soliden und in der Geschichte des Ampezzaner Tals tief verwurzelten Politik, die sich den Schutz des natürlichen Erbes der alpinen Flora und Fauna und ganz besonders den Schutz der vom Aussterben bedrohten Tierarten zum Ziel gesetzt hat. Bei den »Regole« handelt es sich um eine uralte Einrichtung, deren Hauptzweck die Regelung der allgemeinen Benutzung von Wäldern und Weiden ist. Sie schufen für viele Familien die notwendigen Voraussetzungen, um in

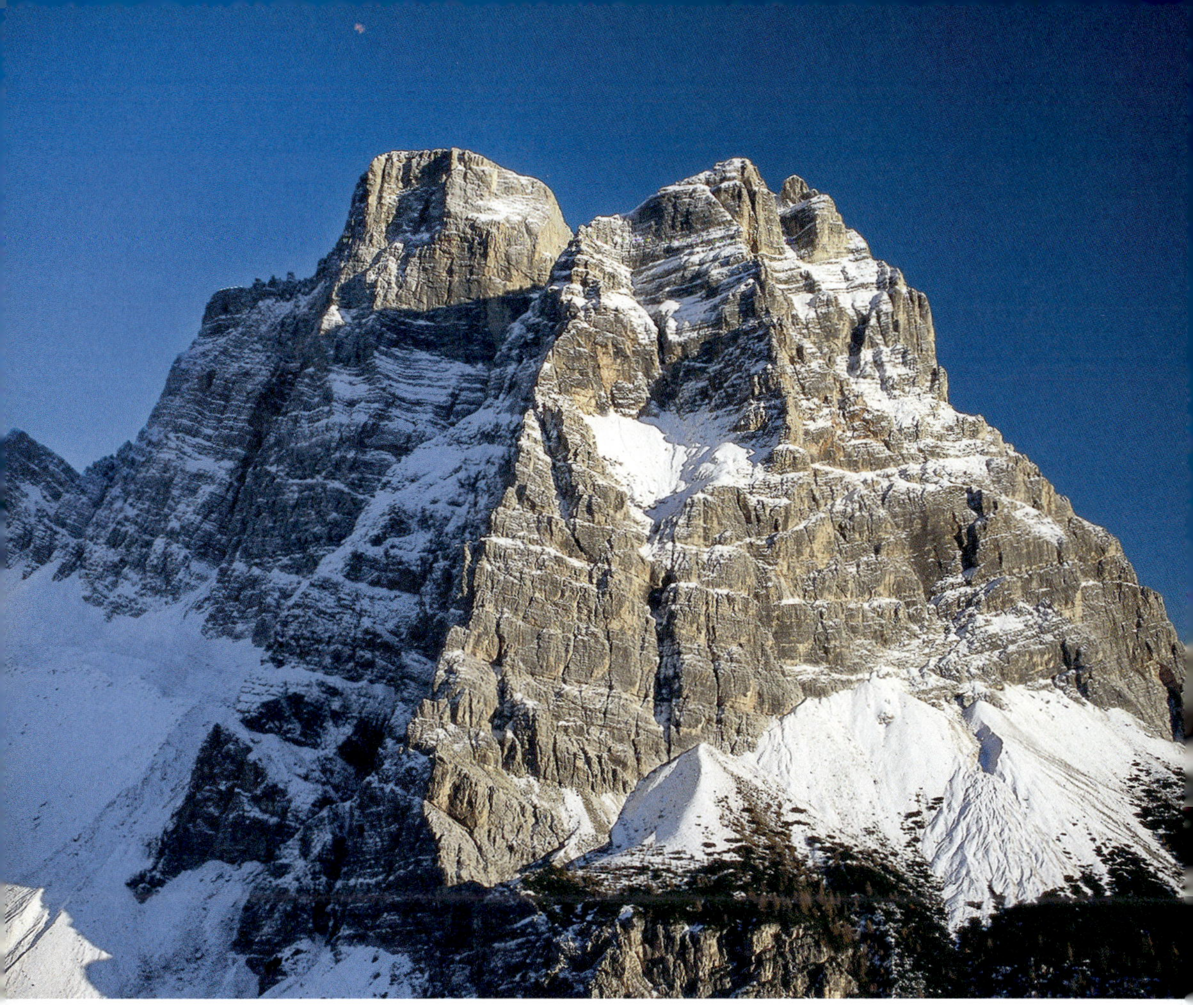

Östlich über der Forcella Staulanza ragt der mächtige Monte Pelmo auf.

einer schwierigen und oft feindlichen Umgebung überleben und sich weiterentwickeln zu können. Mit Grund und Boden des Tals sollte gemeinschaftlich auf respektvolle und weitsichtige Art und Weise umgegangen werden, um das Überleben und Wohlergehen der einheimischen Bevölkerung zu sichern. (Info: www.musei.regole.it, www.dolomitiparco.com)

Cortina, der mondäne Wintersportort, ehemalige Olympiaaustragungsstätte des Jahres 1956, bietet sich für eine Rast an, bevor wir uns wieder in Richtung Passo Giau davonmachen. Es gibt unzählige Restaurants, Hotels und Shoppingmöglichkeiten. Stets auf der Bundesstraße 48 bleibend, durchqueren wir die Innenstadt und verlassen dann Cortina auf der anderen Seite in Richtung Pocol, Passo Falzàrego bzw. Passo Giau.

Nach ca. 6 Kilometern und 350 Höhenmetern erreichen wir den Abzweig in Pocol (1541 m), der uns auf der Staatsstraße 638 auf den Passo Giau (2236 m) führt. Auf einer Strecke von 10 Kilometern überwinden wir ca. 730 Höhenmeter. Die durchschnittliche Steigung beträgt ca. 9 Prozent (maximal 14 Prozent). Auf den ersten 1,5 Kilometern fällt die Straße etwas bis zum Falzàregobach ab. Nun beginnt unser Anstieg. Wir fahren durch saftig grüne Wiesen und lichten Wald, der zunehmend dichter wird. Wir zählen 31 Kehren bis zur Baumgrenze, und es folgen weitere, die sich im obersten Abschnitt des Anstiegs weit ausdehnen. Der Blick öffnet sich wenig später in Richtung Süden, auf den Monte Cernera und den Croda da Lago. Wir erreichen die Passhöhe auf 2236 Metern und müssen zu Recht gestehen: »Der Passo Giau zählt zu den schönsten Pässen in den Dolomiten.« In Richtung Westen überblickt man die Marmolada mit Gletscher und die Sellagruppe, in Richtung Osten die Bergriesen am Falzàregopass bis hinüber zu den Drei Zinnen. Ein überwältigender Anblick!

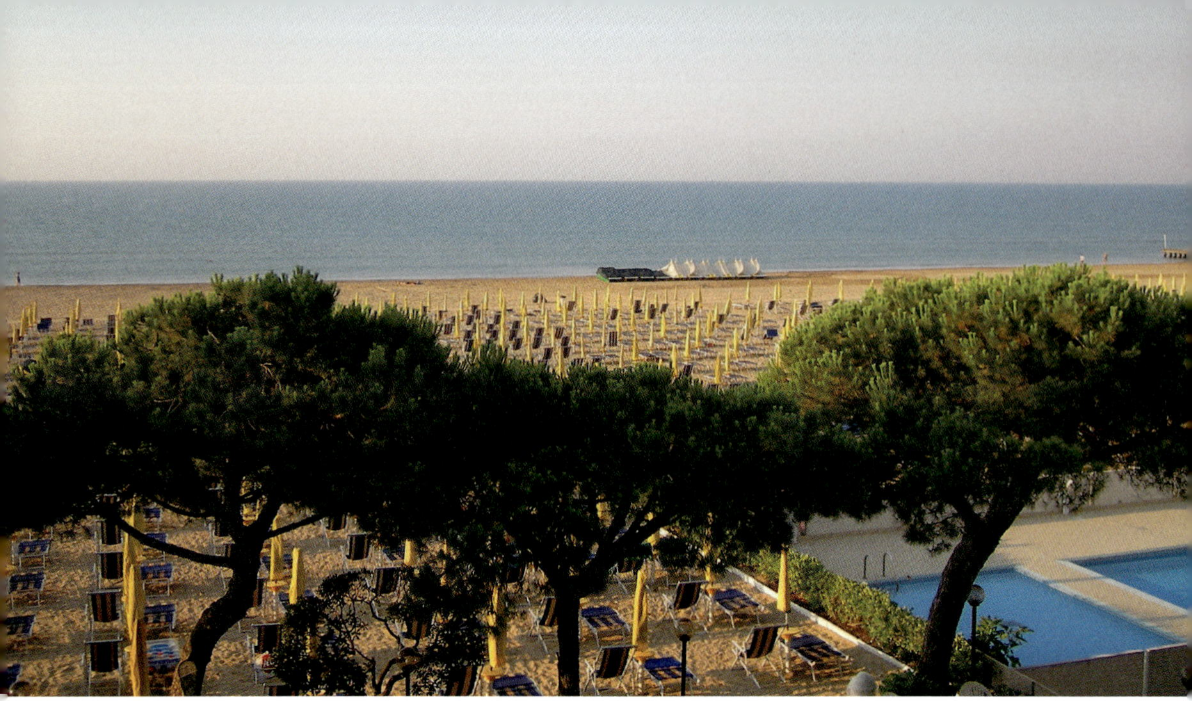

*Wir sind angekommen! Der Strand von Jesolo lässt Urlaubsfeeling aufkommen.*

Rasant, aber wegen der vielen Kehren und einem Gefälle von bis zu 14 Prozent nicht zu schnell, verlassen wir den Pass wieder in Richtung Selva di Cadore (1325 m). Hier halten wir uns links Richtung Forcella Staulanza und Forno di Zoldo. Wir lassen den Monte Civetta mit seinen mächtig gezackten Gipfeln rechts liegen. Nur im letzten Stück durchfahren wir sechs Serpentinen, bevor wir die Passhöhe des Forcella Staulanza (1773 m) erreichen. Von nun an geht es nur noch bergab, und wir können es richtig sausen lassen – 34 Kilometer bis Longarone.

**WICHTIGE ADRESSEN 3**

***Übernachtung:*** Pension Casa Gilda, Roggia 41, I-32013 Longarone, Tel. +39/0437/771375; Hotel Ristorante Quattro Valli, Via Faè 22, I-32013 Longarone, Tel. +39/0437/77 03 70, www.quattrovalli.com
***Restaurants:*** Hotel Ristorante Quattro Valli, Via Faè 22, I-32013 Longarone, Tel. +39/0437/77 03 70, www.quattrovalli.com
***Taxiservice:*** Taxi Belluno, Tel. +39/0437/94 33 12

## 4. Etappe: Longarone – Jesolo

Heute geht es dem Ende unserer Tour entgegen. Wir müssen eine große Strecke zurücklegen und haben daher nicht mehr viele Höhenmeter zu erwarten. Von Longarone überqueren wir den Fluss und die Hauptstraße SS51 und fahren links auf der Bundesstraße 251 nach Erto. Diesen kleinen Ort erreichen wir nach 12 Kilometern und 376 Höhenmetern. Weiter folgen wir der Hauptstraße durch mehrere kleine Ortschaften, passieren den idyllischen Lago de Vajont und kommen nach 16 Kilometern und unmerklichen Höhenmetern auf den Passo S. Osvaldo (827 m). Von hier folgen wir der Straße nach Barcis, wo wir die Staatsstraße 251 verlassen und uns rechts in Richtung Piancavallo halten. Piancavallo (1263 m) ist ein Hotelort mit Skigebiet und unser letzter höchster Punkt für heute. Ab hier geht es eine recht gut geteerte, serpentinenreiche Straße über San Tomé bis nach Budoia hinab. Nun müssen wir Kilometer in der Ebene machen und uns vor allem einen einigermaßen wenig befahrenen Weg nach Lido di Jesolo suchen. Auf den italienischen Bundesstraßen rasen die Autos und Lkw in der Regel gerne im 30-Zentimeter-Abstand an den Radlern vorbei und haben schon viele Unfälle verursacht. Wundern Sie sich daher nicht über die Streckenführung durch kleine ruhige Ortschaften und auf Nebensträßchen. Berge haben wir ab hier keine mehr zu erwarten.

Von Budoia fahren wir über Santa Lucia di Budoia, San Giovanni, Ranzano und Vigonovo in den etwas größeren Ort Fontanafredda, in dem wir uns auch eine Mittagsrast in einem der netten, mit grünen Lauben bewachsenen

Gartenrestaurants genehmigen können. Im Süden des Ortes überqueren wir die Staatsstraße 13 und nach einigen 100 Metern auch die Bahntrasse. Es geht weiter unter der Autobahn 28 durch in Richtung La Pietra. Die nächsten Orte, die wir über kleine Wirtschaftssträßchen durchqueren, sind Maron, Puia, Villanova, Ghirano und Ponte di Tremeacqua. Hier halten wir uns rechts und kommen nach kurzer Fahrt nach Gorgo al Monticano, Cavalier, Fossalta Maggiore und Chiarano. Nach ca. einem Kilometer fahren wir unter der Autobahn A4 durch in Richtung Ceggia. Hier fahren wir rechts in Richtung S. Donna di Piave. Im Süden dieses Ortes bei Musile di Piave befindet sich der Kanal Piave. An diesem halten wir uns auf der unbefahrenen rechten Seite, bis wir den Ort Eraclea erreichen.

Langsam nähern wir uns der Adria, und eine feine, salzige Brise weht uns um die Nase. Man merkt, wie die Umgebung immer dichter besiedelt wird, je näher wir ans Meer kommen. Durch Eraclea fahren wir rechter Hand immer weiter den Fluss entlang, der nun nicht mehr so gerade verläuft, sondern einige Kurven aufweist. Erst kurz vor Cortazello entfernt sich unsere Straße vom Fluss. Wir halten uns noch etwas in Richtung Süden und folgen dem leicht kurvigen Straßenverlauf der Via Oriente bis nach Lido di Jesolo. Obwohl wir relativ nah am Strand entlangfahren, sehen wir diesen leider nur bruchstückhaft, denn die Skyline der Hotelstadt verhindert vehement einen schönen Ausblick aufs Meer. Jesolo ist ein Seebad mit über 26 000 Einwohnern, die in den letzten Jahren kontinuierlich mehr geworden sind. Es wurde zur Zeit des römischen Kaiserreichs als Dorf auf einer Insel in der Nähe der Piave-Mündung gegründet, ungefähr da, wo wir zuvor an die Küste gefahren sind.

Am Schluss dieser Tour haben wir uns wirklich einen Erholungstag verdient. Die Räder lassen wir im Hotel stehen, denn die sind verboten in der Lagunenstadt. Von Lido di Jesolo aus lässt es sich leicht mit Bus und Schiff nach Venedig fahren. Der Busbahnhof ist zu Fuß zu erreichen. Von hier aus nehmen wir den Bus nach Punta Sabbioni, dem äußersten Festland-Zipfel, der die Lagune umschließt, wo wir auf ein Boot umsteigen. Die Boote fahren alle 30 Minuten und setzen uns mitten am bekannten Markusplatz in Venedig wieder »an Land«. Venedig und seine Lagune stehen seit 1987 auf der UNESCO-Liste des Weltkulturerbes. Schon seit jeher ließen sich Künstler durch Architektur, Geschichte, Atmosphäre und Lebensstil hier inspirieren. Venedig ist einer der größten Anziehungspunkte für Touristen weltweit. Mit den Einnahmen der Besucher versucht man, die marode und von häufigen Überschwemmungen bedrohte Stadt zu sanieren – ein Jahrhundertprojekt. Venedig, die Stadt im Wasser, wurde auf Millionen von Eichen-, Lärchen- und Ulmenpfählen gebaut, die man in den lehmigen Untergrund rammte. Sie wird durch eine große Anzahl von Brücken geprägt, die die über 100 Inseln der Stadt miteinander verbinden. Viele der Kanäle wurden schon zugeschüttet bzw. für den Wasserverkehr stillgelegt. Die meisten Kanäle werden heute nur noch wenig oder gar nicht mehr befahren, Hauptverkehrsader ist der Canal Grande, über den früher nur eine Brücke, die bekannte Rialtobrücke, führte. Zu jeder der Inseln gehörte mindestens ein Platz, der das Kommunikations-, Verkehrs- und Handelszentrum der Insel bildete.

**WICHTIGE ADRESSEN 4**

***Übernachtung:*** Hotel Mon Repos, Via Altinate IV accesso al mare 4, I-Lido di Jesolo, Tel. +39/0421/36 22 83, www.monrepos.it; Hotel New Tiffany's Park, Via Aquileia 158, I-30017 Lido di Jesolo, Tel. +39/0421/37 03 69 (oder 37 09 78), www.hotelnewtiffanyspark.com

***Restaurant:*** Pizzeria Perla Nera, Via Roma Dx, 38, I-30016 Lido di Jesolo, Tel. +39/0421/97 27 96, www.perlanera.it

***Taxiservice:*** Consorzio Taxi Veneto Orientale in Jesolo, Tel. +39/0421/37 23 01

*Den Markusplatz müssen wir bei einem Besuch von Venedig unbedingt besuchen.*

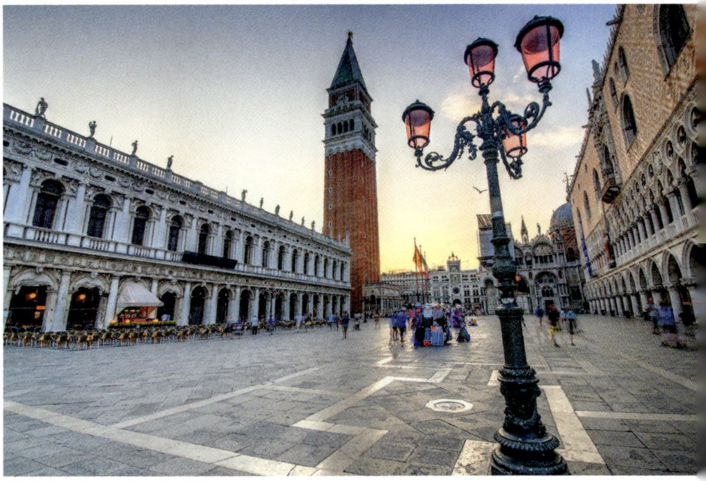

# 3b Traumhafter Pässe-Ritt
## – über die Ötztaler Alpen und die Dolomiten zur Adria

schwer | 640 km | 12 475 hm | 5 Tage

**AUSGANGS-/ENDPUNKT**
Tegernsee – Venedig

**ETAPPEN**
Bad Wiessee – Ötztal, ca. 150 km, 2360 hm; Ötztal – Sterzing, ca. 120 km, 3525 hm; Sterzing – St. Vigil, ca. 80 km, 2070 hm; St. Vigil – Longarone, ca. 140 km, 3200 hm; Longarone – Jesolo, ca. 150 km, 1320 hm

**STRECKENVERLAUF**
Achenpass (941 m), Kühtaisattel (2020 m), Timmelsjoch (2509 m), Jaufenpass (2094 m), Würzjoch (1987 m), Furkelpass (1758 m), Passo Tre Croci (1809 m), Forcella Staulanza (1773 m), Passo San Osvaldo (827 m)

**CHARAKTER/ERLEBNISWERT**
Die anspruchsvolle Tour führt durch die Stubaier und Ötztaler Alpen sowie über die spektakulärsten Pässe der Dolomiten bis an die Adria – ein grandioses Erlebnis!

**SEHENSWERTES**
Karwendel, Stubaier Alpen, Timmelsjoch-Hochalpenstraße, Ötztaler Alpen, Sterzing, Dolomiten, Venedig

**KARTEN**
freytag & berndt, Tirol, 1:150 000; freytag & berndt, Südtirol–Trentino–Gardasee–Venetien, 1:200 000

**TOURIST-INFO**
Tourist-Info Bad Wiessee, Lindenplatz 6, 83707 Bad Wiessee, Tel. +08022/86030, www.tegernsee.com; Tourist-Info Ötztal, Hauptstr. 66, A-6433 Oetz, Tel. +43/(0)57/200 500, www.oetztal.com; Tourist-Info Sterzing, Stadtplatz 3, I-39049 Sterzing, Tel. +39/0472/76 53 25, www.infosterzing.it; Tourist-Info St. Vigil, Catarina-Lanz-Str. 14, I-39030 St. Vigil in Enneberg, Tel. +39/0474/50 10 37, www.sanvigilio.com; Tourist-Info Longarone, Via Roma 60, I-32013 Longarone, Tel. +39/0437/57 58 11, www.longarone.net; Tourist-Info Jesolo, Tel. +39/0421/37 06 01, www.jesolo.it

Diese traumhafte Rennrad-Transalp setzt eine sehr gute Grundkondition voraus, da zwei der fünf Tagesetappen auf Transalp-Challenge-Niveau sind. Die Tour führt vom Tegernsee über den Sylvensteinspeicher und Leutasch ins Inntal. Den ersten größeren Anstieg erklimmen wir im Sellrain auf den Kühtaisattel mit rasanter Abfahrt ins Ötztal. Über das Timmelsjoch und den Jaufenpass geht es nach Sterzing und Brixen. In die fantastische Welt der Dolomiten tauchen wir über das Würzjoch ein. Hier erwarten uns Highlights wie der Furkelpass, die Drei Zinnen, Monte Cristallo, Cortina d'Ampezzo und der Passo Giau. Wir verlassen die Dolomiten Richtung Süden, durchqueren die venezianischen Voralpen und das Flachland bis an die Adria. Für die Anstrengung werden wir mit fantastischer Landschaft und unbeschreiblichen Ausblicken aufs Karwendel, auf die Stubaier und Ötztaler Alpen, die Dolomiten und die venezianischen Berge belohnt.

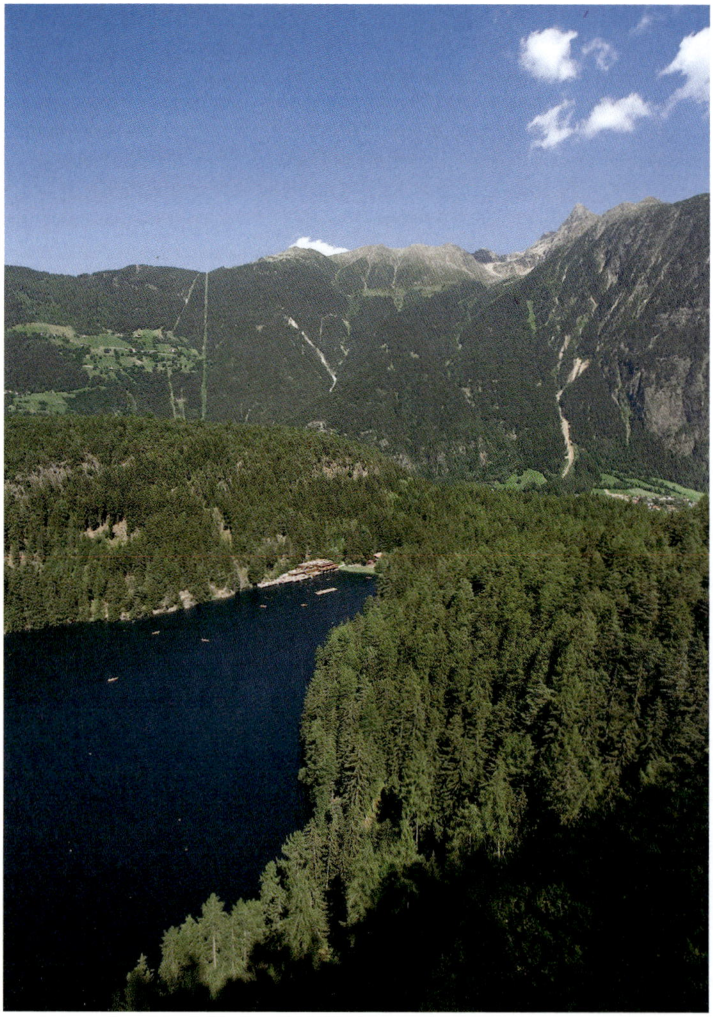

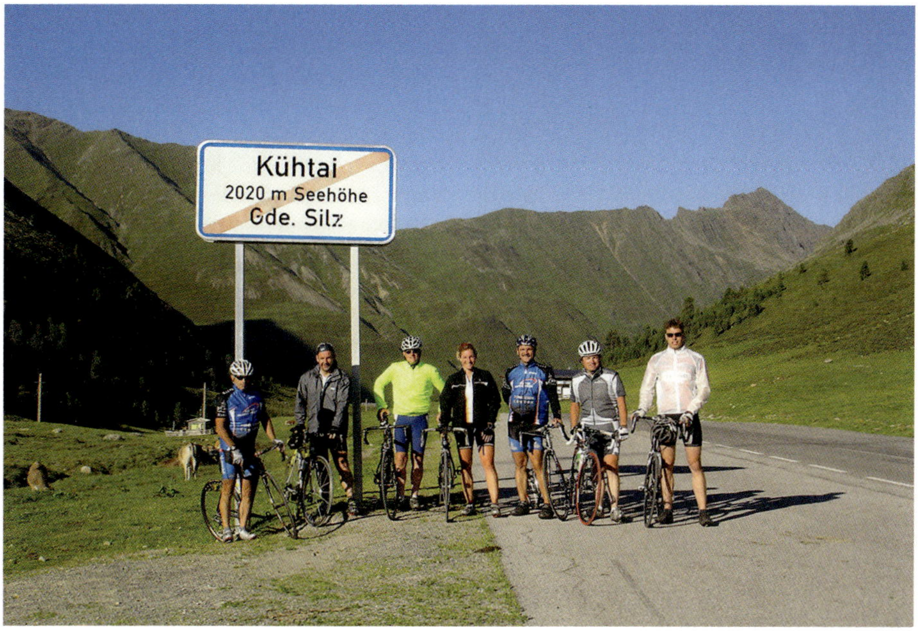


*Der erste Pass des Tages ist erreicht – der Kühtai-Sattel.*

## 1. Etappe: Bad Wiessee – Oetz

Von Bad Wiessee bis nach Telfs im Inntal folgen wir der Beschreibung laut »Tegernsee – Gardasee Go Wild« über Achenpass, Sylvensteinstausee, Mittenwald und Leutasch bis ins Inntal. Wenn wir in Telfs ankommen, überqueren wir den Inn und fahren links in Richtung Pfaffenhofen, Flaurling, Inzing bis Unterperfuss. Hier treffen wir auf die Bundesstraße nach Kematen und fahren rechts Richtung Sellrain. Wir befinden uns auf einer Höhe von 620 Metern und dürfen uns auf 1400 herausfordernde Höhenmeter am Stück freuen. Die durchschnittliche Steigung der Gesamtstrecke nach Kühtai beträgt 6 Prozent, was nicht unbedingt anspruchsvoll klingt, verteilt auf eine Länge von knapp 23 Kilometern. Das Problem sind mangelnde Kehren im gesamten Sellraintal. Zudem fährt es sich vom Inntal aus sehr unrhythmisch. Wer sich also seine Kräfte nicht richtig einteilt, wird die Länge des Passes im letzten Abschnitt unbarmherzig zu spüren bekommen.

Das Sellraintal beginnt hinter Kematen eng zu werden, und schon bald erreichen wir zwei Galerietunnel. Nach ca. 300 Höhenmetern erreichen wir die gleichnamige Ortschaft Sellrain. Es geht weiter nach Gries im Sellrain (1187 m), wo uns eine lange, steile Ortsausfahrt mit einer Maximalsteigung von 16 Prozent erwartet. Nach einem Kilometer wird die Straße etwas flacher, und auf einer Höhe von 1492 Metern geht es sogar leicht bergab. Hier können sich unsere Beine kurz erholen, bis sich hinter St. Sigmund im Sellrain (1516 m) schon die nächste

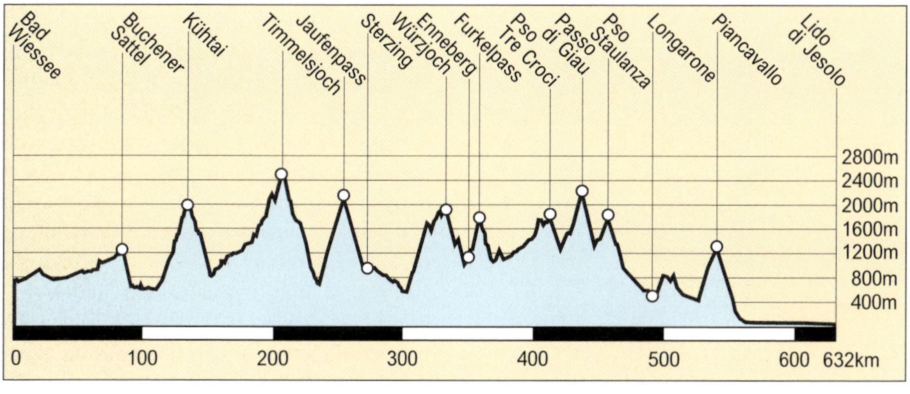


*Linke Seite: Ein Abstecher zum Piburger See lohnt sich am Ende der ersten Etappe allemal.*

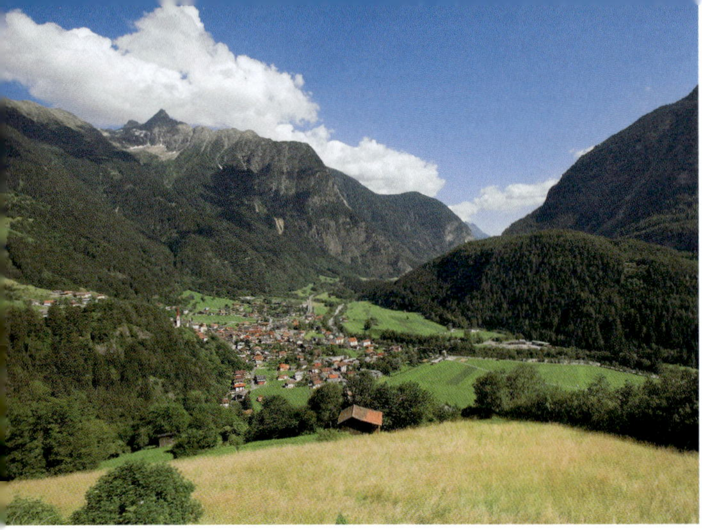

*Die Ortschaft Oetz, im unteren Ötztal gelegen, ist der Hauptort des Tales.*

Steigung ankündigt. Diese zieht sich in wunderschöner Landschaft am glasklaren Zirmbach entlang bis Haggen auf einer Höhe von 1646 Metern, den letzten Ort vor dem Kühtaisattel. Bei unserer Auffahrt begleiten uns herrliche Ausblicke in Richtung Süden auf die nördlichen Stubaier Alpen. Nach wenigen Kilometern erreichen wir die bewirtschaftete Zirmbachalm (1783 m), an der wir vorbei ins nicht mehr weit entfernte Kühtai kurbeln. Wir passieren zwei Lawinenschutzgalerien, wo die Steigung weiter abnimmt. Schließlich erreichen wir Kühtai (2020 m), den höchsten Skiort Österreichs. Dieser besteht ausschließlich aus Hotels, die unschön in die karge Hochgebirgslandschaft gebaut wurden.

Erleichtert, bald unser Etappenziel für heute zu erreichen, machen wir uns an die Abfahrt ins Ötztal, bei der wir auf knapp 19 Kilometern etwa 1200 Höhenmeter vernichten werden. Kurz hinter dem Sattel passieren wir die Dortmunder Hütte des Alpenvereins. Weiter geht es mit steilen 16 Prozent durch den Fichten- und Zirbenwald in Richtung Ochsengarten. Unsere Straße wird nur unmerklich flacher und wir erreichen hoch über dem Ötztal Almen und die ersten Höfe von Ötzerau. In Serpentinen schlängelt sich die Straße bis in den Talgrund nach Oetz auf eine Höhe von 820 Metern hinab. Das Etappenziel ist erreicht.

Hier lohnt sich ein kurzer Abstecher zur abendlichen Abkühlung im Piburger See. Der Piburger See ist mit seinen bis zu 23 Grad der wärmste Gebirgssee Tirols und ein beliebtes Ausflugsziel. Er entstand durch einen nacheiszeitlichen Bergsturz und wurde schon im Jahr 1929 zum Naturdenkmal erklärt – eines der ältesten in Tirol. Das Ufer des Sees ist größtenteils felsig und steil. Flache Buchten, die zum Baden einladen, befinden sich nördlich und südlich am See. Früher sagte man, das Wasser des Piburger Sees solle heilende Wirkung haben. Ärzte verschrieben Bäder darin für Leib und Seele, und auch heute noch ist der ruhige See ein beliebtes Ziel für Badegäste, die Entspannung suchen.

## 2. Etappe: Oetz – Sterzing

In entgegengesetzter Richtung des Ötztaler Radmarathons, den wir auf Seite 100 f. beschreiben, fahren wir entlang der reißenden Ötztaler Ache das Tal hinauf. Der reißende Fluss ist im Frühjahr und Sommer gerne Austragungsort von Kajakmeisterschaften oder kommerziell betriebenen Raftingtouren. Wir pedalieren stetig leicht bergan durch das zunächst breite Ötztal und die Ortschaften Umhausen und Oberlängenfeld bis ins 30 Kilometer entfernte Sölden (1377 m). Nach Wien und Salzburg ist Sölden mit über 2 Millionen Übernachtungen im Jahr (überwiegend in der Wintersaison) das drittgrößte Touristendomizil Österreichs. Hier haben wir schon 550 Höhenmeter unserer heutigen Etappe gutgemacht – ein Tropfen auf den heißen Stein, wenn man sich das Gesamthöhenprofil betrachtet. Nichtsdestotrotz treten wir kräftig weiter in die Pedale und erreichen hinter Sölden auf der bis zu 12 Prozent ansteigenden Straße Zwieselstein und Untergurgel. Kurz darauf zweigt die Straße nach Obergurgel ab. Wir halten uns weiter in Richtung Timmelsjoch und erreichen vier mit Höhenangaben und 12 Prozent Steigung versehene Kehren, die uns zur Mautstelle (2171 m) führen. Hier befindet sich auch Hochgurgl, der höchstgelegene Ort in den Alpen, der ganzjährig bewohnt

### WICHTIGE ADRESSEN

***Übernachtung:*** Hotel Pension Ostler, Sanktjohanserstr. 47, 83707 Bad Wiessee, Tel. 08022/812 84, www.hotel-ostler.de; Hotel Alpenhof, Anton-von-Rieppel-Str. 26–28, 83707 Bad Wiessee, Tel. 08022/86 01–0, www.alpenhof-tegernsee.de; Pension Frick, Deutschhausstr. 22, I-39049 Sterzing, Tel. +39/0472/76 44 96, www.pension-frick.com; Hotel Restaurant Lilie, Neustadt 49, I-39049 Sterzing, Tel. +39/0472/76 00 63, www.hotellilie.it
***Restaurants:*** Abwinkler Hof, Ringbergstr. 43, 83707 Bad Wiessee, Tel. 08022/838 68, www.abwinklerhof.de; Restaurant Kleine Flamme, Neustadt 31, I-39042 Sterzing, Tel. +39/0472/76 60 65
***Taxiservice:*** Taxi Company Dieter Spitz in Bad Wiessee, Tel. 08022/994 45; Taxi Rock Walter in Sterzing, Tel. +39/0472/76 70 44

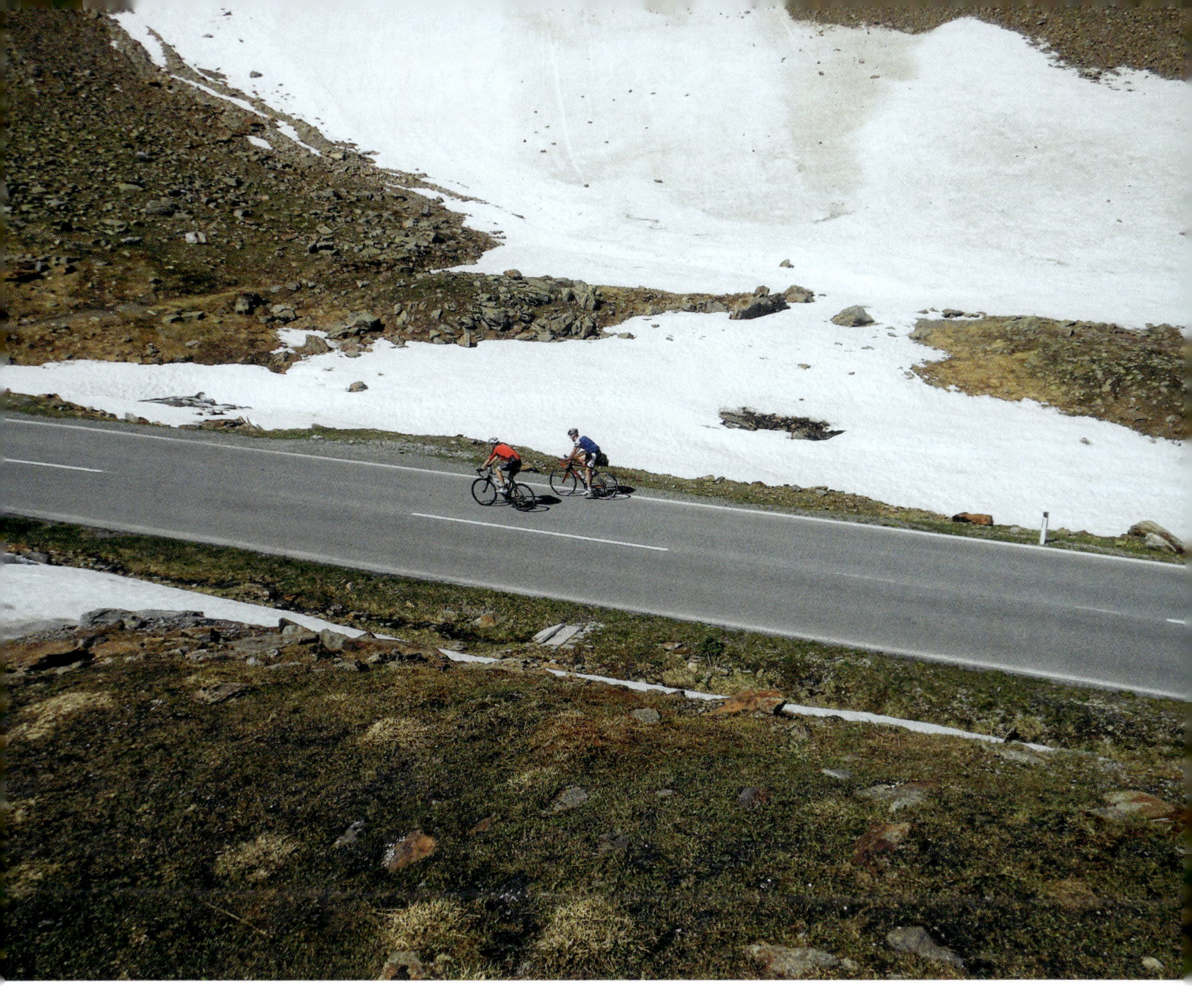

wird. Hinab geht es nun ins Timmelstal, wo wir einige der hart erkämpften Höhenmeter wieder vernichten. Mit 10 Prozent geht es nun wieder bergauf, und wir fahren in sechs Kehren bis auf die Passhöhe auf stolze 2509 Meter hinauf; das Timmelsjoch (2509 m) verbindet das Ötztal mit dem Passeiertal und ist die höchste befestigte Passstraße in Österreich. Während einer Verschnaufpause auf der Passhöhe ziehen wir eine kurze Zwischenbilanz: Heute sind wir nun schon 54 Kilometer und knapp 2000 Höhenmeter gefahren. In rasantem Tempo geht es nun bergab nach Italien, was erst seit dem Jahr 2000 möglich ist, da die südliche Passstraße bis dahin für Radler gesperrt war. Für die dunklen Tunnel kurz unterhalb des Passes gibt die Timmelsjoch-Hochalpenstraßen AG folgende Empfehlung: »Für Radfahrer erfolgt das Befahren auf eigene Gefahr! Außerdem muss eine funktionierende Beleuchtungsanlage angebracht sein.« In 30 Kilometern fliegen wir nach St. Leonhard im Passeiertal auf eine Seehöhe von 688 Metern hinab. Das Geburtshaus samt Gedenkstätte und Museum des Freiheitskämpfers Andreas Hofer befindet sich hier in St. Leonhard. Noch heute sind in Tirol viele Straßen und Orte nach diesem Volkshelden benannt. Geboren wurde er dort am 22. November 1767. Später bewirtschaftete er den »Sandwirt«, die Gaststätte seines Vaters, die heute noch existiert. 1805/1806 stand Tirol unter bayerischer Herrschaft, nachdem es im 3. Koalitionskrieg an Frankreich abgetreten wurde. Napoleon gab zwar das Land Tirol den Bayern zur Verwaltung, wollte ihnen aber die Ideale der Französischen Revolution aufdrängen, was den Tirolern nicht behagte. Gestützt auf das Landlibell (Zusage für die autonome Landesverteidigung) und auf das Versprechen des Kaisers in Wien auf Waffenhilfe führte Andreas Hofer die Tiroler Landesverteidiger in den Kampf. In den drei

*Altschneereste säumen die Straße hinauf zum Timmelsjoch.*

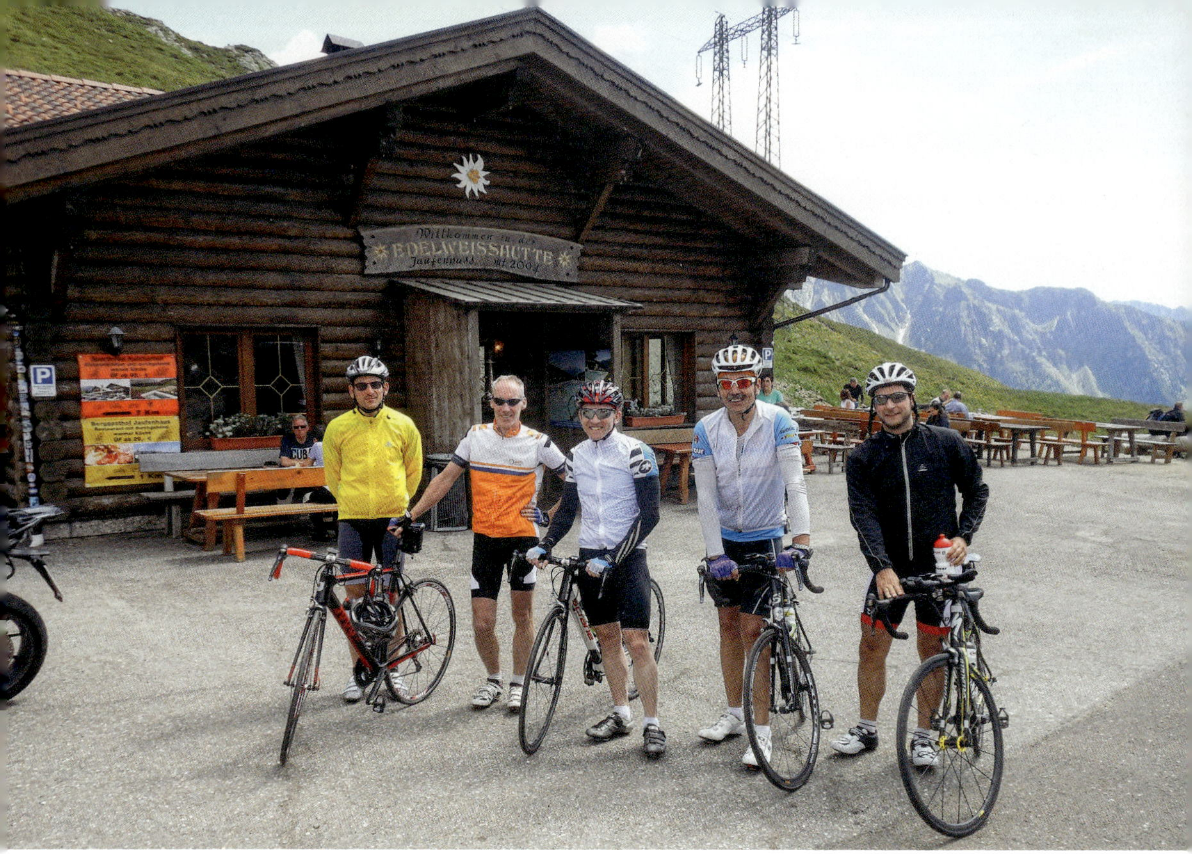


*Über den Jaufenpass geht es hinunter nach Sterzing,*

Berg-Isel-Schlachten konnte er Innsbruck und Tirol von den französischen Besatzern befreien. Die neuerliche Niederlage des österreichischen Heeres bei Wagram im Juli 1809 besiegelte sein Schicksal. Ganz auf sich allein gestellt, wollte er die nun in großer Anzahl anrückenden französischen Truppenverbände zurückwerfen. Nach einer verlustreichen Berg-Isel-Schlacht erlitt er seine erste Niederlage, wurde gefangen genommen und in Mantua 1810 standrechtlich erschossen. Noch heute ist der »Sandwirt« in St. Leonhard ein beliebtes Gasthaus. Besonders die urige Bauernstube des alten Wirtsgebäudes lässt uns eine kleine Zeitreise in die Vergangenheit machen.

## WICHTIGE ADRESSEN 2

***Übernachtung:*** Pension Frick, Deutschhausstr. 22, I-39049 Sterzing, Tel. +39/0472/76 44 96, www.pension-frick.com; Hotel Restaurant Lilie, Neustadt 49, I-39049 Sterzing, Tel. +39/0472/76 00 63, www.hotellilie.it

***Restaurant:*** Restaurant Kleine Flamme, Neustadt 31, I-39042 Sterzing, Tel. +39/0472/76 60 65

***Taxiservice:*** Taxi Rock Walter in Sterzing, Tel. +39/0472/76 70 44

In St. Leonhard gabelt sich unsere Straße, der wir in Richtung Jaufenpass (2094 m) folgen. Wir fahren die ersten Serpentinen hinauf, die uns bei 12 Prozent Steigung rasch an Höhe gewinnen lassen. Knapp 20 Kilometer ist der Anstieg zur Passhöhe lang, aber sehr gleichmäßig und angenehm zu fahren. Immer wieder ist es ein Highlight, die Baumgrenze zu überschreiten, und auch hier wieder eröffnet sich uns ein fantastisches Panorama auf die Texelgruppe und die Sarntaler Alpen im Süden. Motiviert, unseren letzten Anstieg in Kürze vollbracht zu haben, treten wir noch einmal ordentlich in die Pedale. Oben angekommen, bietet sich eine kleine Rast mit herrlichem Ausblick an.

Auf jeder Passseite steht eine Hütte, wobei die erste auf der rechten Straßenseite fantastische Kuchen und Torten im Angebot hat. Wenn wir einige Meter auf die Nordseite des Passes hinüberrollen, sehen wir die Stubaier Alpen vor uns und die Zillertaler Alpen etwas weiter nordöstlich – ein atemberaubender Anblick! Die 15 Kilometer lange Abfahrt, die uns jetzt bis nach Sterzing herunter erwartet, hat leider einen recht schlechten Straßenbelag. Zudem werden die Kehren im Wald deutlich enger als auf der

Südauffahrt des Passes. Wir konzentrieren uns also noch einmal auf unsere letzte Abfahrt und rollen unserem Etappenziel Sterzing entgegen.

## 3. Etappe: Sterzing – St. Vigil

Von Sterzing nach St. Vigil fahren wir, wie im Abschnitt »Medium« beschrieben. Bei dieser angenehm kurzen Etappe können wir uns etwas Zeit lassen beim Radeln oder, sollten wir früh am Nachmittag schon in St. Vigil eintreffen, noch ein wenig die fantastische Umgebung in und um diesen kleinen Ort in der ladinischen Gemeinde Enneberg genießen. Dazu gehört natürlich auch, sich neben Sport, Natur und Kultur der einheimischen Küche zu widmen.
Jetzt, da wir uns schon in den Dolomiten befinden, ist die ladinische Küche hier in der Region ein kleines Kapitel für sich wert. Zahlreiche Gerichte, die die Bauern im Pusterund Gadertal aßen, gelten heute in der allgemeinen Südtiroler Küche als Spezialität: Teigtaschen, gefüllt mit Spinat oder mit Biesl (Mangold und Topfen), sogenannte Schlutzkrapfen, Ladiner Tutres, mit Sauerkraut oder Spinat gefüllt, Erdäpfelblattln mit Sauerkraut und Pressknödel sind nur einige der typischen Ladiner Vorspeisen, die unbedingt einmal probiert werden sollten. Die Küche hier ist sehr von Traditionen, Jahreszeiten und den einfachen Produkten der Täler abhängig. Die Einwohner, meist Bauern und einfache Leute, besaßen Grundnahrungsmittel wie Eier, Milch, Butter, Käse, Kartoffeln, Mehl, Obst, Gemüse und Fleisch. Fleisch wurde geräuchert oder getrocknet und war eher eine Seltenheit. Es kam nur bei größeren Feierlichkeiten auf den Tisch. Brot wurde nur zweimal im Jahr gebacken und dann getrocknet, um es haltbar zu machen. Obst und Gemüse – außer Sauerkraut – musste natürlich sofort gegessen werden.
Die Speisen waren meist sättigend und in Fett gebacken, da das Leben in den Bergen hart war und die Menschen die zusätzliche Energie gut gebrauchen konnten. Auf dem Speiseplan standen somit Gerichte wie Balotes, Gnoch da zigher, Panicia, Tutres, Cancì checi, Cancì blanc, Scartè. All diese Spezialitäten findet man noch heute in einigen Restaurants in St. Vigil – zum Beispiel im Fana Ladina, Via Plan de Corones 10, I-39030 St. Vigil in Enneberg, Tel. +39/0474/50 11 75, mobil +39/0338/387 40 51, info@fanaladina.com, www.fanaladina.com.

*Am Würzjoch lädt die urige Ütia de Börz zur Rast ein.*

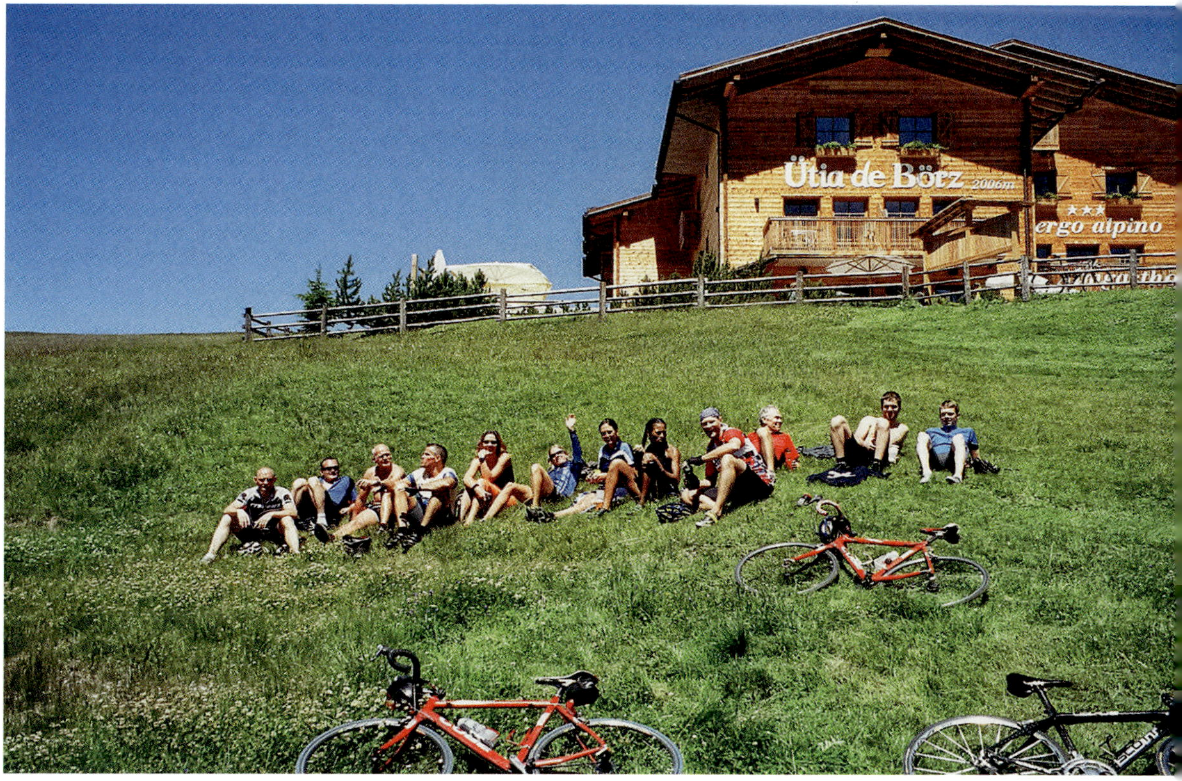

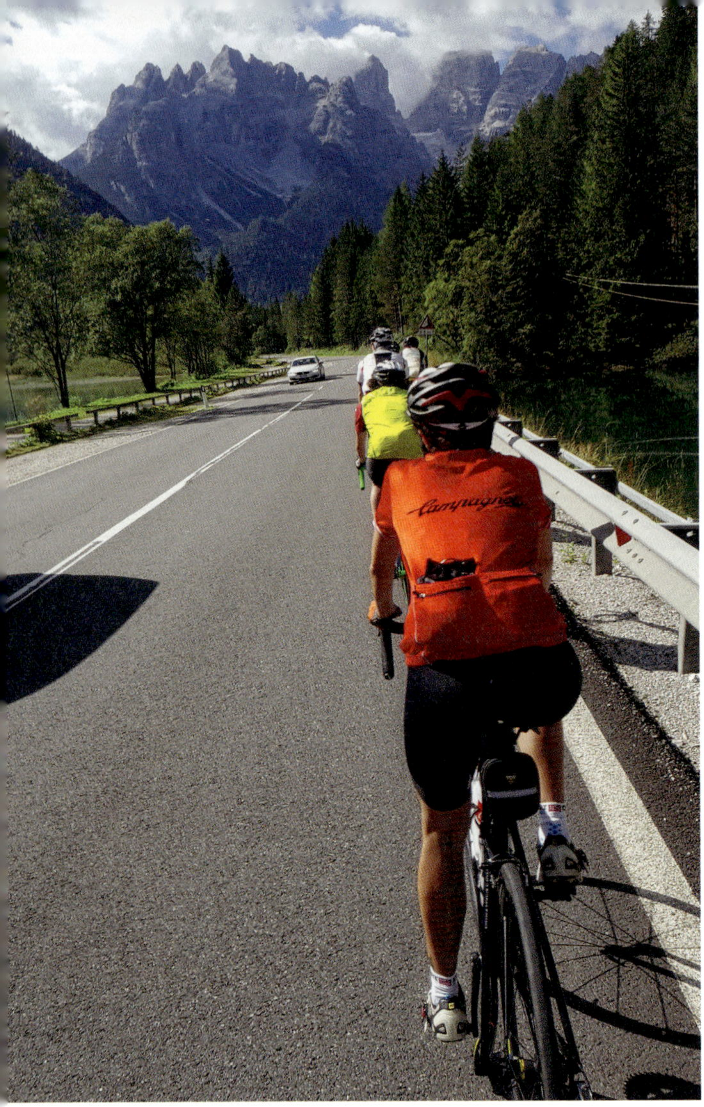

*Unterwegs zum Passo Tre Croci, im Hintergrund die Gipfel der Cristallogruppe*

## 4. Etappe: St. Vigil – Col S. Angelo – Passo Tre Croci – Passo Giau – Forcella Staulanza – Longarone

Die heutige Etappe fahren wir wieder, wie in »Tegernsee – Venedig Medium« beschrieben, über den Furkelpass nach Mitterolang, Welsberg und Toblach im Pustertal. Weiter geht es von hier in Richtung Süden nach Schluderbach. Dort verlassen wir die Bundesstraße 51 und biegen 14 Kilometer hinter Toblach links in eine kleinere Straße ein, die uns nach 6 Kilometern und 320 Höhenmetern auf den Col S. Angelo (1757 m) und zum knapp dahinter gelegenen Misurinasee bringt. Der schöne See ist umgeben von den Felsmassiven der Drei Zinnen, dem Monte Piana, der Cadinigruppe, dem Monte Cristallo und weiter im Süden von Marmarole und Sorapiss. Das Westufer ist von einigen Hotels der Ortschaft Misurina gesäumt. Wir lassen den See links liegen und kommen nach wenigen Metern auf die große Dolomitenstraße 48, die wir immer in Richtung Cortina d'Ampezzo rechts fahren. Hier steigt die Straße noch einmal etwas an und wir erreichen den Passo Tre Croci auf einer Höhe von 1809 Metern. Nördlich des Passes bieten sich fantastische Blicke auf den Monte Cristallo (3221 m) und im Süden auf den Sorapiss (3205 m). Von hier rollen wir, begleitet von der herrlichen Aussicht, hinunter in das mondäne Wintersportzentrum und den ehemaligen Olympiaaustragungsort des Jahres 1956: Cortina. Weltbekannt und beliebt ist die felsige Kulisse rund um Cortina d'Ampezzo für Kletterer, Mountainbiker und Bergsteiger. Sogar der Film »Cliffhanger« mit Sylvester Stallone wurde hier gedreht. In Richtung Passo Falzàrego ziehen wir davon, wie im Abschnitt »Tegernsee – Venedig Medium« beschrieben. Nach einigen Kilometern kommen wir in den kleinen Ort Pocol, wo uns die dort abzweigende Straße auf einen der schönsten Pässe der Dolomiten, den Passo Giau (2236 m), führt. Haben wir diesen überwunden, gelangen wir nach wundervoller Abfahrt zu unserem letzten Anstieg, der Forcella Staulanza mit einer Höhe von 1773 Metern. Ab hier rollen wir durch das Val di Zolda in fliegender Fahrt bergab bis in den Ort Longarone.

### WICHTIGE ADRESSEN 4

***Übernachtung:*** Pension Casa Gilda, Roggia 41, I-32013 Longarone, Tel. +39/0437/771375; Hotel Ristorante Quattro Valli, Via Faè 22, I-32013 Longarone, Tel. +39/0437/77 03 70, www.quattrovalli.com

***Restaurants:*** Hotel Ristorante Quattro Valli, Via Faè 22, I-32013 Longarone, Tel. +39/0437/77 03 70, www.quattrovalli.com

***Taxiservice:*** Taxi Belluno, Tel. +39/0437/94 33 12

## 5. Etappe: Longarone – Jesolo

Auch heute folgen wir der Route, die bei der Tour »Tegernsee – Venedig Medium« beschrieben ist. Auch wenn es auf den ersten Blick nicht so scheinen mag, befinden wir uns in einem geschichtsträchtigen Ort. Longarone wurde in der Nacht des 9. Oktober 1963 überflutet und vollständig zerstört, und zwar aus folgendem Grund: Einst wurde der Vajont-Stausee zur Bereitstellung großer Wasserreserven aus den Dolomiten errichtet, um während der Trocken-

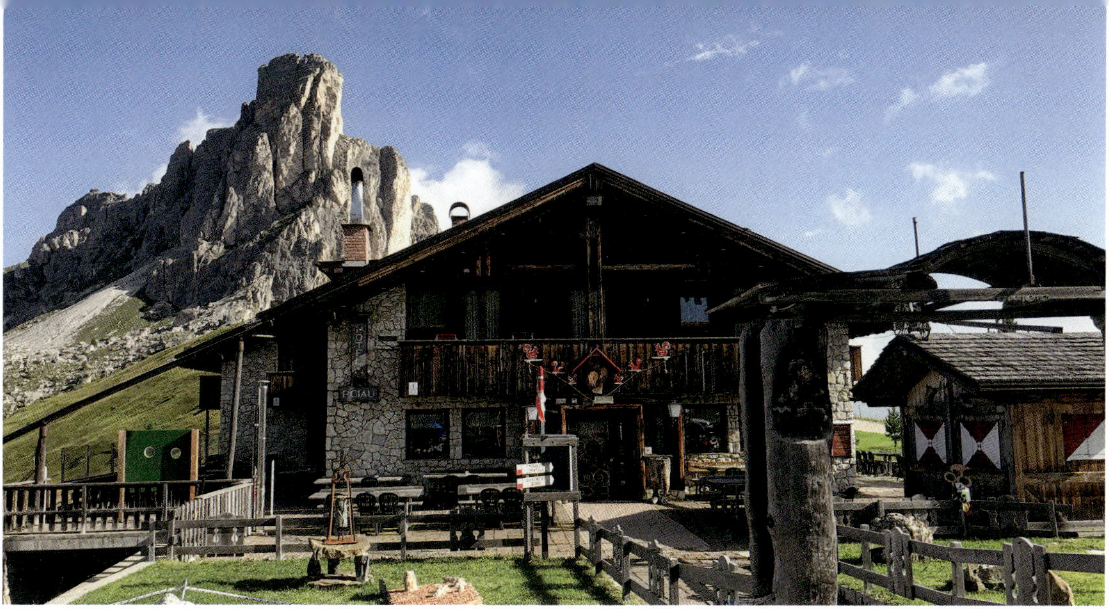

Der Passo Giau zählt zu den schönsten Dolomitenpässen.

zeiten Strom für Venedig zu erzeugen. Der Fluss Piave führte während der Winter- und Sommermonate zu wenig Wasser, um daraus Strom zu gewinnen. Das Staubecken von Vajont war zur Zeit seiner Errichtung mit einer Höhe von 260 Metern und einer Kapazität von 160 Millionen Kubikmetern Wasser die höchste Bogenstaumauer Europas.

In der Nacht zum 8. Oktober 1963 hörten die Bewohner des Tals ein lautes unterirdisches Grollen, das die »Experten« als unbedeutend abtaten. Langsam, aber sicher rutschten Teile des Berghangs in den Stausee. Eine riesige Kluft entstand. Die Behörden wollten kein Wasser aus dem See lassen, da man es noch nutzen wollte. Stattdessen wurde ein Zugangsverbot zum See verhängt – die Gefahr war also bekannt. Der Bürgermeister von Erto wurde informiert, dass eine hohe Flutwelle entstehen könnte, Wasser abgelassen wurde dennoch nicht.

In der folgenden Nacht stürzten unter ohrenbetäubendem Getöse 200 Hektar Gestein auf einer Länge von zwei Kilometern in den See. Innerhalb von fünf Minuten wurden Wälder, Weiden, Häuser, Tiere und Menschen mit ins Tal gerissen. Das blühende Zentrum von Longarone sowie die umliegenden Ortschaften wurden von einer 70 Meter hohen Wassermauer begraben. Über 2000 Menschen aus den Ortschaften Longarone und Erto kamen in den Wassermassen ums Leben. Die Fluten rasten zu Tal, sodass die Leichen teilweise bis in die Adria gespült wurden.

Der Wiederaufbau von Longarone ging relativ rasch vor sich. Die Überlebenden mussten jedoch selbst für die Kosten aufkommen, da die öffentliche Verwaltung trotz Protestaktionen kaum einen Finger rührte. Ein paar hartnäckige Menschen blieben in Erto und setzten sich für die Entleerung des Staubeckens ein. Dafür waren zehn Jahre Kampf notwendig. Heute ist vom Staubecken nicht mehr viel übrig, da es mit Geröllmassen vom Monte Toc gefüllt ist, von dem die unfassbar großen Muren damals abgingen und die Tragödie auslösten. Genau an diesem geschichtsträchtigen Ort beginnt heute unsere Etappe. Vorher können wir uns im Vajont-Museum in Longarone neu recherchiertes und umfangreiches Material anschauen, das die Überschwemmung des Vajont-Stausees dokumentiert und an die Opfer der Tragödie erinnert. Seit 1998 wird es jährlich von ca. 1000 Menschen besucht.

*Info:* Museum Vajont, Piazza I Novembere – Municipio, I-Longarone, Tel. +39/0437/57 58 11

## WICHTIGE ADRESSEN 5

***Übernachtung:*** Hotel Mon Repos, Via Altinate IV accesso al mare 4, I-Lido di Jesolo, Tel. +39/0421/36 22 83, www.monrepos.it; Hotel New Tiffany's Park, Via Aquileia 158, I-30017 Lido di Jesolo, Tel. +39/0421/37 03 69 (oder 37 09 78), www.hotelnewtiffanyspark.com

***Restaurant:*** Pizzeria Perla Nera, Via Roma Dx, 38, I-30016 Lido di Jesolo, Tel. +39/0421/97 27 96, www.perlanera.it

***Taxiservice:*** Consorzio Taxi Veneto Orientale in Jesolo, Tel. +39/0421/37 23 01

# Der Ötztaler Radmarathon

»Ich habe einen Traum – Auf die Pässe, fertig los!« So lautet das Motto des Ötztaler Radmarathons und der Titel des Buches, das darüber erschienen ist. Durch drei Klimazonen führt die klassische Ötztaler Runde über 238 Kilometer. Fast unvorstellbare 5500 Höhenmeter bewältigen die mehr als 4000 Radsportfreunde aus 32 Nationen. Von der Ötztaler Gletscherwelt über das Tiroler Mittelgebirge sowie durch herrliche Südtiroler Weinberge fahren die Radsportler bei diesem Urmarathon.

Der Marathon startet in Sölden auf einer Höhe von 1377 Metern, dann geht es erst mal bergab nach Längenfeld, Umhausen und Oetz (820 Höhenmeter). Weiter kämpfen sich die Rennteilnehmer nach Kühtai (2020 m) hinauf, um dann wieder bis Kematen auf eine Höhe von 610 Metern hinabzurauschen. Weiter geht es nach Völs, Innsbruck (600 m), Sonnenburgerhof und Schönberg bis nach Matrei am Brenner. Weiter verläuft die Strecke über Steinach und Gries am Brenner bis auf den Brennerpass (1374 m). Nun wird nach Sterzing und über den Jaufenpass (2094 m) nach St. Leonhard im Passeiertal gekurbelt. Wer hier am Kontrollpunkt nicht bis 15:30 Uhr eingetroffen ist, wird nicht mehr zur Passstraße aufs Timmelsjoch durchgelassen, da die Veranstalter nicht glauben, dass man dann noch in der Lage sei, bis 19:30 Uhr den zweiten Kontrollpunkt oben am Timmelsjoch zu erreichen. Wer allerdings rechtzeitig da ist, kämpft sich zu guter Letzt auf das Timmelsjoch (2509 m) hinauf. Von hier aus rast man, durchaus schon mal die 90 bis 100 Kilometer pro Stunde auf dem Tacho erblickend, wieder nach Sölden (1377 m) zurück.

Als sich vor fast 30 Jahren ein Dutzend verrückter Radsportler trafen, um erstmals diese Runde zu befahren, galt es, eine Wette zu

*Das Starterfeld nimmt Aufstellung in Sölden.*

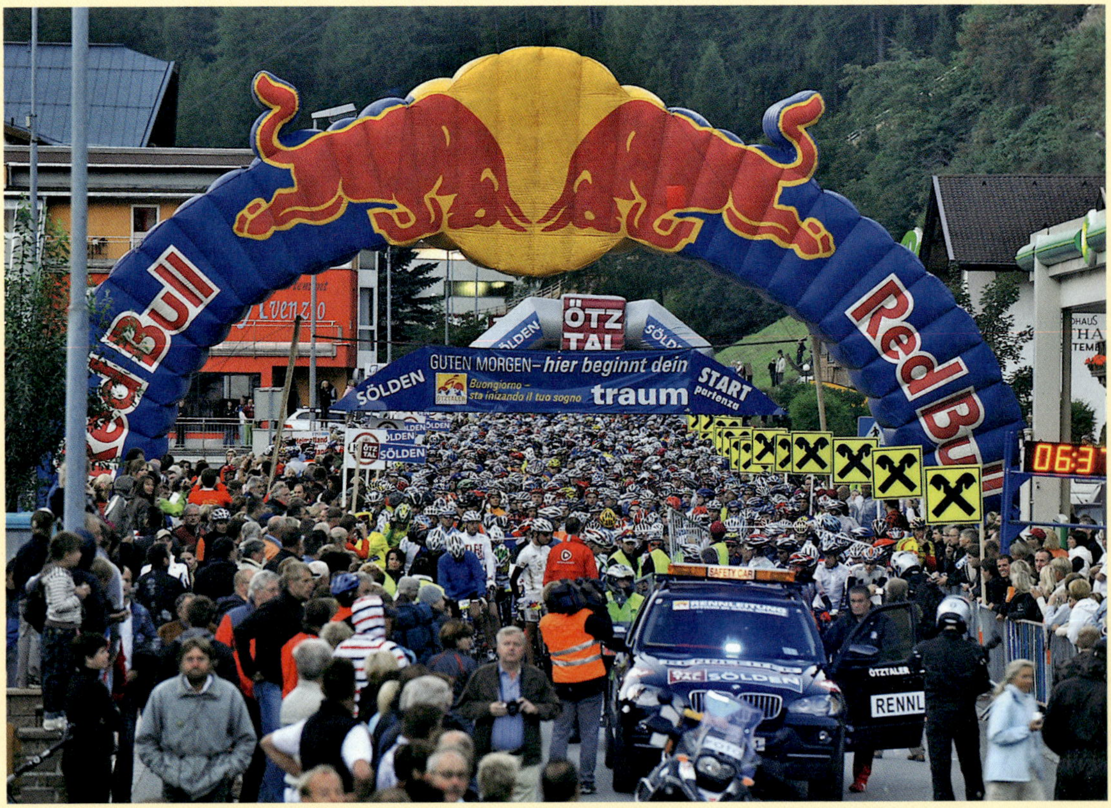

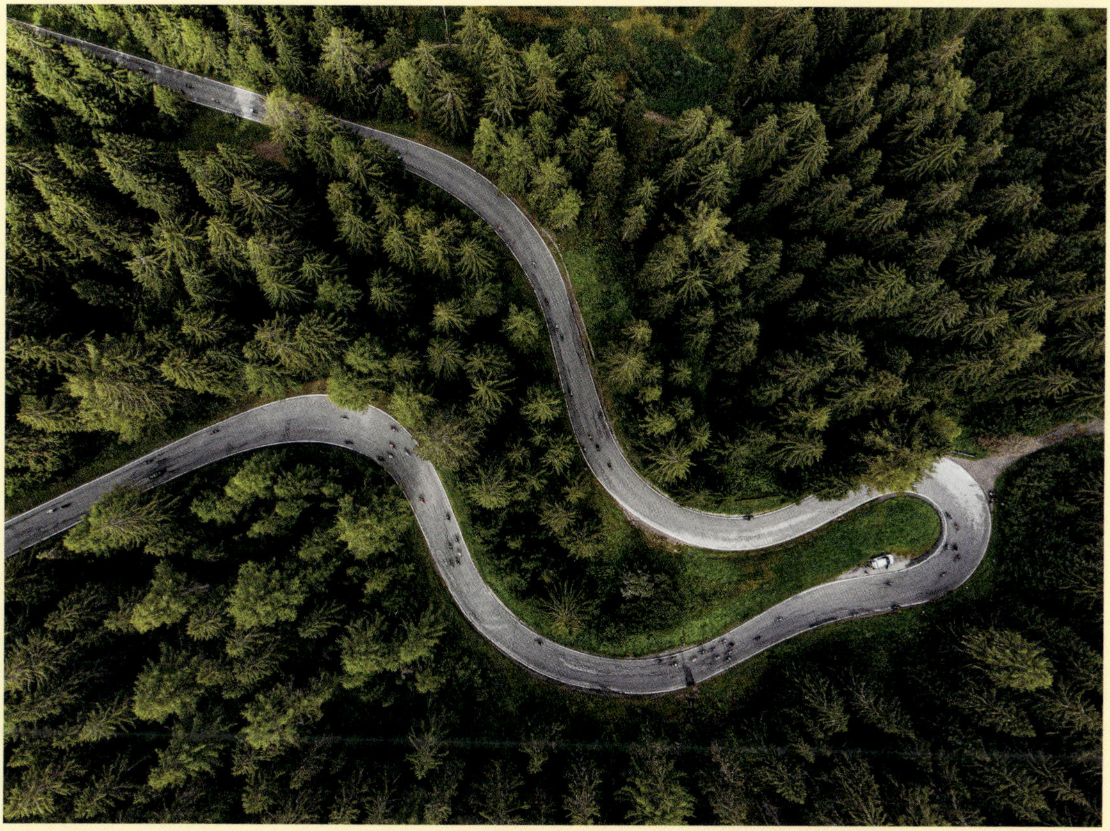

gewinnen, dass man die Tour durch das Ötztal, Sellrain, Inntal, Wipptal und Passeiertal an einem Tag bewältigen könne. Jetzt liegt die Bestzeit bei knapp unter 7 Stunden. So hat der Großteil der Teilnehmer doch einen ausgefüllten Radtag hinter sich, wenn er bei einem der schwierigsten Radmarathons Europas nach zehn bis zwölf Stunden das Ziel in Sölden erreicht. Während der gezielten Vorbereitung auf den »Ötzi«, wie er in Radsportkreisen liebevoll genannt wird, hört man immer wieder das Stoßgebet: Herrgott, schenk mir Trainingstage, Höhenmeter und Kilometer. Insider der Radsportszene, die den Ötztaler bereits absolviert haben, beschreiben den Unterschied zu anderen schwierigen Marathons so: »Nach Trondheim–Oslo (580 km) bist du fix und fertig – nach dem Ötztaler bist du einfach nur tot.«

*Info:* Organisations-Komitee Ötztaler Radmarathon, Gemeindestr. 4, A-6450 Sölden, Tel. +43/(0)57/20 02 25, radmarathon@ötztal.com, www.ötztaler-radmarathon.com

*Oben: Insgesamt 5500 Höhenmeter werden beim Ötztaler Radmarathon »vernichtet«.*

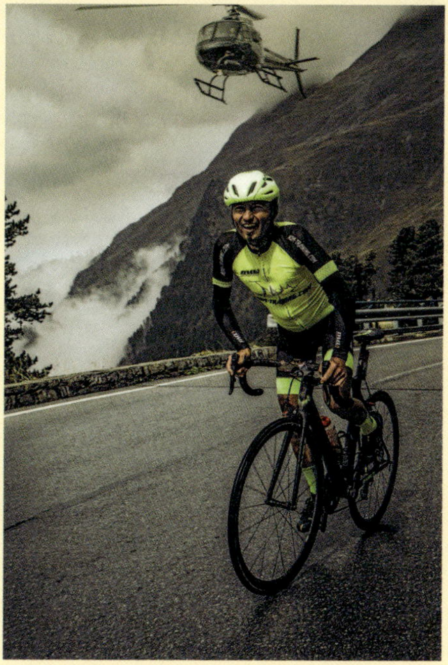

*Links: Mathias Nothegger hieß der Sieger des Ötztaler Radmarathons im Jahr 2018.*

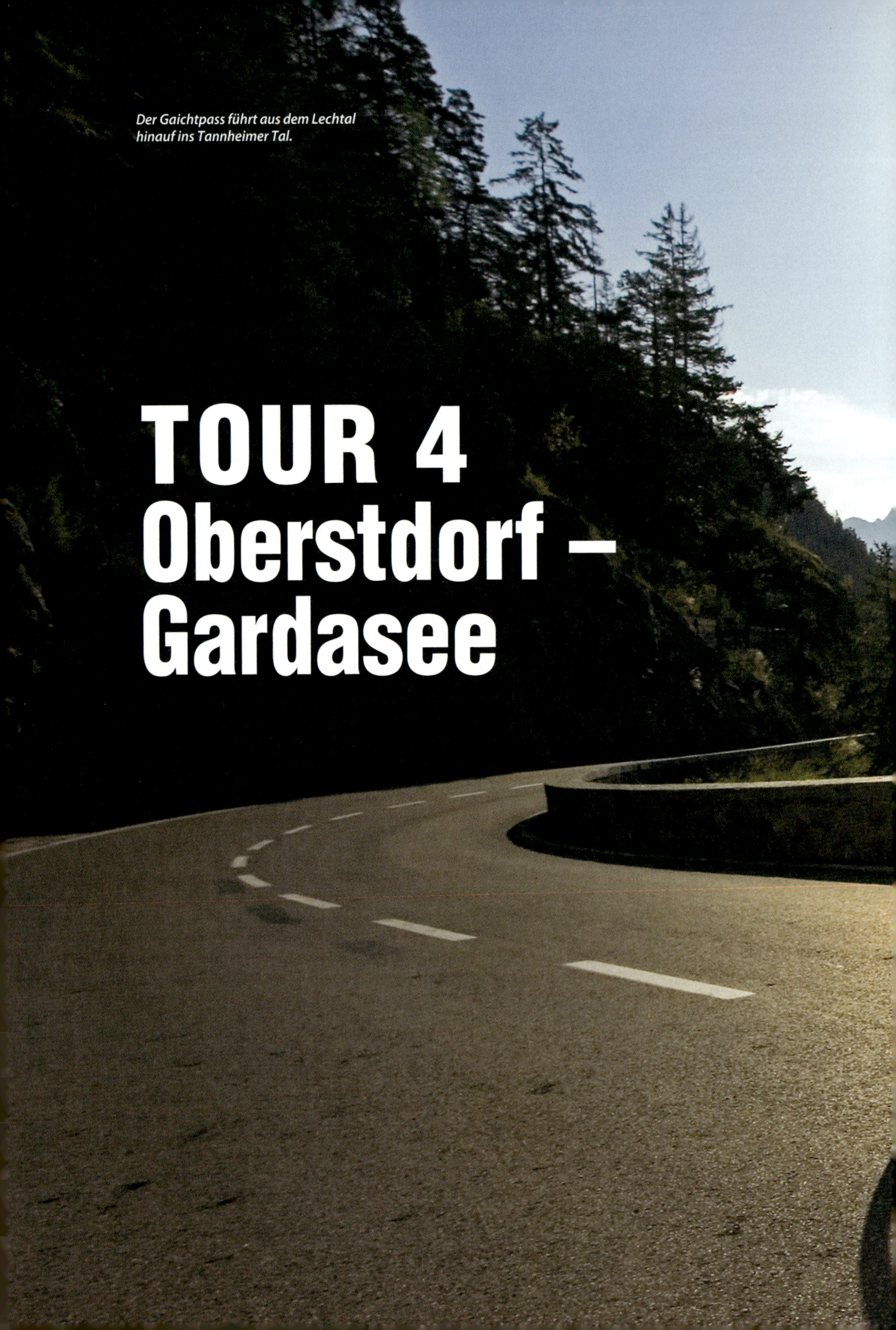

*Der Gaichtpass führt aus dem Lechtal hinauf ins Tannheimer Tal.*

# TOUR 4 Oberstdorf – Gardasee

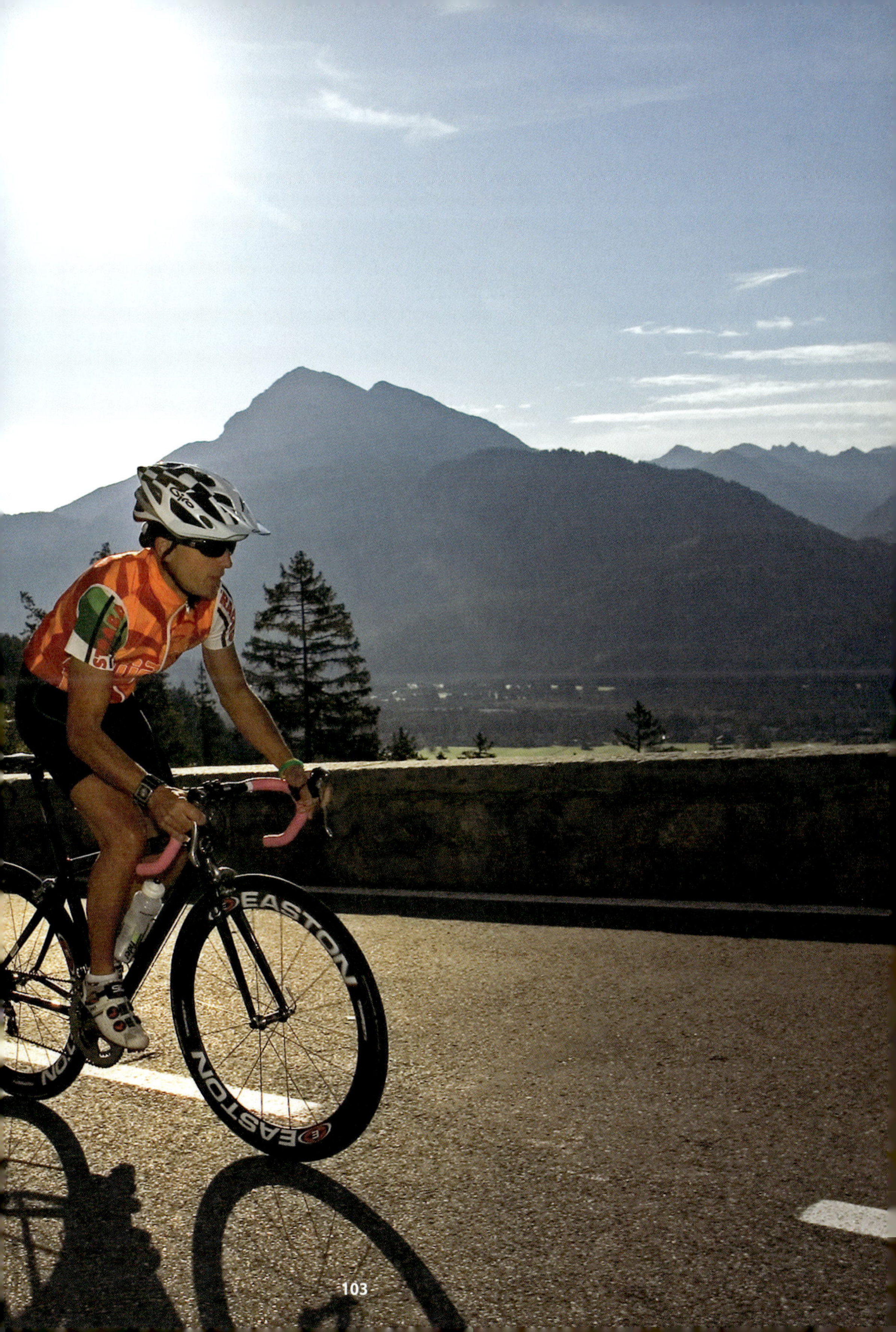
EASTON
EASTON

# 4a Grandios

## – Hahntennjoch, Reschenpass, Stilfser Joch, Tonalepass und Brenta

mittel | 415 km | 9260 hm | 4 Tage

**AUSGANGS-/ENDPUNKT**
Oberstdorf – Gardasee

**ETAPPEN**
Oberstdorf – Imst, ca. 95 km, 1750 hm; Imst – Prad, ca. 105 km, 2080 hm; Prad – Ponte di Legno, ca. 90 km, 3340 hm; Ponte di Legno – Riva del Garda, ca. 125 km, 2090 hm

**STRECKENVERLAUF**
Oberjochpass (1178 m), Hahntennjoch (1894 m), Piller Höhe (1558 m), Norbertshöhe (1454 m), Reschenpass (1504 m), Stilfser Joch (2757 m), Gaviapass (2618 m), Tonalepass (1884 m), Campo Carlo Magno (1702)

**CHARAKTER/ERLEBNISWERT**
Eine sehr gute Grundkondition ist Voraussetzung, da die Anstiege zum Teil sehr steil sind. Das belebte Stilfser Joch bietet einen herrlichen Kontrast zum einsamen Gaviapass – eine unvergessliche Mischung aus Eindrücken und Erlebnissen.

**SEHENSWERTES**
Reschensee, Ortler, Stilfser Joch, Gaviapass, Brenta, Gardasee

**KARTEN**
freytag & berndt, Tirol, 1:150 000; freytag & berndt, Südtirol–Trentino–Gardasee–Venetien, 1:200 000

**TOURIST-INFO**
Tourist-Info Oberstdorf, Prinzregentenplatz 1, 87561 Oberstdorf, Tel. 08322/70 00, www.oberstdorf.de; Tourist-Info Imst, Johannesplatz 4, A-6460 Imst, Tel. +43/(0)5412/691 00, www.imst.at; Tourist-Info Prad, Kreuzweg 4/c, I-39026 Prad am S., Tel. +39/0473/61 60 34, www.ortlergebiet.it; Tourist-Info Ponte di Legno, IAT Ponte di Legno, Corso Milano 37, I-25056 Ponte di Legno, Tel. +39/331/714 88 95

**Ein weiterer Klassiker unter den Alpenüberquerungen ist die Transalp von Oberstdorf im Allgäu nach Riva an den Gardasee. Über den Oberjochpass führt die Strecke ins Lechtal und über das Hahntennjoch ins Inntal. Drei weitere bekannte Pässe und mehrere kleinere warten noch auf uns: Der Reschenpass, der Gaviapass, der Passo di Tonale und der Passo Durone sorgen mit herausfordernden Anstiegen und abenteuerlichen Kurven für genügend Fahrvergnügen. Das absolute Pass-Highlight ist die Königin der Alpenstraßen: das Stilfser Joch mit seinen 48 Kehren. Zum Schluss lockt die tiefblau glitzernde Oberfläche des Gardasees zum Sprung ins kalte Wasser.**

### 1. Etappe: Oberstdorf – Oberjochpass – Tannheimer Tal – Lechtal – Hahntennjoch – Imst

Wir beginnen unsere Tour in der Alpenmetropole Oberstdorf (813 m) und verlassen die Stadt nördlich in Richtung Sonthofen. Rechter Hand ragen die Gipfel der Allgäuer Alpen über der grünen Wiesenlandschaft empor.

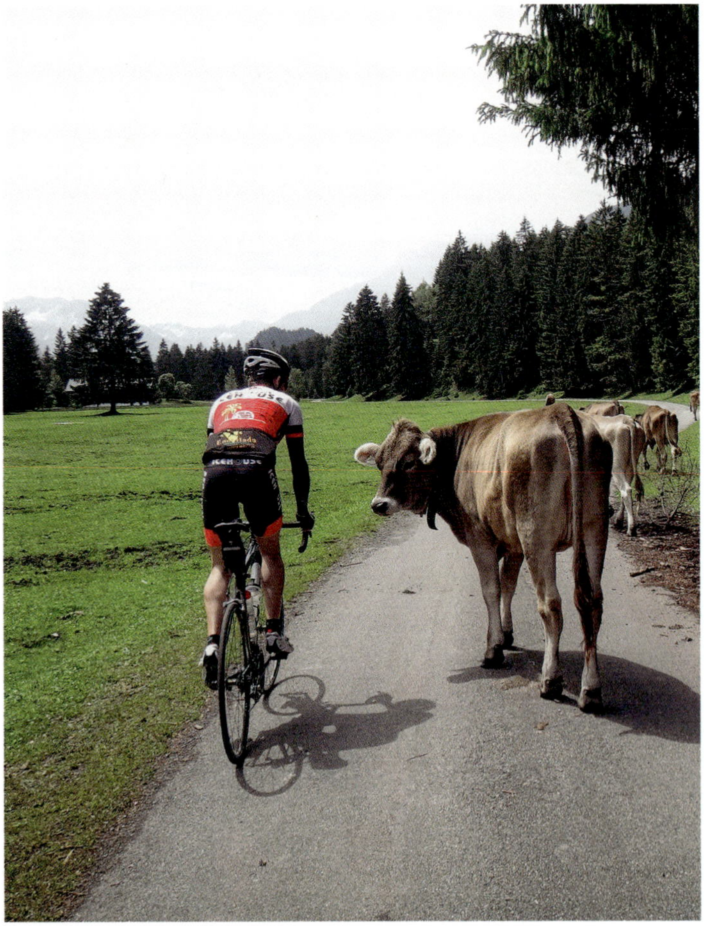

*Eine »unheimliche Begegnung der dritten Art« …*

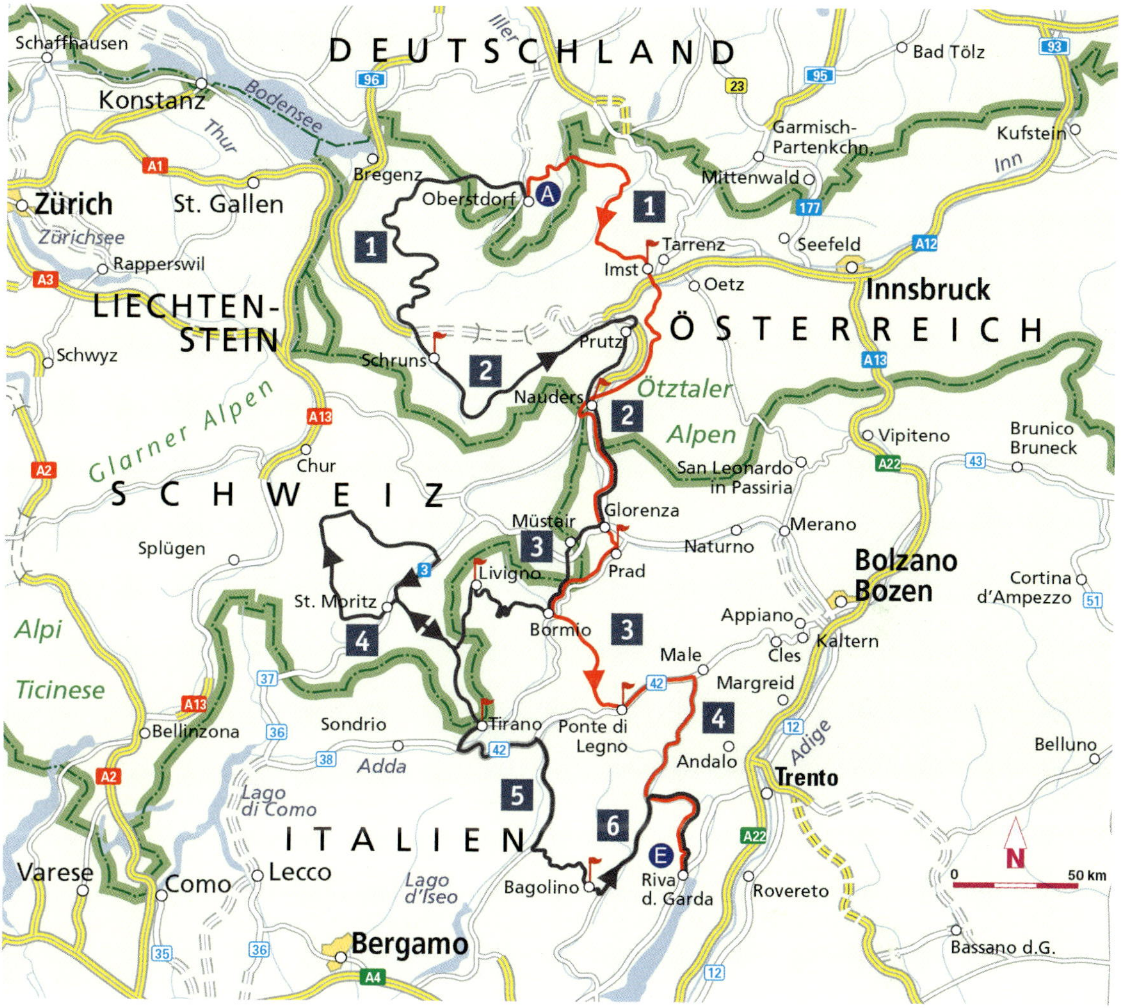


Medium    Go Wild

Die Allgäuer Alpen erheben sich zwischen dem Bregenzerwald im Westen, dem Lechquellengebirge im Südwesten, den Lechtaler Alpen im Süden und Südosten und den Ammergauer Alpen im Osten. Sie zählen zu den Nördlichen Kalkalpen. Die Gebirgskette fällt

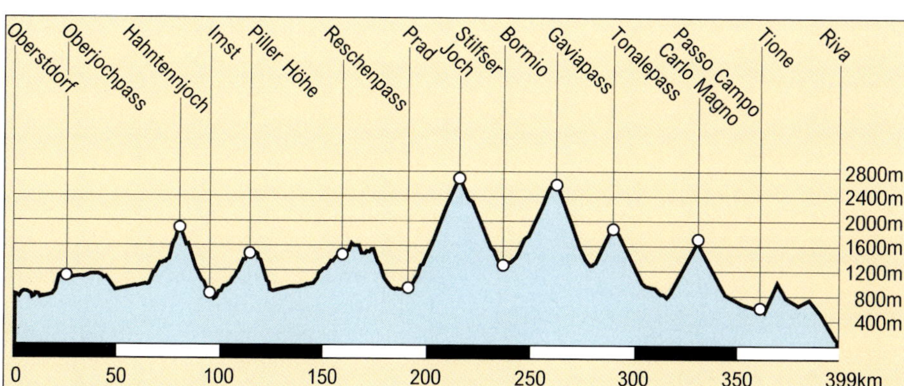

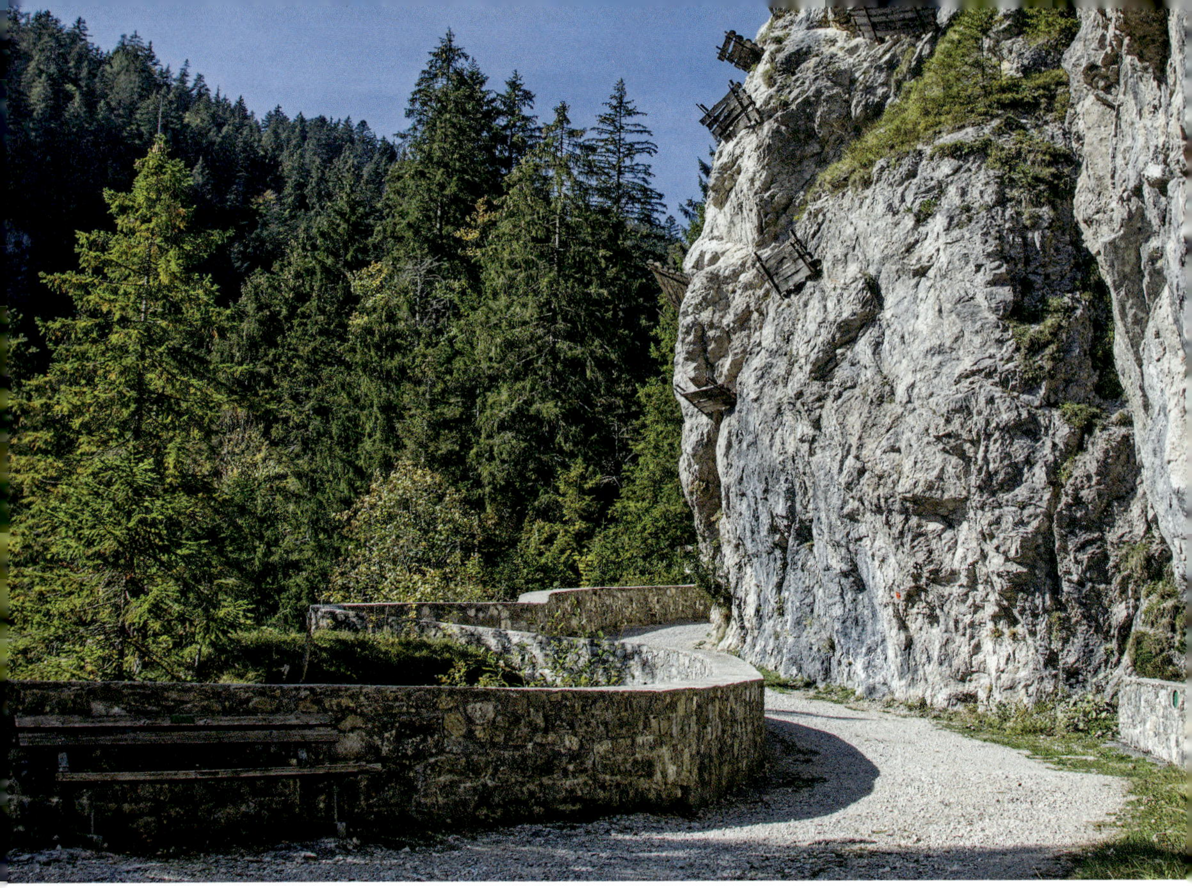

*Die historische Gaichtpassstraße*

teilweise Bayern und Baden-Württemberg und teilweise Vorarlberg und Tirol zu. Bei Wanderern erfreut sich das Gebiet großer Beliebtheit, denn die Allgäuer Alpen sind mit Wegen und Seilbahnen sehr gut erschlossen. Eine Besonderheit sind die zahlreichen Höhenwege, auf denen Wanderer sieben bis zehn Tage von Hütte zu Hütte wandern können. Das Gebiet ist sehr regenreich und deshalb im Winter verhältnismäßig schneesicher.

## WICHTIGE ADRESSEN (1. E)

***Übernachtung:*** Haus Thaddäus, Blumengasse 5, Tel. 08322/32 02 (oder 71 23), www.haus-thaddaeus.de; Gästehaus Hahnenköpfle, Finkenstr. 11, 87561 Oberstdorf, Tel. 08322/96 36–0, www.hahnenkoepfle.de; Hotel Restaurant Auderer, Brennbichl 82, A-6460 Imst, Tel. +43/(0)5412/668 855, www.auderer.at; Gasthof Sonne, Johannesplatz 4, A-6460 Imst, Tel. +43/ (0)5412/672 92, www.sonne-imst.at

***Restaurants:*** Oberstdorfer Einkehr, Pfarrstr. 9, 87561 Oberstdorf, Tel. 08322/97 78 50, www.oberstdorfer-einkehr.de; Da Pino, Karl-von-Lutterotti-Str. 19, A-6460 Imst, Tel. +43/(0)5412/634 59

***Taxiservice:*** Taxizentrale Oberstdorf, Tel. 08322/982 10; Bus und Taxi Thurner Imst, Tel. +43/(0)664/256 63 50

Entlang der Iller pedalieren wir sachte dahin und kommen an den ländlichen Ortschaften Rubi, Reichenbach bei Oberstdorf, Schöllang und Altstädten vorbei. In Altstädten halten wir uns rechts und fahren über Beilenberg nach Margarethen. Nachdem wir Margarethen hinter uns gelassen haben, biegen wir rechts in die B308 in Richtung Hindelang (820 m) ein. Wir fahren über Binswangen und gelangen gut aufgewärmt nach Vorderhindelang.

Jetzt steht uns mit dem Oberjochpass der erste größere Anstieg bevor. Dieser Pass zählt nicht unbedingt zu den spektakulärsten der Alpen, aber die Strecke gilt als Deutschlands kurvenreichste Passstraße. Und zum Warmwerden eignet sie sich perfekt. Entlang der Deutschen Alpenstraße (B308) bezwingen wir gleich nach Bad Hindelang auf einer Strecke von 4 Kilometern neun Haarnadelkurven. Für deutsche Verhältnisse nicht schlecht! Wir fahren an Bad Oberdorf (822 m) mit seinen typischen Allgäuer Holzhäusern vorbei. Vom bayrischen Prinzregenten Luitpold wurde dem Ort aufgrund seiner Mineral-Schwefelquellen der Kurstatus verliehen. Wer schon

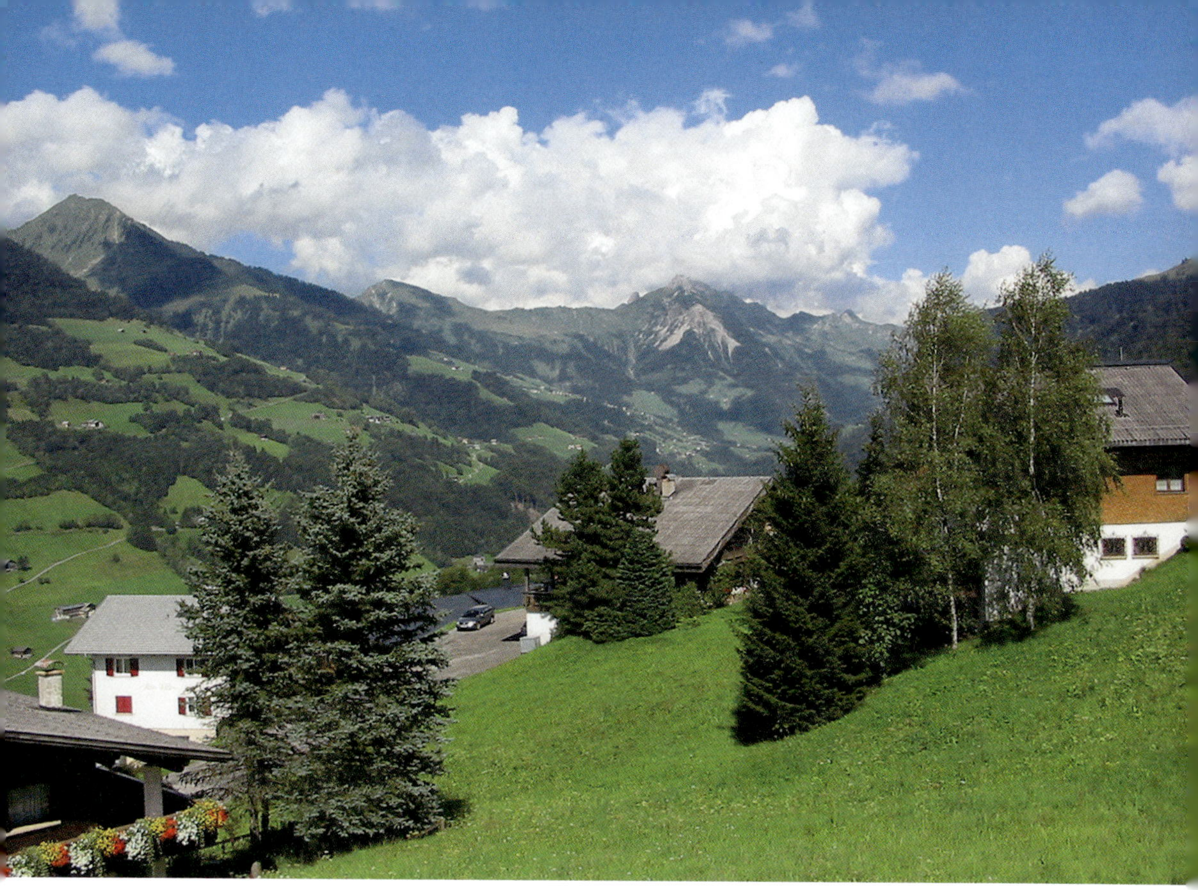

Das typische Landschaftsbild der Lechtaler Alpen

Hunger verspürt, kann wenige Zeit später an der 7. Serpentine zur Hirschalpe oder der 8. Serpentine zur Ochsenbergalpe abzweigen und einen Snack einnehmen. Nach der 9. Kurve erreichen wir am linken Straßenrand einen Aussichtspunkt. Hier haben wir einen tollen Ausblick auf das weite Ostrachtal. Wir passieren die Ortsdurchfahrt von Oberjoch, Deutschlands höchstem Ski- und Bergdorf auf 1136 Metern. Hier befindet sich auch die Wasserscheide zwischen Donau und Lech. Zum Oberjochpass folgen wir dem Verlauf der B308, die rechts nach Schattwald abbiegt. Bis zum Oberjoch (1178 m) sind noch 38 Höhenmeter zu bewältigen. Noch einmal kurz die Aussicht genießen, bevor wir zur Abfahrt ins Tannheimer Tal ansetzen. Wir verlassen Deutschland und fahren weiter geradeaus auf der B199 an den österreichischen Dörfern Schattwald, Zöblen und Tannheim vorüber. Dann biegen wir rechts ab in Richtung Haldensee, fahren entlang des idyllischen Sees und an Nesselwängle vorbei.

Über den Gaichtpass, der das Lechtal mit dem Tannheimer Tal verbindet, geht es bergab nach Weißenbach am Lech. Bereits im Mittelalter war diese Wegverbindung eine wichtige Handelsroute. Der Pass ist jedoch ein unechter Pass, denn er besitzt eigentlich nur eine Rampe. Nach einem Gefälle von 200 Höhenmetern kommen wir nach Weißenbach am Lech. Den Kreisverkehr in dieser Ortschaft verlassen wir an der zweiten Ausfahrt in die Lechtal-Bundesstraße (B198). Wir kommen an den Dörfern Forchach, Stanzach und Elmen vorbei. Besonders auffallend sind die typischen, pittoresken Holzhäuser aus dem 13. Jahrhundert. Bei ihrem Bau wurde kein einziger Metallnagel verwendet. Vor unserem Etappenziel Imst gilt es, noch einen weiteren Anstieg zu bezwingen. Das Hahntennjoch stellt die kürzeste Verbindung von Imst ins Lechtal dar. Ursprünglich wurde die Straße 1960 erbaut, um den Tourismus in Außerfern zu beleben. Die Strecke ist auch bei Motorradfahrern sehr beliebt und allgemein stark befahren. Der Pass bringt dennoch viel Fahrvergnügen mit sich.

Wir verlassen die B198, biegen links in die L266 ein und blicken auf die Respekt einflößende Passrampe: Auf 700 Meter sind 12 bis

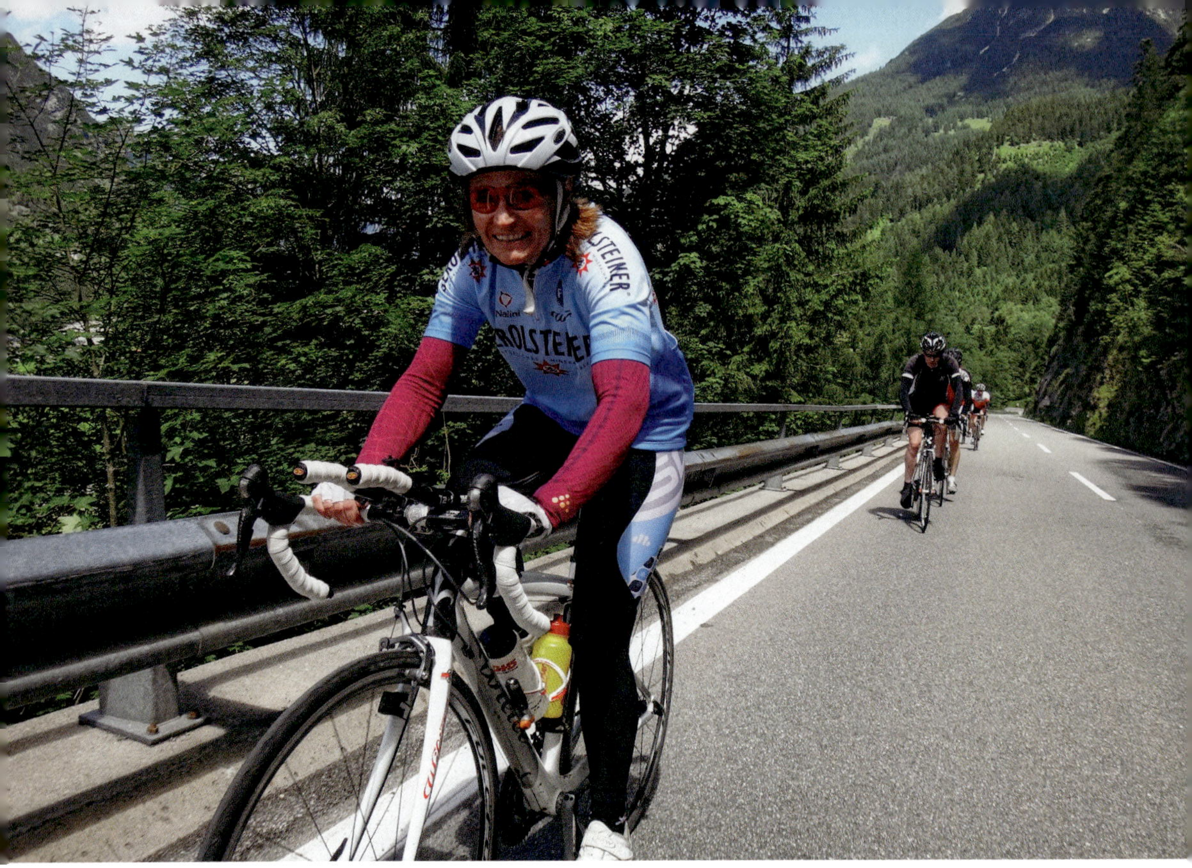

*Zusammen macht das Bergauffahren eben doch mehr Spaß.*

15 Prozent zu überwinden. Bis nach Bschlabs sind dann auf einer Strecke von 10 Kilometern 7 bis 9 Prozent Steigung zu bewältigen. Hier lockt das kleine Wirtshaus mit dem Namen »Zur Gemütlichkeit«, bevor die Straße ein weiteres Mal deftig ansteigt. Steigungen bis zu 15 Prozent fordern unseren sportlichen Ehrgeiz heraus. Belohnt werden wir jedoch mit Ausblicken auf die Gipfel der Hornbachkette im Nordwesten. Die Passhöhe an sich bietet nicht sehr viel Naturschönheit, deswegen fahren wir zügig ab nach Imst und genießen die schönen Ausblicke auf das Inntal. In Imst endet die Etappe schließlich.

## 2. Etappe: Imst – Piller Höhe – Norbertshöhe – Reschenpass – Prad

Unsere Tour führt, wie bereits in der »Garmisch-Gardasee-Route Medium« beschrieben, über die Piller Höhe (1558 m), die das obere Inntal mit dem Pitztal verbindet. Die Strecke ist landschaftlich anziehender und vor allem weniger befahren als die Route über das Inntal. Von Imst zur Piller Höhe bezwingen wir einen Höhenunterschied von ungefähr 750 Metern mit Steigungen von maximal 12 bis 14 Prozent. Über Brennbichl auf 721 Meter folgen wir den Hinweisschildern ins Pitztal, fahren durch den Wald nach Arzl im Pitztal (880 m) und über Wenns nach Piller. Vom Gacher Blick erhalten wir einen schönen Ausblick auf das obere Inntal und den Kaunergrad. Von der Piller Höhe geht es hinunter nach Kaunerberg. Über Kauns und Faggen erreichen wir Prutz (884 m).

Entlang des Inntal-Radweges geht es über Ried im Oberinntal, Tösens und Pfunds und weiter nach Martina in der Schweiz (siehe »Garmisch – Gardasee for Beginners«). Wir bezwingen die Norbertshöhe, fahren nach Nauders und weiter über den Reschenpass. Hier lohnt es sich, eine kleine Pause einzulegen. In Graun hebt sich auf geheimnisvolle Weise ein alter Kirchturm aus dem Reschensee empor. Er gehört zu dem Dorf Alt-Graun, das beim Bau des Reschenstausees mit 163 Häusern geflutet wurde. Im Hintergrund ragt das grandiose Ortlermassiv hervor. Am Reschenpass passieren wir auch die Grenze zu Italien. Es geht am Reschensee rechts und am Haidersee links vorüber. Ganz entspannt bergab fahren wir auf dem Etschtal-Radweg, vorbei an ein paar

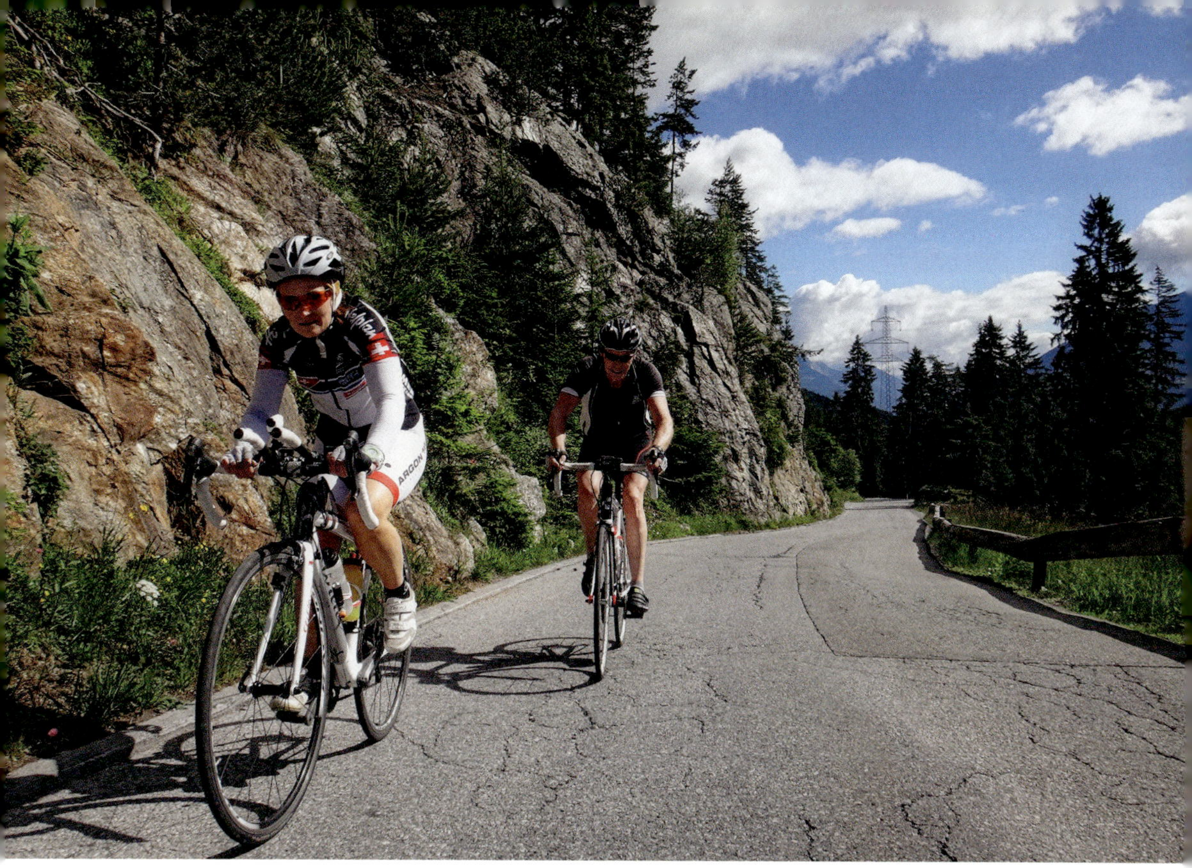

Bunkern aus der Mussolini-Ära, nach Glurns. Das historische Städtchen liegt hinter dicken Stadtmauern versteckt. Es lohnt sich sehr, diesen Ort zu besichtigen und am Dorfplatz den ersten italienischen Cappuccino zu schlürfen. Zum Etappenende Prad (915 m) ist es nicht mehr weit. Die Vinschgauer Gemeinde liegt am Eingang des Trafoier Tals im Nationalpark Stilfser Joch. Der Name Prad kommt von dem lateinischen Wort »prata«, zu Deutsch »Wiesen«. Oberhalb des Dorfes zeigt sich die mysteriöse, verfallene Burg Lichtenberg, die den damaligen Herren einen guten Ausblick auf den Vinschgau und auf die Churburg gab. Der Ortskern selbst besitzt ein gemütliches, bäuerliches Ambiente. Hier können wir uns entspannen und das Südtiroler Leben mit all seinen Genüssen auskosten.

**WICHTIGE ADRESSEN (2. E)**

***Übernachtung:*** Gasthof St. Georg, Agums 36, I-39026 Prad am Stilfser Joch, Tel. +39/0473/61 70 57, www.gasthof.stgeorg.it; Hotel Post Hirsch, Spondinig 7, I-39026 Prad am Stilfser Joch, Tel. +39/0473/61 60 21 (oder 61 67 67)
***Restaurant:*** Pizzeria-Gasthof Stern, Silbergasse 1, I-39026 Prad am Stilfser Joch, Tel. +39/0473/61 61 23, www.gasthof-stern.it
***Taxiservice:*** Taxi Iris in Mals, Tel. +39/333/565 74 64

## 3. Etappe: Prad – Stilfser Joch – Gaviapass – Ponte di Legno

In Prad blicken wir frühmorgens in Richtung Stilfser-Joch-Straße, die dritthöchste Passstraße der Alpen. Nur Restefond/Bonette- und die Iseran-Passstraße in Frankreich liegen höher. 48 Kehren bergauf und 31 Kehren bergab lassen das Blut der ambitionierten Rennradfahrer in Wallung geraten. Entlang des Suldenbachs beginnt der Aufstieg erst einmal moderat. Nach der Stilfserbrücke müssen wir uns jedoch auf 7 bis 8 Prozent im gleichmäßigen Wiegetritt einstellen. Es geht durch Gomagoi hindurch, vorbei an den Lawinengalerien. Hier beginnen nun die berühmt-berüchtigten Kehren. Mit der Kehre 48 geht es los, gezählt wird also von hinten. In Trafio haben wir dann schon 600 Höhenmeter hinter

*Die Piller Höhe wartet auf uns mit teils steilen Abschnitten.*

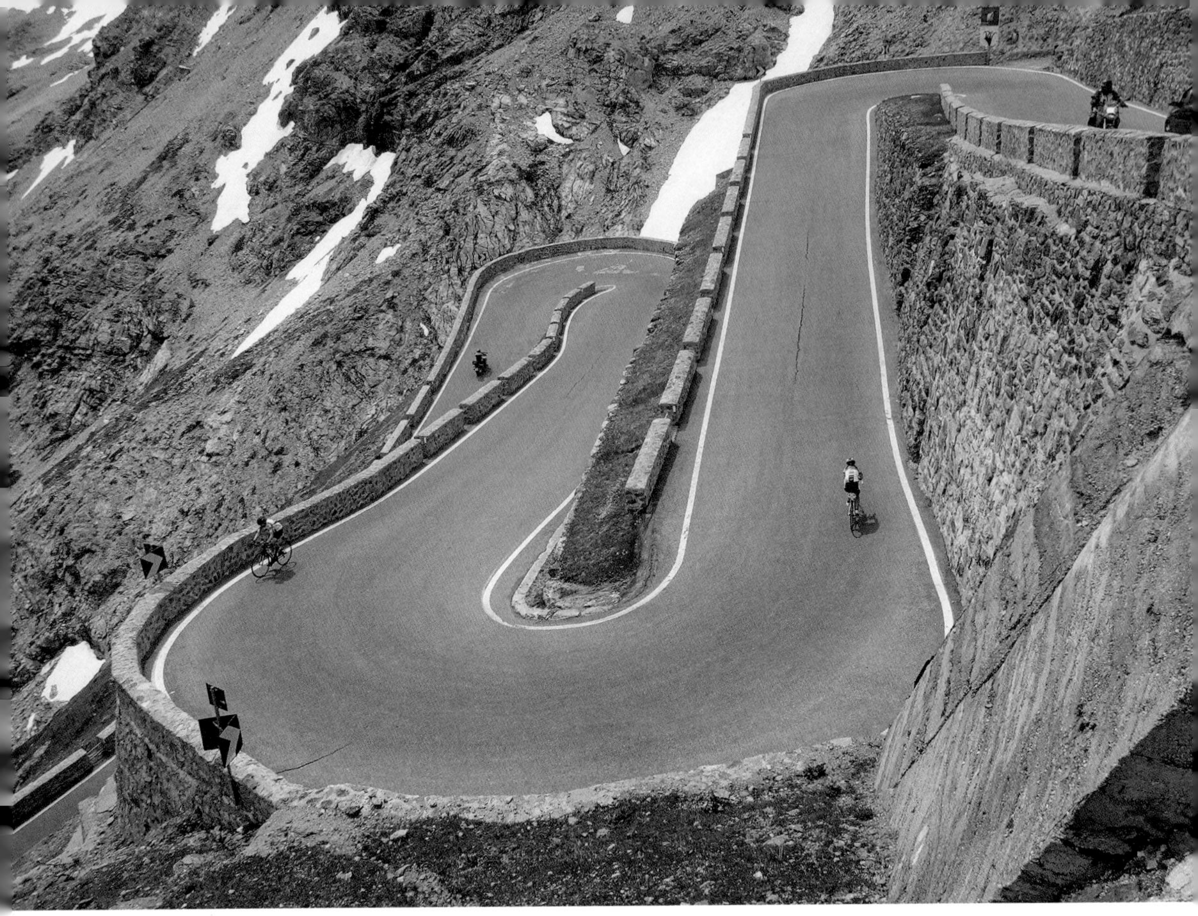

*Die berühmten Haarnadelkurven des Stilfser Jochs*

uns gelassen. In Kehre 34 überwinden wir die steilste Stelle des Passes: sagenhafte 18 Prozent Steigung! Durchschnittlich bleiben wir aber bei 10 bis 12 Prozent. Wir können uns dabei mit dem Ausblick auf das majestätische Ortlergebirge und seine flankierenden Bergspitzen in der Ferne ablenken. Beim Berghotel Franzenshöhe überschreiten wir die Baumgrenze, und das weiße, vergletscherte Ortlermassiv scheint noch näher zu rücken. Jetzt sind es noch 24 Kehren mit durchschnittlich 12 Prozent Steigung, die vor uns liegen und es wirklich in sich haben. Der Kehrenverlauf ist beim Einfahren meist nicht einzusehen. Auf dem kleinsten Ritzel uns in Schrittgeschwindigkeit fortbewegend, weichen wir Schlaglöchern aus. Den Rhythmus zu halten fällt schwer. Wie lang 6 Kilometer sein können …

An der Passhöhe angelangt, haben wir uns eine Pause verdient. Hier herrscht meist reges Treiben. Motorradfahrer, Ausflügler, Wanderer scharen sich um die Imbissbuden und Souvenirläden in 2757 Metern Höhe. Aber wir schauen einfach auf die traumhafte Bergkulisse, denn die bleibt immer gleich schön, still, majestätisch und geheimnisvoll.

Jetzt wird es rasant: Bis nach Bormio im Veltlin haben wir jetzt 31 Kehren vor uns, die sich auf 22 Kilometer verteilen. 1540 Höhenmeter abwärts jagen wir ins Tal und wirbeln dabei unseren Gleichgewichtssinn ordentlich durcheinander. Doch Vorsicht! Die Strecke ist sehr stark frequentiert. Im Geschwindigkeitsrausch sollte man also die Sinne wach behalten und sich dem Verkehr angepasst verhalten. Auf der Strecke befinden sich außerdem 7 unbeleuchtete Tunnel und Tunnelgalerien.

Ein weiterer Pass wartet noch auf uns, bis wir Ponte di Legno erreichen. In Bormio (1217 m) folgen wir den Wegweisern zum Gaviapass über die SS300. Dieser Pass galt lange Zeit als eher unbedeutend mit seinem Dasein im Schatten des Stilfser Jochs. Funde deuten aber auf sein langes Bestehen hin. In Malga dell'Alpe wurde ein alter Siedlungsplatz aus der Steinzeit entdeckt. Aber erst später, im ausklingenden Mittelalter, erlangte der Gaviapass eine gewisse Bedeutung als Handelsroute. Heutzutage schätzen ihn besonders die Rennradfahrer. Gelegentlich wird er in anspruchsvolle Bergetappen des italienischen Rennens Giro d'Italia eingebunden. Wir befahren den Pass über die Nordrampe mit zehn Kehren. Die Straße ist durchgehend asphaltiert und schlängelt sich an den felsigen Hängen entlang.

Am Torrente Frodolfo vorbei gelangen wir nach San Caterina (1736 m). Die Straße verengt sich und zieht sich an den Hängen des Monte Gavia (3223 m) entlang. Zehn Kehren später erreichen wir die Plaghera-Hochfläche und die gleichnamige Alm. Hier heben sich sehr beeindruckend das Cevedalemassiv (3769 m) und die Ortlerflanke in der Ferne hervor. Die Waldgrenze haben wir hinter uns gelassen, die Umgebung wirkt insgesamt sehr hochalpin. Wir können den herrlichen Punta Sankt Matteo erspähen. Noch 11 Kilometer sind es bis zur Passhöhe mit durchschnittlich 10 bis 12 Prozent Steigung. Kurz vor dem höchsten Punkt erreichen wir noch das Rifugio Berni (2545 m). Die letzten Meter sind flach. Ganz idyllisch liegt der Lago Bianco vor den schneebedeckten Gipfeln des Como Tre Signori auf 3359 Metern im Osten. Der Blick schweift weiter über den Dosegugletscher und die Punta San Matteo (3678 m). Im Süden zeigen sich die Adamello- und Presanellagruppe. Nach der Passhöhe kommen wir an einem weiteren Gebirgssee, dem Lago Nero, über dem Valle delle Messi vorbei. Die Südseite des Passes war bis vor Kurzem noch Naturpiste und besonders gefürchtet wegen der schmalen Straßenführung und engen Haarnadelkurven. Mittlerweile ist sie jedoch asphaltiert und

### WICHTIGE ADRESSEN (3. E)

***Übernachtung:*** Rifugio Berni al Passo Gavia, Localita Passo del Gavia, I-23030 Valfurva, Tel. +39/0342/93 54 56; Apparthotel & Residence Palace, Via Trento 19, I-25056 Ponte di Legno, Tel. +39/0364/90 09 20

***Restaurant:*** Da Giusi, Via Ercavallo 39, I-25056 Ponte Di Legno, Tel. +39/0364/92153, www.dagiusy.com

***Taxiservice:*** Maroni-Servizio Taxi in Ponte di Legno, Tel. +39/0364/910 45

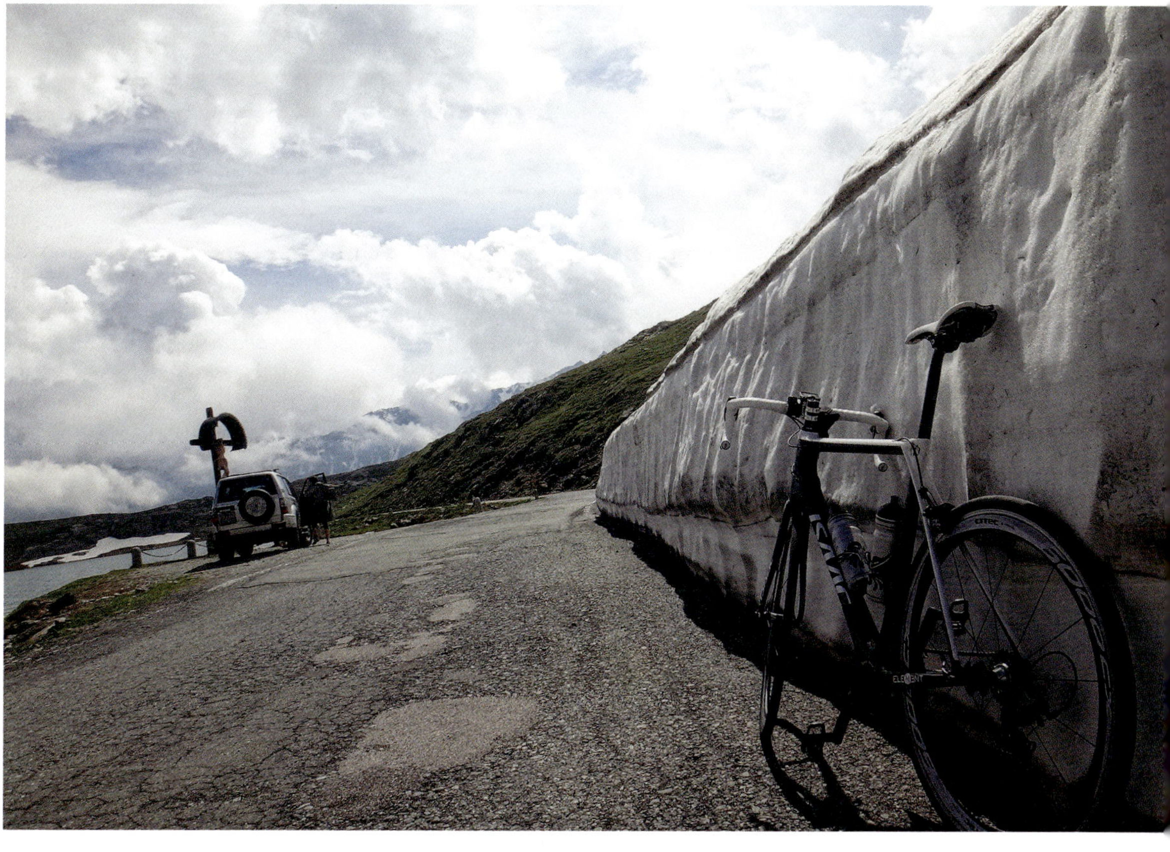

*Schneereste am Gaviapass*

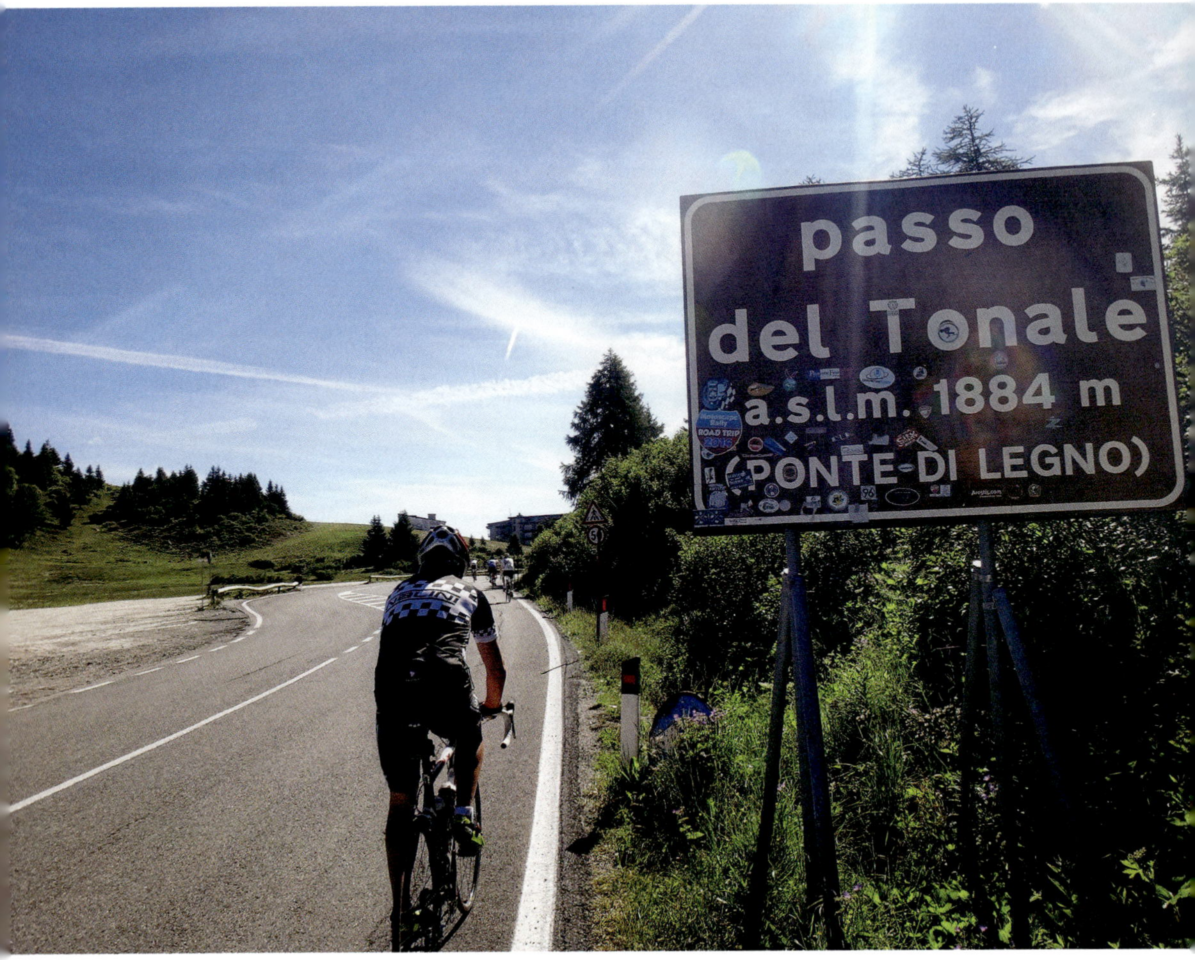


*Über den Passo del Tonale gelangen wir ins Val di Sole.*

besser ausgebaut. Ein unbeleuchteter Tunnel wartet auf uns, und bei Regen können die quer verlaufenden Abflussrinnen zu rutschigen Fallen werden. Nach der schnellen und kurvenreichen Abfahrt erreichen wir Sant'Appollonia und schließlich Ponte di Legno (1258 m) in der Provinz Brescia. Zwei herausfordernde Pässe liegen an diesem Abend hinter uns. Jetzt sind erst einmal Entspannung und gutes italienisches Essen angesagt.

## 4. Etappe: Ponte di Legno – Tonalepass – Val di Sole – Madonna di Campiglio – Tione – Passo Durone – Gardasee

Wir starten an diesem Morgen von Ponte di Legno (1258 m) aus, um als Erstes den Passo di Tonale (1884 m) mit 626 Höhenmetern in Angriff zu nehmen. Entlang der SS42 fahren wir in Richtung Dimaro – überwiegend durch bewaldetes Gebiet, welches uns etwas Schatten spendet. Lange gerade Stücke mit Ausblicken auf grüne Almwiesen, Obstplantagen, kleine Siedlungen und ein paar Kehrengruppen führen uns zur Passhöhe auf 1884 Metern. Sie befindet sich im gleichnamigen Dorf Passo di Tonale. In diesem Wintersportort herrscht bis ins Frühjahr hinein reger Skibetrieb. Jetzt befinden sich die Liftanlagen jedoch im Sommerschlaf, und auch das Dorf selbst macht einen etwas verlassenen Eindruck. Ein Denkmal erinnert an die Gefallenen im Ersten Weltkrieg.

Die Abfahrt ins Val di Sole bereitet mit kurvenreichen Straßen durch Wald- und Wiesenlandschaft herrliche Ausblicke zur Adamello-Presanella-Gruppe und deren Gletschern und beschert uns sehr viel Fahrspaß. Wir passieren die Ortschaften Fucine, Cusiano, Pellizzano, Mezzana und erreichen schließlich

Dimaro (766 m) am Fuße der Nordkette der Brenta, wo das Val di Meledrio ins Val di Sole mündet. Für einen kulturellen Stopp bietet sich die Besichtigung der Kirche San Lorenzo aus dem 15. Jahrhundert, das Zollhaus und viele schöne Steinbrunnen an.
Wir biegen nach rechts in die SS 239 in Richtung Madonna di Campiglio ein und folgen dem Straßenverlauf zum Passo Campo Carlo Magno (1702 m), der das Val di Sole mit dem Val Rendena verbindet und zwischen dem Brentagebirge im Osten und der Adamellogruppe im Westen verläuft. Die Aussichten auf diese grandiose italienische Bergwelt machen diesen Pass aus. Der Name des Passes leitet sich von Carolus Magnus, also von Karl dem Großen, ab. Er benutzte diesen Übergang bei einem seiner Feldzüge.
Schon kurz nach Dimaro beginnt die Straße anzusteigen und sich in Serpentinen zu schlängeln. Die anfänglichen 8 Prozent Steigung reduzieren sich im mittleren Abschnitt der Auffahrt auf 5 bis 6 Prozent. In der Ferne blicken wir auf den zurückliegenden Stilfser Nationalpark, in dem wir uns gestern noch aufgehalten haben. Zur Passhöhe hin wird die Straße immer flacher. Hat man den höchsten Punkt auf 1682 Metern erreicht, fällt der Blick, wie auch schon beim Passo Durone, auf Hotels und verlassene Skilifte. Wir genießen lieber die Aussicht auf das Brentamassiv. Auf breiter, gut ausgebauter Straße geht es hinab ins Rendanatal. Die felsige Gebirgslandschaft begleitet uns weiterhin, und in Madonna di Campiglio erhalten wir nochmals wunderschöne Panoramablicke auf die Felsburgen des Brentamassivs.
Der Ort liegt in einer Talsenke, umgeben von den Gletscherbergen der Adamello-Presanella- sowie der Ortlergruppe; er ist der Heimatort des berühmten Skifahrers Alberto Tomba. Den Ursprung des Dorfes liefert eine der Madonna geweihte Kirche aus dem Jahr 1182. Die touristische Entwicklung des Ortes besitzt eine langjährige Geschichte, denn schon früh erkannten die Einwohner die Bedeutung des Tourismus als Einnahmequelle. Vor allem österreichische und mitteleuropäische Adelsfamilien verbrachten hier früher ihren Urlaub. Unter den Feriengästen waren beispielsweise Kaiserin Sisi und Kaiser Franz Joseph in den Jahren 1889 und 1894.
Die Strecke verläuft weiter über Pinzolo nach Tione di Trento. Von dort geht es über Nebenstraßen durch die kleinen italienischen Dörfer Preore, Ragoli und Coltura nach Stenico. Wir fahren weiter nach Ponte Arche, was so viel wie »Brücke zwischen den Bögen« bedeutet. Der Name stammt von einer Brücke, die einst den nahen Fluss Sarca überquerte und somit die örtlichen Dörfer verband. Ein Spazierweg führt noch heute durch einen weitläufigen Park bis zu den Thermen von Comano, deren Quellen Linderung und Heilung vor allem bei Hautkrankheiten versprechen.
Wie bereits in der »Garmisch-Gardasee-Route Medium« beschrieben, fahren wir die letzten Kilometer bis zum Gardasee über Lomaso, Fiavè, Torbiera, Ballino und am Lago di Tenno vorbei. Wir halten uns links in Richtung Tenno und fahren über Gavazzo Nuova und Albola nach Riva an den Gardasee, an dessen südlichem Ufer die Alpen enden. Das Dolce Vita mit Pizza, Pasta, Cappuccino, Vino und leckeren Nachspeisen lockt!

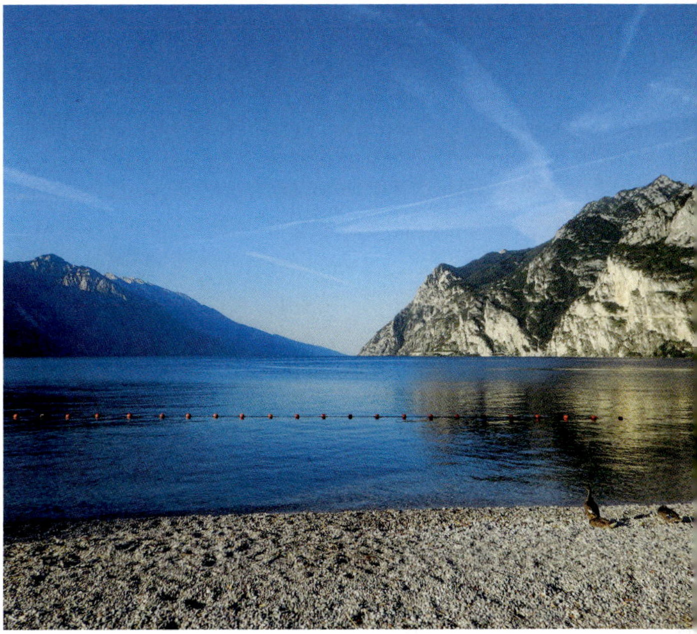

*Das Ziel ist erreicht: Der Gardasee lädt zu einer Abkühlung ein.*

**WICHTIGE ADRESSEN (4. E)**

***Übernachtung:*** Garni Villa Maria, Via dei Tigli 19, I-38066 Riva del Garda, Tel. +39/0464/55 22 88, www.garnimaria.com; Hotel Villa Miravelle, Via Monte Oro 9, I-38066 Riva del Garda, Tel. +39/0464/55 23 35, www.hotelvillamiravalle.com
***Restaurant:*** Antiche Mura, Via Bastione, 19, I-38066 Riva del Garda, Tel. +39/0464/556063, www.antiche-mura.it
***Taxiservice:*** Coast to Coast, Tel. +39/0360/53 90 90

# 4b Für Pässesammler
## – Riedbergpass, Foscagno, Bernina, Julier, Albula, Tonale

schwer | 740 km | 16 100 hm | 6 Tage

**AUSGANGS-/ENDPUNKT**
Oberstdorf – Gardasee

**ETAPPEN**
Oberstdorf – Schruns, 120 km, 2320 hm; Schruns – Nauders, 135 km, 3020 hm; Nauders – Livigno, 110 km, 3540 hm; Livigno – Tirano, 190 km, 3720 hm;Tirano – Bagolino, 100 km, 2470 hm; Bagolino – Gardasee, 85 km, 1140 hm

**STRECKENVERLAUF**
Riedbergpass (1420 m), Faschinajoch (1486 m), Bieler Höhe (2037 m), Reschenpass (1504 m), Umbrailpass (2506 m), Stilfser Joch (2757 m), Passo di Foscagno (2291 m), Berninapass (2330 m), Julierpass (2284 m), Albulapass (2312 m)

**CHARAKTER/ERLEBNISWERT**
Stilfser Joch, Albula-, Bernina- und Julierpass ... da schlägt jedes Rennradfahrerherz höher! Dies ist die anspruchsvollste Rennradtour in diesem Buch. Voraussetzungen sind eine sehr gute Kondition und Bergerfahrung.

**KARTEN**
freytag & berndt, Tirol, 1:150 000; Marco Polo, Schweiz – Östlicher Teil, Zentralschweiz, 1:200 000; freytag & berndt, Südtirol – Trentino – Gardasee – Venetien, 1:200 000

**TOURIST-INFO**
Tourist-Info Oberstdorf, Prinzregentenplatz 1, 87561 Oberstdorf, Tel. 08322/70 00, www.oberstdorf.de; Tourist-Info Montafon, Montafonerstr. 21, A-6780 Schruns, Tel. +43/(0)5556/72 25 30, www.montafon.at; Tourist-Info Nauders, Dr.-Tschiggfrey-Str. 66, A-6543 Nauders, Tel. +43/(0)5473/872 20, www.nauders.com; Tourist-Info Livigno, Via Saroch 1098/a, I-23030 Livigno, Tel. +39/0342/05 22 00, www.livigno.com; Tourist-Info Tirano, Piazza Stazione, I-23037 Tirano, Tel. +39/0342/70 60 66, www.tirano.info; Tourist-Info Bagolino, Via Trento 27, I-25074 Idro, Tel. +39/0365/832 24, www.lagodidro.it/de/; Tourist-Info Gardasee, Tel. +39/0464/55 44 44, www.visitgarda.com/de/touristikbueros/, www.lagodi-garda.org

**Passjäger aufgepasst! Diese Transalp bringt ambitionierte Rennradler mit ihren knackigen Passauffahrten, steilen Rampen und kurvenreichen Abfahrten in Höhen- und Tiefenrausch. Die sechs herausfordernden Etappen setzen eine sehr gute Kondition und Bergerfahrung voraus. Drei der sechs Tagesetappen sind auf »Tour Transalp«-Niveau und nicht für wenig trainierte Rennradler geeignet. Die Auswahl der Pässe lässt wohl kaum noch Wünsche übrig: Riedbergpass, Faschinajoch, Silvretta-Hochalpenstraße, Zeinisjoch, Piller Höhe, Reschenpass, Umbrailpass, Passo di Foscagno, Passo d'Eira, Berninapass, Julierpass, Albulapass, Passo d'Aprica, Passo Croce Domini und Tonalepass. Ausblicke auf die Gebirgszüge der Verwallgruppe, des Ortlermassivs, der Rätischen Alpen, der Berninagruppe und des Adamello-Presanello-Massivs und der Brenta sind garantiert. Nach diesen Tagen hat man sicher viel zu erzählen ...**

### 1. Etappe: Oberstdorf – Riedbergpass – Balderschwang – Faschinajoch – Bludens – Schruns

Wie die Mehrzahl der Alpenüberquerer beginnen wir die Tour in Oberstdorf (813 m). Schon hier erhalten wir bei gutem Wetter ein Alpenpanorama vom Feinsten, das sich über den grünen Wald- und Wiesenflächen erhebt. Das Höhenprofil für den heutigen Tag zeigt uns zwei markante Spitzen an. Wir dürfen uns auf den Riedbergpass und das Faschinajoch freuen. Wir verlassen den Wintersportort nördlich in Richtung Sonthofen (B19) und biegen dann in Fischen im Allgäu/Berg links in die überwiegend gerade verlaufende Passstraße Richtung Balderschwang/Riedbergpass. (Alternativ kann man auch über Sibratsgfäll nach Hittisau fahren.) Als Erster der vielen Pässe in den nächsten Tagen wartet der Riedbergpass auf uns. Der 1420 Meter hohe Pass verläuft zwischen den südwestlichen Allgäuer Alpen und den nordöstlichen Ausläufern des Bregenzerwaldes.
Dieser wird im Westen durch die Bodenseeregion, im Nordosten durch

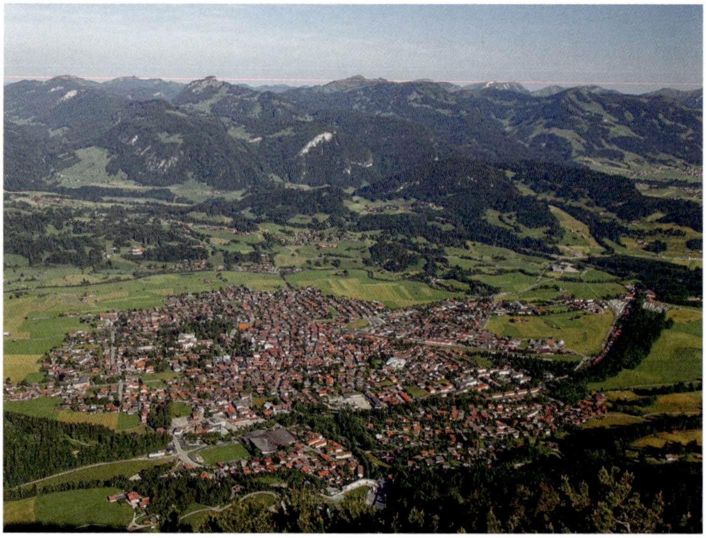

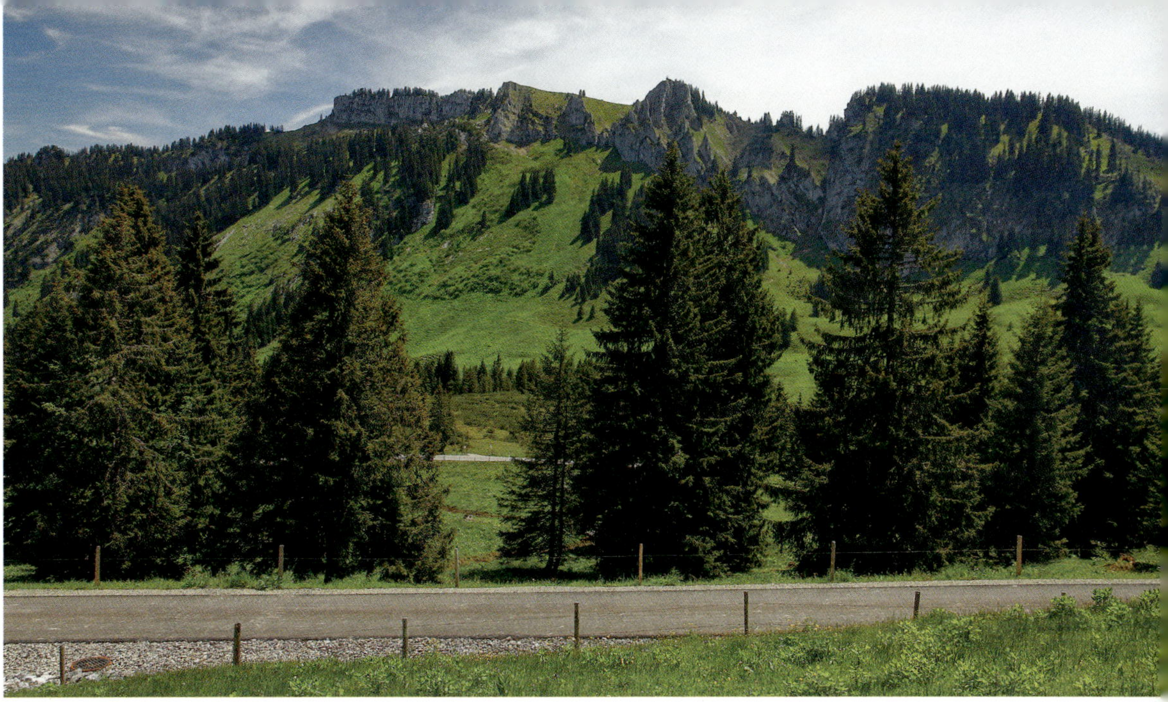

das Kleinwalsertal und im Süden durch das Große Walsertal begrenzt. Eine besondere Attraktion für Touristen bildet die »Käsestraße Bregenzerwald« – ein Zusammenschluss von Bauern, Wirten, Handwerkern und Handelsbetrieben der Region. Hier wird der traditionelle Bregenzerwald-Bergkäse produziert und vermarktet, der weit über die Landesgrenzen bekannt ist. Ein beliebtes Ausflugsziel ist der Bregenzerwald auch wegen seiner zahlreichen Wanderwege und wegen der vielen Skigebiete wie Damüls, Mellau, Schröcken und Warth.

Der Riedbergpass darf sich mit dem Attribut »Deutschlands höchste Passstraße« schmücken und verbindet das Tal der Iller mit dem Tal der Bregenzer Ache. Vor allem in den Sommermonaten ist der Pass stark vom Ausflugsverkehr und Motorradfahrern frequentiert. Bis nach Obermaiselstein verläuft die Strecke noch ziemlich flach und wir haben Zeit, unsere Muskeln aufzuwärmen. Bei Obermaiselstein beginnt die Straße anfangs mit fünf Prozent anzusteigen. Bis zur Passhöhe sind es 6 Kilometer und 535 Höhenmeter. Nach einem 50 Meter langen, schummrig beleuchteten Tunnel erwarten uns für kurze Zeit sagenhafte 16 Prozent Steigung. Das mittlere Teilstück birgt 10 Prozent Steigung. Kurzerhand flacht die Straße etwas ab, bevor der Tachometer einen Kilometer vor der Passhöhe 11 Prozent anzeigt. Die Passhöhe (1420 m) liegt in der Hörnergruppe unter anderem zwischen dem Riedberger Horn

*Der Riedbergpass darf sich mit dem Attribut »Deutschlands höchste Passstraße« schmücken.*

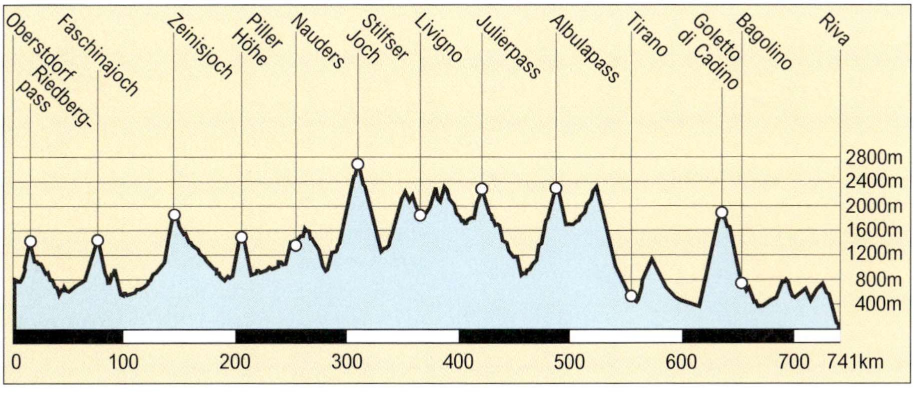


*Linke Seite: In der Alpenmetropole Oberstdorf starten wir unsere Pässetour.*

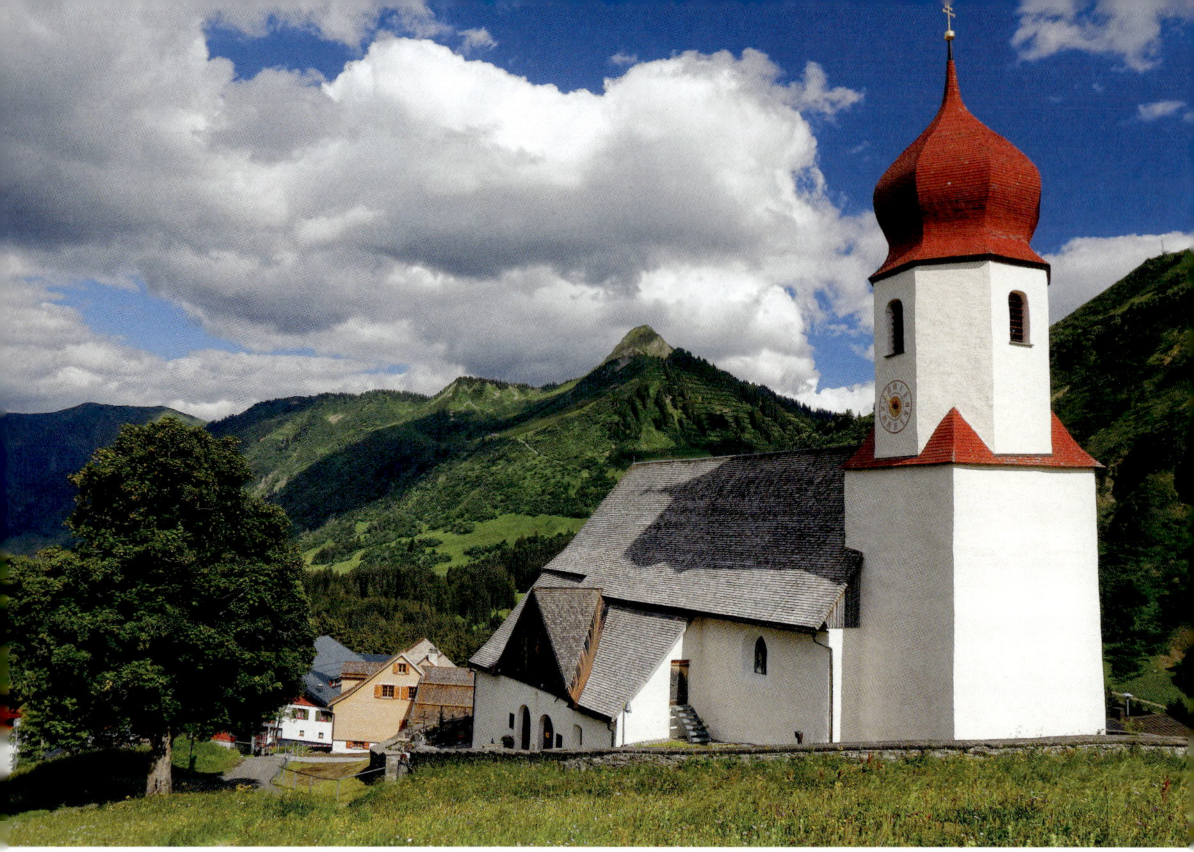

*Das Faschinajoch verbindet den Bregenzerwald mit dem Großen Walsertal und ist der zweite Pass auf dieser Etappe.*

(1787 m) im Nordwesten, dem Wannenkopf (1712 m) im Nordosten, dem Besler (1679 m) im Südosten, dem Piesenkopf (1630 m) im Südwesten und dem Hochschelpen (1552 m) im Westen. Von den Gipfeln können wir jedoch nur den Besler erspähen, die restlichen halten sich hinter Baumwipfeln versteckt. Wer noch etwas Puste übrig hat, kann ein paar Hundert Meter nach der Passhöhe zur Hochgehrenhütte (1447 m) abzweigen und dort eine kleine Pause einlegen.

Hinab ins Tal fahren wir durch satte grüne Wiesenlandschaft und dunkle Wälder, die einen schönen Kontrast zu den grau-weiß melierten Berggipfeln bilden. Drei Kilometer nach Balderschwang erreichen wir schließlich die Grenze zu Österreich. Der Bregenzerwald macht seinem Namen die folgenden Kilometer alle Ehre, und wir blicken immer wieder auf dunkle Waldstücke. Wir fahren nach Hittisau und auf der L205 nach Lingenau. Dort verlassen wir die L205 und biegen links in die L29 nach Großdorf und Egg ein. Über die L29 erreichen wir Andelsbuch und kommen dann auf die L200 nach Bersbuch. Hier beginnt die Straße allmählich wieder anzusteigen und deutet den Beginn des nächsten Passes an. Das Faschinajoch (1486 m) verbindet den Bregenzerwald bei Damüls mit dem Großen Walsertal bei Fontanella. Der Name stammt von dem Ausdruck »Fassia« ab, was »ein Streifen Wiese« bedeutet. Erstmals urkundlich erwähnt wurde der Pass im Jahr 1482. Bereits zu dieser Zeit trieben die Landwirte ihre Rinderherden hoch auf den Pass. Wie sich erahnen lässt, ist

## WICHTIGE ADRESSEN (1. E)

***Übernachtung:*** Haus Thaddäus, Blumengasse 5, Tel. 08322/32 02 (oder 71 23), www.haus-thaddaeus.de; Gästehaus Hahnenköpfle, Finkenstr. 11, 87561 Oberstdorf, Tel. 08322/96 36–0, www.hahnenkoepfle.de; Hotel Chesa Platina, Flurstr. 19, A-6780 Schruns, Tel. +43/(0)5556/723 23 (oder 721 47), www.hotel-chesaplatina.at, Hotel Zimba, Veltlinerweg 2, A-6780 Schruns, Tel. +43/(0)5556/726 30, www.hotel-zimba.at

***Restaurants:*** Oberstdorfer Einkehr, Pfarrstr. 9, 87561 Oberstdorf, Tel. 08322/97 78 50, www.oberstdorfer-einkehr.de; Da Pino, Karl-von-Lutterotti-Str. 19, A-6460 Imst, Tel. +43/(0)5412/634 59; Hotel Montafoner Hof, Kreuzgasse 9, A-6774 Tschagguns/Montafon, Tel. +43/(0)5556/71 00–0

***Taxiservice:*** Taxizentrale Oberstdorf, Tel. 08322/982 10; Filzmaier Reisen in Schruns, Tel. +43/(0)5556/78 08

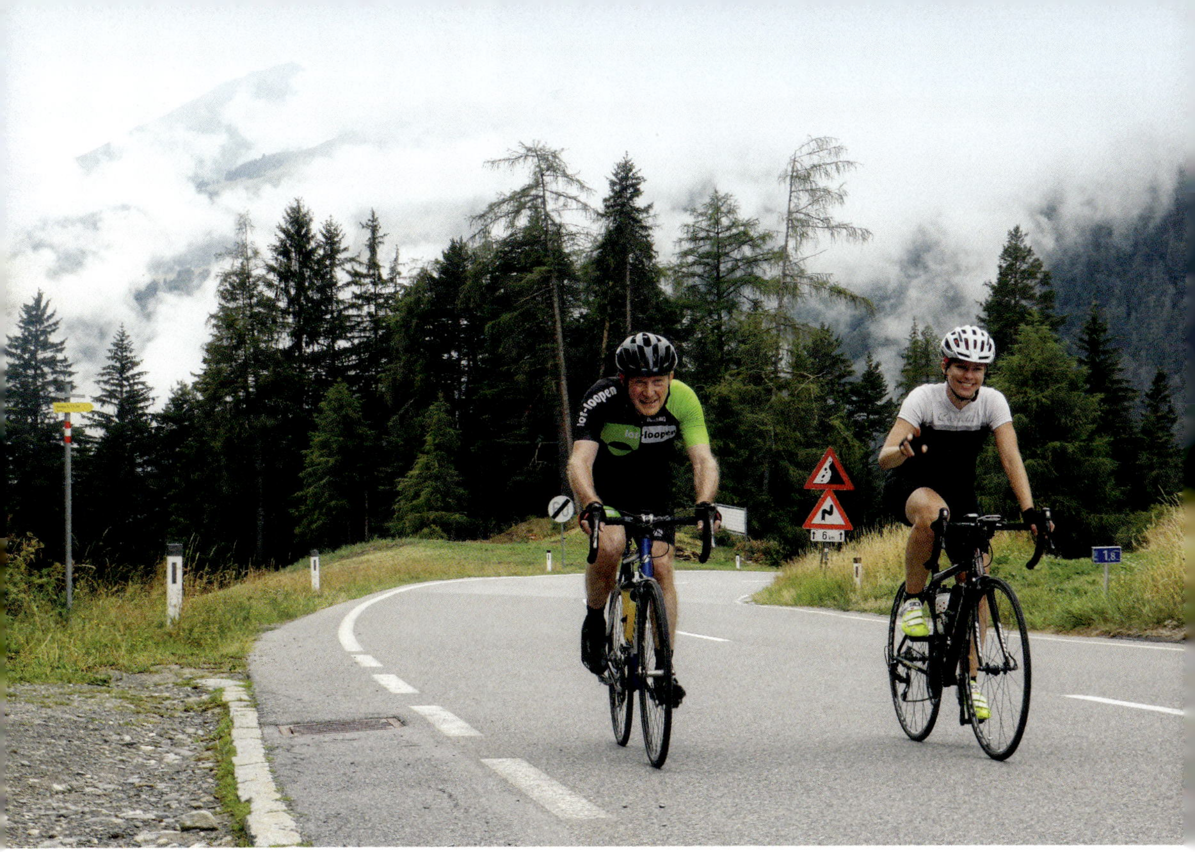

*Über elf durchnummerierte Kehren bringt uns die Norbertshöhe nach Nauders.*

er auch bei den Motorradfahrern sehr beliebt. Wir passieren Mellau und Au (791 m) mit mäßiger Steigung. Von hier sind es noch 12 Kilometer und 700 Höhenmeter bis zur Passhöhe. In Au biegen wir rechts in die L193 nach Damüls (1350 m), ein, dem Wintertopspot des Bregenzerwaldes. Mit einer maximalen Steigung von 14 Prozent erreichen wir den Ort schließlich und fahren durch die steile Hahnenkopfgalerie zur Passhöhe auf 1486 Meter. Die Ausblicke auf das Große Walsertal und den Bregenzerwald nehmen wir noch mit, bevor wir uns wieder in den Sattel schwingen, um talwärts nach Bludenz abzufahren. Auf dem Weg dorthin kommen wir an Fontanella, Boden, Sonntag und Garsella vorbei.

Ab hier steigt die Straße nochmals um einige Höhenmeter an. Wir verlassen die L193 und biegen links in die L188 nach Raggal und Ludesch ein. Es geht links weiter auf die L91, auf der wir Nüzieders erreichen und am Kreisverkehr die 3. Ausfahrt auf die L190 nach Bludenz nehmen. Entlang der L188 fahren wir bis nach Sankt Anton im Montafon.

Das Montafon wird im Norden von der Verwallgruppe und im Süden vom Rätikon und von der Silvretta begrenzt. Die höchste Erhebung in der Umgebung ist der 3312 Meter hohe Piz Buin in der Silvrettagruppe. Das Tal besitzt als kleine Besonderheit der Region einen eigenen Haustyp, das »Montafonerhaus«. Die spezielle Bauart dieser Häuser ergibt sich aus einem Gemisch von Holz und Stein. Sie entwickelte sich aus dem Stil der rätoromanischen Häuser und der Walserhäuser heraus. Die Region ist touristisch sehr gut erschlossen. Im Winter verwandelt sich das Montafon in ein wahres Wintersport-Dorado, im Sommer kommen Wanderer und Radfahrer hierher, um die Bergwelt zu genießen.

Nach Tschagguns biegen wir links in die Außerlitzstraße ein und erreichen Schruns (689 m), wo wir übernachten. Der Hauptort des Montafon liegt in einer großen Talbucht, umgeben von den Bergen des Verwalls und Rätikons. Im Jahr 1926 zählte der berühmte Schriftsteller und Nobelpreisträger Ernest Hemingway zu den Besuchern des Ortes. Er verbrachte drei Monate im Hotel Taube. Seine Erlebnisse hat er in seiner Erzählung »Schnee auf dem Kilimandscharo« verarbeitet. Auch wir verarbeiten die Erlebnisse des heutigen

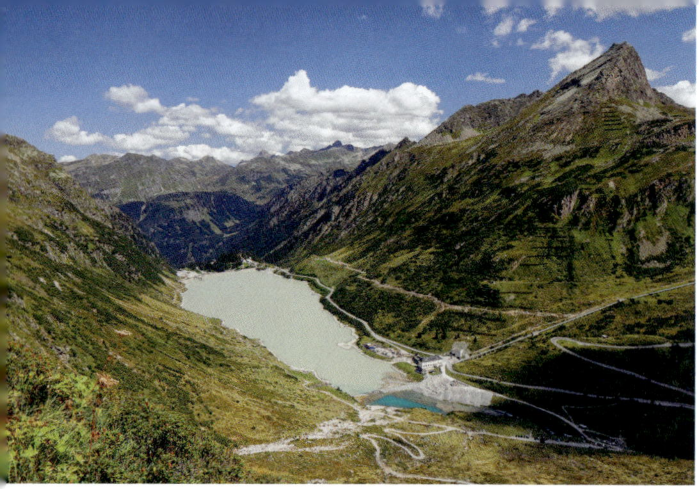

*Von Schruns geht es über die Silvretta-Hochalpenstraße hinauf zur Bielerhöhe.*

Tages und lassen uns von der deftigen Vorarlberger Küche verwöhnen.

## 2. Etappe: Schruns – Bieler Höhe – Tobadill – Paznauntal – Landeck – Piller Höhe – Ried – Pfunds – Norbertshöhe – Nauders

Mit der zweiten Etappe treffen wir wieder auf die bereits beschriebenen Routen der »Garmisch-Gardasee-Tour« und der Mediumvariante Oberstdorf – Gardasee durch das Inntal. Erst einmal fahren wir jedoch weiter entlang der Ill durch die Alpenregion Montafon mit seinen typischen Bauernhäusern aus steinernen, weiß getünchten Außenwänden, verbunden mit dunklen Holzbalken. Wir verlassen Schruns über die Montafoner Straße (L188). Heute wartet kein Flachstück zum Warmwerden auf uns. Gleich nachdem wir Schruns verlassen haben, steigt die Straße bis zur Bieler Höhe (2037 m), dem höchsten Punkt der Silvretta-Hochalpenstraße, an. Der Pass verbindet das Montafon mit dem Paznauntal und verläuft zwischen den Gebirgszügen der Silvrettagruppe mit dem Piz Buin (3312 m) und dem Fluchthorn (3399 m) und der Verwallgruppe mit der Kuchenspitze (3170 m) als höchste Erhebungen. Wir fahren durch grüne Wiesenhänge, vorbei an den idyllischen Montafoner Ortschaften Sankt Gallenkirch, Gortipohl, Gaschurn und Partenen.

Nach Partenen (1051 m) kündigt ein Straßenschild den Beginn der Silvretta-Hochalpenstraße an. Bis zur Passhöhe überwinden wir auf 9 Kilometern knapp 900 Höhenmeter. Die Strecke führt durch eine reizende Berglandschaft, vorbei an schroffen Berghängen. Wir folgen dem Straßenverlauf über 25 enge, aufeinanderfolgende Kehren mit maximal 11 Prozent Steigung. Kurz vor dem Scheitelpunkt kommen wir am Silvretta-Stausee vorbei und können bei gutem Wetter die Motorbootfahrer in der Ferne verfolgen.

Nicht weit nach der Passhöhe machen wir noch einen Abstecher zum Zeinisjoch. Dafür biegen wir kurz vor Wirl links in die Stichstraße zum Kops-Stausee/Zeinissee ab. Nach 3 Kilometern erreichen wir den höchsten Punkt auf 1845 Metern. Von hier aus können wir den Gebirgssee Zeinissee schon erblicken. Die Abfahrt zum Zeinisjoch lohnt sich. Es liegt genau zwischen den beiden Seen Kops-Stausee und Zeinissee, umrandet von der Montafoner Bergwelt. Das Zeinisjoch war früher ein wichtiger Verkehrsweg. Es herrschte ein reger Handel zwischen den Paznauner und den Montafoner Bewohnern. Im 15. Jahrhundert wurde der Saumweg zu einem Karrenweg ausgebaut, und oben auf der Passhöhe eröffnete eine Herberge. Nachdem wir diesen stimmungsvollen, ruhigen Ort ausgiebig genossen haben, fahren wir zurück auf die Bundesstraße. Über die kurvenarme Straße, die entlang der Dörfer Galtür, Tschaffein und Mathon verläuft, erreichen wir schließlich Ischgl im Paznauntal.

Der bekannte Wintersportort liegt zwischen der Silvretta und der Verwallgruppe. Ursprünglich war Ischgl ein Bergbauerndorf, das im 13. Jahrhundert von Rätoromanen und Walsern besiedelt wurde. In der Region betrieb man regen Handel mit dem Engadin und Tirol. Durch das Abflauen des Handels im 19. Jahrhundert kam es zu einer großen Abwanderung der Bewohner aus dem Gebiet. Die Kinder wurden teilweise als Arbeitskräfte in andere Regionen geschickt, wie auch die Geschichte der Schwabenkinder dokumentiert. Ab dem 19. Jahrhundert entwickelte sich die Region

### WICHTIGE ADRESSEN (2. E)

***Übernachtung:*** Hotel Via Claudia, Nauders 406, A-6543 Nauders, Tel. +43/(0)5473/87 202, www.post-nauders.com; Pension Alpenhof, Nauders 229, 6543 Nauders, Tel. +43/(0)5473/872 63, www.alpenhof-nauders.at

***Restaurant:*** Hotel Post, A-6543 Nauders, Tel. +43/(0)5473/872 02-0, www.post-nauders.com

***Taxiservice:*** Schmid Reisen Taxi & Busunternehmen in Nauders, Tel. +43/(0)5473/872 81 (oder +43/(0)664/337 48 40), www.schmid-nauders.com

touristisch. Im Jahr 1964 wurde die Silvrettabahn, die längste Seilbahn Österreichs, errichtet. Heute ist von dem damaligen Bergbauerndorf nichts mehr übrig geblieben. Eventtourismus und Glamourwelten laden internationale Gäste zum ausgiebigen Après-Ski ein.

Parallel zur Bundesstraße fahren wir über Kappl, stoßen wieder auf die Bundesstraße 188, verlassen diese kurze Zeit später erneut, um rechts auf eine Nebenstraße über Luitl, Plattils, Tobadill und Perfeuchsberg in Richtung Landeck einzubiegen. Wir stoßen auf die L76, fahren über Nesselgarten und bleiben noch einige Kilometer auf der L76, bevor wir links auf die L17 bergauf nach Fließ fahren. Wir bleiben auf der L17 und fahren über die Piller Höhe nach Kaunerberg, Kauns, Faggen und Prutz. Wie bereits in der Medium-Variante beschrieben, fahren wir auf dem Inntal-Radweg über Ried im Oberinntal, Tösens, Pfunds, Kajetansbrücke nach Martina.

Als letzter Anstieg des Tages wartet die Norbertshöhe auf uns. Dieser Pass stellt eine weniger befahrene Alternative zur Reschen-Bundesstraße dar. Wir verlassen den Inn, der sich hier in einer wilden Schlucht versteckt. Auf 6 Kilometern fahren wir 425 Höhenmeter hinauf zur Passhöhe, um danach ins Tal nach Nauders zu rauschen. Das ist ein schöner Abschluss für den heutigen Tag, denn in Nauders endet die heutige Etappe. Der Ortskern lädt zu einem kleinen, abendlichen Spaziergang ein. Es bietet sich auch an, den Spaziergang bis zur beleuchteten Festung Nauders auszudehnen, die am Ortsrand auf einer Anhöhe thront. Sie wurde 1834 bis 1840 an der Passstraße über den Reschen, nahe der mittelalterlichen Niklasmauer erbaut. Sie ist die einzige noch vollständig erhaltene Befestigungsanlage aus dieser Zeit. Heute befinden sich in ihr ein Militärmuseum und ein Restaurant, in dem man in ritterlichem Ambiente gemütlich ein Glas Wein trinken kann.

## 3. Etappe: Nauders – Reschenpass Umbrailpass – Bormio – Passo di Foscagno – Passo d'Eira – Livigno

Wie bereits in der Route »Garmisch – Gardasee for Beginners« beschrieben, fahren wir von Nauders über den Reschenpass am Reschensee und Haidersee vorbei, über den Etschtal-Radweg nach Burgais und schließlich nach Glurns. Die Cappuccino-Pause in diesem Dorf ist schon fast ein Muss. Hinter den Stadtmauern verbirgt sich ein historisches Städtchen, welches einen kleinen Besuch wert ist. Wir verlassen den Verlauf der Etsch und biegen rechts in die SS41 ein, die ab der Schweiz in die 28 übergeht. Entlang des abgeschiedenen Münstertals fahren wir über die Ortschaften Taufers und Müstair nach Sta. Maria (1375 m). Der offizielle Hauptort des Münstertals ist ein kompaktes Dörfchen. Er liegt an der Kreuzung der Passstraßen über den Ofenpass und den Umbrailpass. Im Ortszentrum befindet sich auch die »kleinste Bar der Welt«, die – wie der Name schon verrät – sehr winzig ist. Im Jahr 2006 wurde sie ins Guinnessbuch der Rekorde aufgenommen. Von einem Besuch sehen wir zu diesem Zeitpunkt ab, vor allem, wenn wir an den nun folgenden Pass denken.

Wir biegen links in die Via Umbrail und folgen der Beschilderung zum Umbrailpass (2501 m), dem höchsten Pass der Schweiz. Über insgesamt 33 Kehren erreichen wir die Passhöhe. Maximal beträgt die Steigung 11 Prozent. Die Serpentinen schlängeln sich zuerst durch bewaldetes Gebiet, später durch grüne Wiesen. Neben der Passhöhe selbst befinden sich ein Gasthaus und die Zollstation. Kurz nach der Passhöhe überqueren wir die Grenze zu Italien. Das Dolce Vita lässt noch ein bisschen auf sich warten, denn bevor uns warme, mediterrane Luft umgibt, warten noch ein paar Pässe auf uns. Wir biegen links ab in Richtung Stilfser Joch und fahren noch die drei fehlenden Kilo-

*Einer der meistfotografierten Kirchtürme in den Alpen: die Kirche im Reschensee*

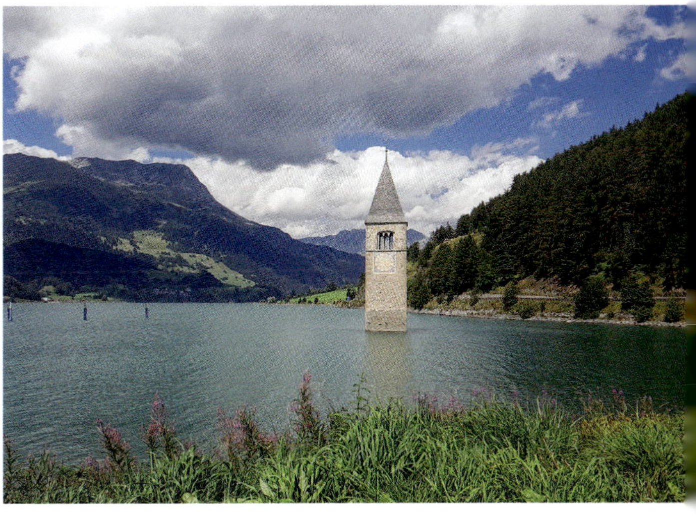

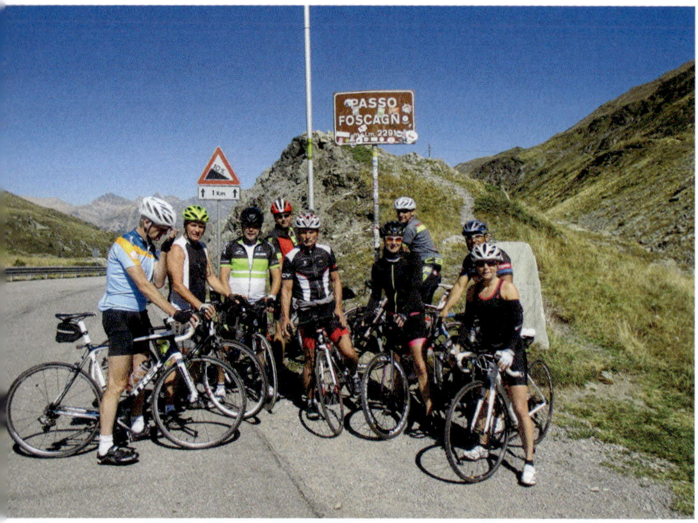


*Der Passo Foscagno ist der vorletzte Pass am dritten Etappentag.*

meter bis zur Passhöhe (2757 m) hinauf. Hier herrscht meist ein Treiben wie auf dem Jahrmarkt, und so schwingen wir uns alsbald wieder auf die Räder, um nach Bormio (1225 m) im Veltlin abzufahren. Bei Bormio biegen wir rechts in die SS301 nach Valdidentro ab. Die Passjäger kommen jetzt erneut auf ihre Kosten. Der Passo di Foscagno (2291 m) und der Passo d'Eira (2211 m) führen uns zum Etappenziel nach Livigno. Der Passo di Foscagno hat mit seinen 22 Kilometern eine recht lange Auffahrt. Aber mit einer durchschnittlichen Steigung von 5 Prozent ist er gut zu meistern. Hinter der Ortschaft Santo Carlo erreichen wir mit 8 Prozent die höchste Steigung. Nachdem wir die Baumgrenze erreicht haben, steigt die Straße nur noch um 5 bis 6 Prozent an. Über wenige Kehren erreichen wir die Passhöhe auf 2291 Metern.

Zurückblickend in Richtung Bormio können wir das Ortlermassiv erkennen. Kurz nach der Passhöhe befindet sich ein Restaurant. Es geht bergab an Trepalle vorbei. Die Siedlung können wir schon von Weitem erkennen. Viele Touristen kommen hierher, um billig einzukaufen, denn Trepalle ist vom Zoll ausgeschlossen. Jetzt steigt die Straße mit dem Passo d'Eira, dem letzten für heute, erneut an. Es sind aber nur noch 184 Höhenmeter und ein kurzes Stück mit 10 Prozent Steigung, die uns vom Abendessen in Livigno trennen. An der Passhöhe sollten wir uns jedoch den schönen Ausblick auf unser heutiges Etappenziel und die umgebenden Engadiner Alpen gönnen. Knapp 400 Höhenmeter rauschen wir ins Tal hinab und erreichen nach einem weiteren ereignisreichen Tag den renommierten Wintersportort Livigno (1815 m). Der Ort Livigno ist sehr stark katholisch geprägt. Das hängt sicher mit der langen geografischen Isolation des Ortes auf 1815 Metern zusammen. L. G. Battista Silvestri schrieb in einem seiner Bücher, dass die vielen Kirchen Livignos Zeugen eines religiösen Glaubens sind, der trotz der »widrigen Lebensumstände und dem ständigen Kampf gegen die Naturgewalten überleben konnte und die Bewohner nie den Glauben an ein besseres Jenseits verlieren ließ«. Wer kulturell interessiert ist, kann in Livigno eine der zahlreichen Kirchen besichtigen.

**WICHTIGE ADRESSEN (3. E)**

***Übernachtung:*** Hotel Livigno, Via Ostaria 573, I-23030 Livigno, Tel. +39/0342/99 61 04, www.livignohotel.it; Hotel Alpina, Via Bondi 15, I-23030 Livigno, Tel. +39/0342/99 60 07, www.alpinahotel.it
***Restaurant:*** Hotel Helvetia, Via Plan 415, I-23030 Livigno, Tel. +39/0342/97 00 66
***Taxiservice:*** Taxi Driver in Livigno (SO), Tel. +39/0342/99 64 95

## 4. Etappe: Livigno – Forcola di Livigno – Berninapass – Julierpass – Albulapass – Berninapass – Tirano

Weitere Pass-Schmankerl warten darauf, von uns bezwungen zu werden, bevor wir nach Tirano einfahren: Passo Forcola, Julierpass, Albulapass und Berninapass. Zeit für eine große Aufwärmphase bleibt uns nicht, denn gleich, nachdem wir Livigno hinter uns gelassen haben, beginnt die Passstraße des Passo Forcola (2315 m) in Richtung Berninapass. Knapp 450 Höhenmeter trennen uns von der Passhöhe. Maximal erreichen wir eine Steigung von 10 Prozent. Die Abfahrt in Richtung Berninapass bringen wir zügig hinter uns. Wir biegen rechts in die SS29 in Richtung St. Moritz ein und erreichen kurz danach die Passhöhe des Berninapasses (2330 m). Das war leicht!
Aber wir haben uns zu früh gefreut. Den Berninapass werden wir heute noch ein zweites Mal komplett befahren. Kurz nach der Passhöhe erreichen wir den Stausee Lago Bianco mit dem Ospizio Bernina und fahren hinunter ins Tal nach Pontresina. Um zum Julierpass zu gelangen, biegen wir links in die B27 in Richtung Silvaplana ein. Wir folgen der Beschilderung

zum Pass, dann geht es rechts auf die Bundesstraße 3. Der Julierpass (2284 m) wird in der Tour »Bodensee – Comer See for Beginners« beschrieben und verbindet das Oberengadin mit dem Albulatal. Bei dieser Tour befahren wir ihn allerdings von der Südrampe. Ab Silvaplana sind es 7 Kilometer und 469 Höhenmeter bis zur Passhöhe.

Gleich nach dem Dorf steigt die Straße auf 10 Prozent an, und nach den Serpentinengruppen flacht sie auf moderate 6 Prozent ab. Ein Blick zurück auf den Silvaplanasee und das Obere Engadin lohnt sich. Der letzte Abschnitt bis zur Passhöhe auf 2284 Höhenmetern verläuft beinahe geradlinig. Das hochalpine Panorama zeigt eine zerklüftete Gebirgswelt. Kurz nach der Passhöhe erreichen wir den idyllischen Stausee Marmorera.

Hinunter ins Tal nach Tiefencastel genießen wir ein Gefälle von bis zu 10 Prozent. Mit 36 Kilometern ist die Abfahrt sehr lang. Bei Tiefencastel biegen wir rechts in die Albulastraße in Richtung Surava ein. Nach Surava benutzen wir die kleine Nebenstraße Pro Radient entlang des Flusses Albula nach Alvaneu Bad. Wir folgen weiterhin dem Flussverlauf und bezwingen den Albulapass (2312 m). Dieser wird in der »Medium«-Variante der Tour »Bodensee – Comer See« beschrieben. Ab Alvaneu Bad beträgt die Auffahrt 25 Kilometer mit 12 Prozent Höchststeigung.

Bei der Abfahrt ins Tal rauschen wir 10 Kilometer lang mit einem Gefälle von maximal 10 Prozent bis nach La Punt-Chamues-ch. Hier biegen wir rechts ab Richtung St. Moritz (B27) und fahren nach Samedan. Wir halten uns links und fahren über die B29 nach Pontresina. Schon hier erhalten wir tolle Ausblicke auf den Piz Morteratsch und den Piz Bernina. Der Berninapass wartet nun darauf, komplett von uns befahren zu werden. Er verbindet das Obere Engadin mit dem Eingang des Val Poschiavo bei Tirano. Insgesamt beträgt die Nord-Süd-Passstraße 54 Kilometer. Ab Pontresina beginnt die Straße anzusteigen. Bis zur Passhöhe sind es 17 Kilometer und 550 Höhenmeter. Die durchschnittliche Steigung beträgt allerdings nur 3 Prozent. Wir fahren durch bewaldetes Gebiet. Bald haben wir genügend Höhe erlangt, um den Moderetscher Gletscher in der Ferne zu erblicken. Nach einem flacheren Zwischenstück erreichen wir schließlich die Talstation der Seilbahn Bernina-Diavolezza, die in die Berg- und Gletscherwelt der Berninagruppe führt. Die Steigung nimmt zu, und wir kommen ein zweites Mal an diesem Tag an den zwei kleineren Bergseen und am Stausee Lago Bianco vorbei. Nach weiteren 700 Metern erreichen wir den Scheitelpunkt des Passes auf 2330 Metern Höhe. Die 17 Kilometer lange Abfahrt auf der B29 bis nach Poschiavo (1014 m) mit durchschnittlich 7,5 Prozent Gefälle und 1300 Höhenmetern Unterschied bereitet großes Fahrvergnügen.

Die kleine Stadt Poschiavo besitzt beinahe schon süditalienisches Flair. An der Piazza Comunale befinden sich zahlreiche Cafés und Restaurants. Malerisch umrahmt wird der Platz von der Casa Torre, einem steinernen Turm aus der romanischen Zeit, der Kirche San Vittore Mauro, einigen neoklassizistischen Bauten und dem alten Patrizierhaus des Albrici-Hotels. Die Casa Torre besitzt übrigens eine dunkle Vergangenheit. Bis ins Jahr 1753 wurden hier Hexenprozesse und Folterungen durchgeführt. Auf der Strecke liegen auch ein paar Tunnel und Galerien. Wir bleiben auf der B29 und

### WICHTIGE ADRESSEN (4. E)

***Übernachtung:*** Hotel Ristorante Bernina, Via Roma 24, I-23037 Tirano, Tel. +39/0342/90 24 24; Hotel Centrale, Via Don Luigi Albonico 27, I-23037 Tirano, Tel. +39/0342/705620, www.hotelcentraletirano.it

***Restaurant:*** Hotel Ristorante Bernina, Via Roma 24, Tel. +39/0342/90 24 24

***Taxiservice:*** Taxi Tirano, Tel. +39/0342/70 26 63 oder Tel. +39/0349/534 49 35

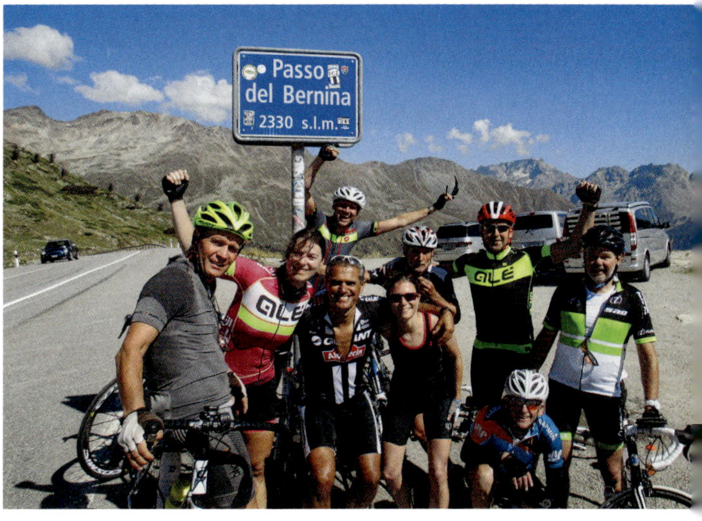


*Den Berninapass erklimmen wir an einem Tag von beiden Seiten!*

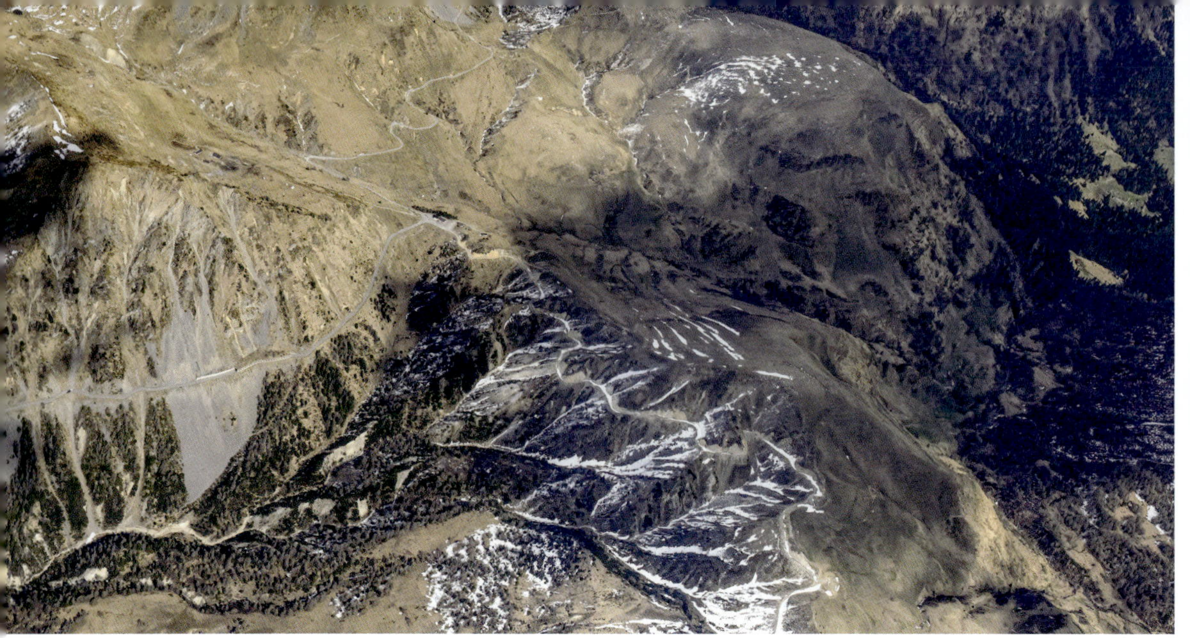

*Der Passo Croce Domini ist das letzte Hindernis auf der fünften Etappe.*

erreichen schließlich die Grenze nach Italien und das Etappenziel Tirano (441 m). Bereits heute können wir mit italienischen Köstlichkeiten die Kohlenhydratspeicher füllen. Buon appetito!

## 5. Etappe: Tirano – Passo d'Aprica – Croce Domini – Idrosee – Bagolino

Heute bezwingen wir erneut zwei schöne Pässe. Als Erstes lockt der Passo d'Aprica. Später am Tag ist dann der zungenbrecherische Passo Croce Domini an der Reihe. Wir verlassen Tirano (441 m) südwestlich auf der Nebenstraße Lungo Adda 4 Novembre/Via San Bernado über die lombardischen Dörfer San Bernado und Stazzona. Hier beginnt die Passauffahrt zum Passo d'Aprica (1176 m). Dieser Pass verbindet das untere Veltlin mit dem Val Camonica. Aprica war beim Giro d'Italia schon des Öfteren Etappenziel. Nach einigen steilen Serpentinen geht es nach dem Ortsausgang mit moderater Steigung weiter. Durchschnittlich sind es 5 Prozent. Wir lassen den Blick über das Tal der Adda schweifen und gelangen auf die stark befahrene SS39. In diese schwenken wir links in Richtung Édolo ein. Nach einer engen Kehre verläuft die Strecke relativ gerade auf breiter Fahrbahn. Bald sind die ersten Häuser von Aprica in Sicht. Kurz nach dem Passieren des Dorfes ist auch schon die Passhöhe erreicht. Noch 2 Kilometer und 2 Kehren sind bis zum Scheitelpunkt auf 1176 Metern zu meistern. Unterwegs hat man einen schönen Blick zurück ins Valtellina und hinab in die wundervollen, grünen Schluchten der Seitentäler. Die Passhöhe an sich ist wenig spektakulär. Und auch die Abfahrt hinunter nach Èdolo ist mit durchschnittlich 3 Prozent Gefälle und 477 Metern Höhenunterschied auf 15 Kilometer eher entspannt. Nachdem wir an Fucine-Les vorbeigefahren sind, verlassen wir die Bundesstraße und fahren rechts auf der Nebenstraße über Corteno Golgi, Santicolo, Torrente, Ogliolo (Via Generale Guiseppe Treboldi, Via Alessandro Morino). Wir überqueren die SS42, und es geht weiter auf Nebenstraßen parallel zur Schnellstraße durch Sonico und Rino. Nach Rino halten wir uns links und fahren nach Malonno. Hier treffen wir wieder auf die Bundesstraße SS42 und befahren diese über Borgonuovo und Forno bis nach Capo di Ponte. Entweder bleiben wir bis Breno auf der Bundesstraße, oder aber wir fahren über Ne-

### WICHTIGE ADRESSEN (5. E)

***Übernachtung:*** Piccolo Hotel, Loc. Cerreto, I-25070 Bagolino, Tel. +39/0365/992 08, www.piccolohotelbagolino.it; Hotel Al Pescatore, Via dei Quadri IV 36, I-25070 Ponte Caffaro, Tel. +39/0365/99 01 92, www.lagodidro.it/de/hotel/albergo-al-pescatore.html
***Restaurant:*** Ristorante Pizzeria La Terrazza, Via Tre Capitelli 149, I-25074 Idro – Tre Capitelli, Tel. +39/0365/82 33 93
***Taxiservice:*** Taxi – Autonoleggio Fedrizzi Leone in Tione di Trento, Tel. +39/0465/32 14 87

benstraßen über die kleinen Dörfer Ono San Piedro, Cerveno, Losine und Gera nach Breno (Bienno).

Uns steht jetzt noch der Passo di Croce Domini bevor. Er verläuft zwischen dem Ort Breno und dem Ort Caffaro am Lago d'Idro. Der eigentliche Scheitelpunkt befindet sich jedoch bei Gholetto di Cadino. Die maximale Steigung beträgt 12 Prozent. Von Breno aus beträgt die Anfahrt 20 Kilometer und 1496 Höhenmeter. Zuerst steigt die Straße auf gute 10 Prozent an. Nach zwei weiteren Kilometern flacht sie ab, und die Steigung pendelt sich auf 6 bis 7 Prozent ein. Bald sehen wir linker Hand den Ort Astrio und kurze Zeit später Degna. Nach Degna erreicht die Straße ein Maximum von 10 Prozent, bevor sie erneut etwas abflacht. Hinter Campolaro trennen uns noch 6 Kehren von der Passhöhe, die zum Teil aber erneut mit einer Steigung von 10 Prozent verlaufen. Vom Passo Croce Domini (1895 m) bis zum richtigen Scheitelpunkt Galetto di Cadino sind es noch 1,5 Kilometer und 50 Höhenmeter. Bis nach Bagolino fahren wir 21 Kilometer und knapp 900 Höhenmeter talwärts. In Bagolino, dem lombardischen Bergdorf im Valle del Caffaro, nächtigen wir heute. Eine Spezialität der Region ist der Bagoss, ein Käse, der vorzüglich zu einem Glas italienischen Vino passt.

## 6. Etappe: Bagolino – Passo Durone – Passo del Ballino – Gardasee

Heute bewältigen wir die letzte Etappe und zwei letzte Pass-Abenteuer stehen uns bevor. Bevor wir am heiß ersehnten Gardasee ankommen, befahren wir noch den Passo Durone und den Passo Ballino. Der klimatische Wechsel vom rauen Hochgebirge zum südlich-mediterranen Flair Italiens macht sich deutlich bemerkbar. Insgesamt ist es sonniger, wärmer und trockener. Wir verlassen Bagolino südlich über die SS669 und fahren bis zum idyllischen Lago d'Idro.

Dieser zählt zu den oberitalienischen Alpenseen und liegt im Tal der Judikarien. Er ist 10 Kilometer lang, 122 Meter tief, liegt 368 Meter über dem Meeresspiegel und ist damit der höchstliegende aller oberitalienischen Seen. Er wird von den Flüssen Chiese und Caffaro gespeist. Der See zieht im Sommer viele Touristen an. Die kleinen Dörfer mit schmalen Gassen, alten Balkonen, geschmückt mit Blumen, alten Hoftoren und Innenhöfen vermitteln die typisch mediterrane Atmosphäre. Anschließend biegen wir links in die SS237 ein und fahren bergab über die italienischen Ortschaften Lodrone, Darzo, Cologna, Pieve di Bono, Strada, Agrone, Lardaro, Roncone und Bondo. Jetzt steigt die Straße etwas an, und wir erreichen bergauf Breguzzo und kurze Zeit später die Ortschaft Tione di Trento. Ab hier verläuft die Strecke genau gleich wie die »Medium-Variante«. Über die SS237 verlassen wir Tione di Trento und biegen dann rechts in die Strada Provinciale del Duron Dir Tonello (SP222) ein. Über Bolbeno und Zuclo erreichen wir die Via Durone und fahren über den Passo Durone (1039 m) nach Larido Marazzone, Cavaione, Cavrasto und weiter nach Fiavè. Ab hier verläuft die Route über den Passo del Ballino (763 m) nach Riva an den Gardasee. Jetzt können wir uns entspannen und die Abenteuer der letzten Tage Revue passieren lassen.

*Abendstimmung am Gardasee in der Nähe von Riva*

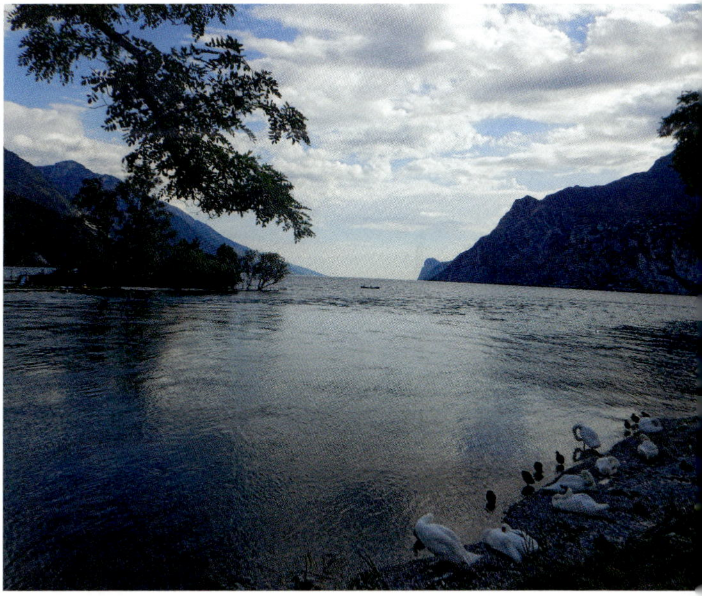

**WICHTIGE ADRESSEN (6. E)**

***Übernachtung:*** Garni Villa Maria, Via dei Tigli 19, I-38066 Riva del Garda, Tel. +39/0464/55 22 88, www.garnimaria.com; Hotel Villa Miravelle, Via Monte Oro 9, I-38066 Riva del Garda, Tel. +39/0464/55 23 35, www.hotelvillamiravalle.com

***Restaurant:*** Antiche Mura, Via Bastione, 19, I-38066 Riva del Garda, Tel. +39/0464/55 60 63, www.antiche-mura.it

***Taxiservice:*** Coast to Coast, Tel. +39/0360/53 90 90

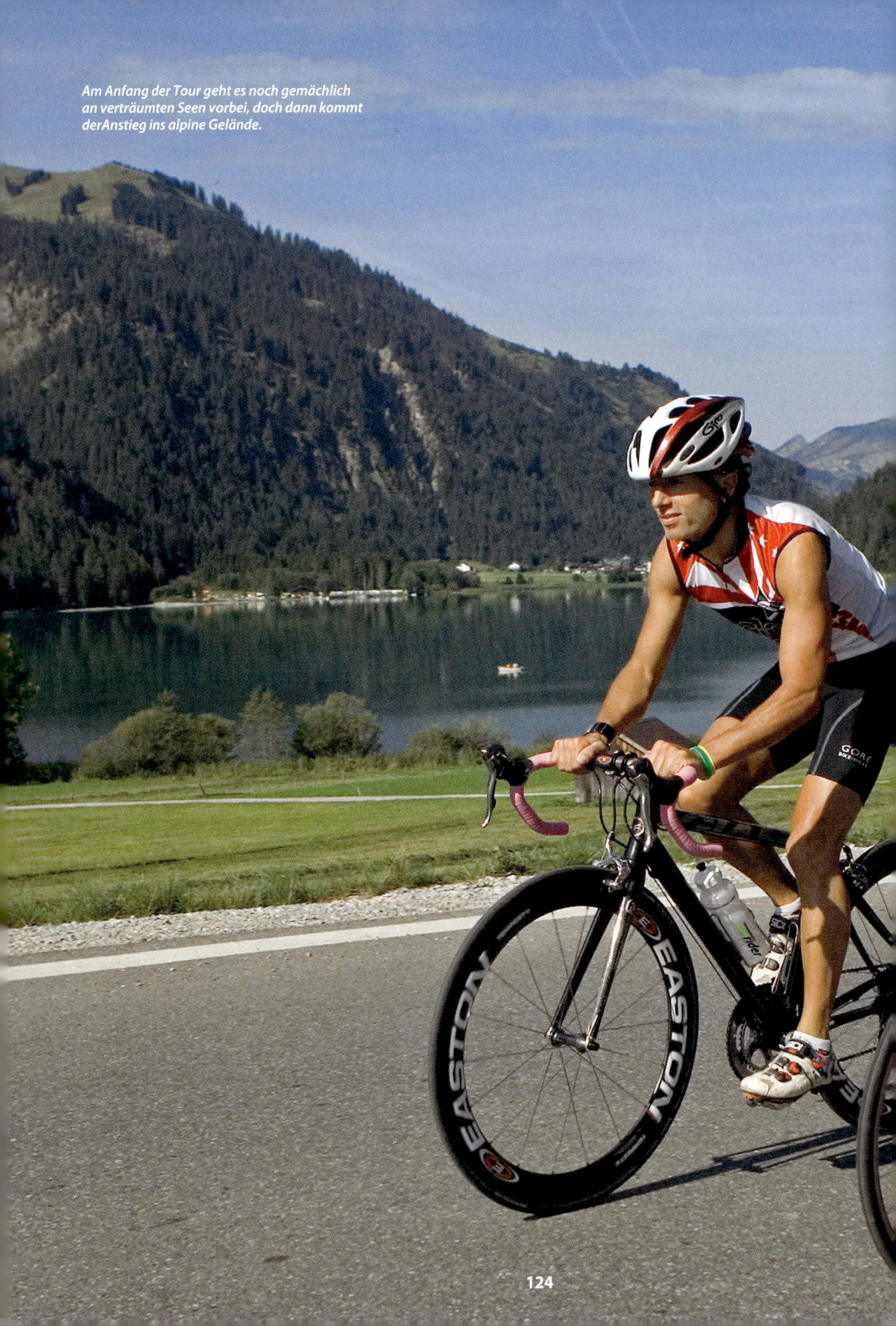


*Am Anfang der Tour geht es noch gemächlich an verträumten Seen vorbei, doch dann kommt derAnstieg ins alpine Gelände.*

# TOUR 5
# Garmisch – St. Moritz

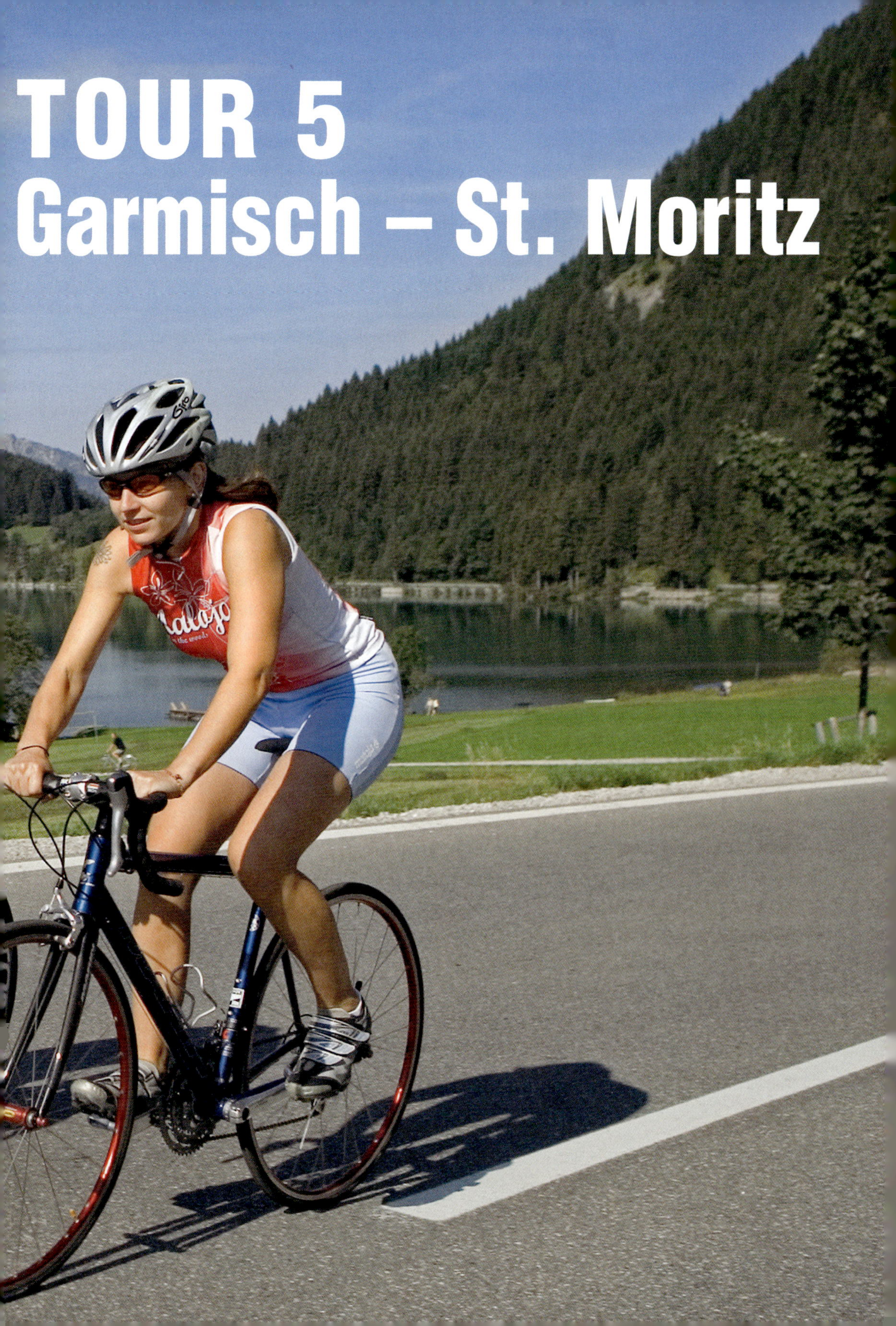

# 5a Für Genießer
## – Lechtaler und Ötztaler Alpen, über den Ofenpass und ins Engadin

leicht | 250 km | 4530 hm | 3 Tage

**AUSGANGS-/ENDPUNKT**
Garmisch – St. Moritz

**ETAPPEN**
Garmisch – Nauders, ca. 122 km, 1710 hm; Nauders – Livigno, ca. 83 km, 1850 hm; Livigno – St. Moritz, ca. 45 km, 970 hm

**STRECKENVERLAUF**
Fernpass (1212 m), Norbertshöhe (1454 m), Reschenpass (1504 m), Ofenpass (2149 m), Forcola di Livigno (2315 m), Berninapass (2330 m)

**CHARAKTER/ERLEBNISWERT**
Transalp-Feeling für sportliche Genießer: eine fantastische Mischung aus interessanten Kulturstätten und dem wunderschönen Engadin mit seinen Gletschern, zum Greifen nahe

**SEHENSWERTES**
Weltkulturerbe Müstair, Berninagletscher, Weltkulturerbe Rhätische Bahn

**KARTEN**
freytag & berndt, Tirol, 1:150 000; Marco Polo, Schweiz – Östlicher Teil, Zentralschweiz, 1:200 000

**TOURIST-INFO**
Tourist-Info Grainau, Parkweg 8, 82491 Grainau, Tel. 08821/98 18 50, www.grainau.de; Tourist-Info Nauders, Dr.-Tschiggfrey-Str. 66, A-6543 Nauders, Tel. +43/(0)5473/872 20, www.nauders.com; Tourist-Info Livigno, Via Saroch 1098/a, I-23030 Livigno, Tel. +39/0342/05 22 00, www.livigno.com; Tourist-Info St. Moritz, CH-7500 St. Moritz, Tel. +41/(0)81/837 33 33, www.engadin.stmoritz.ch/stmoritz

**Diese genussvolle Einsteiger-Transalp erfreut mit Hochalpen-Feeling ohne Risiko. Sie führt von Garmisch über den Fernpass bis nach Landeck stets entlang der Via Claudia. Weiter geht es den Inn hinauf über den Reschenpass samt Ortlerblick. Kurz streifen wir den schönen Südtiroler Vinschgau bis ins historische Glurns mit seiner alten Stadtmauer und dem gemütlichen Marktplatz, der zum Cappuccinotrinken einlädt. Die Route führt weiter über das Weltkulturerbe Müstair und den herausfordernden Ofenpass durch den Schweizer Nationalpark bis nach Livigno. Den Abschluss der Tour bildet der wunderschöne Berninapass kurz vor St. Moritz samt seiner weiß leuchtenden Oberengadiner Gletscher, die zum Greifen nahe scheinen.**

### 1. Etappe: Garmisch-Partenkirchen – Fernpass – Nauders

Der Startpunkt unserer Tour ist Garmisch-Partenkirchen. Der Ort ist eingerahmt von den Ammergauer Alpen im Nordwesten, dem Estergebirge im Osten und dem Wettersteingebirge mit der Zugspitze im Süden. Die umliegenden, malerisch gelegenen Gebirgsseen laden noch vor der Tour zum Entspannen und Baden ein. Besonders empfehlenswert ist ein Abstecher zum Eibsee, der über einen gut ausgebauten Fußweg vom 6 Kilometer entfernten Grainau aus zu erreichen ist. Der vor 3700 Jahren durch einen Bergsturz entstandene See ist ein Blindsee oder Endsee, da kein oberirdischer Abfluss vorhanden ist. Er gilt aufgrund seiner Lage unterhalb der Zugspitze und des türkis schimmernden Wassers als einer der schönsten Seen in den Bayerischen Alpen. Doch Vorsicht, auch im Hochsommer ist ein ausgiebiges Bad aufgrund der kühlen Wassertemperaturen eher etwas für Hartgesottene.
Wir genießen noch den vorerst letzten Blick auf die Zugspitze und starten auf der B23 in Richtung Ehrwald. Nach etwa 17 Kilometern erreichen wir bereits die Grenze zu Österreich. Wir bleiben weiter auf der Bundesstraße,

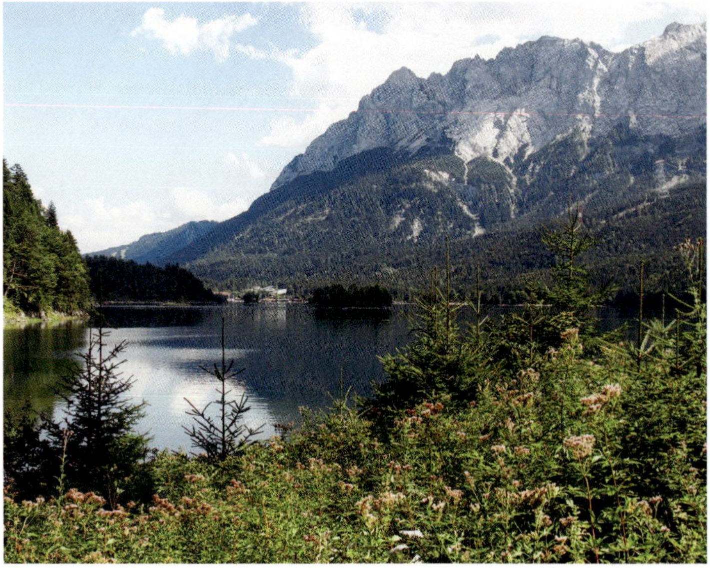

*Über dem Eibsee ragt das Zugspitzmassiv auf.*

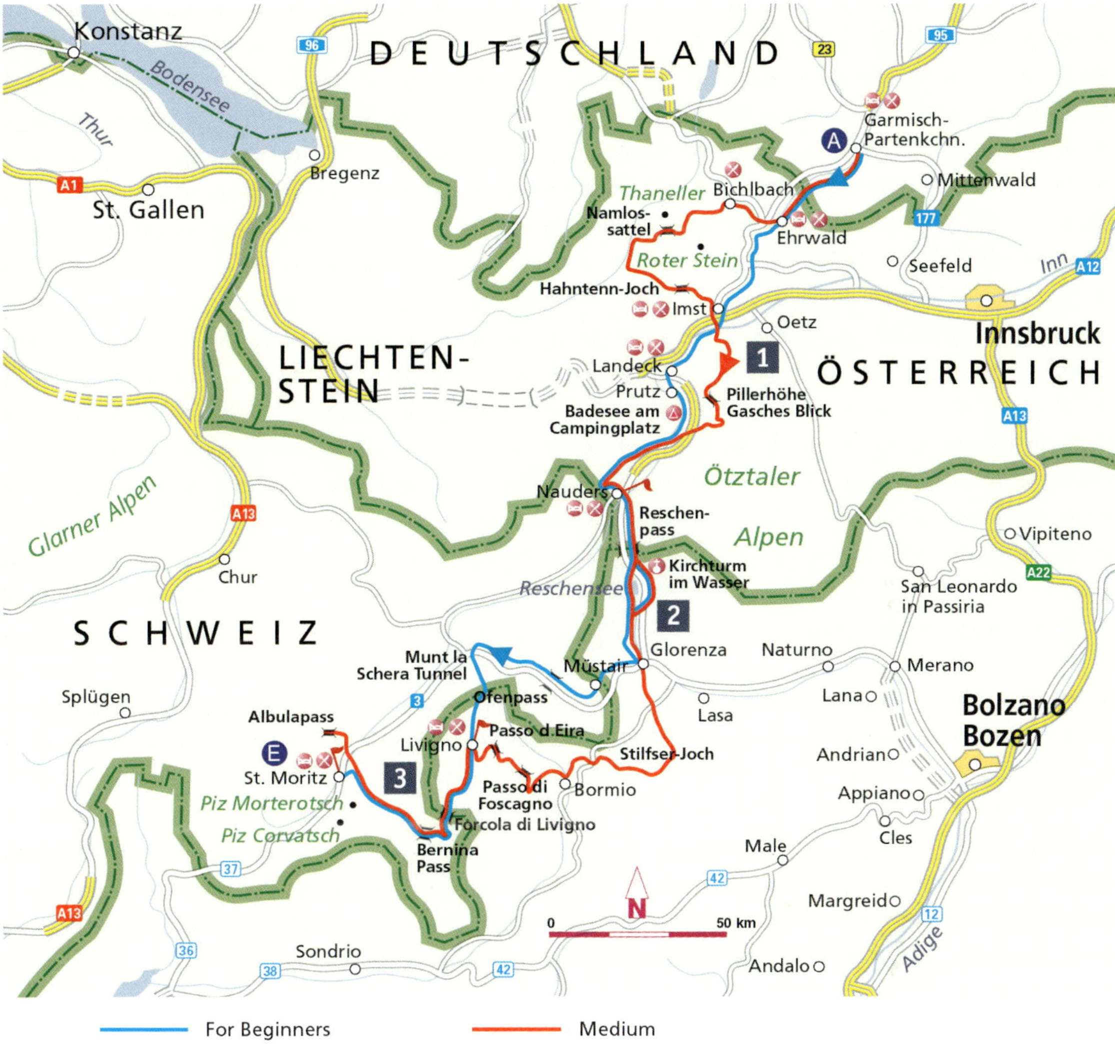


die nun die Bezeichnung 187 trägt. Alternativ können wir den vorhandenen Radweg benützen, der mehrfach die Straße kreuzt. Folgen wir dem Straßenverlauf, so stoßen wir auf eine Kreuzung, an der sich die Straße unter einem Aquädukt teilt. Wir nehmen die linke Abzwei-

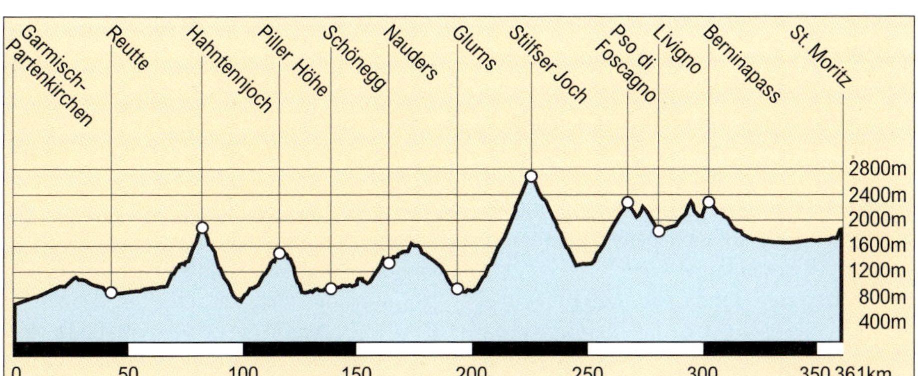

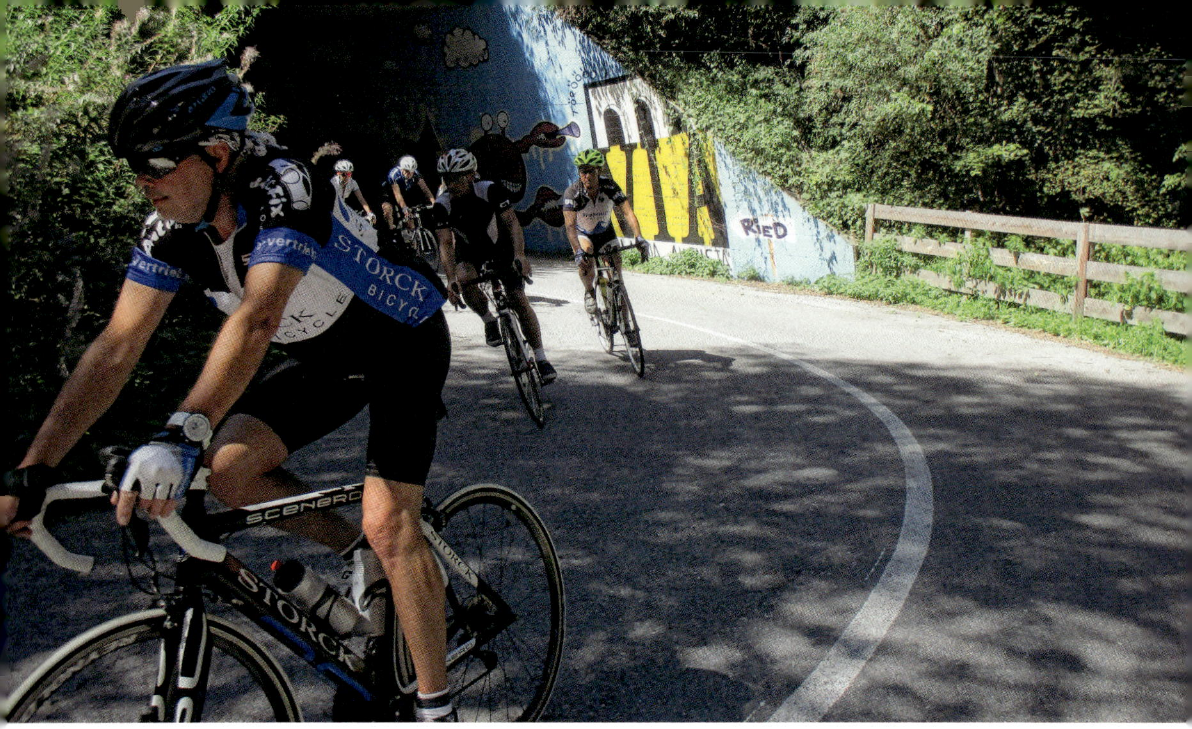

*Auf der Via Claudia geht es in Richtung Nauders.*

gung in Richtung Fernpass, um dem Verkehr noch für einige Kilometer zu entfliehen, und passieren die Orte Ehrwald und Biberwier, die besonders für Wintertouristen ein beliebter Anlaufpunkt sind. Etwa 3 Kilometer nach dem Ortsausgang von Biberwier treffen wir auf die Fernpass-Bundesstraße (B179), die uns über den Fernpass in Richtung Süden bringt. Mit der Überquerung des Fernpasses kommen wir erstmals in Berührung mit der Via Claudia Augusta, die uns auf unserer Transalp ein langes Stück begleiten wird.

Die Via Claudia Augusta war die wichtigste römische Verbindungsstraße vom süddeutschen Raum nach Norditalien. Sie wurde nach ihrem Erbauer Kaiser Claudius benannt und zählte bis in die frühe Neuzeit zu den wichtigsten historischen Alpenübergängen. Mit dem Bau des Brennerpasses verlor sie ab dem 2. Jahrhundert etwas an Bedeutung. Mitte der 1990er-Jahre wurde die Via Claudia im Rahmen einer grenzüberschreitenden touristischen und kulturellen Zusammenarbeit wiederentdeckt und revitalisiert. Spuren der Via Claudia Augusta finden sich auch heute noch entlang der gesamten Strecke.

Der Anstieg zum Fernpass von 220 Höhenmetern auf einer Länge von 9 Kilometern und bei einer maximalen Steigung von 8 Prozent ist kaum spürbar. Auch wenn es aus Konditionsgründen nicht unbedingt notwendig ist, eine Pause einzulegen, sollten wir die Tour kurz am Gasthof »Zugspitzblick« unterbrechen. Vom dortigen Aussichtsplateau können wir das eindrucksvolle Bergmassiv des Wettersteingebirges auf uns wirken lassen und den rückwärtigen Blick auf die Zugspitze genießen. Der weitere Verlauf des Fernpasses ist wenig spektakulär und belastet durch viel Verkehr, ist aber – ohne zusätzliche Höhenmeter und Entfernungskilometer (siehe Tourenbeschreibung »Garmisch – St. Moritz Medium«) – nicht zu umgehen. Jedoch entschädigen uns die eindrucksvollen Blicke auf die Lechtaler Alpen im Westen und die Mieminger Kette ein wenig für die Belästigung durch die motorisierten Verkehrsteilnehmer.

Der idyllisch gelegene Fernsteinsee, der zu den schönsten Tauchgebieten der Welt zählt, lädt auf der Abfahrt zum Verweilen ein. Das zum See gehörende Schloss hatte schon damals eine strategisch wichtige Lage an der Fernpassstraße und bietet heute die beste Kulisse für ein romantisches Schlosshotel. Im weiteren Verlauf verlassen wir die B179 bei St. Wendelin über die Ausfahrt nach rechts, um die Tunneldurchfahrt zu umgehen. Wir biegen dann nach links in die Fernpassstraße ein, benutzen die Brücke zur Überquerung der B179 und fahren weiter durch den Ort Nassereith.

Wir stoßen nun auf die B189, der wir nach rechts ins Gurgltal bis nach Tarrenz folgen. Bleibt uns noch ein wenig Zeit, so sollten wir die nahe gelegene »Knappenwelt« besuchen. Das kürzlich errichtete Freilichtmuseum vermittelt Eindrücke vom Leben und Arbeiten der Bergknappen und schildert Vorgehensweisen zum Abbau von Erz in mittelalterlicher Zeit.

Weiter auf der B189 fahren wir in Richtung Imst. Wir verlassen nun die Bundesstraße und biegen rechts auf die Thomas-Walch-Straße ein. Der Straße immer folgend, geht's durch das Zentrum. Wir erreichen einen Kreisverkehr und nehmen die dritte Ausfahrt. Im weiteren Verlauf fahren wir unter der B171 durch, immer weiter geradeaus und kommen später nach dem Ort Brennbichl an eine Kreuzung. Hier biegen wir erst rechts und nach weiteren 50 Metern links ab auf den Radweg. An der T-Kreuzung fahren wir rechts und folgen dem Inntal-Radweg flussaufwärts bis nach Zams. Ab hier geht's weiter auf der Bundesstraße 180, wir passieren den Ort Fließ und gelangen ohne größere Anstrengung nach Prutz, einem kleinen Ort am Ausgang des Kaunertals. Wir biegen an der Ampel links ab und folgen der Beschilderung der Via Claudia gen Süden.

Nach ein paar Kilometern erreichen wir einen kleinen, sehr nett gelegenen Badesee an einem Campingplatz, der uns zu einer ausgiebigen Rast einlädt. Besonders empfehlenswert sind die Fischgerichte mit Forellen aus eigener Zucht. Frisch gestärkt, nehmen wir die nächste Etappe bis nach Nauders unter die Räder und lassen das bekannte Skigebiet Serfaus, Fiss, Ladis rechts liegen. Im Verlauf der wenig befahrenen Straße können wir traumhafte Ausblicke auf die Samnaungruppe voll und ganz genießen. Unser Weg führt uns mit geringer Steigung durch das obere Inntal, vorbei an den Orten Ried, Tösens und Pfunds bis zur Kajetansbrücke. Wir überqueren diese und biegen auf die Reschen-Bundesstraße 184 in Richtung Engadin (Schweiz) ab. Die Kajetansbrücke wurde 1854 erbaut und nach dem damaligen Statthalter von Tirol, Kajetan von Bissingen, benannt. Sie galt früher als größte freitragende Holzbrücke Tirols, wurde allerdings vor etwa 50 Jahren durch einen Bogen aus Stahlbeton ersetzt, um dem wachsenden Verkehr standhalten zu können. Rechts und links von uns erheben sich gewaltige Bergriesen, die uns bis zur Ankunft an der Grenzstation Martina nach knapp 9 Kilometern begleiten. Wir überqueren hier den Inn und starten zu unserem letzten Anstieg für den heutigen Tag – die Norbertshöhe. Mit nur 426 Höhenmetern und einer maximalen Steigung von 8 Prozent können die elf nummerierten Kehren gut bezwungen werden. Einzelne Bäume spenden an heißen Sommertagen Schatten. Von Kehre zu Kehre steigt die Neugier, wie sich wohl die Landschaft des Unterengadins, die durch den Lauf des Inns geprägt wurde, in Richtung Vinschgau verändert. Auf der Passhöhe dürfen wir uns im Gasthof »Norbertshöhe« bei einem kühlen Bier oder einem Cappuccino für die Strapazen des Tages belohnen, denn von hier aus ist es nur noch eine kurze, jedoch rasante Abfahrt

***Die Norbertshöhe ist bezwungen! Nun folgt eine entspannte Abfahrt zum Etappenziel Nauders.***

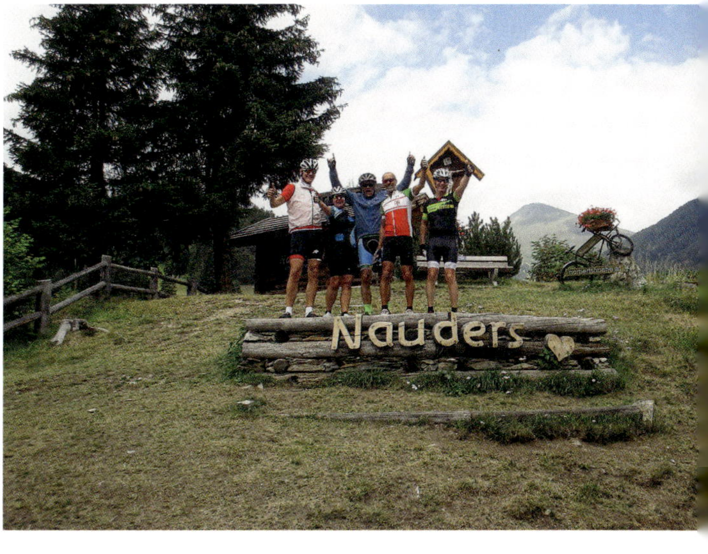


**WICHTIGE ADRESSEN (1. E)**

***Übernachtung:*** Hotel Vier Jahreszeiten, Bahnhofstr. 23, 82467 Garmisch-Partenkirchen, Tel. 08821/91 60, www.vierjahreszeiten.cc; Gasthof zur Linde, Badgasse 11, 82467 Garmisch-Partenkirchen, Tel. 08821/9646054; Hotel Via Claudia, Nauders 406, A-6543 Nauders, Tel. +43/(0)5473/87 202, www.post-nauders.com; Pension Alpenhof, Nauders 229, 6543 Nauders, Tel. +43/(0)5473/872 63, www.alpenhof-nauders.at

***Restaurants:*** Restaurant Schatten, Sonnenbergstr. 10–12, 82467 Garmisch-Partenkirchen, Tel. 08821/943 08 90, www.hotel-schatten.de; Hotel Post, A-6543 Nauders, Tel. +43/(0)5473/872 02–0, www.post-nauders.com

***Taxiservice:*** Taxi Huber, Garmisch-Partenkirchen, Tel. 08821/41 79; Schmid Reisen Taxi & Busunternehmen in Nauders, Tel. +43/(0)664 1217050

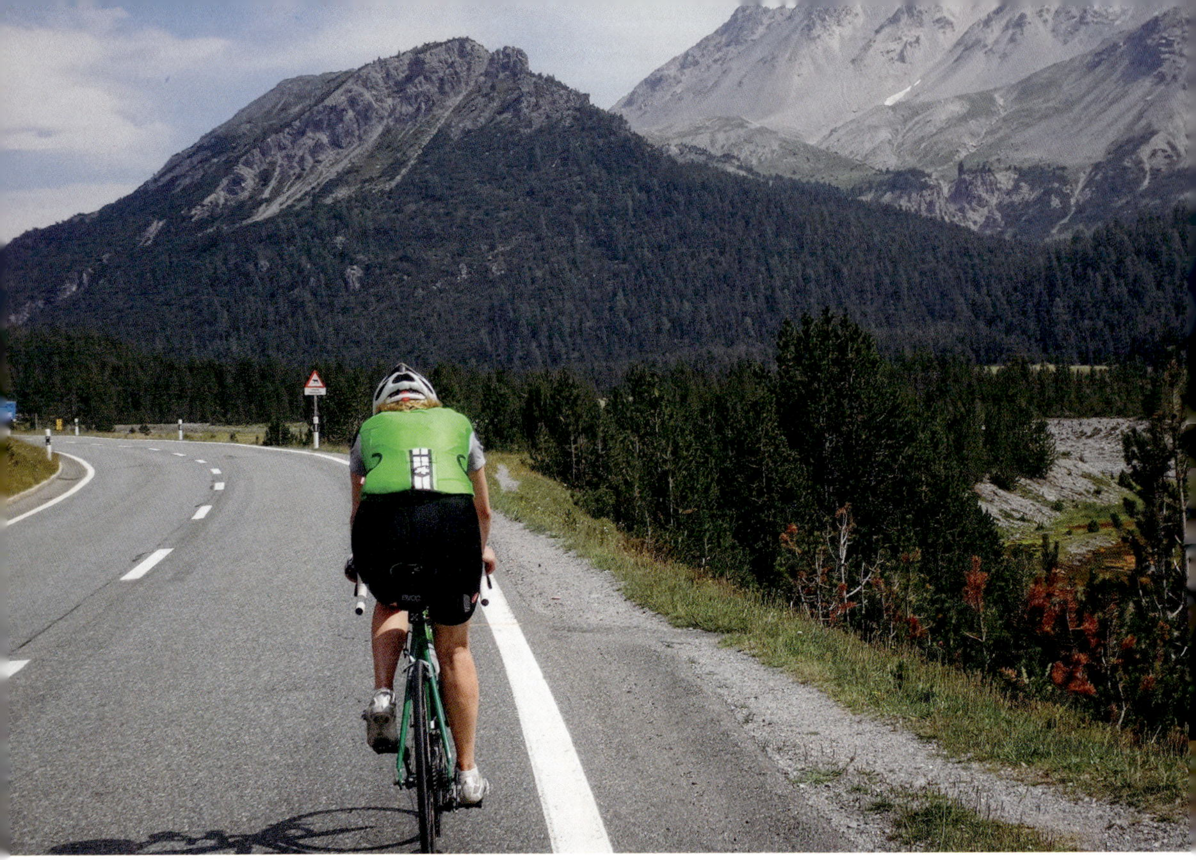

*Der Ofenpass führt uns durch den herrlichen Schweizerischen Nationalpark.*

hinunter nach Nauders. Die Abzweigung unmittelbar nach dem Ortseingangsschild nach links sollten wir allerdings nicht verpassen. Durch eine Unterführung geht es direkt in den Ortskern, wo es unzählige Möglichkeiten gibt, sich bei landestypischen Köstlichkeiten verwöhnen und den Abend ausklingen zu lassen.

## 2. Etappe: Nauders – Ofenpass – Livigno

Wir folgen dem Verlauf der Via Claudia und beginnen die heutige Etappe an der Burg Nauders. Von hier aus führt uns ein asphaltierter Wirtschaftsweg parallel zur Reschenseestraße über den Reschenpass (1504 m) nach Südtirol. Der Reschenpass dient auch in der heutigen Zeit als wichtige Transitroute von Nord nach Süd und verbindet das Inntal mit dem Vinschgau. Mit einer Steigung von durchschnittlich 3 bis 4 Prozent sollte er aber kein großes Problem darstellen. Wir erreichen den Reschensee, ein zur Stromerzeugung künstlich aufgestautes Gewässer, und halten uns westlich auf dem neu angelegten Radweg. Das Unikum des Sees, die aus der Wasseroberfläche herausragende Kirchturmspitze, können wir von hier aus zwar nicht betrachten, doch entgehen wir der verkehrsreichen Reschenseestraße, die entlang der Ostseite führt. Und die Ruhe abseits der Hauptstraße sowie einzigartige Blicke auf den glitzernden Reschen- und den sich anschließenden Haiderersee, beide eingerahmt von Bergen mit weiß getünchten Gipfeln, entschädigen uns dafür.

Wer sich die Kulisse der versunkenen Kirche dennoch nicht entgehen lassen möchte, kann zunächst die Reschenseestraße (SS40) auf der Ostseite des Sees benutzen, um dann später über die Staumauer wieder auf den ausgeschriebenen Radweg zu kommen; eine nähere Beschreibung hierzu ist in der Tour »Garmisch – Gardasee for Beginners« zu finden. Im weiteren Verlauf unseres Weges durch den Vinschgau kommen wir vorbei an sonnigen Hängen, gepflegten Apfelplantagen und Bauern, die uns freundlich grüßen und mit ihrer Sense die blühenden Almwiesen mähen.

Der nun folgende Etschtal-Radweg ist ebenfalls gut ausgeschildert und asphaltiert, schlängelt sich durch die kleinen, typischen Südtiroler Orte Burgeis, Schleis, Mals und führt uns stetig bergab bis nach Glurns. Hier lohnt es, die beschwingte Abfahrt zu unterbrechen und einen Blick hinter die dicken Stadtmauern von Glurns zu werfen. Die mittelalterliche Stadt hat ihren pittoresken Dorfcharakter beibehalten und zählt zu den kleinsten Städtchen Südtirols. Der romantische Stadtkern eignet sich nicht nur für einen Spaziergang durch die kopfsteingepflasterten Gassen und Laubengänge, sondern auch für einen Cappuccino-Stopp in einem der zahlreichen, typisch italienischen Cafés am Marktplatz.

Nach Glurns verlassen wir die Via Claudia und fahren durch das tiefgrüne Müstairtal in Richtung Ofenpass (2149 m), unserem nächsten Highlight. Der Ofenpass, rätoromanisch »Pass del Fuorn«, ist die Verbindung zwischen Südtirol und dem Engadin. Mit einer Länge von 13,5 Kilometern bis zur Passhöhe auf 2149 Meter und einer maximalen Steigung von 10 Prozent ist der Pass gut zu bewältigen. Die Gesamtlänge des Passes, von Santa Maria beginnend bis nach Zernez, erstreckt sich insgesamt auf 36 Kilometer. Kurz bevor wir den Ort Müstair erreichen, überqueren wir die Grenze zwischen der Schweiz und Italien und kommen dann bei geringer, aber stetiger Steigung nach Santa Maria. Hier sollten wir unsere Trinkflaschen auffüllen und nochmals durchatmen, bevor es mit dem eigentlichen Anstieg losgeht. Für die Freunde der sportlichen Qual bietet sich nur wenige Kilometer entfernt das in südlicher Richtung gelegene Stilfser Joch an, das wir auf unserer »Garmisch-St.-Moritz-Tour Medium« in Angriff nehmen und dort ausführlich beschreiben.

Auf den ersten Kilometern bis nach Tschierv werden wir noch schonend auf den Anstieg vorbereitet. Ab hier beginnen sich die gut ausgebauten Kehren bis zur Passhöhe auf 2149 Meter zu winden. Oben angelangt, bietet sich uns in einem Gasthaus die Möglichkeit, kurz zu rasten und die Kleidung zu wechseln. Vor uns liegt eine flache und wenig kurvenreiche Abfahrt, bei der wir es richtig laufen lassen können – aber Achtung! Im Rausch der Geschwindigkeit dürfen wir nach etwa 10 Kilometern nicht die Abzweigung in Richtung Livigno verpassen. In Punt la Drossa (1711 m) biegen wir nun links ab und stehen vor dem Muntla-Schera-Tunnel, der uns noch von unserem Etappenziel Livigno trennt. Seit Sommer 2008 ist die Tunneldurchfahrt mit dem Fahrrad verboten. In den Monaten Juni bis September haben wir jedoch die Möglichkeit, den halbstündlichen Busshuttleservice zwischen 10 und 15 Uhr für 5 € zu nutzen. Vorbestellungen können unter Tel. +41/(0)818/51 43 88 vorgenommen werden. Vom Nordportal des Tunnels erreichen wir mit dem Bus nach etwa 3400 Metern und einem Höhenunterschied von etwa 100 Metern das Südportal.

Dort angekommen, erwartet uns ein herrlicher Blick auf den Lago di Livigno, einen Speichersee, der zum größten Teil zu Italien gehört. Nur bei der 130 Meter hohen Staumauer, der »Punt Dal Gall« im Norden, grenzt der See zwei Kilometer an die Schweiz. Von hier aus fahren wir auf einer Galeriestraße entlang des Seeufers in Richtung Süden, bis wir den zollfreien Ort Livigno erreichen. Die Wiesen mit ihrem satten Grün, umrahmt von eindrucksvoller Bergkulisse, geben ein farbenfrohes Bild ab. Der lebendige Ort mit vielen Bars, Restaurants und Geschäften bietet vielfältige Unterhaltungsmöglichkeiten. Besonders im Winter ist Livigno aufgrund der einzigartigen und schneesicheren Lage auf einer Höhe von 1816 Metern und dem weit erschlossenen Skigebiet ein beliebtes und gut besuchtes Urlaubsziel.

### WICHTIGE ADRESSEN (2. E)

***Übernachtung:*** Hotel Livigno, Via Ostaria 573, I-23030 Livigno, Tel. +39/0342/99 61 04, www.livignohotel.it; Hotel Alpina, Via Bondi 15, I-23030 Livigno, Tel. +39/0342/99 60 07, www.alpinahotel.it
***Restaurant:*** Hotel Helvetia, Via Plan 415, I-23030 Livigno, Tel. +39/0342/97 00 66
***Taxiservice:*** Taxi Driver in Livigno (SO), Tel. +39/0342/99 64 95

*Nach der Tunnelfahrt begrüßt uns der Lago di Livigno und begleitet uns die letzten Kilometer zum Etappenziel Livigno.*

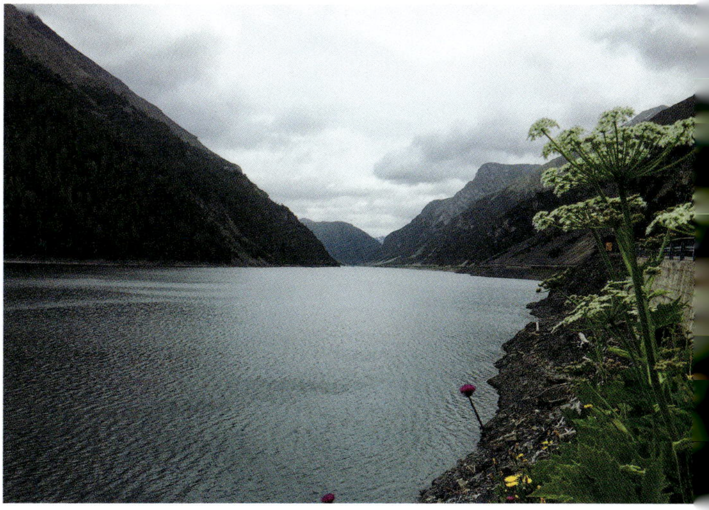

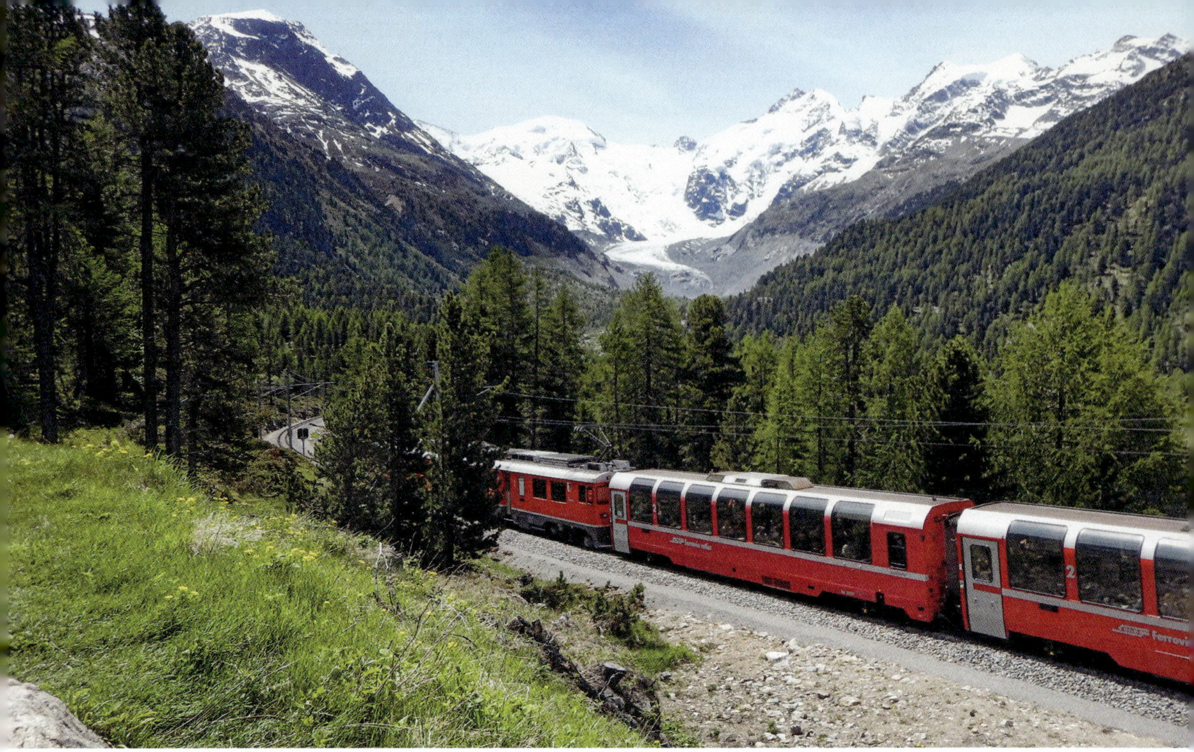

*Die Berninabahn fährt zum höchstgelegenen Bahnhof Europas am Ospizio Bernina.*

## 3. Etappe: Livigno – St. Moritz

Unser Übernachtungsort Livigno ist von hochalpinen Bergen umrahmt und lediglich über drei Verkehrsadern, allesamt Alpenpässe, zu erreichen. Im Nordosten über den gleichnamigen Tunnel durch den »Munt-la-Schera« (2587 m), im Osten über den Passo di Foscagno (2291 m) und den Passo d'Eira (2210 m) und im Südwesten über den Forcola di Livigno (2315 m), den wir auf unserem Weg in Richtung Engadin in Angriff nehmen werden.

Gleich nach einem typisch italienischen Frühstück beginnen wir unsere Tour mit einem landschaftlich sehr ansprechenden Abschnitt. Zunächst rollen wir durch Livigno in südwestlicher Richtung entlang des Flüsschens Spöl. Kurz nach dem Ortsende beginnt die Straße auf einer Länge von etwa 7 Kilometern mäßig anzusteigen. Über sanft geschwungene Galeriestraßen mit einem herrlichen Ausblick auf das prachtvolle Bergpanorama erreichen wir bei einer kontinuierlich wachsenden Steigung von 6 bis 8 Prozent nach etwa 12 Kilometern die Passhöhe. Dort bietet sich die letzte Gelegenheit, nochmals zollfrei einzukaufen, denn kurz nach der Überquerung erreichen wir die italienische Grenze. Die rasante Abfahrt auf der SS301 wird weiterhin von einer eindrucksvollen Bergwelt flankiert und lässt nicht nur deswegen unser Herz höherschlagen. Im Verlauf der Abfahrt ändert der Pass seinen Charakter und es erhebt sich eine wildromantische Steinlandschaft vor uns, aus der rechts und links hohe Felszacken ragen. Nachdem wir mitten in der Felswüste die Schweizer Grenzstation La Motta (2054 m) passiert haben, stoßen wir nach ein paar weiteren lang gezogenen Kurven auf die Berninapassstraße (29), der wir nach rechts folgen. Sie ist 54 Kilometer lang und eine wichtige Nord-Süd-Verbindung zwischen dem Ort Pontresina im Oberengadin (1805 m) und dem italienischen Tirano (450 m). Auch wenn der Verkehr nun etwas zunimmt, schmälert dies nicht den Genuss von wilder Bergwelt; vielmehr hinterlässt der Blick auf die umliegenden, gewaltigen Gletschermassen einen bleibenden Eindruck bei uns. Die Straße ist gut ausgebaut, weshalb uns die vorbeifahrenden Pkw und Lkw nicht weiter stören. Denn vor uns erhebt sich nun außerdem die majestätische Berninagruppe, eine der höchsten Erhebungen des Alpenbogens. Überragt wird das Felsmassiv vom einzigen Viertausender der Ostalpen, dem Piz Bernina, dessen Gipfel in einer Höhe von 4049 Metern mächtig thront. Nicht zu vergessen sind aber auch die weiteren Dreitausendergipfel wie z. B. der Piz Roseg (3920 m), der

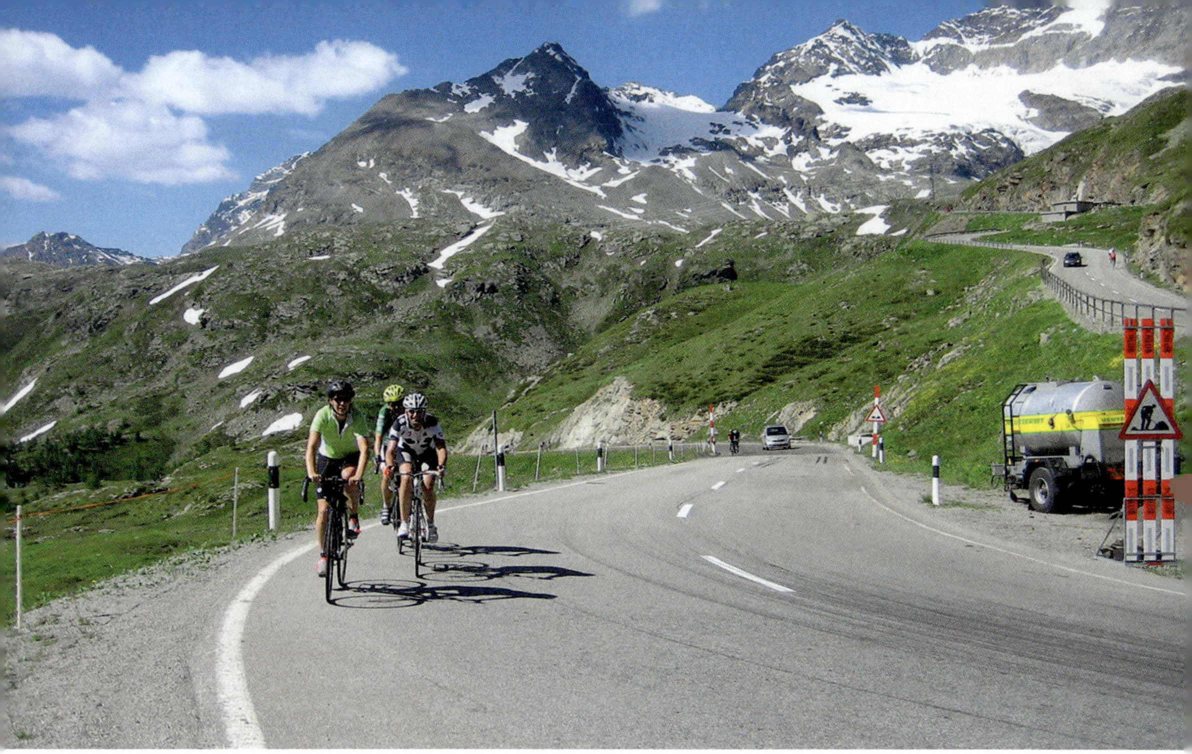

Piz Scerscen (3971 m), die Crest'Agüzza (3839 m) sowie der weithin bekannte Piz Palü (3905 m). Wir erreichen die Passhöhe am Ospizio Bernina auf 2253 Meter, dem höchstgelegenen Bahnhof Europas. Hier stoppt die Berninabahn auf ihrer 60 Kilometer langen, eingleisigen Fahrtstrecke von St. Moritz nach Tirano.

Die Rhätische Bahn verfügt über ein gut ausgebautes, meterspuriges Streckennetz mit einer Gesamtlänge von 384 Kilometern, 102 Haltestellen und acht regulären Linien. Hierzu zählt u. a. die Berninabahn, die den Kurort St. Moritz mit Tirano verbindet. Sie gilt als höchste Adhäsionsbahn der Alpen und mit einem Gefälle von bis zu 7 Prozent auch als eine der steilsten Adhäsionsbahnen der Welt. Eine weitere Linie, die Albulabahn, verbindet Thusis (697 m) am Hinterrhein mit St. Moritz (1774 m) und legt in ihrem Verlauf eine Strecke von 63 Kilometern zurück. Mit ihren 55 Brücken und 39 Tunneln zählt sie zu den spektakulärsten Schmalspurbahnen der Welt. Am 7. Juli 2008 wurden die Albula- und die Berninabahn in das UNESCO-Weltkulturerbe aufgenommen; die Streckenabschnitte sind somit auf lange Zeit in ihrer Existenz gesichert. Durch eine Fülle von neuen Eindrücken beflügelt, rollen wir von der Passhöhe, vorbei an der Talstation des Gletscherskigebiets Bernina-Diavolezza, nach Pontresina. Der Ort ist durch die besondere Lage auf einem Sonnenplateau und das angenehme Höhenklima zu einem der beliebtesten Luftkurorte der Schweiz geworden, der winters wie sommers zum Bergsteigen, Klettern und Wandern einlädt. Weiter auf einem kurzen Stück der B29 fahren wir nach links auf die B27, um nach weiteren knapp 10 Kilometern den mondänen Skiort St. Moritz zu erreichen. Unter anderem die reizvolle Lage macht St. Moritz zweifellos zur Perle des Engadins: direkt am St. Moritzer See gelegen und von den bekannten Dreitausendern Piz Roseg (3937 m), Piz Corvatsch (3451 m) und Piz Nair (3057 m) umgeben. Hier können wir uns in einem der zahlreichen Luxushotels die Beine massieren lassen oder einfach nur das Flair der Stadt genießen.

*Die letzten Kehren zum Berninapass fahren sich bei dem Ausblick auf die Berninagruppe wie von selbst.*

### WICHTIGE ADRESSEN (3. E)

***Übernachtung:*** Hotel Corvatsch, Via Tegiatscha 1, CH-7500 St. Moritz, Tel. +41/(0)81/837 57 57, www.hotel-corvatsch.ch; Hotel Sonne, Via Sela 11, CH-7500 St. Moritz, Tel. +41/(0)81/838 59 59, www.sonne-stmoritz.ch

***Restaurants:*** Hotel Corvatsch, Via Tegiatscha 1, CH-7500 St. Moritz,Tel. +41/(0)81/837 57 57, www.hotel-corvatsch.ch

***Taxiservice:*** Taxi-Zentrale St. Moritz, Tel. +41/(0)81/833 11 12, mobil +41/(0)79/611 13 10

# 5b Sagenhaft

## – Lechtaler und Ötztaler Alpen, übers Stilfser Joch bis ins Engadin

mittel | 360 km | 8380 hm | 3 Tage

**AUSGANGS-/ENDPUNKT**
Garmisch – St. Moritz

**ETAPPEN**
Garmisch – Nauders, ca. 160 km, 3160 hm; Nauders – Livigno, ca. 120 km, 3520 hm; Livigno – St. Moritz, ca. 80 km, 1700 hm

**STRECKENVERLAUF**
Garmisch (708 m), Hahntennjoch (1894 m), Norbertshöhe (1461 m), Reschenpass (1454 m), Stilfser Joch (2757 m), Passo di Foscagno (2291 m), Passo d'Eira (2210 m), Forcola di Livigno (2315 m), Albulapass (2312 m)

**CHARAKTER/ERLEBNISWERT**
Konditionsstarke Radler, die steile Passagen lieben, können sich auf eine Speedabfahrt am Hahntennjoch, den Klassiker Stilfser Joch, die Engadiner Gletscherwelt und auf den Albulapass zum Schluss freuen.

**SEHENSWERTES**
Zugspitze, Reschensee, Ortler, Stilfser Joch, Berninagletscher, Albulapass

**KARTEN**
freytag & berndt, Tirol, 1:150 000; Marco Polo, Schweiz – Östlicher Teil, Zentralschweiz, 1:200 000

**TOURIST-INFO**
Tourist-Info Garmisch-Partenkirchen, Richard-Strauss-Platz 2, 82467 Garmisch-Partenkirchen, Tel. 08821/18 07 00, www.garmisch-partenkirchen.de; Tourist-Info Nauders, Dr.-Tschiggfrey-Str. 66, A-6543 Nauders, Tel. +43/(0)5473/872 20, www.nauders.com; Tourist-Info Livigno, Via Saroch 1098/a, I-23030 Livigno, Tel. +39/0342/05 22 00, www.livigno.com; Tourist-Info St. Moritz, CH-7500 St. Moritz, Tel. +41/(0)81/837 33 33, www.engadin.stmoritz.ch/stmoritz

**Voilá: Dies ist eine pässebeladene Rennrad-Transalp für Rennradler mit sehr guter Grundkondition. Als Highlights werden geboten: eine fantastische Speedabfahrt vom Hahntennjoch, das sagenumwobene Stilfser Joch mit seinen unzähligen Kehren und, nicht zu vergessen, der berühmte Albulapass am Ende der Tour. Von Garmisch geht es über Namlos ins Lechtal und über das Hahntennjoch ins Inntal. Von Nauders nehmen wir das Stilfser Joch in Angriff, stets von fantastischen Ortlerblicken begleitet. Nach Bormio geht es über den Passo di Foscagno und den Passo d'Eira nach Livigno. Den krönenden Abschluss bilden der Berninapass mit seinen wunderschönen Gletschern und der Albulapass, den wir von St. Moritz aus erklimmen.**

### 1. Etappe: Garmisch-Partenkirchen – Lechtal – Hahntennjoch – Piller Höhe – Nauders

Wie auf der Tour »Garmisch – St. Moritz for Beginners« starten wir unsere Tour im bekannten Luftkurort Garmisch-Partenkirchen mit Deutschlands höchstem Berg, der Zugspitze (2963 m). Auf die Zugspitze gelangt man mit der bekannten Bayerischen Zugspitzbahn, einer der letzten in Deutschland noch in Betrieb befindlichen Zahnradbahnen. Die meterspurige Bahn führt auf einer Gesamtlänge von 19 Kilometern vom Bahnhof Garmisch-Partenkirchen (708 m) über verschiedene Zwischenstationen wie z. B. Hammersbach, Grainau, Eibsee und Riffelriss auf das 2588 Meter hoch gelegene Zugspitzblatt. Dabei durchfährt sie auch den 4466 Meter langen Zugspitztunnel. Vom Gletscherrestaurant »Sonnalpin«, das sich mitten im Skigebiet befindet, genießen wir einen herrlichen Blick über das gesamte Zugspitzmassiv. Rundherum ragen die Gipfel des Schneefernerkopfes (2875 m) und die drei Felszacken der Wetterspitzen hervor, die den südwestlichen Rand

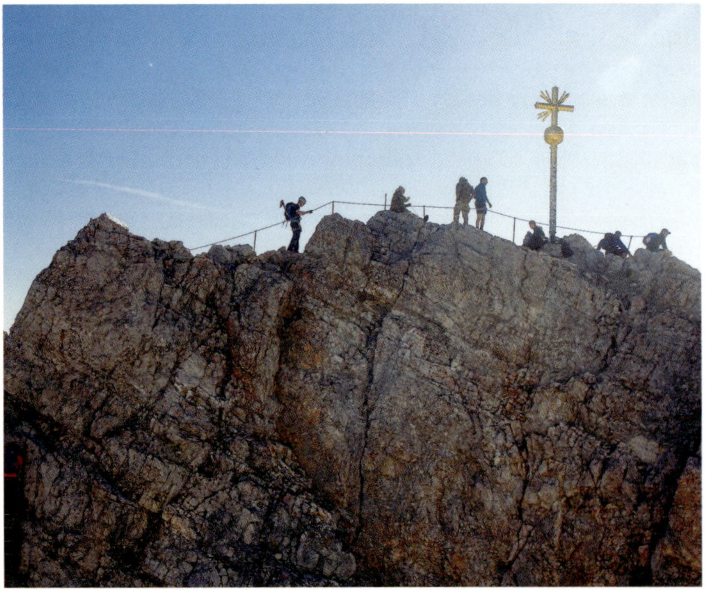

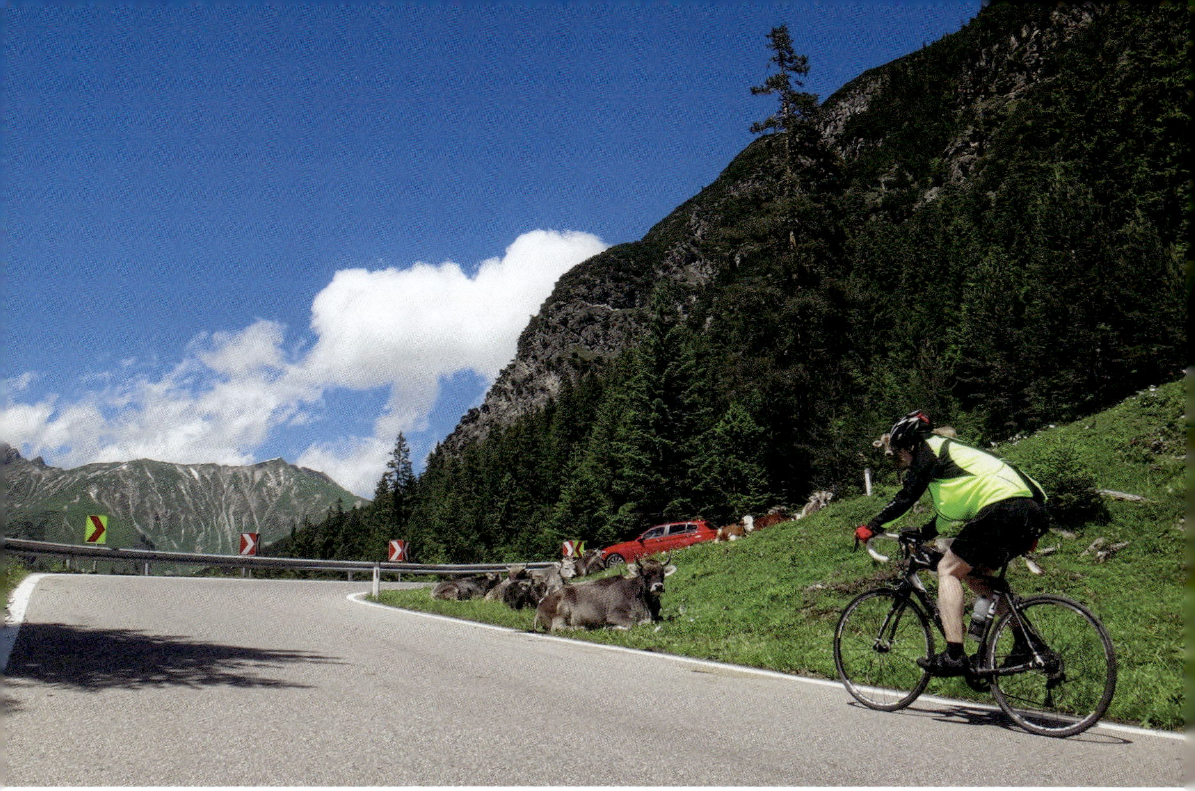

des Plateaus begrenzen. Zum Zugspitzmassiv zählen die beiden Gletscher Schneeferner und Höllentalferner. Beide Gletscherzungen werden im Sommer durch Planen abgedeckt, um die Gletscherreste vor Sonneneinstrahlung zu schützen.

Zurück vom kleinen gedanklichen Ausflug auf die Zugspitze, starten wir nun unsere Tour entlang der Loisach über die Grenze nach Österreich bis zur Weggabelung der B187 (genauere Beschreibung siehe »Garmisch – St. Moritz for Beginners«). Hier halten wir uns am Aquädukt rechts und fahren auf einer gut ausgebauten Panoramastraße über die bekannten Urlaubsorte Lermoos, Bichlbach und Berwang in das Namloser Tal. Dabei befahren wir den Namlossattel, der sich von Bichlbach (1085 m) bis nach Namlos erstreckt, und legen 12,4 Kilometer sowie 480 Höhenmeter zurück. Unser Weg schlängelt sich mit einer Steigung von anfangs 1 bis 2 Prozent, später mit bis zu 10 Prozent durch ein enges, dicht bewaldetes Tal. Von Berwang aus weitet sich unser Blick ein wenig, bevor wir eine kurze Abfahrt nach Rinnen hinter uns bringen. Die Gipfel der Berge Thaneller (2343 m) und Roter Stein (2369 m) sowie saftige grüne Wiesen schmücken das Panorama. Wir nehmen die Abzweigung nach

*Tierische Beobachter auf dem Weg zum Hahntennjoch*

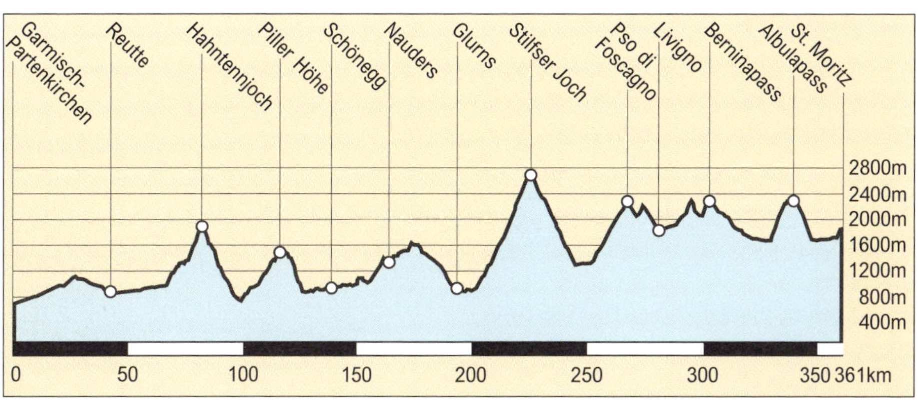


**Linke Seite: Mit dem Rennrad nicht den Hauch einer Chance – Deutschlands höchster Punkt, die Zugspitze**

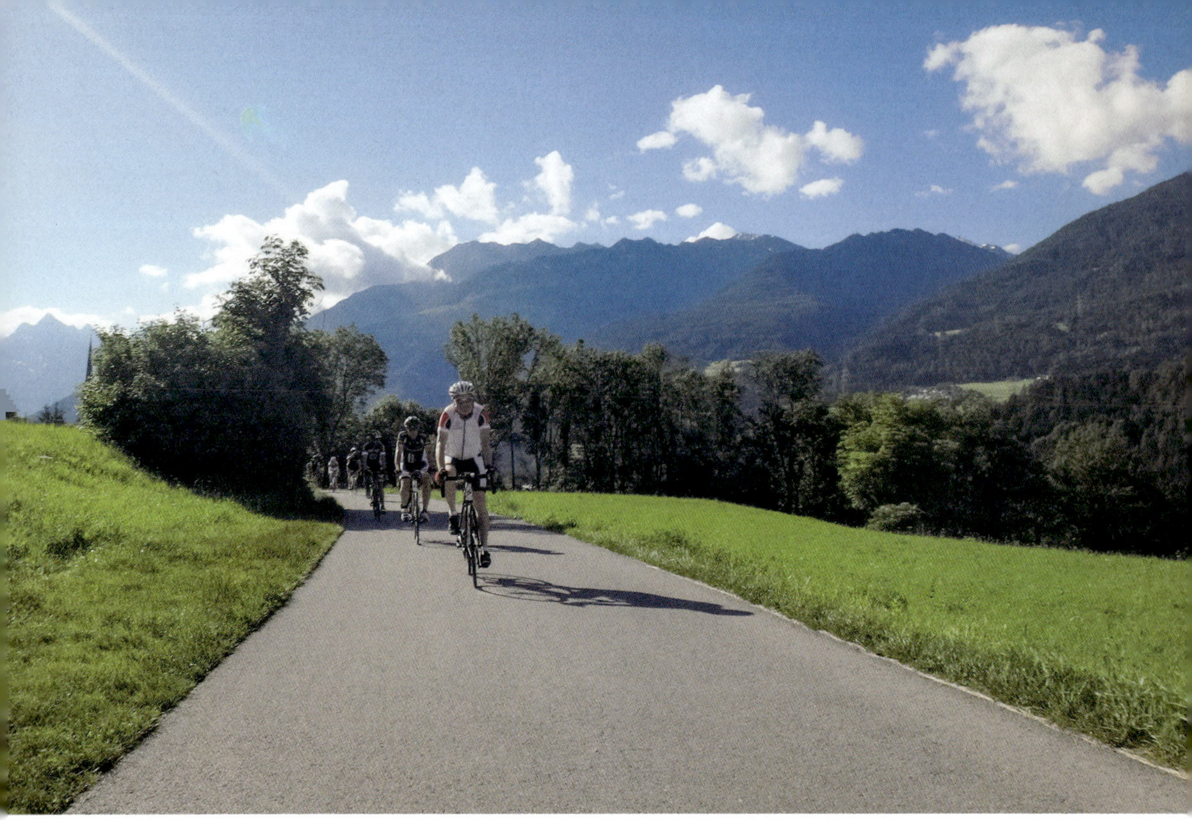

*Von Imst geht es durch kleine Ortschaften weiter zur Piller Höhe.*

Brand und kreuzen den Fluss Rotlech, bevor wir den Namlossattel (1378 m) erreichen. Über Stanzach fahren wir auf der Lechtal-Bundesstraße (198) nach Elmen und biegen kurz nach dem Ort auf die Hahntennjochstraße ein. Die ersten 10 Kilometer in Richtung Bschlabs verlaufen mit einer Steigung zwischen 7 und 8 Prozent relativ entspannt, und bei einer kurzen Abfahrt bis nach Boden können wir nochmals unsere Muskeln lockern.

**WICHTIGE ADRESSEN (1. E)**

***Übernachtung:*** Hotel Vier Jahreszeiten, Bahnhofstr. 23, 82467 Garmisch-Partenkirchen, Tel. 08821/91 60, www.vierjahreszeiten.cc; Gasthof zur Linde, Badgasse 11, 82467 Garmisch-Partenkirchen, Tel. 08821/9646054; Hotel Via Claudia, Nauders 406, A-6543 Nauders, Tel. +43/(0)5473/87 202, www.post-nauders.com; Pension Alpenhof, Nauders 229, 6543 Nauders, Tel. +43/(0)5473/872 63, www.alpenhof-nauders.at

***Restaurants:*** Restaurant Schatten, Sonnenbergstr. 10–12, 82467 Garmisch-Partenkirchen, Tel. 08821/943 08 90, www.hotel-schatten.de; Hotel Post, A-6543 Nauders, Tel. +43/(0)5473/872 02–0, www.post-nauders.com

***Taxiservice:*** Taxi Huber, Garmisch-Partenkirchen, Tel. 08821/41 79; Schmid Reisen Taxi & Busunternehmen in Nauders, Tel. +43/(0)5473/872 81

Von hier aus haben wir den nächsten Anstieg zu knacken. Das Hahntennjoch, mit einer Länge von 14,8 Kilometern, 947 Höhenmetern und einer Steigung von bis zu 18 Prozent, wird uns auch bei gutem Trainingszustand zum Schwitzen bringen. Da das Hahntennjoch für den Autoverkehr kaum Bedeutung hat, eignet sich der Pass insbesondere für konditionsstarke Radler als empfehlenswerte Alternative zum viel befahrenen Fernpass (Beschreibung bei der Tour »Garmisch – St. Moritz«). Auf der ebenso steilen Abfahrt, d. h. bei einem Gefälle von bis zu 15 Prozent, rauschen wir über die Serpentinen und Kehren durch eine unberührte Landschaft bis nach Imst, wo wir uns eine Pause verdient haben.

Derart gestärkt, stellen wir uns der nächsten Herausforderung: der Piller Höhe. Dazu folgen wir der Straße über ein ordentliches Steigungsstück im Wald nach Arzl im Pitztal und dann mit mäßiger Steigung bis nach Wenns (979 m). Hier teilt sich die Straße und wir orientieren uns bei gemächlichem Anstieg rechts in Richtung Piller. Bis auf ein paar kleine, kurze Rampen ist die 6 Kilometer lange Strecke gut zu bewältigen. Der Straßenverlauf wird nach Piller nun kurviger und steiler, doch die An-

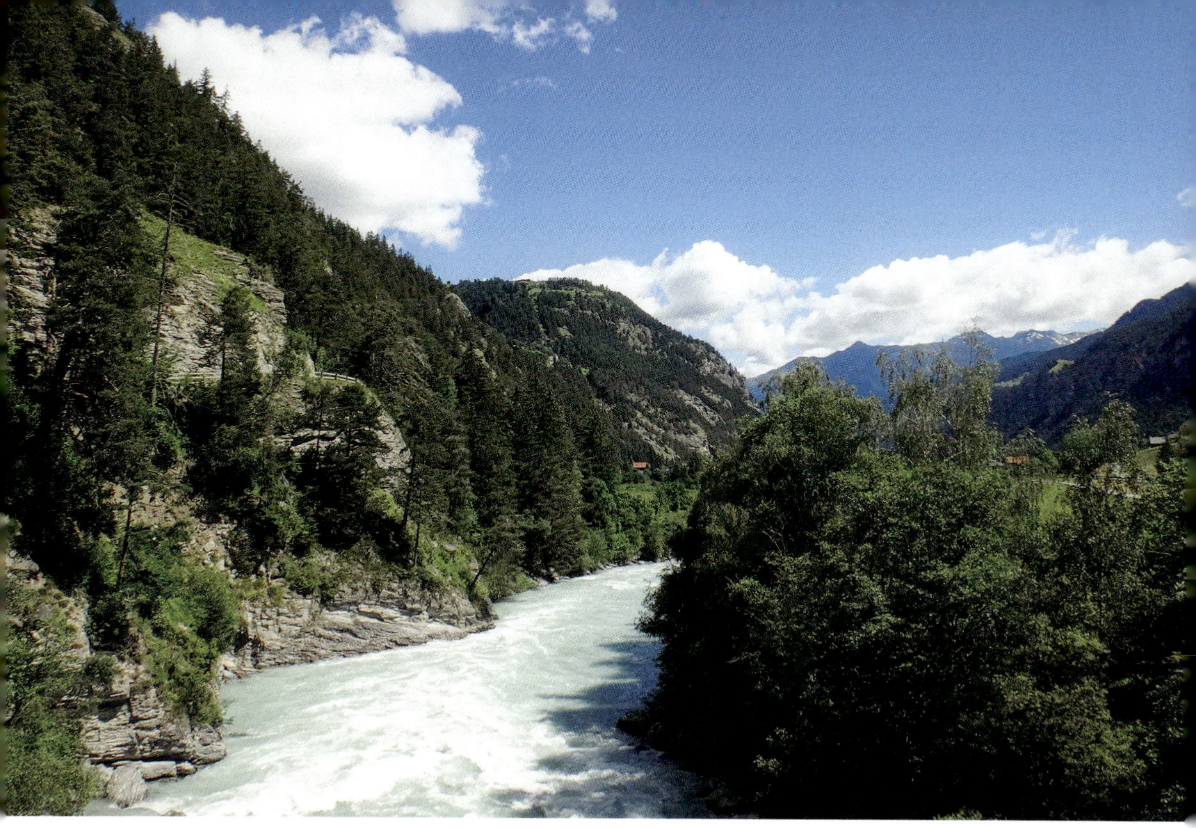

*Der Inn ist lange Zeit unser Begleiter bei dieser Transalp.*

strengungen lohnen sich. Von der Passhöhe (1558 m) können wir grandiose Blicke auf das Inntal und die umliegenden Berggipfel des Kaunertals genießen. Diesem Panorama verdankt die Piller Höhe auch ihren Namen »Gacher Blick«.

Bis hierher haben wir von Imst aus etwa 20 Kilometer und 770 Höhenmeter zurückgelegt. Die streckenweise steile, aber sonst unspektakuläre Abfahrt führt uns nach Prutz. Hier stoßen wir auf den Inntal-Radweg und folgen diesem bis zu unserem Etappenziel Nauders. Wir passieren dabei die Orte Ried, Tösens, Pfunds, Martina und gelangen über die Norbertshöhe nach Nauders; die Streckenführung ist auf der Tour »Garmisch – St. Moritz for Beginners« genauer beschrieben.

Verbleibt auf dem Teilstück zwischen der Kajetansbrücke und der Grenzstation Martina noch etwas Muße, so können wir einen kurzen Abstecher unternehmen, der uns abseits der Trassenführung hinunter in die Klamm führt. Hier liegt entlang der alten Straße, förmlich an den Fels geklebt, die Festung Alt-Finstermünz mit Zollhaus, Kapelle und dem mitten im Inn stehenden Wehrturm, der beiderseits über Holzbrücken zu erreichen ist. Die Befestigung diente nach ihrem Bau im 15. Jahrhundert als Grenzstation, wurde jedoch Ende des 18. Jahrhunderts aufgegeben und wird heute durch einen gemeinnützigen Verein liebevoll renoviert.

Eine weitere Möglichkeit, den Abend ausklingen zu lassen, ist eine kleine Wanderung zum Schwarzen See. Der 2,3 Hektar große See liegt oberhalb von Nauders auf einer Höhe von 1725 Metern, eingebettet zwischen dem kleinen und großen Mutzkopf, und bietet sowohl Wanderern als auch Mountainbikern ein herrliches Terrain. Ebenso wie das umliegende Waldgebiet ist das Biotop aufgrund der artenreichen Tier- und Pflanzenwelt geschützt. Der See ist übersät mit Seerosen und bietet zusammen mit anderen Gewächsen am Ufer des Sees, beispielsweise Reitgras, Bärlapp, Labkraut und Besenheide, ein farbenfrohes Bild.

## 2. Etappe: Nauders – Stilfser Joch – Passo di Foscagno – Passo d'Eira – Livigno

Wir starten die heutige Etappe in Nauders und fahren die ersten knapp 30 Kilometer bis nach Prad entlang der Via Claudia, eine Routenbe-

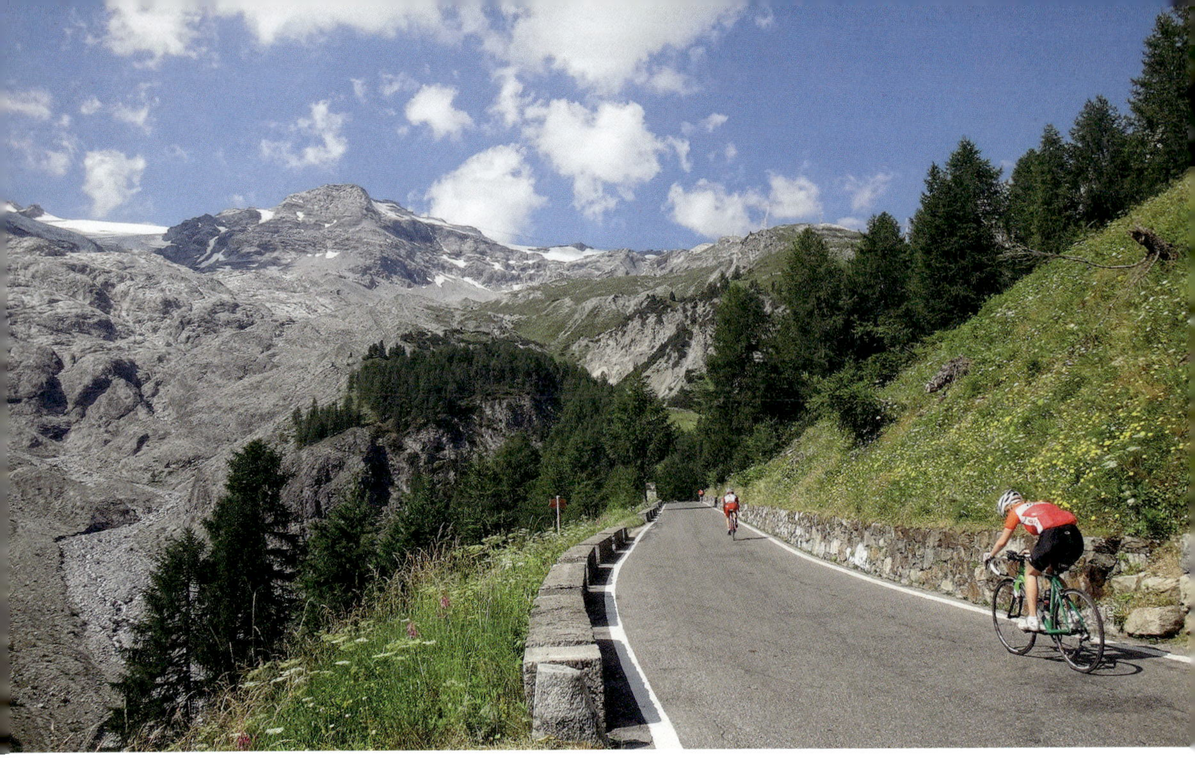

*Ein Highlight unserer Transalp: die Auffahrt zum Stilfser Joch*

schreibung, die wir von der Tour »Garmisch – St. Moritz« bereits kennen. Unsere Fahrt beginnt an der Burg Nauders. Wir rollen gemütlich über den Reschenpass, dann westlich vorbei am Reschen- und Haiderersee, passieren im weiteren Verlauf die Orte Burgeis, Mals, Glurns sowie Lichtenberg und gelangen im Nu nach Prad. Hier erreichen wir eines der absoluten Highlights einer Transalp, die Königin der Alpenstraßen: das Stilfser Joch! Gleich vorweg fünf schlagkräftige Argumente, warum das Stilfser Joch zu den Top Ten der Alpenpässe zählt:
1. 1870 Höhenmeter am Stück; 2. 28 Kilometer Länge; 3. zwischen 8 und 15 Prozent Steigung, wobei die letzten 8 Kilometer durchgängig mindestens 12 Prozent Steigung aufweisen; 4. dritthöchster asphaltierter Alpenpass; 5. 48 Kehren bis zur Passhöhe.

Nachdem wir zur Vorbereitung unsere Trinkflaschen aufgefüllt und uns mit Riegel und Powergel gestärkt haben, schwingen wir uns auf den Sattel und starten in Prad bei einer Steigung von etwa 10 Prozent. Wir orientieren uns entlang dem Suldenbach, überqueren die Stilfser Brücke und fahren weiter in Richtung Gomagoi (1267 m). Hier befindet sich die größte Ansiedlung an der Passstraße, die aus einem Sperrfort aus früherer Zeit entstanden ist. Nun können wir damit beginnen, die 48 Kehren, die am Straßenrand mit kleinen, nummerierten Täfelchen versehen sind, herunterzuzählen. Zunächst werden wir zwar noch von der dichten Abfolge steiler Haarnadelkurven verschont, doch ab Trafoi (1543 m) windet sich die Straße in engen Kehren das Trafoier Tal hinauf. Nach gut 5 Kilometern und etwa 250 Höhenmetern gelangt man bei einer Steigung von 10 bis 12 Prozent zum Gasthof Weißer Knott (1876 m). Hier hat der Rückgang des alpenländischen Baumbestandes einen positiven Effekt für uns: Es eröffnet sich ein wunderschöner Blick auf die Gletscherzungen des 3905 Meter hohen Ortlers. Es lohnt sich daher, einen kurzen Stopp einzulegen und das wunderbare Panorama zu genießen.

Nach weiteren 4 bis 5 Kilometern beginnt ab dem Hotel Franzenshöhe (2100 m) der abschließende, 6 Kilometer lange Steilhang bis zur Passhöhe (2757 m). Nun gilt für die Mehrzahl unter uns: Zähne zusammenbeißen, denn die restlichen 22 Kehren schlängeln sich in enger Windung scheinbar endlos gen Himmel, und man hat fast das Gefühl, eine steile Felswand zu bezwingen. Diese architektonisch sehr bemerkenswerte Straßenbauweise ist auch für den technisch weniger interessierten Betrachter ein besonderer Genuss. Auf der

Passhöhe laden schließlich zahlreiche Cafés, Restaurants und Grillbuden zum Stärken und Entspannen ein.

Nachdem wir unsere Akkus wieder aufgeladen und die Abfahrt von der Passhöhe in Angriff genommen haben, bietet sich bereits kurz nach dem Start die Möglichkeit einer Routenänderung, um über den Umbrailpass ins Münstairtal nach Santa Maria zu gelangen und von dort die Route laut Beschreibung aus der Tour »Garmisch – St. Moritz for Beginners« fortzusetzen. Der Umbrailpass ist mit einer Länge von 13,4 Kilometern und einer Höhe von 2503 Metern der am höchsten gelegene Alpenpass der Schweiz. Neben der Passhöhe befinden sich ein Gasthaus sowie die Zollstation. Wir wählen jedoch die Abfahrt auf der SS38 in Richtung Bormio. Diese ist mit 36 Serpentinen, einem durchschnittlichen Gefälle von 7 Prozent und einer Gesamtlänge von 22 Kilometern auch nicht zu unterschätzen. Im weiteren Verlauf unseres Weges biegen wir kurz vor dem Wintersportort Bormio scharf nach rechts in die SS301 und folgen dem Straßenverlauf bis zum Passo di Foscagno. Die Straße ist vom Autoverkehr stark frequentiert, daher ist es ratsam, beim Durchfahren der Tunnel und Galerien eine Lampe mitzuführen, um von den anderen Verkehrsteilnehmern besser erkannt zu werden. Am Ortsausgang von Isolaccia beginnt schließlich die moderate Steigung zur Passhöhe (2291 m). Der Passo di Foscagno mit einer Länge von ca. 15 Kilometern, 940 Metern Höhendifferenz und einer durchschnittlichen Steigung von 4,5 Prozent sollte uns nicht mehr aus der Ruhe bringen. Auch wenn die Muskeln nach dem heutigen Tag voraussichtlich bereits brennen, können wir bei der gleichmäßigen Steigung einen runden Tritt

### WICHTIGE ADRESSEN (2. E)

***Übernachtung:*** Hotel Livigno, Via Ostaria 573, I-23030 Livigno, Tel. +39/0342/99 61 04, www.livignohotel.it; Hotel Alpina, Via Bondi 15, I-23030 Livigno, Tel. +39/0342/99 60 07, www.alpinahotel.it

***Restaurant:*** Hotel Helvetia, Via Plan 415, I-23030 Livigno, Tel. +39/0342/97 00 66

***Taxiservice:*** Taxi Driver in Livigno (SO), Tel. +39/0342/99 64 95

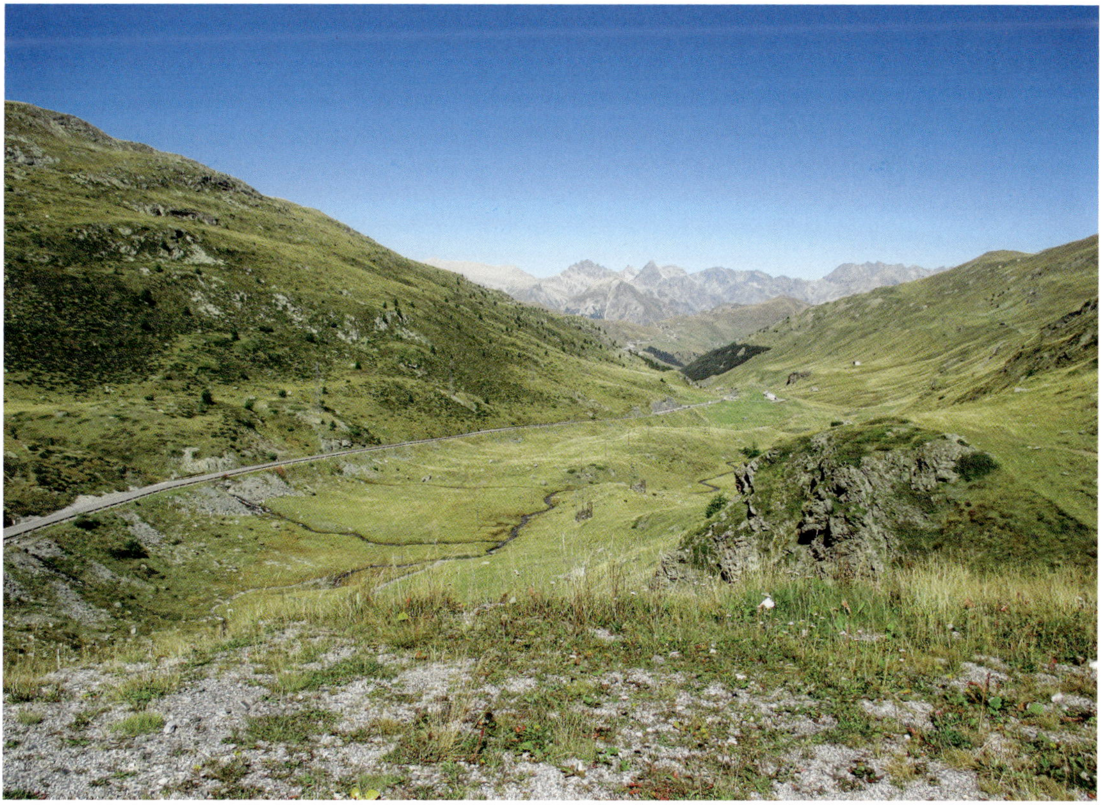

*Nahezu unberührte Landschaft am Passo di Foscagno*

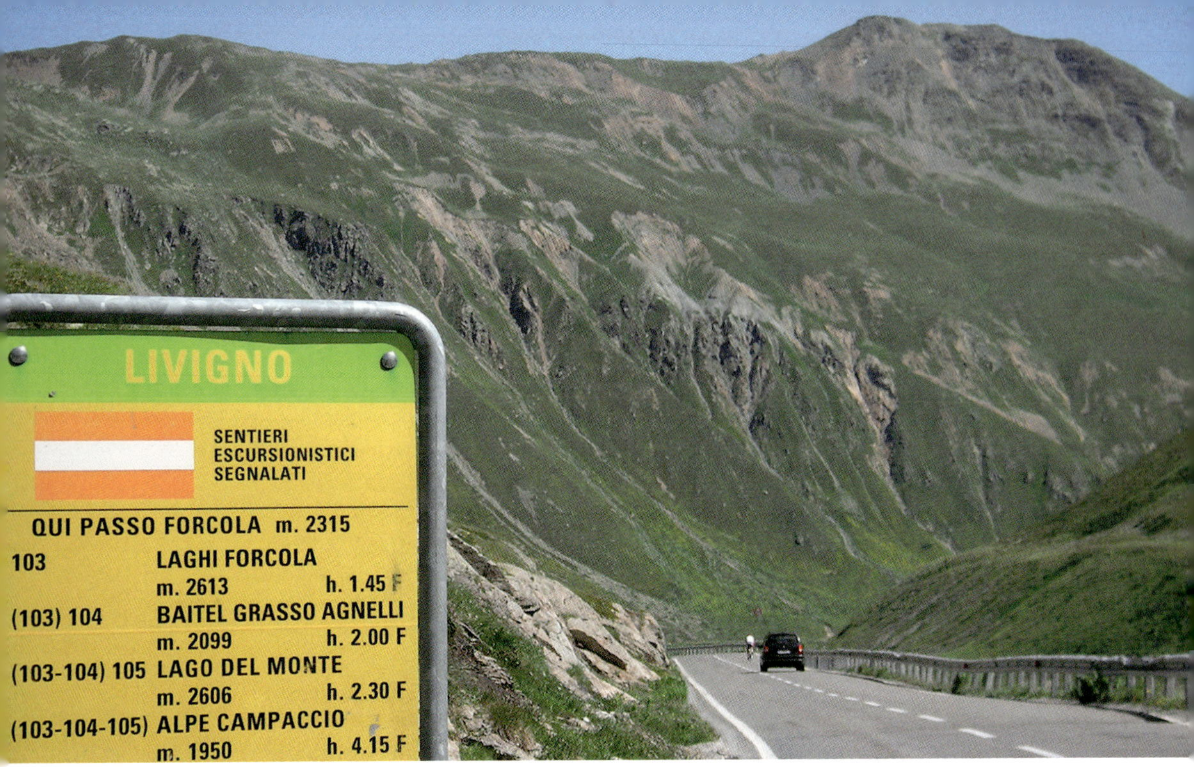


*Kurz nach dem Ort Livigno wartet der gleichnamige Pass, die Forcola di Livigno.*

finden. Um unser heutiges Etappenziel final zu erreichen, müssen wir nur noch den Passo d'Eira (2210 m) bezwingen. Wir nehmen dazu den Schwung aus der Abfahrt vom Passo di Foscagno mit, um von Ponte del Rez (2023 m) aus den Passo d'Eira zu erklimmen. Die Passhöhe erreichen wir nach knapp 3 Kilometern, 185 Höhenmetern und einer kurzen, knackigen Steigung von 10 Prozent. Unsere Blicke schweifen nun von der Passhöhe hinunter auf den Ort Livigno und den Lago di Livigno sowie die umliegenden vergletscherten Berggipfel. Wir lassen die hochalpinen Eindrücke auf uns wirken und nehmen dann die Abfahrt der SS301 in westliche Richtung. Die abwechslungsreiche Fahrt verläuft durch eine Galerie, die von einer Seilbahn gekreuzt wird, über insgesamt drei Kehren bis ins Tal, bis wir dann auf direktem Weg den Ortskern von Livigno erreichen.

## 3. Etappe: Livigno – Pontresina – Albula – St. Moritz

Auch wenn uns die Beine nach dem anstrengenden gestrigen Tag etwas müde erscheinen, schwingen wir uns zum Abschluss unserer Tour nochmals auf das Rad und steuern in westlicher Richtung den Forcola di Livigno an. Die Beschreibung des heutigen Streckenabschnitts von Livigno bis nach St. Moritz ist identisch mit der Garmisch-St.-Moritz-Tour im Level »For Beginners«, die wir daher eins zu eins übernehmen können.

Auf dem Weg bis nach St. Moritz sind wir nun wieder in Fahrt gekommen und sowohl bereit für neue hochalpine Eindrücke als auch für die nächste konditionelle Herausforderung, den Albulapass. Über Pontresina kommend, fahren wir rechts auf der SS27 in Richtung Zernez. Nun befinden wir uns im Engadin, einem Hochtal, das zu den höchstgelegenen bewohnten Tälern Europas zählt und mehr als 80 Kilometer lang ist. Es gehört zum Kanton Graubünden und teilt sich in das seenreiche Oberengadin und das wilde, durch den Flusslauf des Inns geformte Unterengadin. Bezeichnend für die Flora und Fauna des Engadins sind die Nordhänge mit Tannen und Föhrenwäldern, die bis auf eine Höhe von 1800 Metern reichen, und – bedingt durch die Trockenheit – vermehrt Lärchenwälder an den Südhängen, die sogar noch auf 2100 Metern anzutreffen sind. Neben einer malerischen Landschaft ist das Engadin nicht nur reich an nutzbaren Mineralien wie Bleiglanz, silberhaltigen Bleierzen und Kupferkiesen, sondern auch an Mineralquellen; als besonders wertvoll gelten

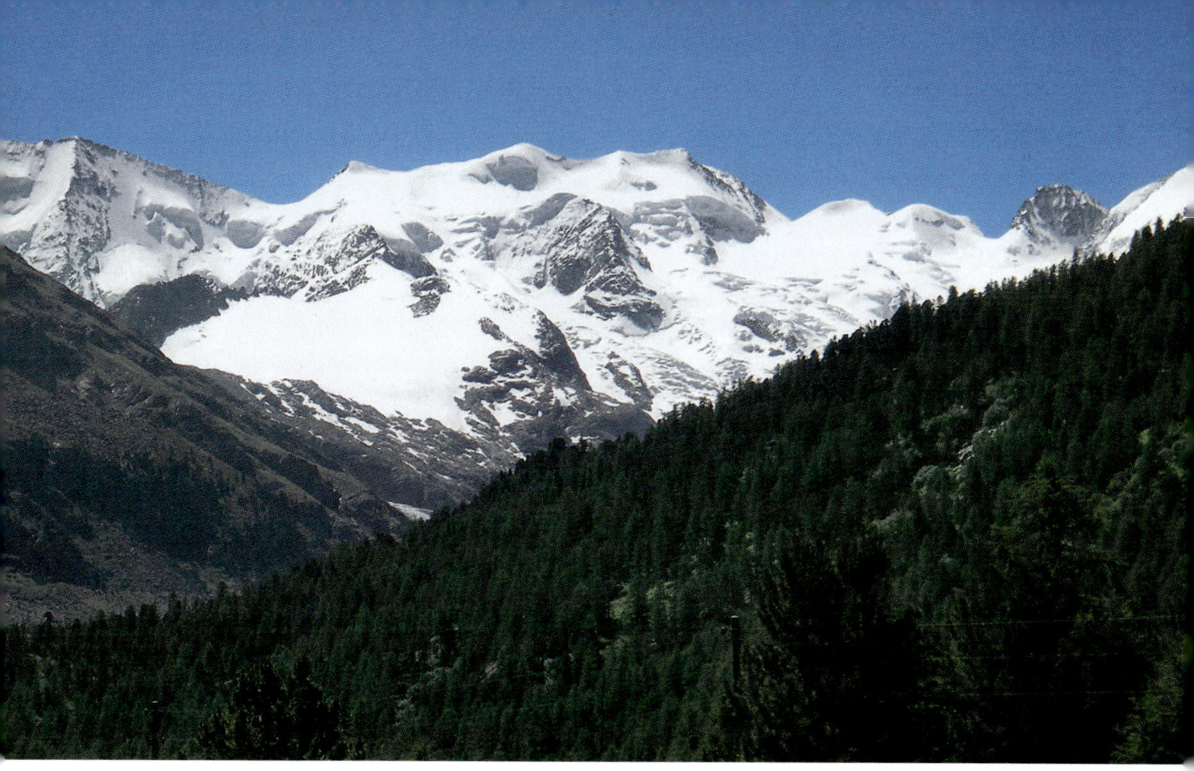

die berühmten Mineralquellen von St. Moritz im Ober- und Scoul-Tarasp im Unterengadin. Sicherlich verdankt St. Moritz insbesondere diesen legendären Heilquellen den stetig wachsenden Tourismus. Bereits 1831 wurde hier das erste Kurhaus eröffnet; heute zählt St. Moritz zu den bekanntesten Ferienorten auf der Welt.

In La Punt erreichen wir den Beginn des Albulapasses, welcher vor einer herrlichen Bergkulisse auf nur 9 Kilometern Länge eine Höhendifferenz von 625 Metern überwindet. Der Anstieg beginnt gleich hinter dem Bahnhof von La Punt und fordert uns bereits zu Anfang mit einer Steigung von bis zu 12 Prozent. Hier können wir uns kaum vorstellen, dass der Pass auch vom fast 5,9 Kilometer langen Albulatunnel, dem höchstgelegenen Alpentunnel vergleichbarer Länge, unterquert wird. Über mehrere Serpentinen gelangen wir schnell über die Baumgrenze, wo eine karge Landschaft das bisherige Bild von leicht bewaldeten Hängen ablöst. Die umliegenden, schneebedeckten Dreitausender, die sich majestätisch über das Inntal erheben, charakterisieren diese Hochebene. Autos stören kaum unser malerisches Bild, da der Hauptverkehr über den parallel liegenden Julierpass gen Süden gelenkt wird. Auf den letzten 5 Kilometern vor der Passhöhe nimmt die Steigung kontinuierlich ab, und wir rollen an einem Bergsee vorbei die letzten paar Hundert Meter sogar bergab zur offiziellen Passhöhe auf 2312 Meter. Am dortigen Hospiz können wir uns auf einer der Bänke in der Sonne einen Kaffee gönnen, oder wir genießen einfach nur den Ausblick auf die eindrucksvolle Berglandschaft. So kann der Tag langsam ausklingen! Zuvor fahren wir aber noch auf dem gleichen Weg zurück nach St. Moritz in unser Hotel, denn hier wartet bereits ein reichhaltiges Buffet mit Engadiner Spezialitäten auf uns. Hier in St. Moritz im Engadin können wir uns wohlfühlen und die Eindrücke unserer Transalp Revue passieren lassen.

*Am letzten Etappentag erwarten uns noch einmal herrliche Aussichten auf die Eisriesen der Berninagruppe.*

### WICHTIGE ADRESSEN (3. E)

***Übernachtung:*** Hotel Corvatsch, Via Tegiatscha 1, CH-7500 St. Moritz, Tel. +41/(0)81/837 57 57, www.hotel-corvatsch.ch; Hotel Sonne, Via Sela 11, CH-7500 St. Moritz, Tel. +41/(0)81/838 59 59, www.sonne-stmoritz.ch

***Restaurants:*** Hotel Corvatsch, Via Tegiatscha 1, CH-7500 St. Moritz,Tel. +41/(0)81/837 57 57, www.hotel-corvatsch.ch

***Taxiservice:*** Taxi-Zentrale St. Moritz, Tel. +41/(0)81/833 11 12, mobil +41/(0)79/611 13 10

# Der Dreiländergiro

Welcher ambitionierte Hobbyrennfahrer kennt nicht den Radmarathon der Extraklasse, den Dreiländergiro? Dieses Mega-Event findet alljährlich im Juni statt und lädt dazu nicht nur Rennradler, sondern auch sportbegeisterte Zuschauer und Fans ein.

Der Start- und Endpunkt Nauders verwandelt sich während der Veranstaltung von einem ruhigen Bergdorf in einen Ort des Spektakels mit Festzelt und ausgelassener Stimmung. Die Urlaubsregion Nauders im Tiroler Oberland liegt auf einer Höhe von über 1350 Metern und verfügt bei etwa 1500 Einwohnern über ca. 4200 Gästebetten. Hier im Dreiländereck Österreich-Italien-Schweiz, zwischen den Ötztaler Alpen im Nordosten, der Sesvennagruppe im Westen und der Samnaungruppe im Nordwesten, liegt der Ausgangspunkt für den »Dreiländergiro«. Die unberührte Bergwelt bietet sowohl im Sommer als auch im Winter neben atemberaubenden Ausblicken und eindrucksvollen Naturschauspielen auch zahlreiche weitere Sportmöglichkeiten. Aufgrund des großen Interesses sowie der begrenzten Zulassung von Radlern auf den Schweizer Straßen wurde die Teilnehmerzahl am Radmarathon vom Veranstalter auf 3000 limitiert. Daher ist es empfehlenswert, sich zum Jedermann-Rennen rechtzeitig anzumelden. Für den begeisterten Sportler stehen, abhängig vom persönlichen Trainingszustand und der Bereitschaft sich zu quälen, zwei Varianten (Route A und B) zur Auswahl, deren Streckenverlauf wir im Folgenden beschreiben.

*Nach dem Start in Nauders ist das Fahrerfeld noch dicht zusammen.*

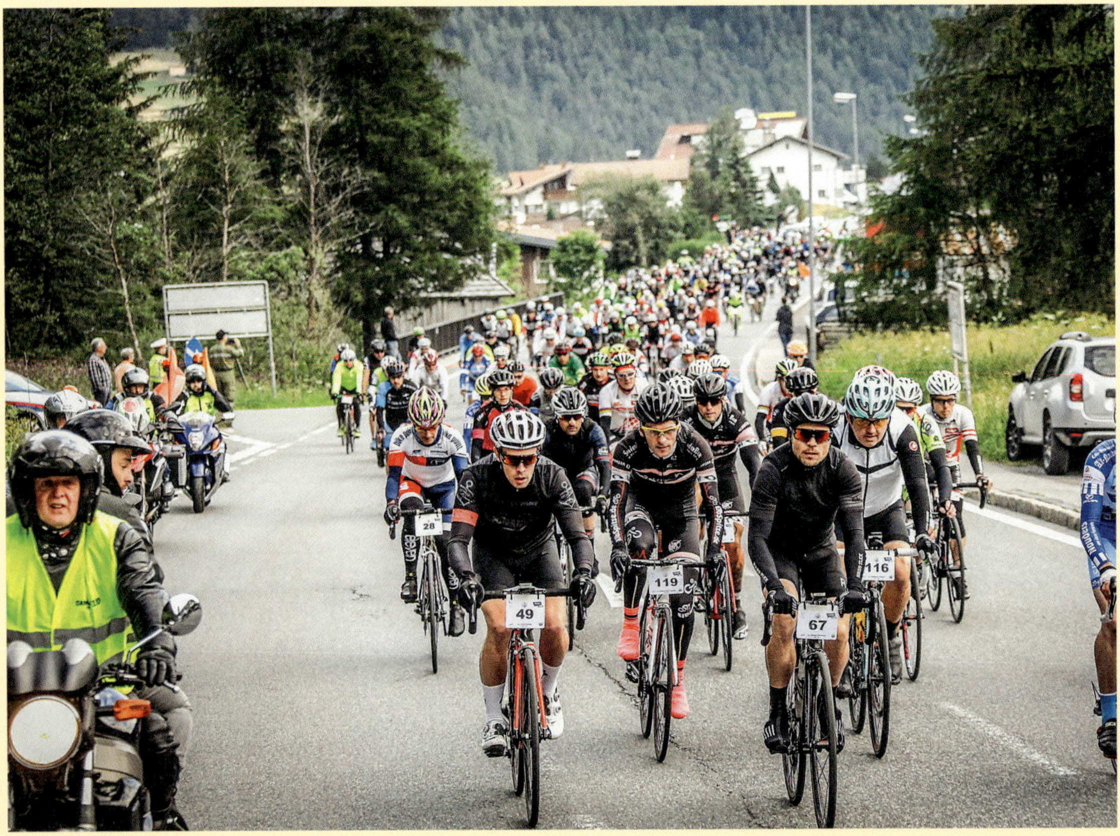

## Streckenbeschreibung der Route A (168 km, 3300 hm)

Wir starten in Nauders (1360 m), fahren entweder auf der Bundesstraße oder auf dem ruhiger gelegenen Radweg über den Reschenpass (1504 m) und passieren die Orte Mals (1051 m), Glurns (885 m) und Prad (900 m). Hier biegen wir rechts ab; die Straße beginnt nun zu steigen – das Stilfser Joch liegt vor uns! Nach 643 Höhenmetern erreichen wir Trafoi (1543 m) mit der ersten Verpflegungsstation, an der wir uns u. a. mit »Energy«-Drinks, -Riegeln und -Gels stärken können. Und weiter geht es mit dem berühmt-berüchtigten Kehrenkarussell des Stilfser Jochs und einer Steigung von bis zu 15 Prozent bis hinauf zur Passhöhe (2757 m). Hier ist ein Kontrollpunkt des Veranstalters eingerichtet sowie eine weitere Verpflegungsstation. Mit neuer Energie versorgt, folgen wir dem Straßenverlauf bergab und zweigen dann nach etwa 4 Kilometern zum Umbrailpass ab. Von der Passhöhe aus geht es 13,5 Kilometer und 1120 Tiefenmeter hinab bis nach Santa Maria. In Santa Maria befinden wir uns am Scheitelpunkt zum nächsten Anstieg, dem Ofenpass. Wir stärken uns erneut an der dritten Verpflegungsstation und können zusätzlich die Servicestation für eventuell notwendige Radreparaturen nutzen.

Die Passhöhe des Ofenpasses (2149 m) erreichen wir dann nach 774 Höhenmetern und etwa 13 Kilometern. Die Abfahrt von dort führt uns bis zum Munt-la-Schera-Tunnel, wo wir aber nicht links in Richtung Livigno abbiegen, sondern der Straße weiter nach Zernez (1474 m) folgen. Die vierte Verpflegungsstation und eine weitere Radservicestation stehen den Teilnehmern hier zur Verfügung.

Im weiteren Verlauf der Strecke haben wir noch einen kleinen Gegenanstieg zu bewältigen, für den wir uns etwas Kraft aufsparen sollten, bevor wir dann leicht bergab über die Orte Susch (1426 m), Ardez (1470 m) und Scuol (1244 m) bis nach Martina rollen. An der Grenzstation Martina (1036 m) ist die fünfte Verpflegungsstation eingerichtet, die wir für eine letzte Stärkung ansteuern können. Unsere Mitstreiter im Rücken und vor Augen, erkämpfen wir uns nun noch die letzten Höhenmeter der Norbertshöhe, denn dann haben wir nach einer kurzen, aber genussvollen Abfahrt unser Ziel »Nauders« wieder erreicht.

Die Grenzstationen der Route A:
- Reschenpass (Österreich/Italien)
- Umbrailpass (Italien/Schweiz)
- Martina (Schweiz/Österreich)

## Streckenbeschreibung der Route B (120 km, 2900 hm)

Wir benutzen wie auf Route A entweder den Radweg oder die Bundesstraße, um von Nauders (1360 m) über den Reschenpass (1504 m) durch den Vinschgau bis nach Glurns (885 m) zu kommen. Wir radeln, wie bei der Route A beschrieben, weiter nach Prad und über das Stilfser Joch. Über den Umbrailpass geht es weiter nach Santa Maria (1375 m). Hier trennen sich Route A und B. Es geht weiter bergab nach Laatsch. Wir fahren auf den Radweg und absolvieren den letzten Anstieg zum Reschenpass. Kurze Zeit später ist das Ziel Nauders nach insgesamt 120 Kilometern erreicht.

Die Grenzstationen der Route B:
- Reschenpass (Österreich/Italien)
- Umbrailpass (Italien/Schweiz)
- St. Maria (Schweiz/Österreich)

Für eine noch ausführlichere Version der Streckenbeschreibung sowie nähere Angaben zu den Pässen verweisen wir auf die Touren »Garmisch – St. Moritz, Level 1 und Level 2«, um Wiederholungen zu vermeiden.

Beim Dreiländergiro sind im Startgeld von 79 bis 90 € (Stand April 2022) folgende Leistungen enthalten:
- Zeitnahme mit Transponder
- 3 bzw. 5 Verpflegungsstationen (abhängig von der Route)
- 2 Radservices an der Strecke (Sta. Maria und Zernez)
- offizielle Begleitfahrzeuge und Motorräder
- Schlusswagen
- Finisher-Trikot
- Dreiländergiro-Urkunde (wird mit der Einlaufliste nachgesandt)

Anmeldung und Information: Tiroler Oberland, Infobüro Nauders, nauders@reschenpass.info, www.dreilaendergiro.at

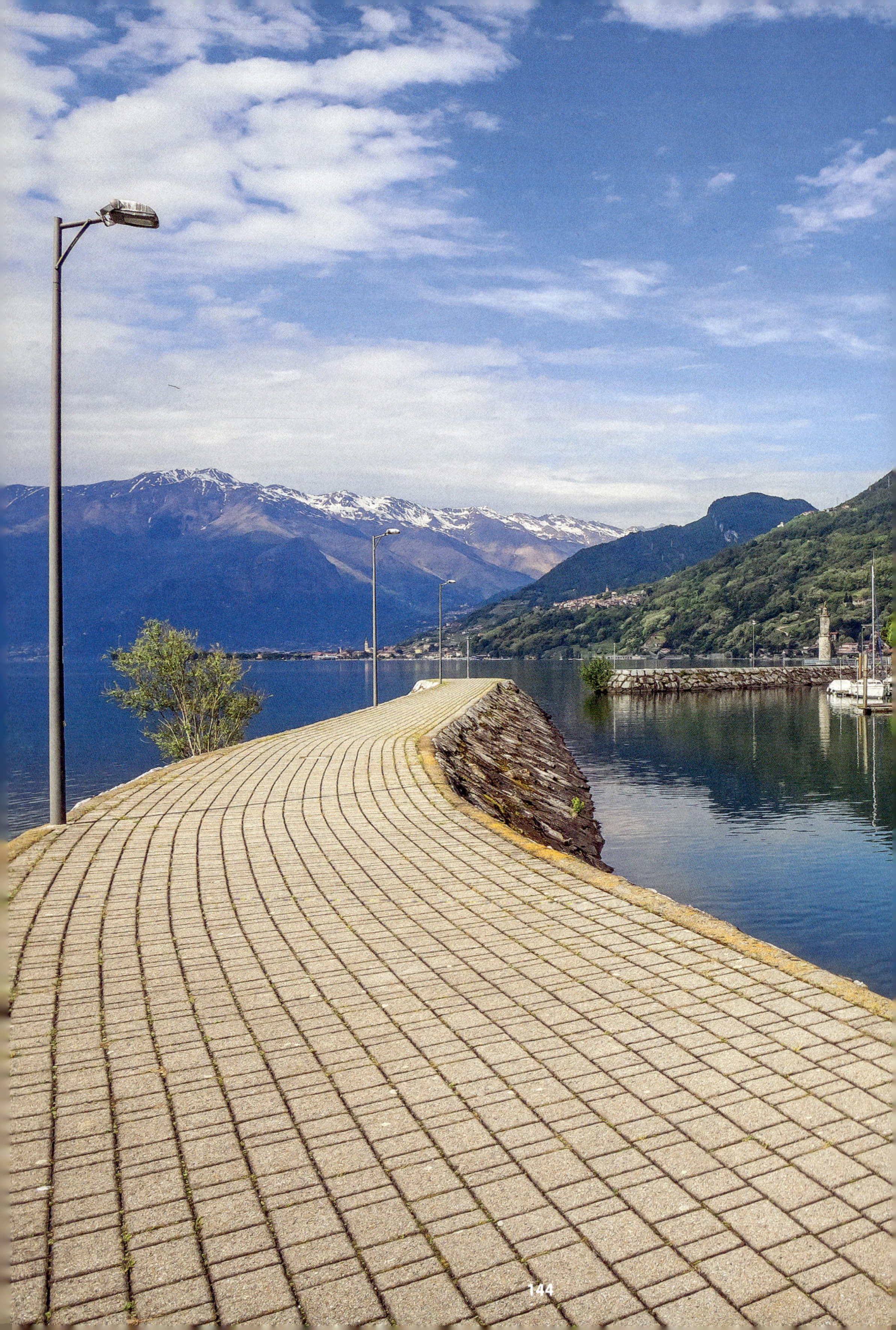

# TOUR 6
# Bodensee – Comer See

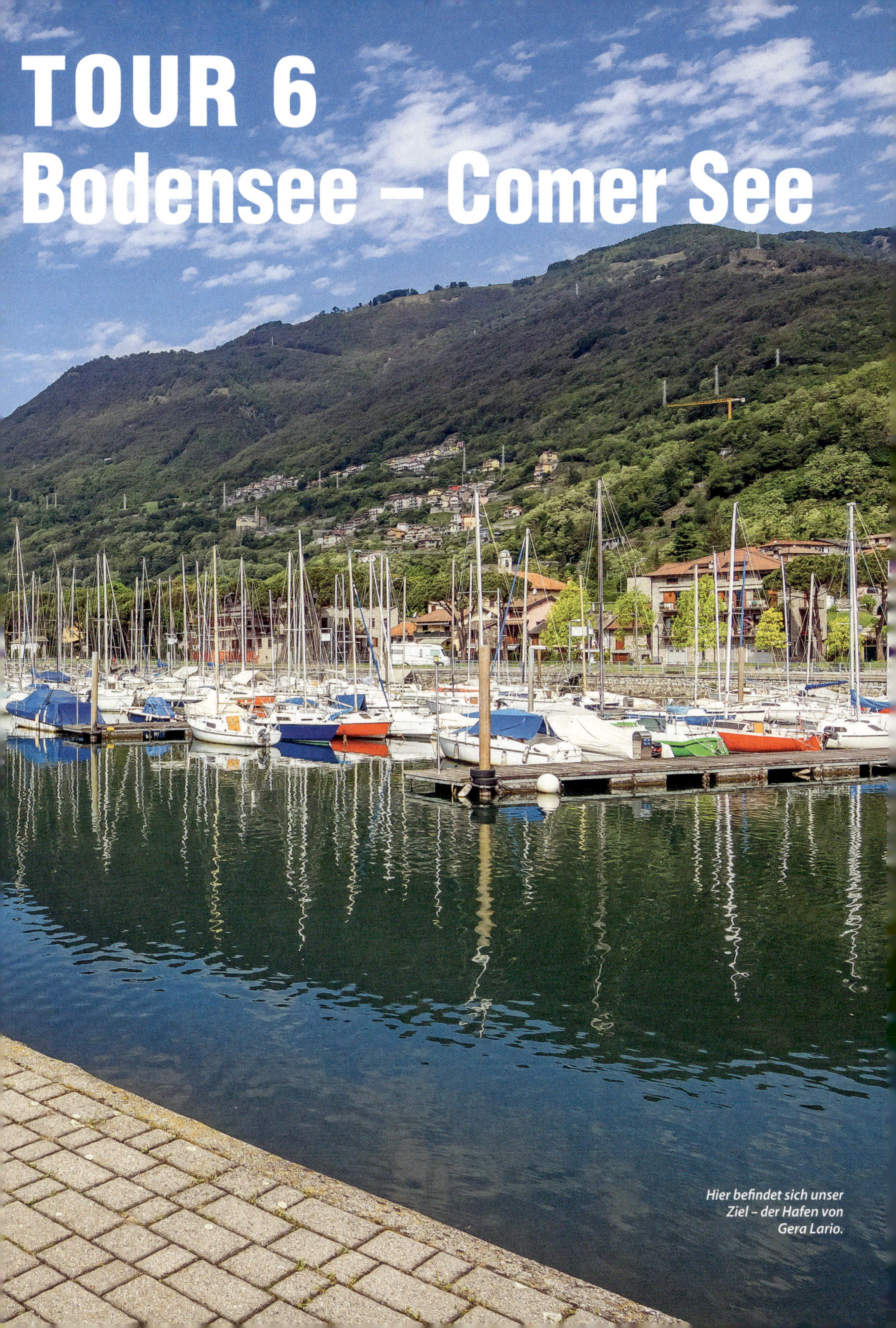

*Hier befindet sich unser Ziel – der Hafen von Gera Lario.*

# 6a Die Einsteigertour
## – entlang des Rheins und durchs Engadin zum Comer See

leicht | 303 km | 3675 hm | 3 Tage

**AUSGANGS-/ENDPUNKT**
Bodensee – Comer See

**ETAPPEN**
Lindau – Lenzerheide, ca. 120 km, 1650 hm; Lenzerheide – St. Moritz, ca. 60 km, 1640 hm; St. Moritz – Gera Lario, ca. 123 km, 385 hm

**STRECKENVERLAUF**
Lindau (401 m), Lenzerheide (1473 m), Julierpass (2284 m), St. Moritz (1822 m), Malojapass (1815 m), Gera Lario

**CHARAKTER/ERLEBNISWERT**
Eine gute Grundkondition sollte man haben. Die Anstiege sind mit dem Rennrad gut fahrbar, bei stets spektakulären Ausblicken auf die Schweizer Berge.

**SEHENSWERTES**
Bodensee, Graubünden, St. Moritz, Bernina, Oberengadiner Seen, Comer See

**KARTEN**
Marco Polo, Schweiz – Östlicher Teil, Zentralschweiz, 1:200 000

**TOURIST-INFO**
Tourist-Info Lindau, gegenüber dem Hauptbahnhof, Tel. 08382/26 00-30, www.lindau.de; Tourist-Info Lenzerheide, Voa Principala 37, CH-7078 Lenzerheide, Tel. +41/(0)81/385 57 00, www.lenzerheide.com; Tourist-Info St. Moritz, CH-7500 St. Moritz, Tel. +41/(0)81/837 33 33, www.engadin.stmoritz.ch/stmoritz; Tourist-Info Como, Piazza Cavour 17, I- 22100 Como, Tel. +39/031/26 97 12, www.comer-see-italien.com

**Diese Tour besitzt Schweizer Akzent! Die Strecke führt vom deutschen Bodenseeufer am Rhein entlang in die Lenzerheide, über den Julierpass der Rätischen Alpen ins Oberengadin. Das freundliche »Grüezi mitenand«, auch neuzeitlich-familiär »Hoi« oder »Salü«, sollte uns in Gegenwart der gemütlichen und heimatverbundenen Schweizer leicht von den Lippen gehen. Zahlreiche »Heidi-Schauplätze« und exklusive, alpine Städte wie Chur und St. Moritz laden zum Boxenstopp ein. Verbrannte Kalorien füllen wir mit leckerem Schweizer Almkäse und zarter Alpenmilchschokolade wieder auf. Am Etappenziel Comer See in Italien angekommen, können wir schließlich bei einem Cappuccino an der Uferpromenade das Dolce Vita genießen. Mit drei Etappen ist diese Genuss-Transalp sehr überschaubar und auch für Einsteiger gut zu meistern.**

### 1. Etappe: Lindau – Chur – Lenzerheide

Wir starten mit dieser Tour am südwestlichen Zipfel Deutschlands, in der Bodenseeregion. Bei der heutigen Etappe folgen wir zuerst dem Rheinverlauf und haben damit genügend Zeit, unsere Muskeln aufzuwärmen. Die ersten 110 Kilometer bis nach Chur verlaufen auf gut geteerter Fahrbahn mit einem ganz leichten Auf und Ab und einem Höhenunterschied von 200 Metern. Die Stadt Chur bildet das Eingangstor des Kantons Graubünden und gilt als die älteste Stadt der Schweiz. Die atmosphärische Altstadt liegt versteckt hinter den umgebenden Hochhäusern und Industriebauten. Besondere Anziehungspunkte sind das Bündner Naturmuseum, das Weinbaumuseum und

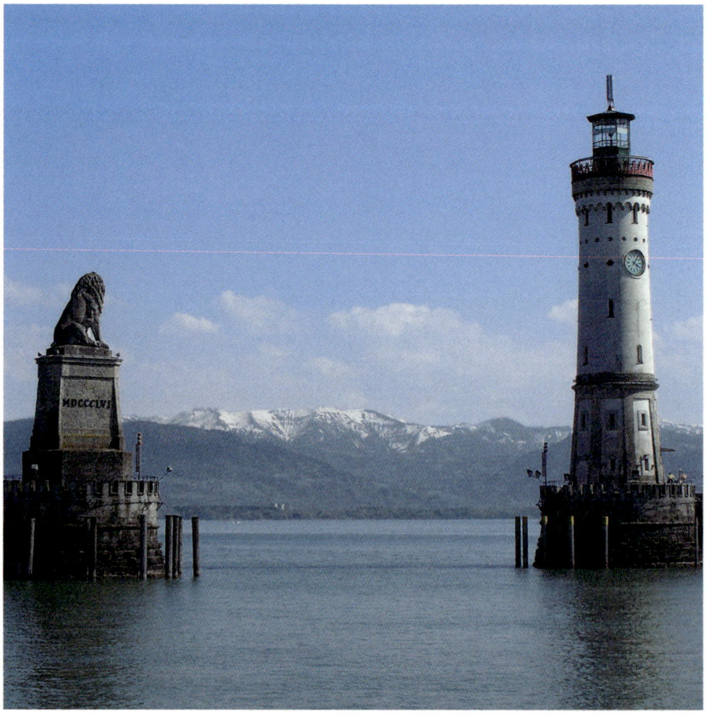


*Von Lindau blicken wir gedanklich schon in Richtung Ziel.*

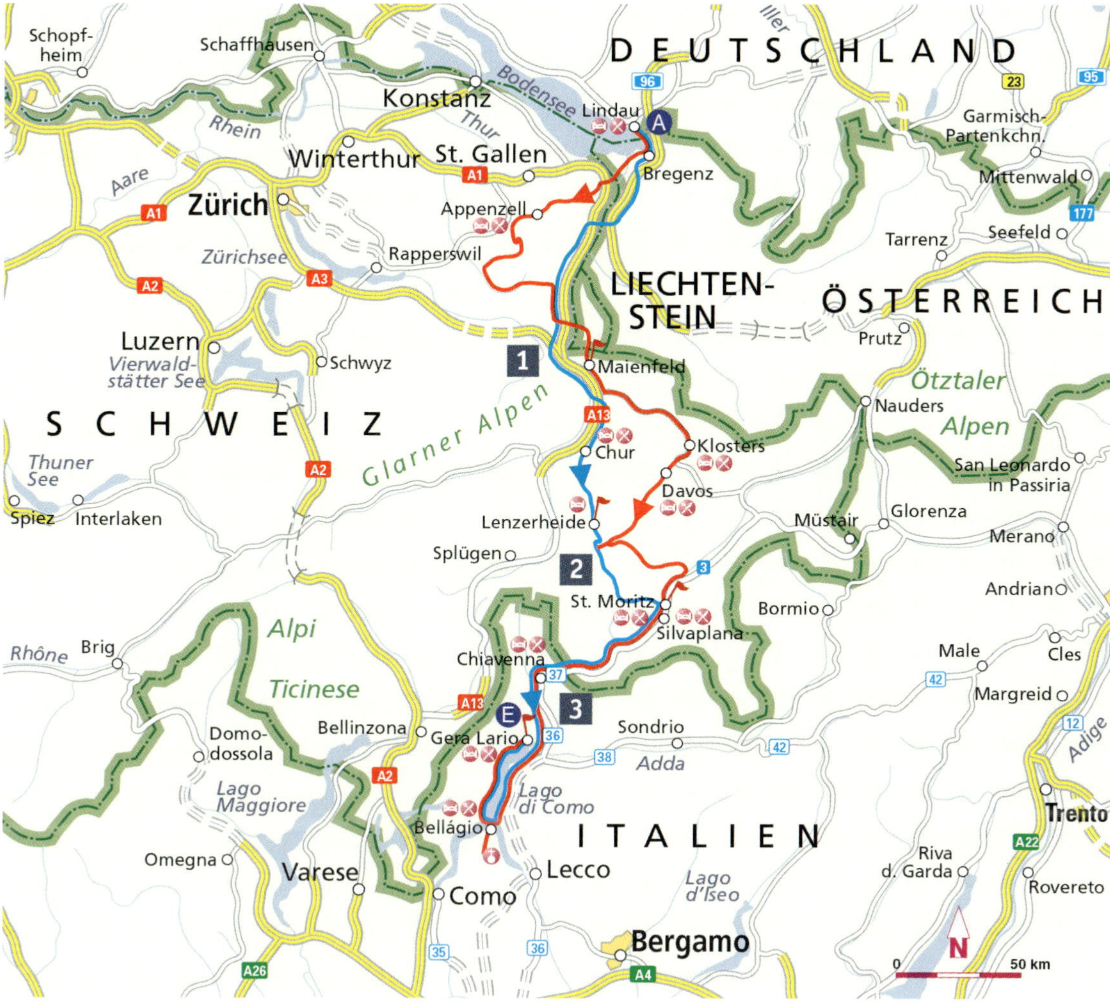


For Beginners      Medium

die Kathedrale St. Maria Himmelfahrt. In naher Umgebung säumen Weinberge das Bild. Chur besitzt durch seine geschützte Lage und den Föhnwind die höchsten Durchschnittstemperaturen aller Schweizer Städte. Ab Chur nach Parpan ist es dann erst einmal vorbei mit der

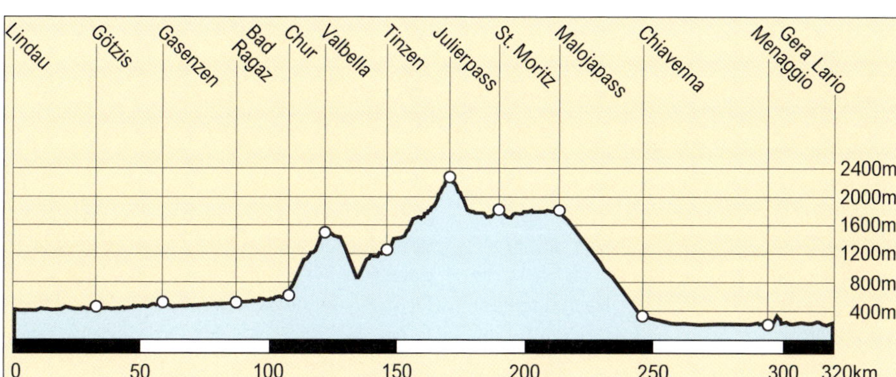

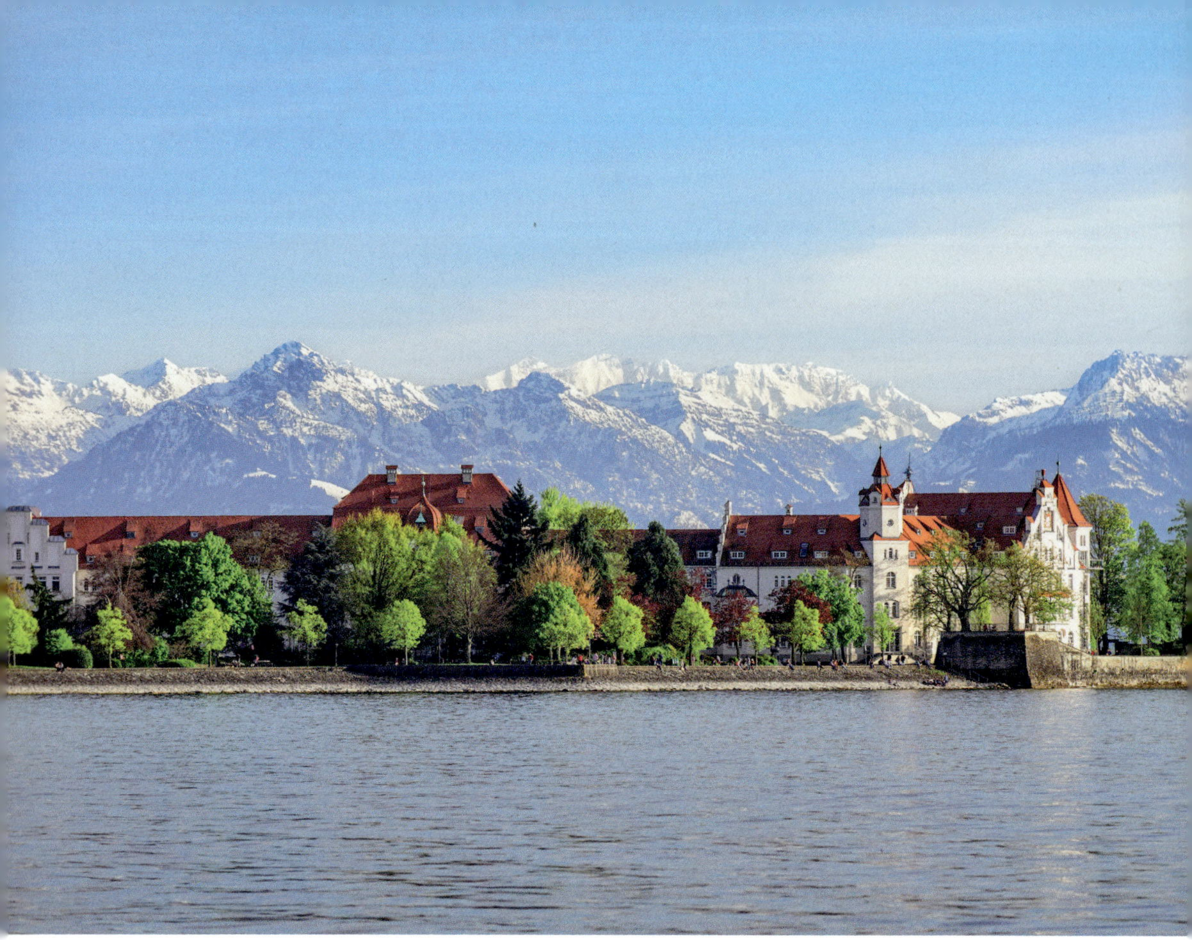

*Am Bodensee beginnt unsere Tour zum Comer See.*

Schweizer Gemütlichkeit und das »Land der Berge« macht seinem Namen ein erstes Mal alle Ehre. Aber dazu später mehr.
Bevor wir uns in der Hafenstadt Lindau (401 m) auf das Rad schwingen, lohnt es sich noch einmal, die Aussicht auf die herrliche Bergkulisse um den Bodensee zu genießen. Mit einem 360-Grad-Blick können wir drei verschiedene Länder und mehrere Gipfel erspähen. Gleich über dem Wasserspiegel zeigt sich im Süden die Schweiz mit dem Gipfel des Säntis, östlich ragen die österreichischen Bergspitzen des Bregenzerwaldes und die Allgäuer Alpen empor, und westlich erscheinen die kleinen Dörfer am Ufer der deutschen Seeseite vor dem Auge.
Wir verlassen den zweitgrößten Alpenrandsee in Richtung Bregenz. Dafür fahren wir von der Insel Lindau auf die Seebrücke. Am Kreisverkehr Europaplatz biegen wir rechts in die Bregenzer Straße (ST2375) ein. Nach ungefähr 500 Metern knickt diese rechts ab. Wir folgen ihr, fahren in den Kreisverkehr Berliner Platz und verlassen ihn an der ersten Ausfahrt in die Bregenzer Straße (B12). Die flache, stark befahrene Straße führt direkt am Seeufer entlang. Deswegen müssen wir uns stark auf den Verkehr konzentrieren und können nur wenige Blicke auf den See wagen. Alternativ führt ab Lindau auch ein Radweg nach Bregenz und sogar noch weiter, er ist aber immer wieder unterbrochen. Bevor wir Bregenz erreichen, kommen wir an den Grenzübergang zu Österreich und fahren ungefähr 3 Kilometer auf der Seestraße, Vorarlberger Landesstraße (L190). Wir folgen der L190 und passieren Dornbirn (437 m), Hohenems und Götzis. Hier biegen wir rechts ab nach Koblach. Kurz nach Koblach überqueren wir den Rhein und passieren den Grenzübergang zur Schweiz, gelangen über kleine Nebenstraßen nach Montlingen, überqueren dort die Bahngleise und treffen bald darauf auf die Bundesstraße 13, der wir in Richtung Sennwald vorbei an Moos und Rüthi folgen. Nachdem wir den Ortskern von Sennwald verlassen haben, biegen wir rechts in die Nebenstraße in Richtung Frümsen ein und

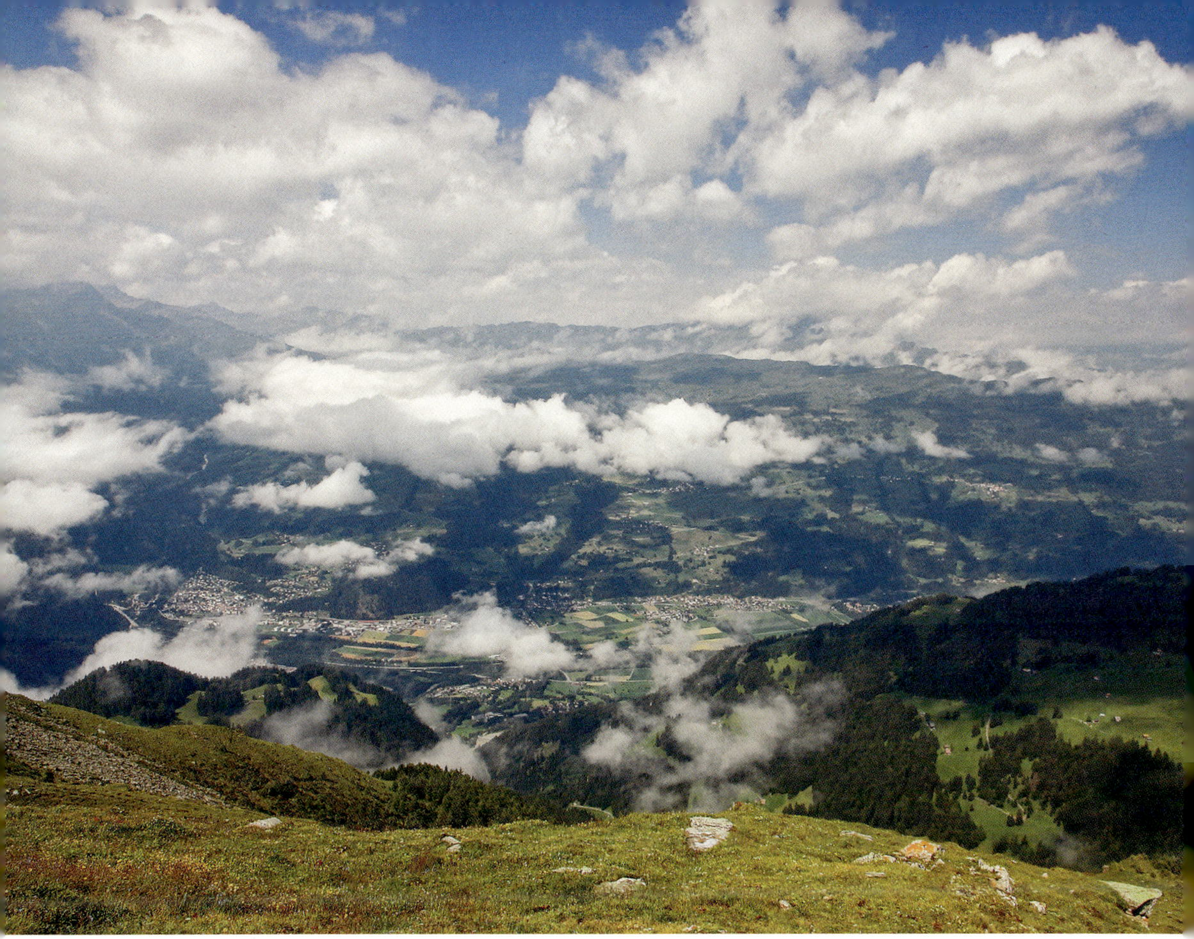

durchqueren die kleinen Schweizer Dörfer Rofisbach, Gasenzen und Gams. Dort treffen wir auf die Bundesstraße 16. Dieser folgen wir nach Grabs und fahren in Richtung Städtli, St. Gallerstraße (13/16) nach Buchs. Es geht weiter auf der Churerstraße (13) über die Dörfer Räfis und Sevelen, Plattis, Fontnas, Wartau, Vild nach Sargans (480 m). Die Route verläuft weiterhin entlang des Rheintals auf der Bundesstraße 13/3 bis nach Chur (593 m). Wir passieren dabei Bad Ragaz, Zizers, Chlei Rüfi und Malans.
Die Stadt bietet sich als Verpflegungsstopp sehr gut an. Ab Chur verlassen wir das Rheintal, bleiben aber weiterhin auf der Bundesstraße 3. Unser Abendessen müssen wir uns erst noch verdienen. Das tun wir auch, denn jetzt führt kein Weg mehr am Lenzerheidepass vorbei, der sich zwischen dem Rheintal und dem Albulatal erstreckt. Mit 908 Metern Höhendifferenz, maximal 12 Prozent Steigung und der Aussicht auf ein herzhaftes Schweizer Abendmahl ist dieser aber gut machbar. Also nichts wie los ins Serpentinen-Vergnügen. Über die Dörfer Malix, Churwalden und Parpan erreichen wir schließlich unser Etappenziel, das weite, sonnige Hochtal mit dem Ort Lenzerheide auf 1473 Metern. Dieses Dorf besteht erst seit der ersten Hälfte des 20. Jahrhunderts und besitzt damit eine noch junge Geschichte. Im Januar 1903 wurde hier der erste

*Der Blick hinunter auf das Hochtal mit dem Ort Lenzerheide*

## WICHTIGE ADRESSEN (1. E)

***Übernachtung:*** Hotel Freihof, Freihofstr. 2, 88131 Lindau, Tel. 08382/96 98 710, www.freihof-lindau.de; Hotel Gasthof Stift, Stiftplatz 1, 88131 Lindau, Tel. 08382/93 570, www.bodensee hotel-lindau.de; Hotel Collina, Voa Sporz 9, CH-7078 Lenzerheide, Tel. +41/(0)81/385 00 85, www.hotelcollina.ch; Hotel Waldhaus am See, Voa Principala 5, CH-7077 Valbella, Tel. +41/(0)81/385 02 02, www.waldhausvalbella.ch
***Restaurants:*** Pizzeria Il Mulino, In der Grub 30, 88131 Lindau, Tel. 08382/67 04; Restaurant La Patata, Hauptstr. 25, CH-7078 Lenzerheide, Tel. +41/(0)81/384 16 26, www.la-patata.ch
***Taxiservice:*** Taxi-Ring-Zentrale, Tel. 08382/60 06 (oder 33 77); AAA Taxi Fortuna GmbH in Lenzerheide/Lai, Tel. +41/(0)79/636 50 12

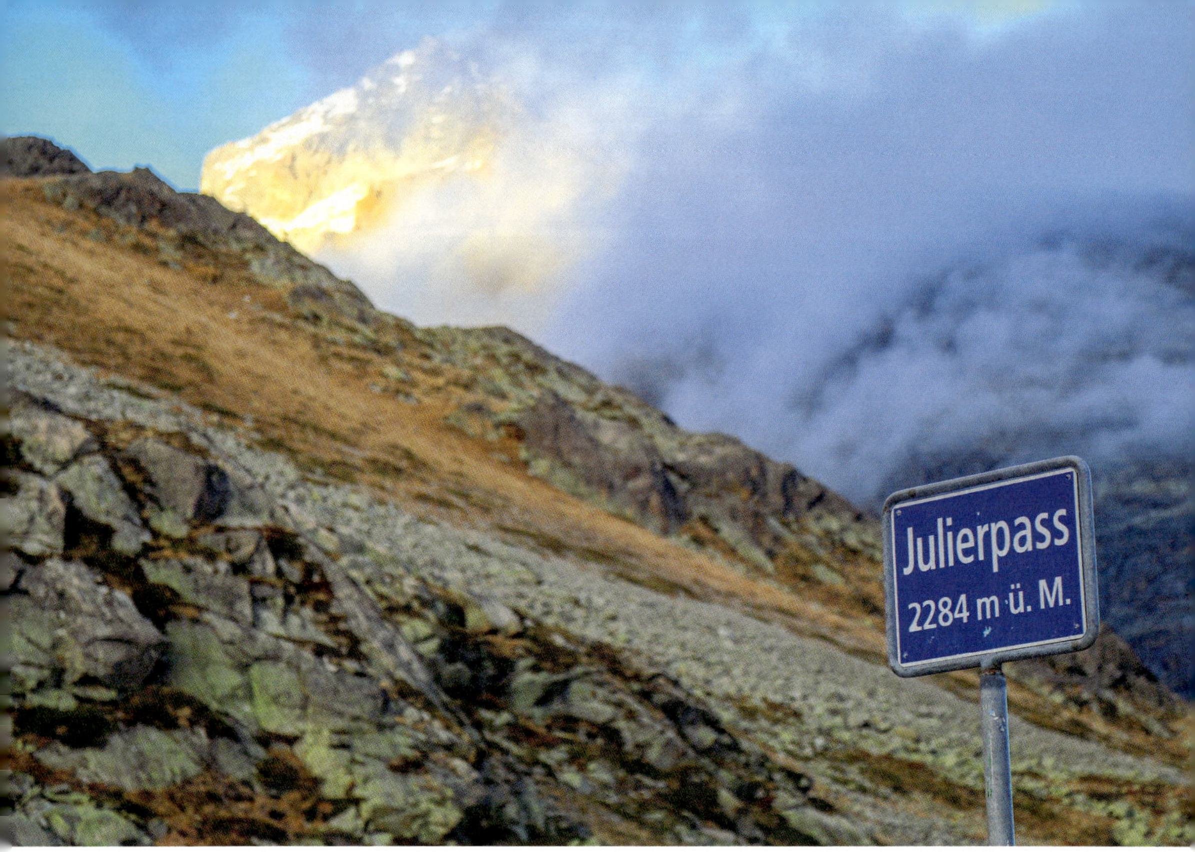


*Der Julierpass ist der Höhepunkt im Wortsinn auf der zweiten Etappe.*

offizielle Skikurs in der Schweiz durchgeführt. Danach florierte der winterliche Tourismus immer mehr, viele Hotel- und Skiliftanlagen wurden gebaut. Zuerst beschränkte sich der Tourismus nur auf den Sommer, und die Wintergäste mussten in den ersten Jahren in unbeheizten Zimmern nächtigen.

## 2. Etappe: Lenzerheide – Julierpass/Inntal – St. Moritz

Was für ein Auftakt: Vom Dorf Lenzerheide fahren wir wenige Meter auf die Passhöhe (1549 m), um dann 500 Höhenmeter tief ins Albulatal zu rauschen. Die Abfahrt verläuft in sanften Kurven und ist zum entspannten Wachwerden genau richtig. In Tiefenkastl (851 m), dem Ort, wo Julia und Albula zusammenfließen, angelangt, folgen wir der Julierstraße (3, 417) in Richtung Julierpass. Die Nordrampe des Passes verläuft treppenartig mit steilen Kehren, die von flachen Teilstücken unterbrochen werden. Die Steigung beträgt maximal 10 und durchschnittlich 4 Prozent.

Jetzt wird es ernst. Gleich nach dem Ortskern beginnt die 36 Kilometer lange Auffahrt zur Passhöhe. Die Straße windet sich mit einer Steigung bis zu 10 Prozent den Berghang entlang zum Wintersportort Savognin. Dann folgt ein flaches Teilstück, bei dem wir wieder Luft holen können. Hinter Tinizong gehen wir die nächste Talstufe mit einer Steigung von 10 Prozent mit Blick auf den stimmungsvollen Marmorera-Stausee an. Auf der breiten Fahrbahn gelangen wir nach Furnatsch und bewältigen den serpentinenförmigen Anstieg bis nach Bivio auf 1800 Meter. Noch eine weitere Serie von Kehren mit 10 Prozent – und wir haben es geschafft! Die Passhöhe ist in Sicht (2284 m). Die Landschaft ist karg, Steinfelsen liegen kreuz und quer verteilt. Inmitten dieser

### WICHTIGE ADRESSEN (2. E)

***Übernachtung:*** Hotel Corvatsch, Via Tegiatscha 1, CH-7500 St. Moritz, Tel. +41/(0)81/837 57 57, www.hotel-corvatsch.ch; Hotel Sonne, Via Sela 11, CH-7500 St. Moritz, Tel. +41/(0)81/838 59 59, www.sonne-stmoritz.ch

***Restaurants:*** Hotel Corvatsch, Via Tegiatscha 1, CH-7500 St. Moritz, Tel. +41/(0)81/837 57 57, www.hotel-corvatsch.ch

***Taxiservice:*** Taxi-Zentrale St. Moritz, Tel. +41/(0)81/833 11 12, mobil +41/(0)79/611 13 10

Brocken befinden sich zwei antike Steinsäulen, die bezeugen, dass hier früher Römer den Pass überquerten. Vor uns breitet sich das weite Hochtal des Oberengadins aus. Rechts erblicken wir die Seenplatte, links den Malojapass, und geradeaus glitzert uns das Eis des Berninagipfels entgegen. Eine Einkehrmöglichkeit befindet sich schon kurz vor der Passhöhe auf der linken Seite. Die Abfahrt nach Silvaplana gestaltet sich als kurzweilige Angelegenheit, denn innerhalb von 6,5 Kilometern haben wir den Ort erreicht. Auch wenn die Strecke kurz ist, bereiten die 11 Prozent Gefälle dennoch viel Fahrvergnügen. In Silvaplana biegen wir in die Bundesstraße 27 nach St. Moritz (1822 m) ein. Der exklusive Wintersportort bildet einen starken Gegensatz zu den verlassen wirkenden Bergdörfern.

Übrigens wurde in St. Moritz das Cresta-Fahren bzw. Skeleton entwickelt, denn warum auf dem Schlitten sitzen, wenn es im Liegen viel schneller geht. Nur wenige Zentimeter über dem Boden liegt der Rodler bäuchlings auf dem Metallschlitten. Mithilfe zweier Stahlbügel kann er den Schlitten lenken und erreicht dabei eine Geschwindigkeit von bis zu 120 Kilometer pro Stunde. In St. Moritz endet die heutige Etappe. Den Abend über haben wir Zeit zu entdecken, welche Köstlichkeiten sich hinter Speisebezeichnungen wie Pizokel, Maruns, Bündner Fleisch und Capuns verstecken.

## 3. Etappe: St. Moritz – Pontresina – Comer See

Auf der letzten Etappe wird das Klima mediterraner. Zuerst aber bereitet uns die Abfahrt des Malojapasses noch etwas kühlen Fahrtwind und Nervenkitzel. Von Chiavenna aus können wir den Cappuccino, der am Comer See auf uns wartet, förmlich schon riechen. Wir verlassen St. Moritz in Richtung Chiavenna und erreichen bald die Oberengadiner Seen. Dazu zählen der Silsersee, der Silvaplanersee, der Champferersee und der St.-Moritz-See. Sie werden von romantischen Hochgebirgsdörfern mit einigen Bauernhäusern im rätoromanischen Stil umrandet. Die Seenplatte ist ein Relikt aus der Eiszeit. Bei der damaligen Gletscherschmelze blieben Toteisreste übrig, und durch abgelagertes Geröll bildeten sich die Mulden. Das zauberhafte Landschaftsbild fand

*Die Engadiner Seenplatte ist ein landschaftlicher Höhepunkt auf der dritten Etappe.*

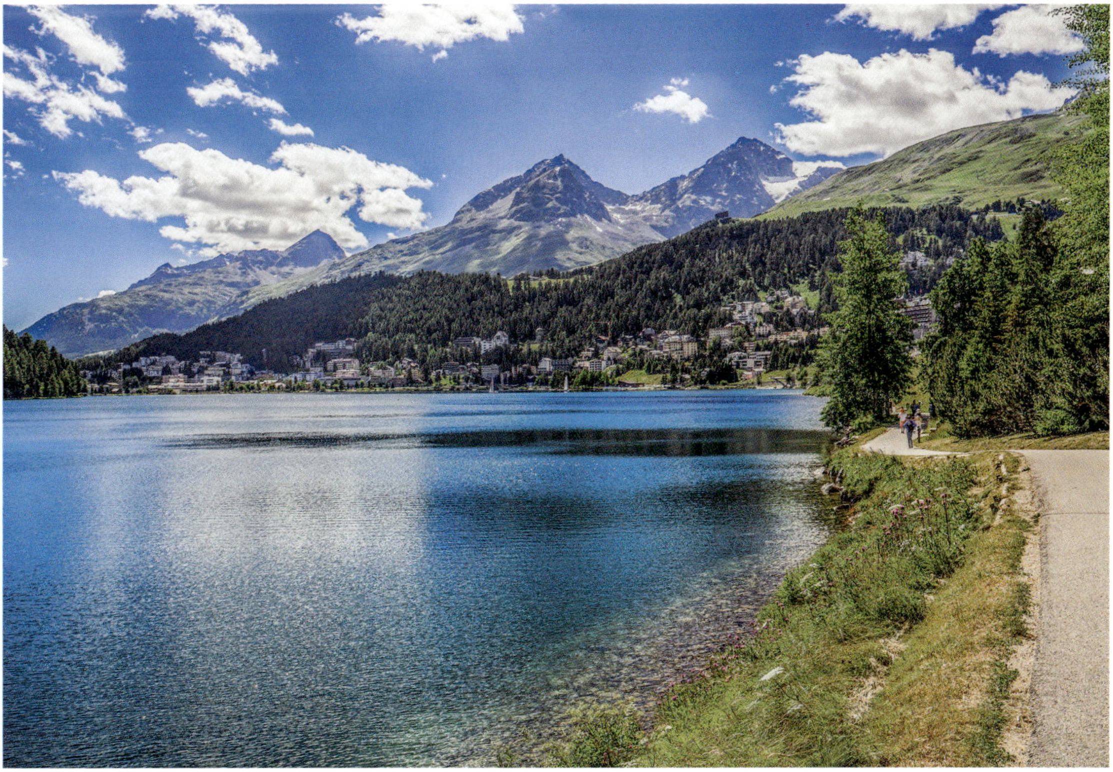

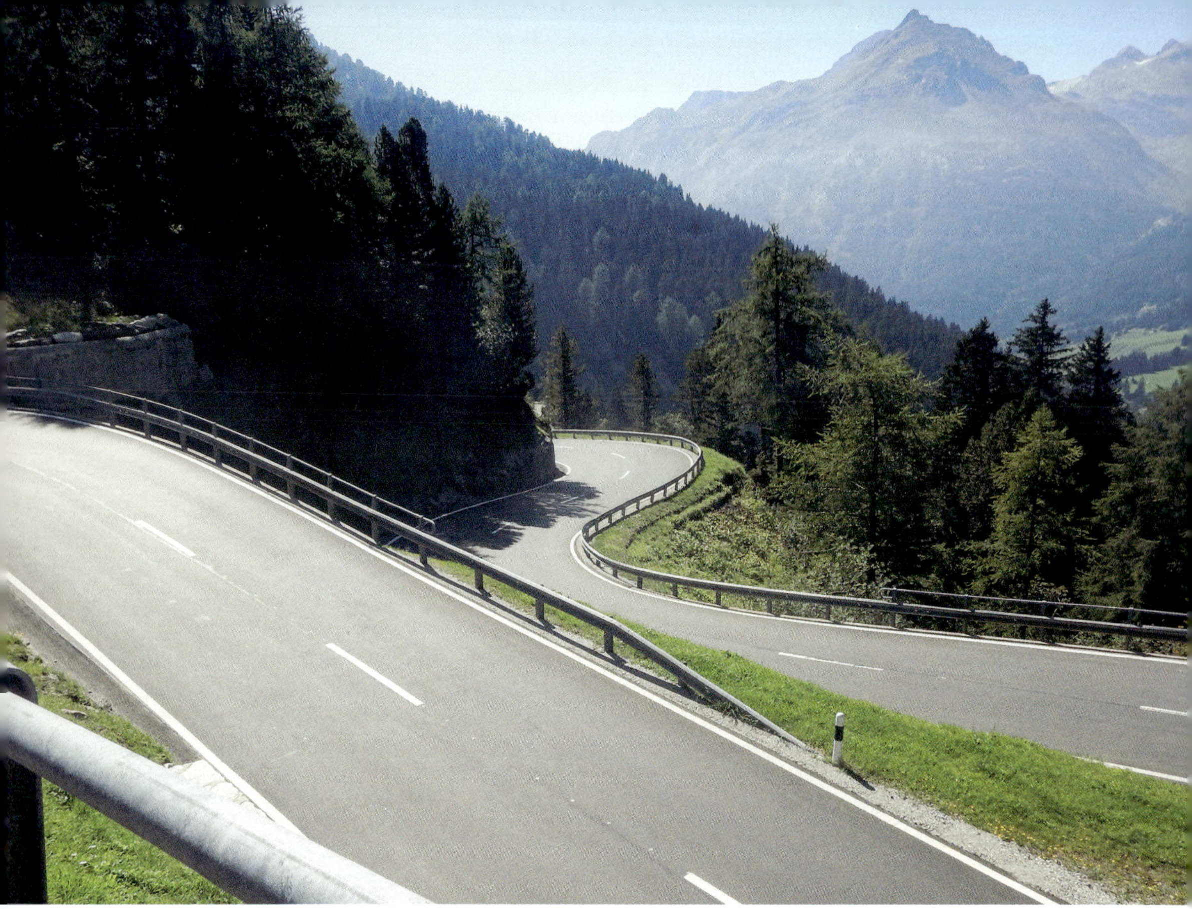

*Die 18 Kehren des Malojapasses sind ein wahrer Abfahrtstraum.*

auch bei vielen Künstlern Erwähnung. So entdeckten beispielsweise Thomas Mann, Friedrich Nietzsche und Giovanni Segantini dieses paradiesische Stückchen Erde für sich. Das Tal besitzt ein sehr angenehmes Klima, viele Sonnenstunden und wenig Niederschlag. Die Seen sind ein Mekka für Surfer, denn im Sommer fegt der Malojawind kräftig darüber. Obwohl wir noch am Beginn der Etappe sind, lohnt sich ein kurzer Stopp, um dieses grandiose Landschaftsbild der schroffen Berninagruppe über den spiegelglatten Seen einzufangen.

Nachdem wir Silvaplana verlassen haben, ist Maloja der nächste Ort, den wir ansteuern. Außer dem Atelier-Museum des berühmten Künstlers Giovanni Segantini gibt es hier wenig zu besichtigen. Der uns bevorstehende Malojapass (1815 m) ist an sich gar kein richtiger Pass, denn er besitzt nur eine Passrampe. Auf der Ostseite ist der Pass fast eben, bis auf ein kurzes Stück mit 6 Prozent Steigung. An der Westseite warten 1500 Meter Höhenunterschied und 18 Kehren mit maximal 9 Prozent Gefälle darauf, unseren Gleichgewichtssinn etwas durcheinanderzuwirbeln. Der Pass ist auch bei Motorradfahrern sehr beliebt. Die Strecke verläuft nun durch das Bergell (Val Bregaglia). Den mit Steinplatten gedeckten Häusern merkt man die Nähe zu Italien bereits an. Die Landschaft an sich ist jedoch eher karg und steinig.

Wir verfolgen den Lauf der Maira und machen einen kleinen Abstecher in das etwas abgelegene Bergdörfchen Soglio. Es liegt ungefähr 300 Höhenmeter über der Maira. Der Weg dorthin führt durch einen der größten europäischen Kastanienwälder hindurch. Vom Dorf aus kann man die kontrastreiche Landschaft mit den gezackten Felsen des Piz Badile (3308 m) und den verwinkelten Dörfern genießen. Die Ortschaft erreicht man über ein kleines Sträßchen, das im Ortsteil Spino des Dorfes Promontogno abzweigt. An der italienischen Grenze kurz vor Chiavenna werden wir mit einem Benvenuto begrüßt. Bis zum Comer See ist es jetzt nicht mehr weit. Von Chiavenna fahren wir entlang der Bundesstraße 36 über San Cassiano und Sómaggia vorbei am Lago di Mezzola. Alternativ ist es auch möglich, nach

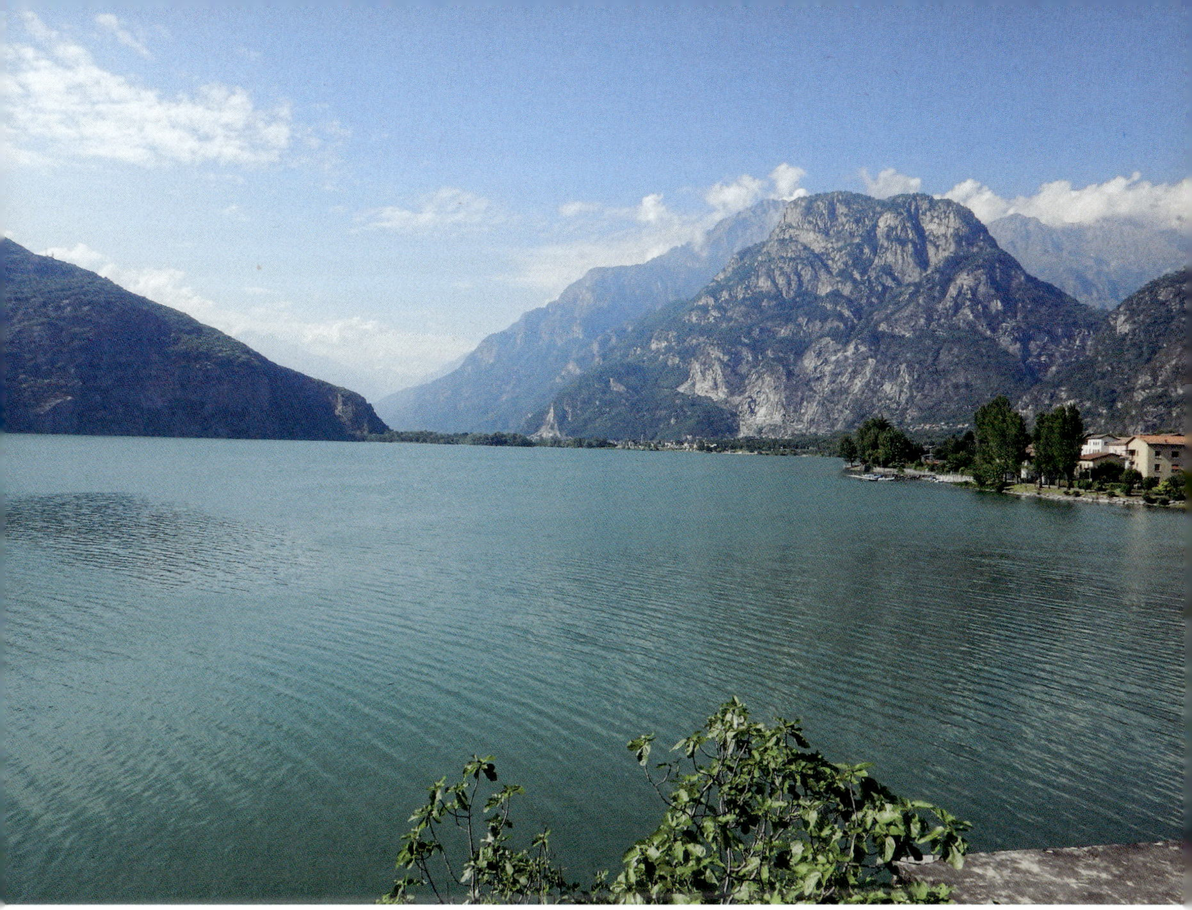

Am Ufer des Comer Sees angekommen, können wir auf unsere gelungene Transalp anstoßen!

Chiavenna die wenig befahrene Nebenstraße über San Vittore, Gordona, Ponte Nave, Giumellasco zu befahren. Am Lago di Mezzola erkennen wir am Westufer den Gipfel des Monte Berlinghera (1930 m). Hinter dem Ostufer mit den drei kleinen Orten Vercéia, Campo und Novate erheben sich die Felswände von Monte Sciesa (2487 m), Sasso Manduino (2888 m) und Pizzo di Prata (2727 m). Sobald wir diesen See hinter uns gelassen haben, erreichen wir Colico und damit auch den Comer See. Ganz beendet ist die Tour an dieser Stelle noch nicht. Wir fahren entlang der SP72 am Ufer des Lago di Como nach Bellano. Auf dem Weg dorthin passieren wir Colico, Rivetta, Dorio, Torchiedo, Corenno Plinio und Dervio. In Varenna setzen wir mit der Fähre über nach Bellagio. Der Ort gilt als »Perle des Comer Sees«. Er liegt an der äußersten Spitze der Halbinsel, die den Comer See in seinem südlichen Bereich in zwei Arme teilt. Die Uferpromenade mit ihren stilvollen Hotels und netten Cafés lädt zum Verweilen ein. Zum mittelalterlich anmutenden Stadtbild gehören enge, verwinkelte Gassen und Treppenaufgänge, die sich an den Monte Garnasca schmiegen. Nach der ausgiebigen Besichtigung nehmen wir die Fähre nach Cadenabbia, genießen den Ausblick auf die schönen Häuser am Ufer und fahren dann am westlichen Ufer über Dongo und Domaso bis nach Gera Lario. Hier endet die Etappe, und drei erfolgreiche, anstrengende, aber auch herrliche Radeltage liegen hinter uns. Die strapazierten Beine lassen wir ins kühle Wasser des Comer Sees baumeln, und der Kohlenhydratspeicher wird mit leckeren, italienischen Köstlichkeiten aufgefüllt.

### WICHTIGE ADRESSEN (3. E)

***Übernachtung:*** Residence i Gelsi, Via Case Sparse 91, I-22013 Domaso, Tel. +39/0344/834 18; Hotel Regina, Via Regina Levante 18, I-22015 Gravedona, Tel. +39/0344/894 46, www.reginahotels.it, Hotel Vischi, Via Case Sparse, 14, I-22013 Domaso, Tel. +39/0344/193/3030

***Restaurant:*** Hotel Restaurant Europa, Via Cesare Battisti 4, I-22010 Sorico, Tel. +39/0344/840 04, www.europasorico.com

***Taxiservice:*** Nonini I. A. in Chiavenna, Tel. +39/0343/334 04

# 6b Heldenhaft

## – Appenzeller Land, Engadin und italienische Radhelden am Comer See

mittel | 418 km | 6170 hm | 3 Tage

**AUSGANGS-/ENDPUNKT**
Bodensee – Comer See

**ETAPPEN**
Lindau – Maienfeld, ca. 143 km, 2010 hm; Maienfeld – St. Moritz, ca. 130 km, 3060 hm; St. Moritz – Gera Lario, ca. 145 km, 1100 hm

**STRECKENVERLAUF**
Lindau (401 m), Nesslau (759 m), Maienfeld (504 m), Wolfgangpass (1637 m), Davos (1560 m), Albulapass (2312 m), St. Moritz (1805 m), Malojapass (1822 m), Gera Lario

**CHARAKTER/ERLEBNISWERT**
Dieser Alpencross ist mit moderater Ausdauer gut machbar und führt uns durchs Rheintal, das Appenzeller Land, das herrliche Engadin, am Ski- und Wander-Eldorado Davos vorbei über den Albulapass und den Malojapass bis an den bezaubernden Comer See.

**SEHENSWERTES**
Appenzeller Land, Liechtenstein, Heidiland, Klosters, Comer See, »Fahrradkapelle« in Madonna del Ghisallo

**KARTEN**
Marco Polo, Schweiz – Östlicher Teil, Zentralschweiz, 1:200 000

**TOURIST-INFO**
Tourist-Info Lindau, gegenüber dem Hauptbahnhof, Tel. 08382/26 00-30, www.lindau.de; Tourist-Info Heidiland, Valenserstr. 6, CH-7310 Bad Ragaz, Tel. +41/(0)81/720 08 20, www.heidiland.ch; Tourist-Info St. Moritz, CH-7500 St. Moritz, Tel. +41/(0)81/837 33 33, www.engadin.stmoritz.ch/stmoritz; Tourist-Info Como, Piazza Cavour 17, www.comer-see-italien.com

**Bei dieser Seentour trifft Schweizer Gemütlichkeit auf italienische Leichtigkeit. Vom Startpunkt im bayerischen Lindau am Bodensee führt sie durch das Rheintal, das Appenzeller Land mit Blick auf den Säntis, durch das herrliche Engadin, am Ski- und Wander-Dorado Davos vorbei über den Albulapass, den Malojapass bis an den bezaubernden oberitalienischen Comer See. Hier fahren wir entlang idyllischer Küstenstraßen, stoppen im malerischen Bellagio für einen Rundgang und setzen mit der Fähre über ans Westufer. Schweizerische Tradition der Bergregionen sowie mediterranes Flair des Comer Sees warten darauf, entdeckt zu werden.**

### 1. Etappe: Lindau – Appenzeller Land – Fuß des Säntis – Rheintal – Luzisteig – Maienfeld

Von der Inselstadt Lindau am Bodensee (401 m) bis nach Bregenz verläuft die Tour gleich wie die Beginner-Route. Der Einstieg ist sanft, ohne größere Steigungen. Bei gutem Wetter erhalten wir jetzt schon Ausblicke auf den Gipfel des Säntis, der auf der Schweizer Seite über dem See emporragt. Einige Blicke sollten wir uns für später aufheben, denn auf dieser Strecke herrscht meist reger Verkehr, der volle Konzentration erfordert. In Bregenz fahren wir auf der Vorarlberger Landesstraße (L190), die dann später in die Schweizer Landesstraße (L202) übergeht, am See entlang. Wir gelangen ins Zentrum von Bregenz und fahren am Bahnhof vorbei, weiter auf der L202. Dem spiegelglatten Bodensee werfen wir einen letzten Blick zu. Nachdem wir Bregenz verlassen haben, biegen wir in Hart vor dem Rheinverlauf links in die L203 ein. Geradeaus am Rhein entlang geht es weiter, bis wir schließlich rechts in die L204 in Richtung Au abbiegen. Wir überqueren den Rhein und erreichen die Schweiz. Den folgenden Kreisverkehr verlassen wir an der zweiten Ausfahrt in die Zollstraße und folgen dieser für 600 Meter bis

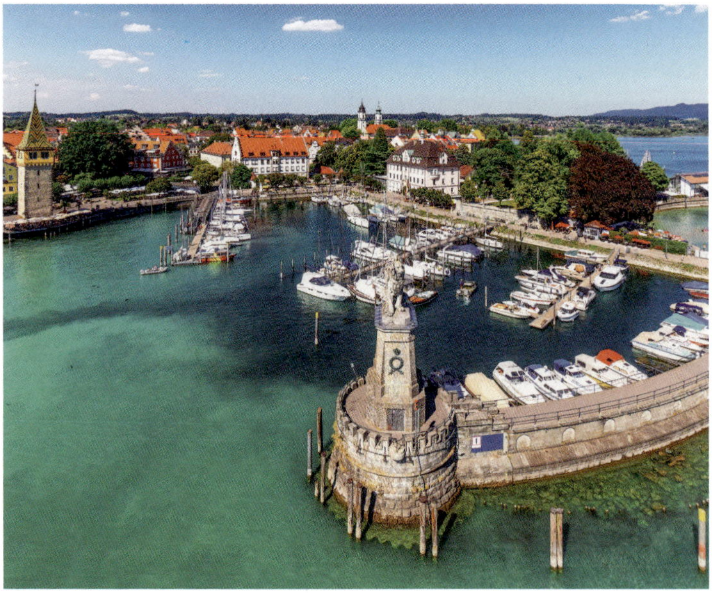

*Der Hafen von Lindau: Hier starten wir zu unserer Tour Richtung Comer See.*

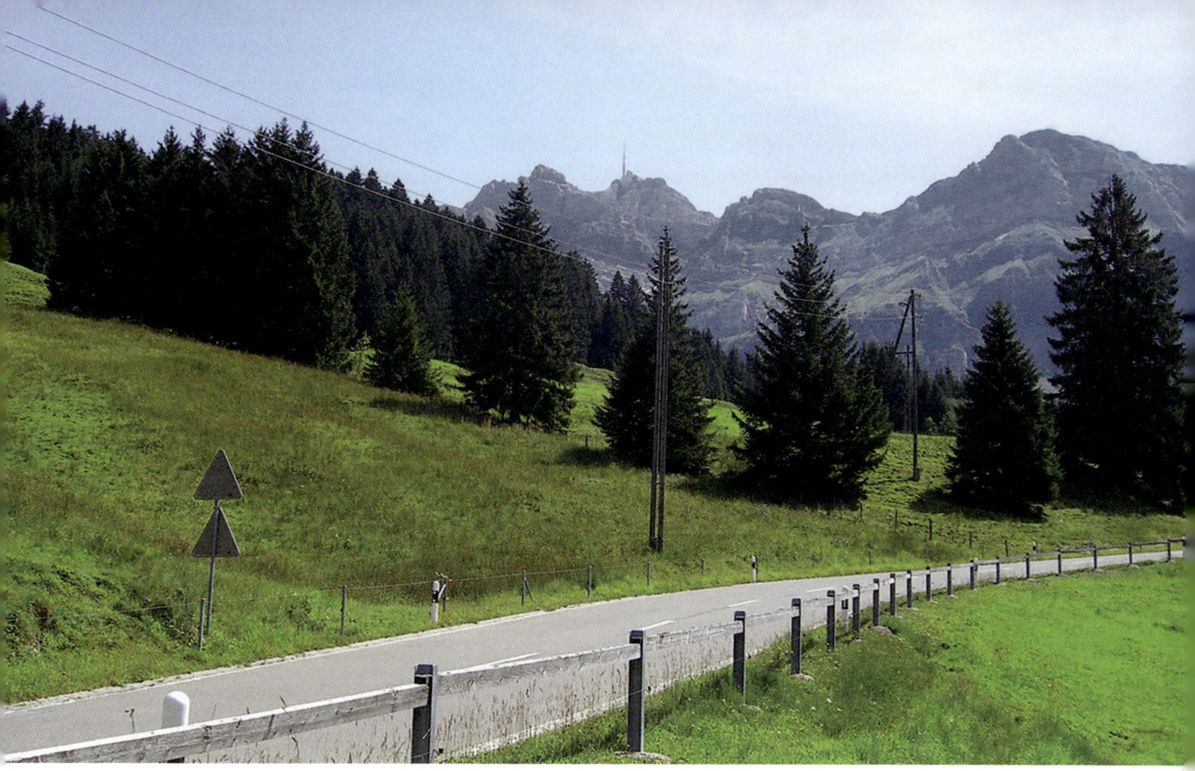

*Unterwegs auf ruhigen Nebenstraßen im Appenzeller Land*

nach Au. In Au nehmen wir am Kreisverkehr die dritte Ausfahrt in die Hauptstraße (13) in Richtung Altstätten, das im St. Galler Rheintal liegt. Wir folgen der B13 über die Ortschaften Heerbrugg, Balgach, Rebstein, Marbach, Lüchingen nach Altstätten. Wie der Name schon verrät, handelt es sich um einen uralten Siedlungsplatz (villa altstetti = der Hof zur alten Stätte). Im 13. Jahrhundert wurde dieser Ort am Rande des Alpsteingebirges mit Ringmauer, Markt und Gericht zur Stadt erhoben. Seitdem hat es das Städtchen geschafft, sich traditionell, aber gleichzeitig auch modern zu zeigen.
Gleich nachdem wir Altstätten verlassen haben, geht es stetig bergauf ins Appenzeller Land. Bis zur Ortschaft Gais werden wir ungefähr 500 Meter Höhenunterschied überwinden. Das Landschaftsbild ist hier geprägt durch sanfthügelige Bergwiesen, Tannenwälder, tief eingeschnittene Tobel und verstreut liegende Bauernhöfe. Nicht umsonst wirbt der Tourismusverein mit dem Slogan: »Als wäre die Zeit stehen geblieben. Die Appenzeller stehen zu ihrer Tradition, sind dem Handwerk und den Bergen sehr verbunden und bekannt für Geselligkeit und ihren trockenen Humor«, … um gleich alle Klischees auszupacken. Aber es ist etwas dran, denn die Menschen hier bewahren sich das Appenzeller Brauchtum mit Bauernmalerei, Handstickereien, Streichmusik und

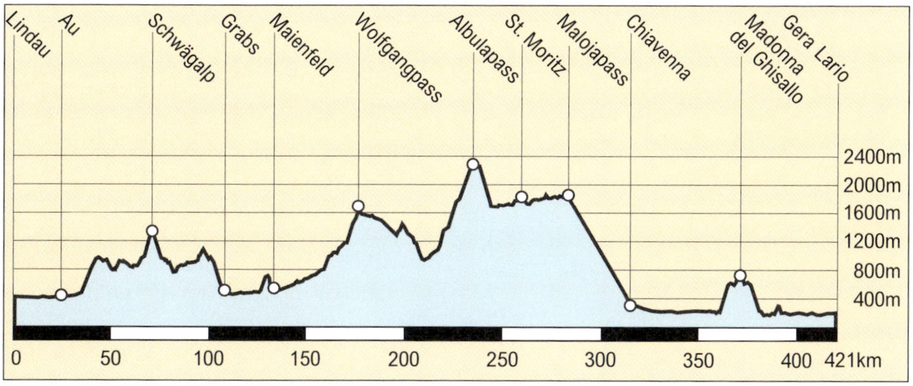

schmucken Trachten. Der Kanton Appenzell ist eingeschlossen vom Kanton St. Gallen. Die St. Galler nennen den Kanton Appenzell gerne den Kuhfladen in ihrem Gebiet. Die Appenzeller dagegen sprechen vom Goldstück im St. Galler Kuhfladen. Ob nun Kuhfladen oder Goldstück, uns gefällt es hier jedenfalls. Eindrucksvoll hebt sich im Hintergrund das Alpsteinmassiv mit dem 2502 Meter hohen Säntis heraus. Kuh müsste man sein – und zwar im Appenzeller Land. Dann könnte man den ganzen Tag auf saftigen Weiden grasen, faul in der Sonne liegen und die aktiven Radler und Wanderer beäugen ...

Besonders hier im Appenzeller Land hat sich die langjährige Tradition der »Alpfahrt« gehalten. So nennt man den Viehauf- und -abtrieb, bei dem die Herde für zehn bis zwölf Wochen auf saftige Alpenwiesen getrieben wird. Wann das Vieh zum »Sömmern« auf die Wiesen geführt wird, richtet sich nach dem Zeitpunkt der Schneeschmelze. Meist sind die Wiesen zwischen Ende Mai und Anfang Juni frei. Die Männer tragen schwarze Lederhosen, ein weißes Hemd, dazu ein rotes Wams und einen schwarzen Hut, die Leitkühe sind prächtig geschmückt. Allen voran gehen die Sennen, die Hunde halten von hinten die Herde zusammen; den Schluss bildet das »Ledi«, ein Wägelchen für Käsekessel, Näpfe, Melkstühle und Butterfass. Absolute Pflicht ist der »Backseckel«, ein lederner Tabaksbeutel.

Auf der kurvigen Stossstraße (447) geht es nun nach Gais. Ab hier folgen wir der Appenzellerstraße (448) in einem leichten Auf und Ab nach Sammelplatz und weiter nach Appenzell. Hier, am Fuße des Alpsteinmassivs, lohnt sich ein kleines Päuschen, und wer bereits Hunger verspürt, der kann sich hier mit einem Stückchen Appenzeller Käse verwöhnen lassen. Dieser Käse hat eine lange Tradition, denn er wird seit dem Mittelalter im schweizerischen Appenzeller Land hergestellt. Erstmals wird er in einer Urkunde aus dem Jahr 1282 erwähnt. Er wird aus naturbelassener Rohmilch von rund 70 verschiedenen Dorfkäsereien im Kanton Appenzell hergestellt. Insgesamt werden pro Jahr ungefähr 8622 Tonnen produziert. Davon werden ca. 60 Prozent im Ausland verkauft, 40 Prozent konsumieren die Schweizer selbst. Hauptsächlich wird der Käse nach Deutschland, Frankreich und Österreich exportiert.

Von Appenzell geht es weiter durch das Appenzeller Land nach Urnäsch. Um dorthin zu gelangen, biegen wir links in die Enggenhüttenstraße ein und nach 350 Metern rechts in die Gontenstraße. Dieser folgen wir über die Schweizer Ortschaften bergauf nach Gontenbad und dann wieder stetig bergab nach Gonten, Jakobsbad, bis wir Urnäsch erreicht haben. Ab hier haben wir wieder einen kleinen Anstieg vor uns. Bis nach Schwägalp sind auf 10 Kilometern ungefähr 460 Höhenmeter zu bezwingen. Von Urnäsch folgen wir südwestlich der Hauptstraße 462. Entlang des Flusses geht es mäßig steil entlang saftiger Wiesenhänge. Bald jedoch erreichen wir eine Steigung von 10 Prozent und schrauben uns entlang einer Felswand den Berg hinauf. Es sind aber nur 1,5 Kilometer, dann flacht die Strecke wieder ab. Drei Kehren weiter ist die Rampe überwunden und der höchste Punkt erreicht. Linker Hand sehen wir die Talstation der Säntis-Schwebebahn.

Bergab können wir uns jetzt erholen. Vorbei an Riedtbad und Ennetbühl geht es bis nach Nesslau. Dort biegen wir links in die Toggenburgerstraße, Hauptstraße (16), ein. Die Straße verläuft bergauf über die kleinen Ortschaften Stein, Starkenbach, Alt Sankt Johann, Unterwasser und dann wieder bergab über Wildhaus, Gams nach Grabs. In Grabs fahren wir in Richtung Städtli, St. Gallerstraße (13/16) nach Buchs. Nachdem wir Buchs erreicht haben, folgen wir der Churerstraße (13) über die Dörfer Räfis und Sevelen. Für einen kleinen Abstecher ins geheimnisvolle Fürstentum Liechtenstein überqueren wir den Rhein und erreichen den souveränen Zwergstaat, welcher zwischen Österreich und der Schweiz liegt. Liechtenstein besitzt übrigens das höchste Brutto-

### WICHTIGE ADRESSEN (1. E)

***Übernachtung:*** Hotel Freihof, Freihofstr. 2, 88131 Lindau, Tel. 08382/96 98 710, www.freihof-lindau.de; Hotel Gasthof Stift, Stiftplatz 1, 88131 Lindau, Tel. 08382/93 570, www.bodenseehotel lindau.de; Hotel Heidihof, Bovelweg 16, CH-7304 Maienfeld, Tel. +41/(0)81/300 47 47, www.heidihof.ch; Victor's Bed & Breakfast, Bahnhofstr. 8, CH-7304 Maienfeld, Tel. +41/(0)81/508 53 64, www.victors-hotel.ch

***Restaurants:*** Pizzeria Il Mulino, In der Grub 30, 88131 Lindau, Tel. 08382/67 04; Gasthof St. Luzisteig, St. Luzisteig 3, CH-7304 Maienfeld, Tel. +41/(0)81/302 72 22

***Taxiservice:*** Taxi-Ring-Zentrale, Tel. 08382/60 06 (oder 33 77); Taxi 24 GmbH in Maienfeld, Tel. +41/(0)81/735 30 00

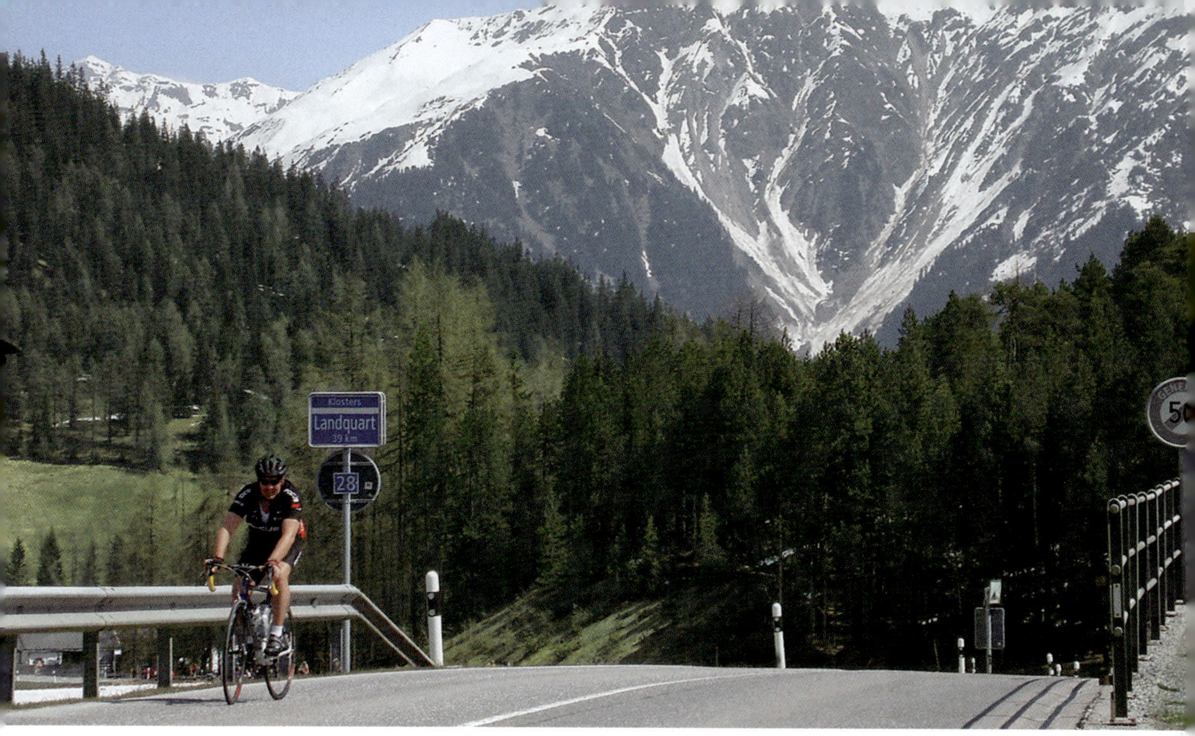


inlandsprodukt pro Kopf im Europäischen Wirtschaftsraum, es liegt bei 152 490 Euro pro Erwerbstätigem (2019).

Wir folgen dem Straßenverlauf bis nach Balzers (471 m). In der Ortschaft nehmen wir am Kreisverkehr die zweite Ausfahrt. Über die Straße Gagoz (28) verlassen wir Balzers und nehmen vor dem Abendessen noch den Luzisteig in Angriff – der letzte Anstieg für heute.

Wir beenden unseren kleinen Ausflug nach Liechtenstein und kehren zurück in die Schweiz. Über die neue Churerstraße (28) fahren wir auf den 713 Meter hohen, maximal 10 Prozent ansteigenden Pass des Luzisteigs. Der Name des Passes geht auf den heiligen Luzius von Chur zurück, der in dieser Gegend missioniert haben soll und möglicherweise ursprünglich hier begraben war. Auf der Passhöhe angekommen, können wir einen Blick auf die Festung werfen, die noch heute von den Schweizern als Kaserne genutzt wird. Dann rollen wir entspannt in den Engadiner Ort Maienfeld und beschließen dort die heutige Etappe, vielleicht sogar mit einem »Maienfelder Beerliwein«.

Im sogenannten Heididorf oberhalb von Maienfeld können Besucher in die Welt von Heidi, dem Geißenpeter und dem Alp-Öhi eintauchen, welche Ende der 1970er-Jahre über die Bildschirme flimmerten. Die Grundlage dazu lieferte die Autorin Johanna Spyri. In ihrem Buch »Heidis Lehr- und Wanderjahre« erzählt sie von einem Schweizer Madl aus der Bergwelt bei Maienfeld und hatte mit der Geschichte internationalen Erfolg. So gibt es heute im Zentrum von Maienfeld Souvenirläden, in denen kleine Heidi-Figuren und andere Andenken verkauft werden, einen Heidi-Brunnen, einen Heidi-Weg, ein Heidi-Hotel …

## 2. Etappe: Maienfeld – Davos – Albulapass – Engadin – St. Moritz

Heute steht der Albulapass auf dem Programm. Wir dürfen uns darauf freuen, denn dieser gehört zu den schönsten Schweizer Pässen. Wir verlassen den Hauptort der Bündner Herrschaft und fahren entlang der Landstraße 28, später Prättigauer Straße, in Richtung Davos. Im Norden des Prättigaus erhebt sich die Gebirgskette des Rätikon, unten im Tal fließt die Landquart. Lange war dieser Teil des Engadins keine Region, die man gesehen haben musste. Mittlerweile haben sie die Wanderer für sich entdeckt, denn das Gebiet ist bei Weitem nicht so überlaufen wie die Davoser Alpenwelt.

Es geht stetig bergauf, vorbei an den netten Örtchen Schiers, Jenaz und Küblis. Hier verläuft parallel auch eine wenig befahrene Nebenstraße über die Dörfer Auli, Mittellunden,

*Unterwegs im Prättigau, im Hintergrund die Berge des Rätikons*

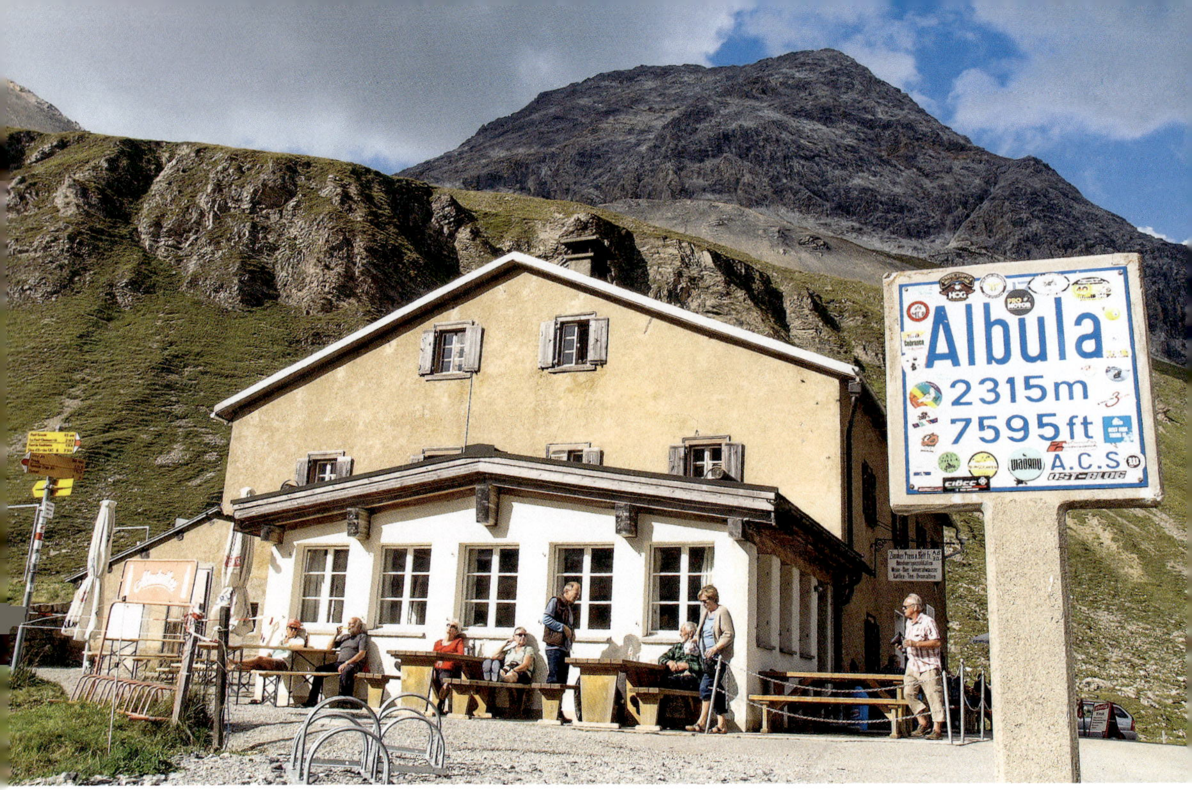


*Der Albulapass ist die letzte Hürde auf der zweiten Etappe, bevor wir unser Ziel St. Moritz erreichen.*

Buchen, Putz, Luzein nach Küblis. Dieser Ort ist einmal im Jahr Austragungsort der Swiss-Bike-Masters, einem Fahrradrennen über 120 Kilometer und 5000 Höhenmeter. Rund 3000 Personen nehmen jedes Jahr an diesem Rennen teil. Die Strecke verläuft weiter über Saas nach Klosters. Das Dorf liegt eingebettet im ländlich gebliebenen Teil des Prättigaus. Im Gegensatz zur großen Schwester Davos hat sich dieser Ort mehr Ursprünglichkeit bewahrt. Viele Sportbegeisterte kommen vor allem im Winter nach Klosters. Im Sommer werden zahlreiche Wanderer und Radler von der Schönheit des Gebietes angezogen.

Der jetzt anstehende Wolfgangpass (1637 m) verbindet Klosters mit dem Landwassertaler Ort Davos. Die Auffahrt ist mit 10 Kilometern und einer maximalen Steigung von etwa 10 Prozent jedoch leicht zu bewältigen. Auch die Rhätische Eisenbahn führt über diesen Pass. Diese Bahn ist ein wahres bauliches Meisterwerk. Noch vor 100 Jahren dauerte die Strecke von Chur nach St. Moritz mit der Postkutsche 14 Stunden. Um diese Zeit zu verkürzen, wurde ein gewagtes Vorhaben umgesetzt. Zwischen Filisur und Preda wurde durch den Felsen eine Bahntrasse mit vier 360-Grad-Tunneln, zwei weiteren Tunneln und neun Viadukten geschlagen. Auf fünf Kilometern werden 415 Höhenmeter überwunden.

Auf der Südseite des Passes befindet sich das Dorf Davos-Wolfgang mit dem stimmungsvollen Davosersee. Der Pass entstand durch einen Bergsturz von der Totalp im Parsenngebiet in prähistorischer Zeit. Entlang der Steilhänge erreichen wir Davos. Die einen denken bei diesem Namen an Wintersport, die anderen an den »Zauberberg« von Thomas Mann, wieder andere an das Word Economic Forum (WEF), das jährliche Ereignis, bei dem die Politiker über Umweltthemen debattieren. Dieser Ort ist jedenfalls sehr bekannt. Der touristische Aufschwung des Ortes ist eng verbunden mit dem Namen Alexander Spengler. Dieser

### WICHTIGE ADRESSEN (2. E)

***Übernachtung:*** Hotel Corvatsch, Via Tegiatscha 1, CH-7500 St. Moritz, Tel. +41/(0)81/837 57 57, www.hotel-corvatsch.ch; Hotel Sonne, Via Sela 11, CH-7500 St. Moritz, Tel. +41/(0)81/838 59 59, www.sonne-stmoritz.ch

***Restaurants:*** Hotel Corvatsch, Via Tegiatscha 1, CH-7500 St. Moritz,Tel. +41/(0)81/837 57 57, www.hotel-corvatsch.ch

***Taxiservice:*** Taxi-Zentrale St. Moritz, Tel. +41/(0)81/833 11 12, mobil +41/(0)79/611 13 10

entdeckte 1853 die heilsame Wirkung der trockenen Hochgebirgsluft. Seither kommen viele Patienten mit Atemwegserkrankungen und Allergien hierher. Später erst entwickelte sich der Ort zum Wintersportort.

Wir rollen das Landwassertal auswärts auf der 417 durch den 2800 Meter langen, beleuchteten Landwassertunnel über die ruhigen Dörfer Frauenkirch, Glaris und Wiesen nach Schmitten. Ab hier folgen wir der Beschilderung zum Albulapass (2315 m). Dieser gilt als einer der schönsten Schweizer Pässe. Wir biegen kurz vor Alvaneu links in die Albulastraße ein. Hier wird die Landschaft wieder hochgebirgiger und schroffer. Die Steigung bleibt auf den folgenden 10 Kilometern mäßig. Wir erreichen die engen Gassen des Dorfes Filisur mit seinen schönen, bunten Häusern im Engadiner Stil. Sie sind mit malerischen Erkern, kleinen Fenstern und typischen Sgrafitto-Ornamenten verziert. Hier beginnt die eigentliche Passstrecke. Allmählich verengt sich das Tal zu einer Klamm und uns offenbart sich ein alpines Panorama. Die Steigung beträgt nun 10 Prozent. Hundert Meter tiefer als die Straße rauscht die Albula durch die Bergüner Klamm. Wir halten kurz am Fahrbahnrand, um einen Blick darauf zu wagen. In der Nähe pfeift die »Rhätische Bahn« und windet sich schnaubend um die Tunnelkehren den Berg hinauf. Gleiches tun wir für die nächsten 3 Kilometer bis nach Bergün. Hier öffnet sich das ansonsten schmal geschnittene Albulatal zu einem weiten Talkessel. Früher waren es Säumer, die ihre schweren Lasten über den Pass nach Bergün transportierten, heute kommen hier Wanderer, Rennradfahrer und Mountainbiker auf ihre Kosten.

Das stimmungsvolle Hochtal lädt dazu ein, den Blick über grüne Bergwiesen wandern zu lassen. Auch das Dorf selbst mit seinen schmucken Häusern ist sehenswert. Hoch oben thront der Piz Muot im Hintergrund. Die 8 Prozent Steigung sind moderat und gut zu bewältigen. Der idyllische Palpuognasee bildet einen starken Kontrast zum nahen Teufelstal (Val di Diavel), dessen Trümmerlandschaft durch einen Felssturz an den Hängen des Piz de las Blais entstand. Oben auf der Passhöhe auf 2315 Meter können wir den Piz Uertsch und den Piz Kesch erblicken. Die äußerst karge Landschaft begleitet uns für 4 Kilometer. Dann erfolgt die eigentliche Abfahrt über neun Kehren und durchschnittlich 9 Prozent Gefälle. Der Straßenbelag ist auf dieser Strecke teilweise beschädigt. Abbremsen ist beim Bahnübergang in La Punt angesagt. Bei zu viel Speed wirkt er beinahe wie eine Sprungschanze. La Punt verlassen wir in Richtung St. Moritz über die 27, wo wir heute übernachten.

## 3. Etappe: St. Moritz – Oberengadiner Seen – Malojapass – Bellano – Bellagio – Comer See

Die letzte Etappe verläuft bis nach Bellagio genau gleich wie die »Beginners-Route«. Gleich nachdem wir den Malojapass (1815 m) verlassen haben, strömt uns wärmere Luft entgegen. Die schroffe Gebirgswelt tauschen wir ein gegen eine mediterrane Landschaft. Wie schnell sich dieser klimatische Wechsel vollzieht, ist sehr verblüffend. Von hier aus ist es nur noch ein Katzensprung bis zum Y-förmigen Comer See und einem Eisbecher an der Promenade. Der Comer See gehört zu den oberitalienischen Seen und ist aufgrund seiner schönen Lage zwischen den alpinen Gebirgsstöcken sowie den Wein- und Olivenhängen ein sehr beliebter Ferienort.

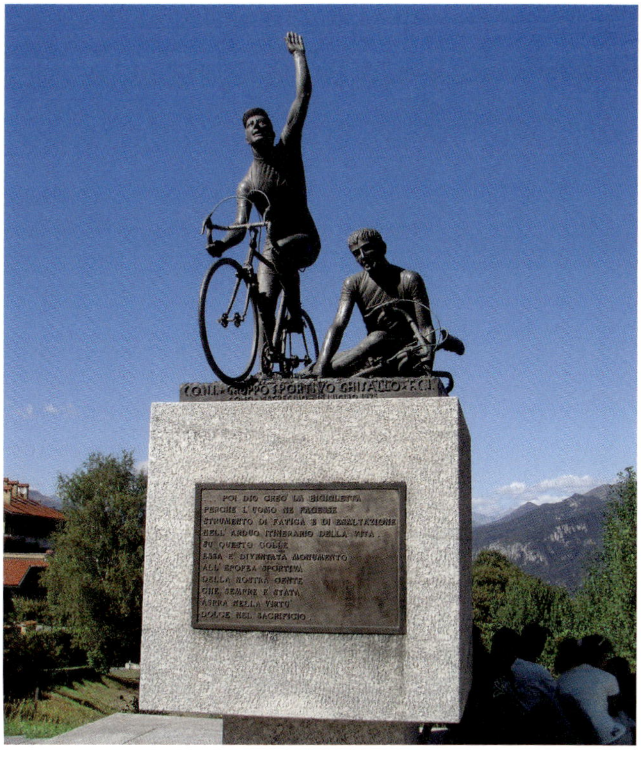


*Madonna di Ghisallo – vor der Kapelle stehen Fausto Coppi und Gino Bartali in Bronze gegossen.*

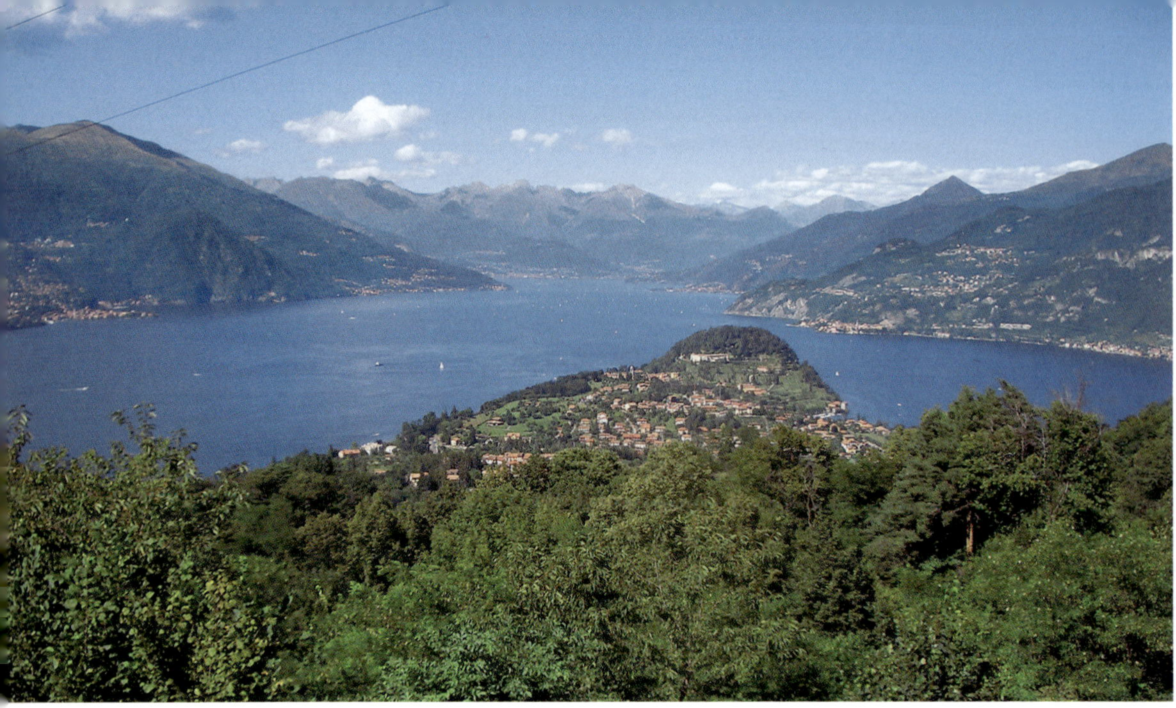

*Das Ziel liegt uns zu Füßen – der herrliche Comer See.*

Wie bereits beschrieben, fahren wir am östlichen Ufer des Comer Sees entlang bis nach Varenna und genießen die Ausblicke auf die schönen Anwesen. Das Auge erfreut sich an herrlichen Alpenpanoramen, am Ufer wachsen Zypressen, Oleander und Jasmin. In Varenna setzen wir mit der Fähre über ans andere Ufer nach Bellagio. Jede halbe Stunde verlässt eine Fähre den Anleger. Es lohnt sich, noch einen Abstecher zur »Fahrradkapelle« in Madonna del Ghisallo zu machen. Auf der SP41 fahren wir nach Civenna und weiter in Richtung Madonna del Ghisallo. Das 400-Seelen-Dorf Ghisallo liegt an der gleichnamigen Passstraße. Die kleine Kapelle in Ghisallo thront hoch über dem Comer See. Seit 1949, als die Madonna del Ghisallo zur Schutzpatronin der Rennradfahrer geweiht wurde, pilgern jährlich Radler aus aller Welt hierher. Im Inneren der Kapelle kann man Trikots und Rennräder von den verschiedenen Rennrad-Idolen bewundern. Vor der Kapelle stehen Fausto Coppi und Gino Bartali in Bronze gegossen, und auf einem Denkmal sind Sieger und Verlierer eines Radrennens vereint.

Von Bellagio führt die Strecke über knapp 12 Kilometer und 560 Höhenmeter über mehrere Serpentinen hoch zur Kapelle. Maximal erreichen wir dabei 12 Prozent Steigung, wobei einige flachere Abschnitte dabei sind. Die Ausblicke über den Comer See sind phänomenal!

Zurück in Bellagio setzen wir mit der Fähre ein weiteres Mal über nach Cadenabbia und fahren dann am Westufer des Comer Sees auf der SS 340 entlang der kleinen Ortschaften Sant' Abbondio, Dongo, Gravedona und Domaso nach Gera Lario, unserem Etappenziel. In den letzten drei Tagen haben wir hinter uns gelassen: den Bodensee, das Rheintal, das Appenzeller Land, den Säntis, die Rätischen Alpen, Davos, Klosters, St. Moritz, den Albulapass, den Malojapass, Schweizer Almen, Käse und Schokolade – gut, wir geben zu, wir haben uns die Strampelei zwischenzeitlich sehr mit regionalen Schmankerln versüßt. Das Vollbad im Comer See haben wir uns jetzt dennoch reichlich verdient. Und auch ein weiteres Mal werden wir unsere verbrannten Kalorien mit regionalen Köstlichkeiten wieder ausgleichen – bella Italia!

### WICHTIGE ADRESSEN (3. E)

***Übernachtung:*** Residence i Gelsi, Via Case Sparse 91, I-22013 Domaso, Tel. +39/0344/834 18; Hotel Regina, Via Regina Levante 18, I-22015 Gravedona, Tel. +39/0344/894 46, www.reginahotels.it, Hotel Vischi, Via Case Sparse, 14, I-22013 Domaso, Tel. +39/0344/193/3030

***Restaurant:*** Hotel Restaurant Europa, Via Cesare Battisti 4, I-22010 Sorico, Tel. +39/0344/840 04, www.europasorico.com

***Taxiservice:*** Nonini I. A. in Chiavenna, Tel. +39/0343/334 04

# Die Alpen Challenge

Radsportbegeisterte aus ganz Europa liefern sich jedes Jahr im August im Kanton Graubünden ein packendes Rennen zwischen Bergsonne und Windschatten. Dabei können die Fahrer zwischen zwei verschiedenen Routen wählen. Beide Routen starten in Lantsch/Lenz. Die »Classic-Strecke« führt über den Albulapass, St. Moritz, Julierpass und Tiefencastel zurück nach Lantsch/Lenz. Die Route ist 117,4 Kilometer lang und es gilt, 2956 Höhenmeter zu überwinden. Mit rund 70 zusätzlichen Kilometern über den Malojapass und den Splügenpass fordert die »Challenge-Strecke« alles von den Teilnehmern. Vier Pässe, 4473 Höhenmeter und eine Gesamtdistanz von 191,3 Kilometern – eine Herausforderung, welche viele im Startfeld nicht abzuschrecken vermag. Noch während des Rennens können die Teilnehmer die Strecke wählen. Die beiden zur Auswahl stehenden Rundkurse stoßen bei den Radsportbegeisterten im Übrigen auf ungefähr gleich großes Interesse.

Nach einem coronabedingten Ausfall der Alpen Challenge im Jahr 2020 gingen im Jahr 2021 lediglich 700 Teilnehmer an den Start des Radklassikers in Graubünden. Erster wurde der 40-jährige Patrick Hagenaars mit einer Zeit von 3:38:44 Stunden, gefolgt von Andrea Bricalli und Dominik Salcher. Patrick Hagenaars, der nach einem Unfall 2003 seinen linken Arm verlor, wurde 2018 bereits Dritter beim Ötztaler Radmarathon. Bei den Frauen gewann die 35-jährige Nina Zoller zum zweiten Mal in Folge die Alpen Challenge mit einer Zeit von 4:06:15. Zweite wurde Sarah Tihanyi, gefolgt von der Drittplatzierten Tanja Blickenstorfer. Mit einem umfangreichen Test- und Schutzkonzept wurde die Alpen Challenge 2021 lediglich auf der Kurzstrecke ausgetragen. Für das Jahr 2022 stehen den Teilnehmern nun aber wieder sowohl die Kurz- als auch die Langstrecke zur Auswahl.

Info: www.alpenchallengelenzerheide.ch

*Jedes Jahr nehmen über 1000 Teilnehmer die Herausforderung Alpen Challenge an.*

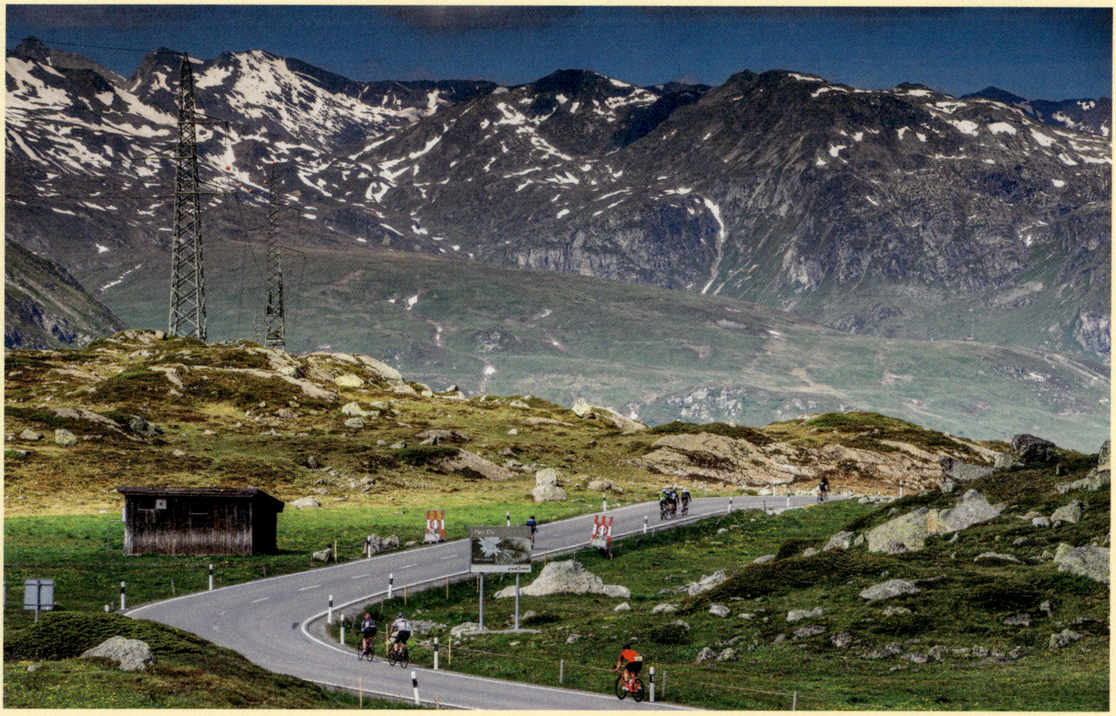

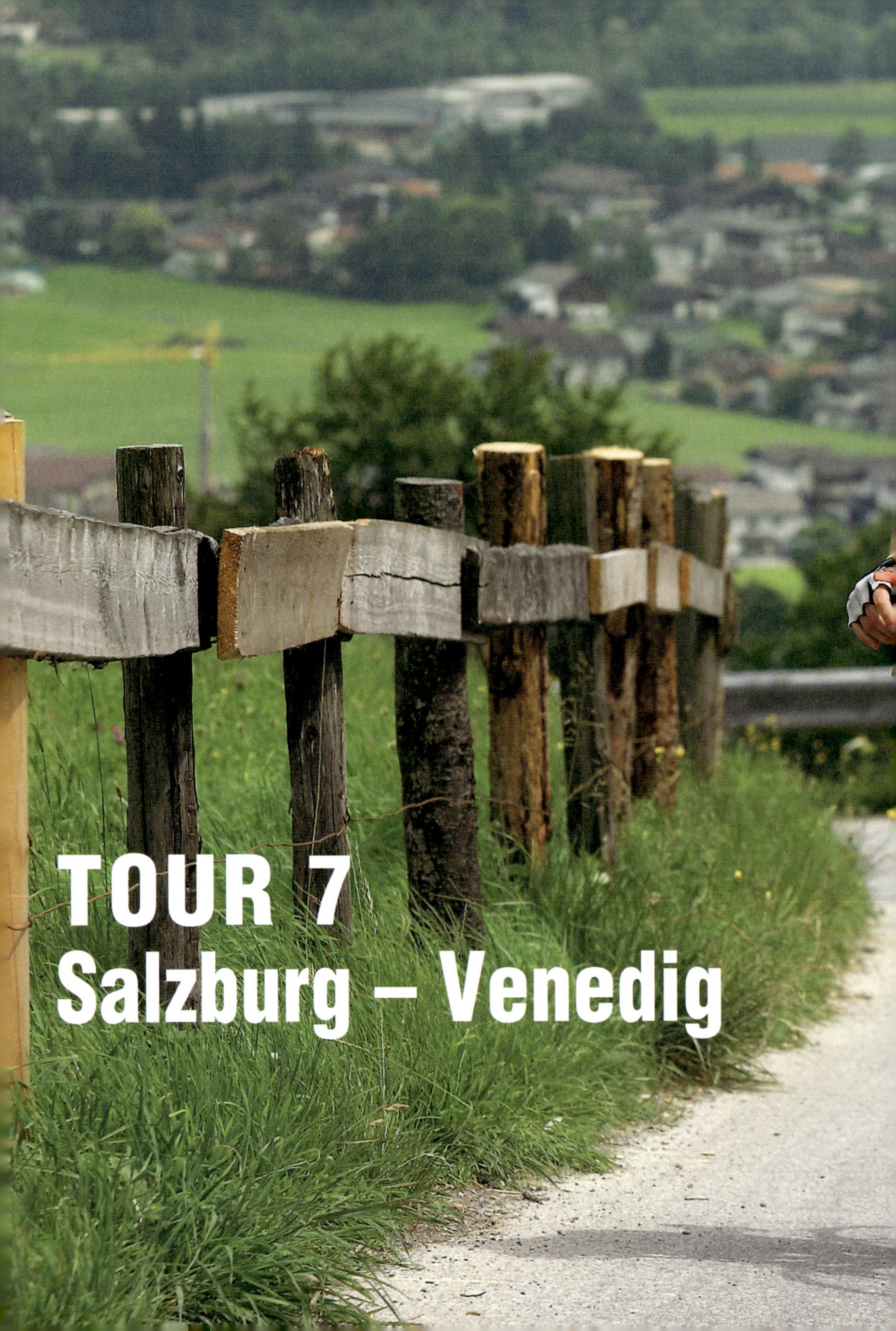

# TOUR 7
# Salzburg – Venedig

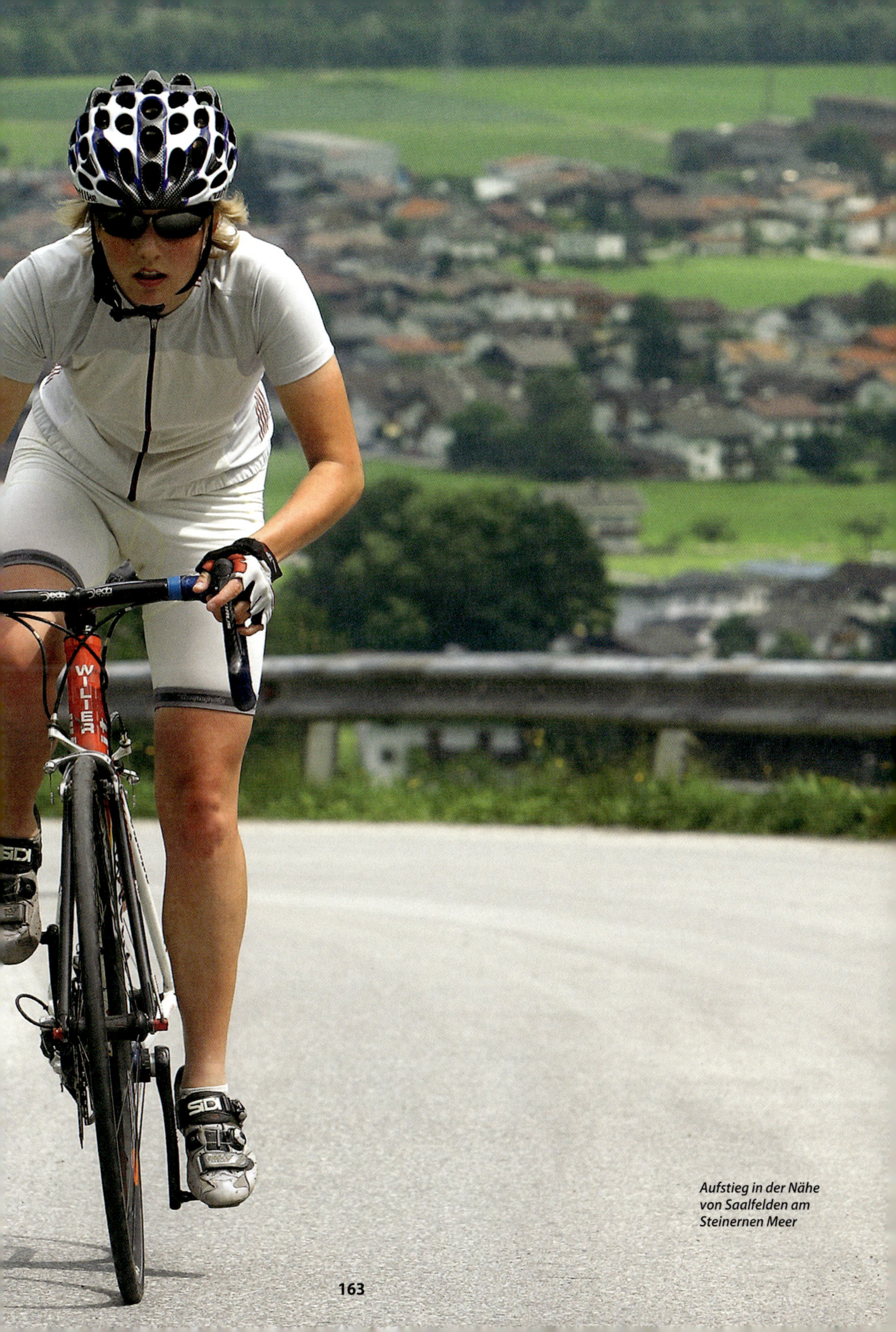


*Aufstieg in der Nähe von Saalfelden am Steinernen Meer*

# 7 Einmalig

## – Berchtesgaden, Hohe Tauern, Großglockner, Dolomiten und Adria

mittel | 478 km | 9000 hm | 4 Tage

**AUSGANGS-/ENDPUNKT**
Salzburg – Venedig

**ETAPPEN**
Waginger See – Bruck, ca. 83 km, 1880 hm; Bruck – Sillian, ca. 115 km, 2970 hm; Sillian – Longarone, ca. 130 km, 2830 hm; Longarone – Lido di Jesolo, ca. 150 km, 1320 hm

**STRECKENVERLAUF**
Waging am See (465 m), Hintersee (746 m), Großglockner-Passstraße (2504 m), Passo Tre Croci (1809 m), Passo Giau (2326 m), Forcola di Staulanza (1773 m), Passo San Osvaldo (827 m)

**CHARAKTER/ERLEBNISWERT**
Eine gute Grundkondition ist sinnvoll. Die Anstiege sind moderat und mit dem Rennrad gut fahrbar. Eine wirkliche Traumtour über zwei der schönsten und bekanntesten Alpenpässe - Großglockner und Passo Giau - bis an die Adria

**SEHENSWERTES**
Nationalpark Berchtesgaden mit Hochkalter und Watzmann, Nationalpark Hohe Tauern mit Großglockner und Pasterze, Drei Zinnen, Dolomiten, Passo Giau, Venedig

**KARTEN**
freytag & berndt, Land Salzburg–Salzkammergut, 1:200 000; freytag & berndt, Südtirol–Trentino–Gardasee–Venetien, 1:200 000

**TOURIST-INFO**
Tourist-Info Waging am See, Salzburger Str. 32, 83329 Waging am See, Tel. 08681/313, www.waging-am-see.de; Tourist-Info Bruck, Raiffeisenstr. 6, A-5671 Bruck an der Großglocknerstr., Tel. +43/(0)6545/72 07, www.bruck-grossglockner.at; Tourist-Info Sillian, Gemeindehaus 86, A-9920 Sillian, Tel. +43/(0)50/21 23 00, www.tiscover.at/sillian; Tourist-Info Longarone, Via Roma 60, I-32013 Longarone, Tel. +39/0437/57 58 11, www.longarone.net; Tourist-Info Jesolo, Tel. +39/0421/37 06 01, www.jesolo.it

**Diese Traumtour führt auf selten befahrenen Sträßchen durch den fantastischen Berchtesgadener Nationalpark. Ab dem Zeller See klettern wir auf der Großglockner-Hochalpenstraße bis (fast) auf den höchsten Berg Österreichs – unbeschreibliche Ausblicke haben wir von hier auf den Tauern-Nationalpark, die Gletscher und natürlich den Großglockner. Über Lienz und das Hochpustertal fahren wir an den Drei Zinnen vorbei durch die östlichen Dolomiten nach Cortina und über den wunderschönen Passo Giau bis an die Adria. Die Route ist gespickt mit Highlights, die aus einem Rennradlerleben nicht mehr wegzudenken sind. Für alle mit guter Grundkondition, die Lust auf Meer haben …**

### 1. Etappe: Waginger See – Salzburg – Bruck

In Waging am See starten wir Richtung Osten auf der Bundesstraße St 2104. Nach ca. einem Kilometer kommen wir an den Waginger See. Wir pedalieren durch die kleinen Ortschaften Buchwinkel, Musbach und Mörnberg bis nach Schönram. Einen Kilometer hinter diesem Ort biegen wir rechts auf die kleine Straße St 2103 in Richtung Teisendorf ein. Wir folgen dem Verlauf der Straße in Teisendorf links, lassen den Bahnhof links liegen und treffen nach ein paar Hundert Metern auf die Bundesstraße 304, der wir links nach Mühlfelden folgen. Hier biegen wir rechts ab in Richtung Süden und fahren weiter nach St. Georgen, Edelham und Weiherhäusl bis Mayrhofen. Hier treffen wir wieder auf die St 2103, der wir links folgen. Nach einigen Kilometern unterqueren wir die Autobahn A8. Weiter geht es nach Mauthausen, Weißbach und die Tumpenstraße an der Staatsgrenze entlang nach Großgmain und Bayerisch Gmain. Hier geht es auf die Bundesstraße 20, der wir nach links folgen. Wir kommen an Hallthurm (Beschilderung Berchtesgaden) vorbei. Nach ca. 2,5 Kilometern fahren wir auf einer kleinen Straße, dem Schneckenmühlweg, rechts und kurbeln weiter über Loipl und

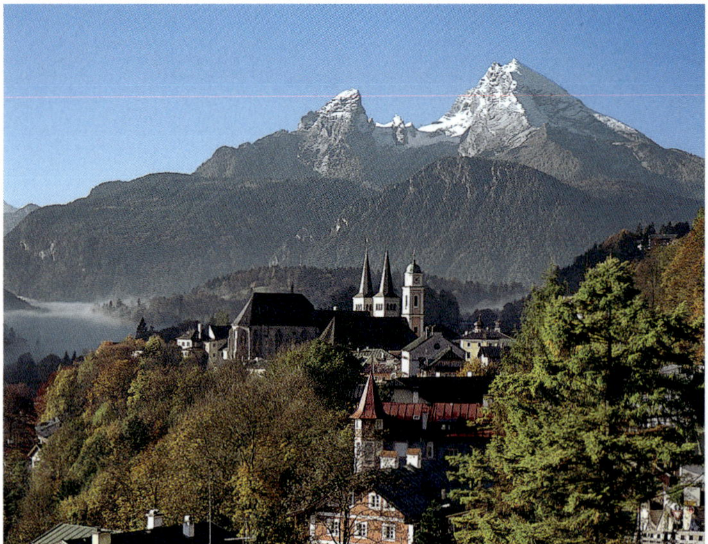

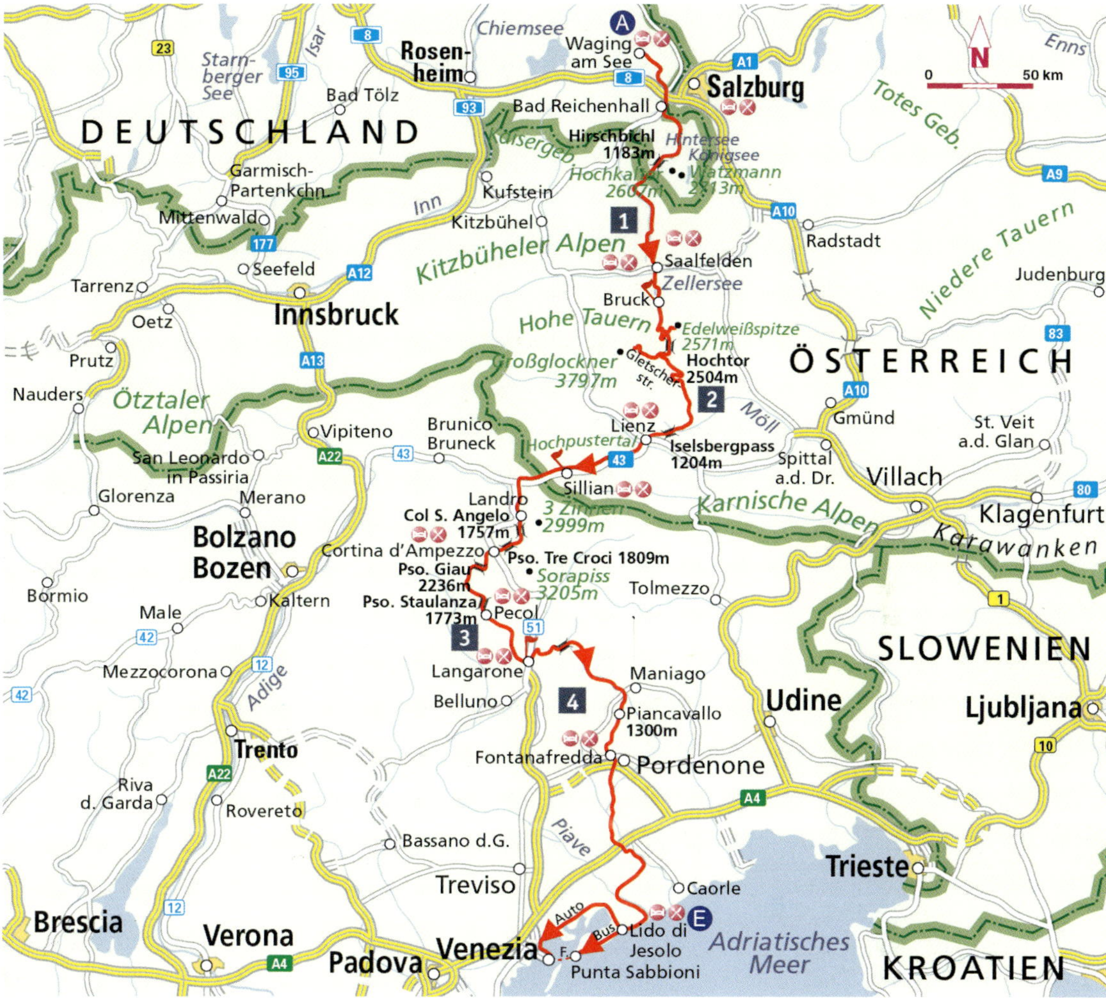


Medium

Schwarzeck, bis wir bei Ramsau auf die Bundesstraße 305 treffen. Dieser Straße folgen wir ca. 200 Meter rechts und verlassen sie linker Hand wieder nach Westen in Richtung Antenbichl und Hintersee. Den See lassen wir links liegen und folgen der kleinen Straße Richtung

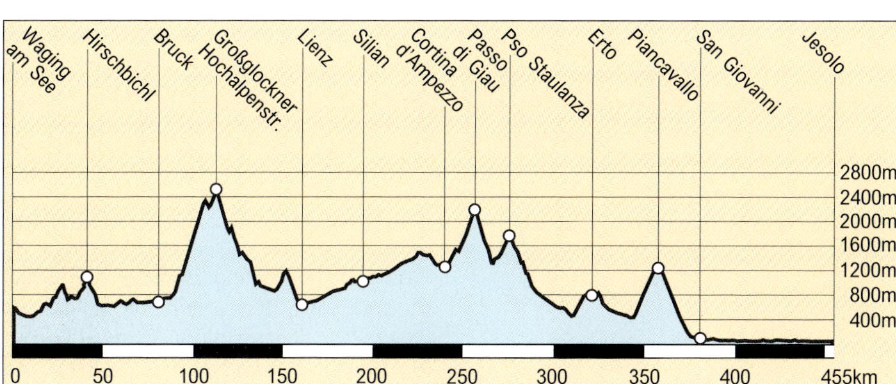


*Berchtesgaden und sein Wahrzeichen – der Watzmann*

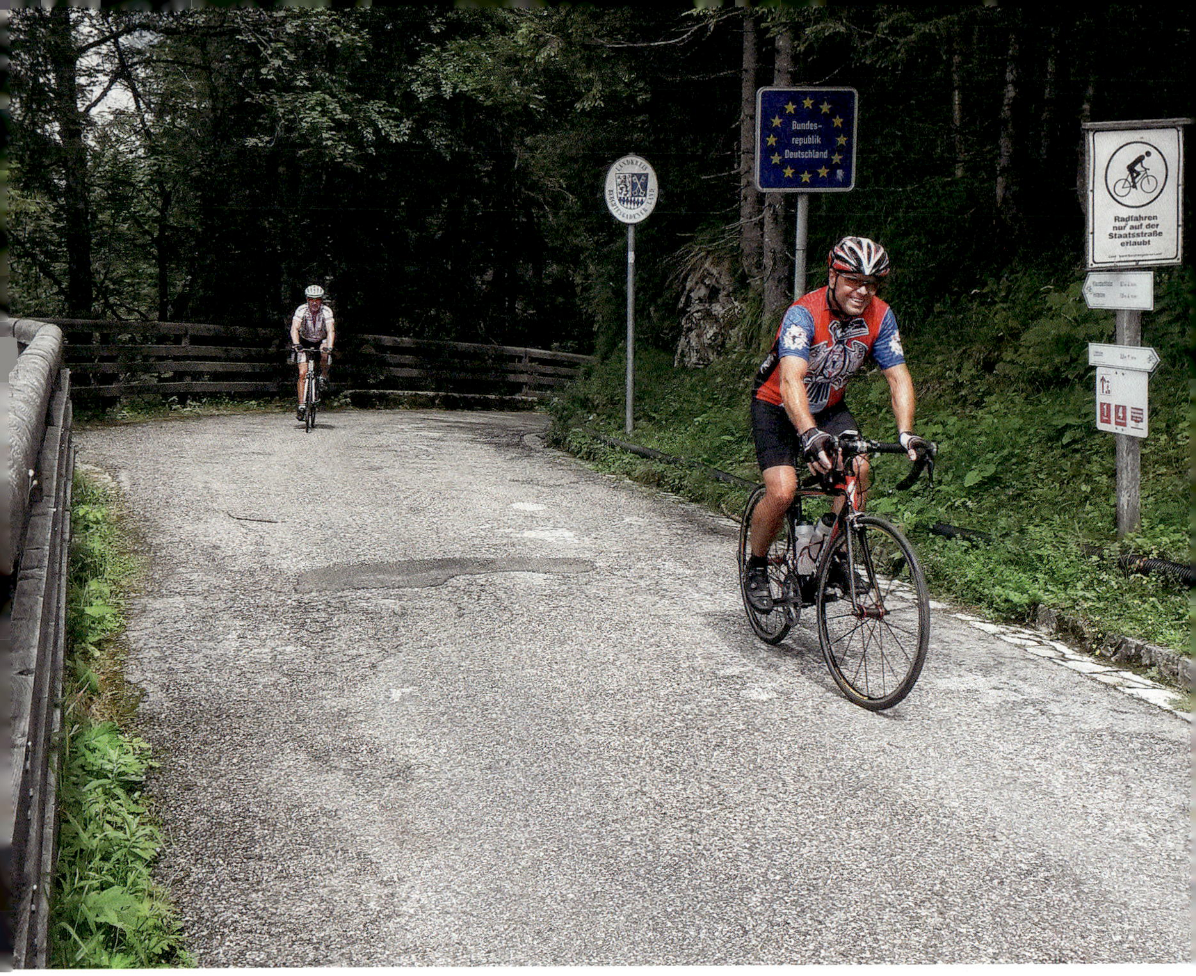


*Auf ruhigen Nebenstraßen geht es durch den Nationalpark Berchtesgaden.*

Hirschbichl am Fuße des Hochkaltermassivs. Diese führt uns durch den westlichen, für Kraftfahrzeuge gesperrten, Nationalpark Berchtesgaden und verbindet Bayern mit dem Salzburger Land.

Der Nationalpark Berchtesgaden ist der einzige deutsche Nationalpark in den Alpen. Aufgabe der etwa 70 Mitarbeiter des Parks sind Naturschutz, Forschung, Umweltbildung und Erholungsangebote für Touristen. Die Nationalparkverwaltung ist eine Behörde des Bayerischen Staatsministeriums für Umwelt und Gesundheit. Sie verwaltet das 210 Quadratkilometer große Gebiet des Nationalparks mit Verwaltungssitz in Berchtesgaden. Der Höhenunterschied im Park beträgt 2110 Meter. Der niedrigste Punkt ist der Königssee auf einer Höhe von 603 Metern, höchster ist der Watzmann mit 2713 Metern; mit dieser Höhe ist der Watzmann immerhin einer der höchsten Berge Deutschlands.

Vom Hintersee bei Ramsau geht es das Klausbachtal erst flach, später sehr steil hinauf zur Passhöhe. Diese befindet sich bereits in Österreich, ca. einen Kilometer hinter der Landesgrenze. Die Auffahrt liegt überwiegend im Wald, gibt jedoch immer wieder Blicke auf die Reiteralm und den Hochkalter (2607 m) frei.

## WICHTIGE ADRESSEN (1. E)

***Übernachtung:*** Hotel Eichenhof, Angerpoint 1, 83329 Waging am See, Tel. 08681-4030, http://www.hotel-eichenhof.de/; Gut Horn, 83329 Waging am See, Tel. 08681/227, www.gut-horn.de; Hotel Lukashansl, A-5671 Bruck an der Großglocknerstraße, Tel. +43/(0)6545/74 58, www.lukashansl.at; Gasthof Post, Raiffeisenstraße 27, A-5671 Bruck an der Großglocknerstraße, Tel. +43/(0)6542/47334, https://gasthofpost-bruck.at/

***Restaurants:*** Landhaus Tanner, Aglassing 1, 83329 Waging am See, Tel. 08681/69 75–0, www.landhaus-tanner.de; Zacherl Bräu, Glocknerstr. 14, A-5671 Bruck, Tel. +43/(0)6545/72 42, www.zacherlbraeu.at

***Taxiservice:*** Taxi Balei in Waging am See, Tel. 08681/47 86 96; Euro Taxi in Bruck, Tel. +43/(0)6545/76 67

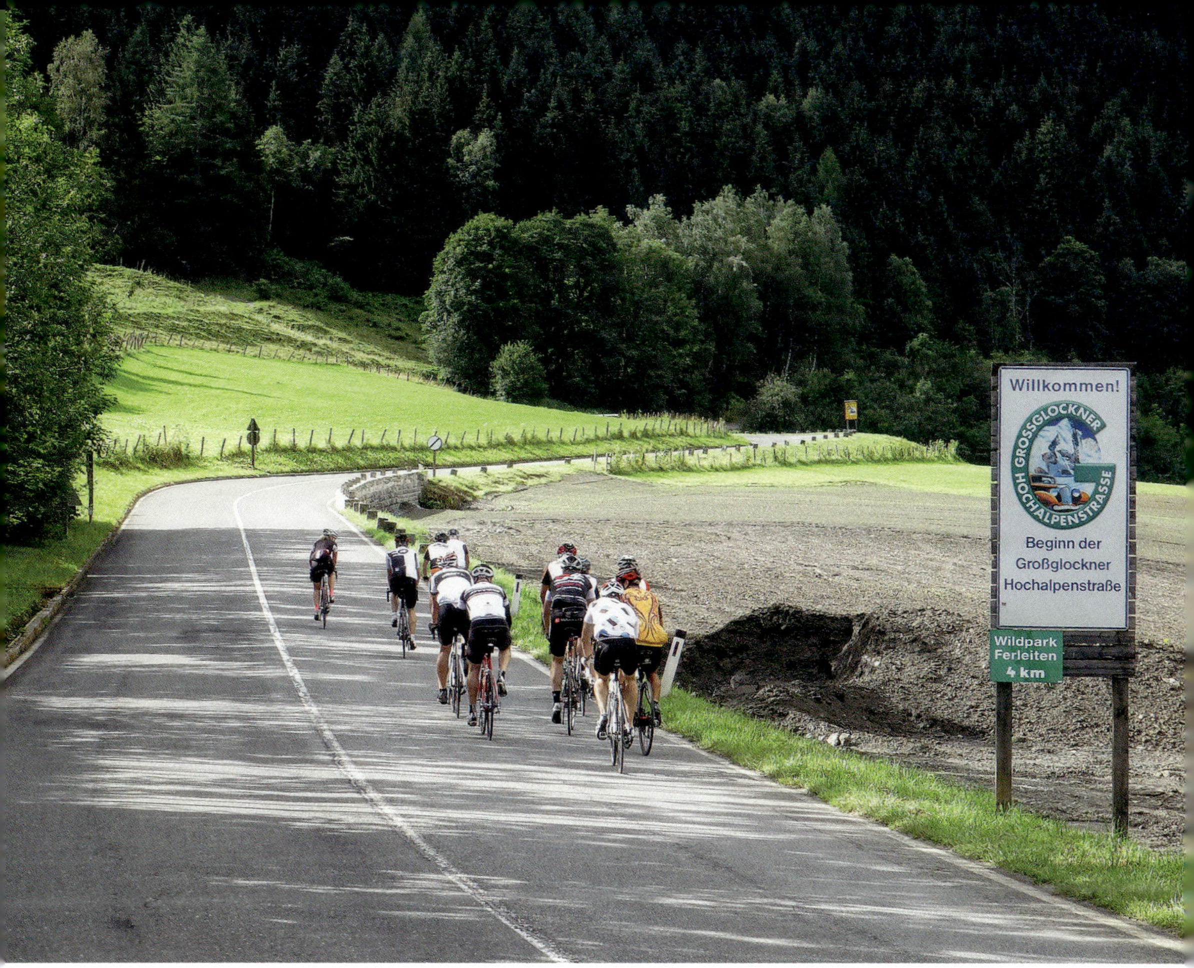


*Nach 4 Kilometern wird's ernst – an der Mautstelle Ferleiten beginnt die Großglocknerstraße.*

Fernab vom Autoverkehr begegnen wir nur Wanderern, frei laufenden Kühen und eventuell einem Wanderbus, der zufahrtsberechtigt ist. Noch können wir in Ruhe die Auffahrt genießen, aber schon bald zieht die Steigung auf ca. 8 Prozent an. Wir treffen auf eine kurze Stelle von ca. 100 Metern, auf der der Asphalt fehlt und die wir am besten zu Fuß überqueren. Wenig später erwartet uns die erste Rampe mit ungefähr 25 Prozent Steigung, die sich um einige Kehren emporzieht. Ein unendlicher Fahrspaß. Kurze Zeit später gibt es eine kleine Erleichterung für Beine und Puls – es wird flacher. Doch schon bald kommt uns die zweite schweißtreibende Rampe im selben Stil entgegen, und wir legen die 300 Meter in schwerem Wiegetritt zurück. Glück dem, der ein drittes Kettenblatt zur Verfügung hat. Direkt an der Grenze wird die Straße wieder flacher und zieht sich noch ca. einen Kilometer, bis wir die bewaldete Passhöhe Hirschbichl auf 1183 Meter erreichen. Nun geht es bergab, immer auf der Hut vor anderen Nationalparkbesuchern, die außer uns die Straße frequentieren. Nach 7 Kilometern erreichen wir Weißbach bei Lofer.

Ab Weißbach folgen wir der Bundesstraße knappe 14 Kilometer nach Saalfelden, von wo wir auf der Bundesstraße 311 in Richtung Zell am See weiterfahren. Bis zum verkehrsreichen Wintersportort Zell am See kommen wir aber nicht, denn ein kleines, wenig befahrenes Sträßchen hinter Maishofen führt uns links am See vorbei über Thumersbach bis in unseren Etappenort Bruck an der Großglocknerstraße.

## 2. Etappe: Bruck – Großglockner-Hochalpenstraße – Sillian

Bruck am Großglockner (755 m) liegt am Rande des Nationalparks Hohe Tauern im Salzburger Land. Die Straße, über die es heute geht, führt durch eine der großartigsten Naturlandschaften Europas, den Nationalpark

Hohe Tauern: Wiesen, Wälder, Almböden, Fels und Eis scheinen bald zum Greifen nahe.

Auf dem Weg zum höchsten Berg Österreichs, dem Großglockner (3789 m), auf 48 Kilometern Panoramastraße mit 36 Kehren, bei einem Anstieg bis auf 2504 Meter Höhe durchquert man eine einzigartige Gebirgswelt von blühenden Almwiesen, duftenden Bergwäldern, mächtigen Felsen und ewigem Eis bis zum Fuße des Großglockners. Über die faszinierende Berg-, Tier- und Pflanzenwelt entlang der Großglockner-Hochalpenstraße kann man sich auch bei den zahlreichen Informationseinrichtungen an der gesamten Strecke informieren: Im Haus Alpine Naturschau (2260 m) lernt man die hochsensible und vielfältige Bergwelt der Hohen Tauern kennen. Das Fuscher Törl (2428 m) ist eine Gedenkstätte, gestaltet vom renommierten Architekten Clemens Holzmeister; hier befindet sich einer der schönsten Fotostandorte. Das Hochtor (2503 m) befindet sich am höchsten Punkt der Passstraße. Hier verläuft die Landesgrenze zwischen Salzburg und Kärnten. Im Besucherzentrum Kaiser-Franz-Josefs-Höhe (2369 m) erfährt man auf vier Stockwerken alles zum Thema Gletscher und Eis samt Glockner-Kino, Glockner-Panoramaraum und wechselnden Sonderausstellungen. Der Gamsgrubenweg ist ein leicht begehbarer Panoramaweg von der Kaiser-Franz-Josefs-Höhe oberhalb des Pasterzengletschers bis zum Wasserfallwinkel. Hier kann man durch interessante Tunnel zu Themen wie Wasser, Gold, Kristall und der Pasterzensage wandern.

Nun liegt zuerst einmal ein gigantischer Aufstieg von 32 Kilometern und 1800 Höhenmetern vor uns. Wir brechen in Richtung Süden auf und können uns erst knappe 8 Kilometer relativ flach einfahren. Erst hinter Fusch und der Embachkapelle nimmt die Steigung bis auf 10 Prozent zu und bleibt so, bis wir nach ca. 14,5 Kilometern an die Mautstelle Ferleiten kommen. Wenn wir nach Westen blicken, sehen wir das pyramidenförmige Große Wiesbachhorn (3564 m) und etwas weiter nördlich davon den Hohen Tenn (3368 m). Von hier aus klettern wir mit 12 Prozent Steigung bis zum 12,5 Kilometer entfernten Fuschertörl auf eine Höhe von 2428 Metern. Wir passieren jede Menge Kehren, die Piffkar (1620 m), Hexenküche (2058 m) und Edelweißwand (2230 m) heißen. Auf dem Weg gibt es einige Rastplätze mit Informationstafeln, die die uns umgebende

*Am Hochtor ist der höchste Punkt der regulären Glocknerstraße erreicht.*

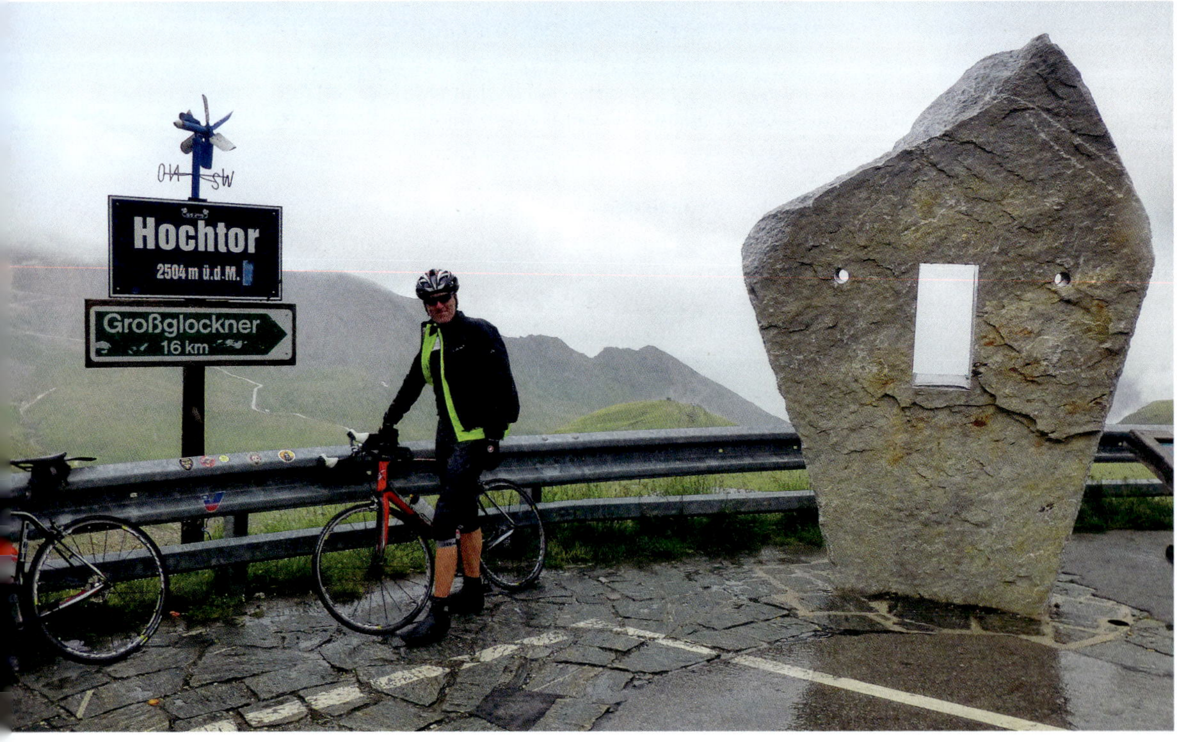

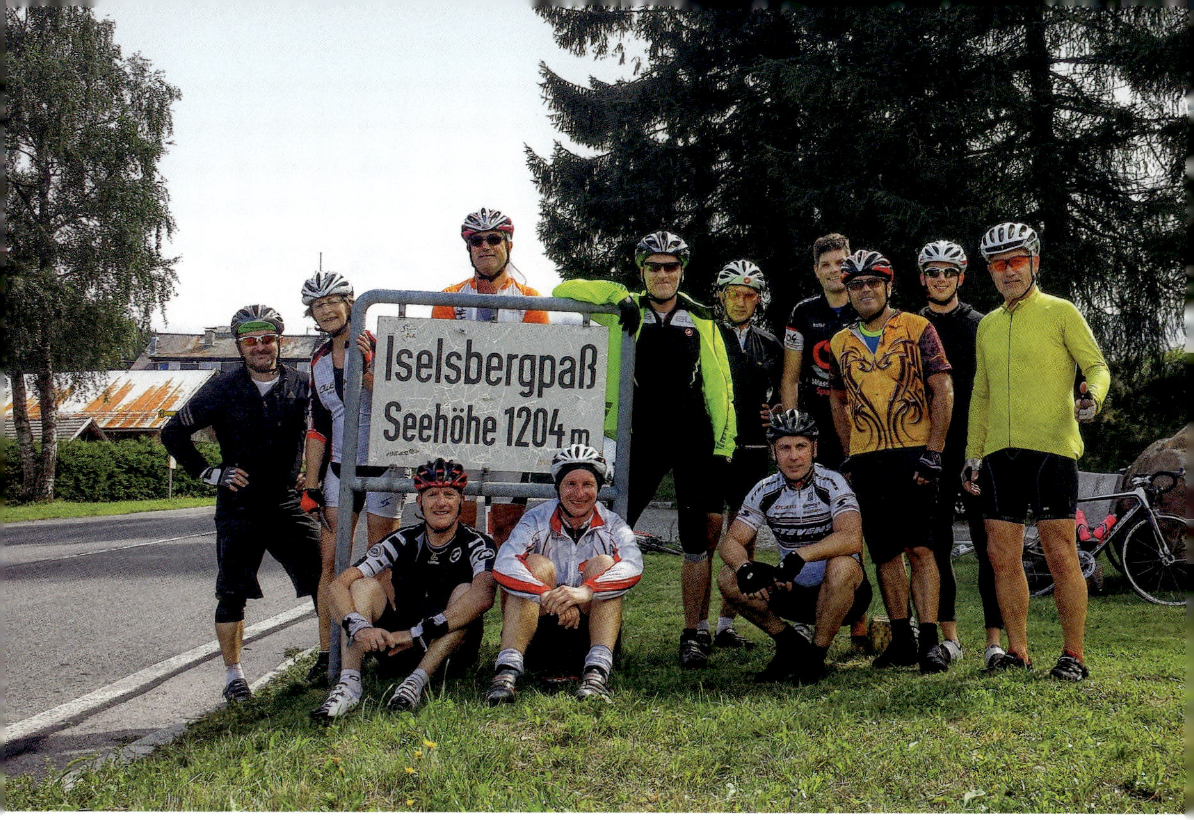


Der Iselsberg ist das letzte Hindernis vor unserem Etappenziel Sillian.

Bergwelt erklären. Ab dem Törlgrad lässt die Steigung etwas nach, und wer sich fit genug fühlt, kann von hier die 2 Kilometer lange Stichstraße zur Edelweißspitze (2571 m) mitnehmen, deren bis zu 14 Prozent steile Kehren teilweise mit Kopfsteinen gepflastert sind.

Zurück auf der eigentlichen Straße, geht es erst einmal wieder 150 Höhenmeter bergab bis zur Fuscher Lacke (2262 m) und ab nun endgültig bergauf bis zum Hochtor auf einer Höhe von 2504 Metern. Wir passieren zwei Tunnel, den Mittertörl- und den Hochtor-Tunnel, sozusagen die Passhöhe der Glocknerstraße auf einer Höhe von 2504 Metern. Hier raten wir, eine gute Beleuchtung mit dabeizuhaben. Jenseits dieses Tunnels bietet sich uns wieder ein fantastisches Panorama und wir halten noch einmal kurz inne, bevor es an die steile Abfahrt Richtung Süden geht. Wir rollen gute 6 Kilometer bis zum Abzweig Guttal (1859 m) hinab und folgen der Gletscherstraße nach rechts 510 Höhenmeter und knappe 9 Kilometer hinauf. Die Straße endet an einem großen Parkplatz, und wir stehen dem gigantischen Großglockner (3798 m) und dem Pasterzengletscher zu Füßen. Ein ergreifender Anblick! Schweren Herzens reißen wir uns los und fahren bis Heiligenblut ab. Hier erblicken wir sogleich die viel fotografierte, gotische Pfarrkirche St. Vinzenz, in der ein sagenumwobenes Fläschchen mit einigen Tropfen vom Blut Jesu Christi aufbewahrt wird. Es steht neben dem berühmten Hochaltar aus dem Jahr 1520. Weiter geht es auf der Bundesstraße 107 nach Lienz, auf der wir noch knappe 500 Höhenmeter bis zum Iselsbergpass (1204 m) überwinden müssen. Bei Höchststeigungen von bis zu 12 Prozent und mit den Strapazen der Glocknerstraße in den Beinen kommen wir hier noch einmal so richtig ins Schwitzen. Hinab geht es nun nach Lienz (673 m) und durch die Stadt auf die Bundesstraße 100. Von Lienz verbleiben uns noch knapp 32 Kilometer bei 430 Höhenmetern entlang der Drau bis zu unserem Etappenort Sillian (1103 m).

## WICHTIGE ADRESSEN (2. E)

***Übernachtung:*** Pension Adelheid, A-9920 Sillian 140, Tel. +43/(0)4842/62 86, www.pension-adelheid.com; Hotel Perfler, Sillian 166, A-9920 Sillian, Tel. +43/(0)4842/63 54, www.perfler.at
***Restaurant:*** Hotel Gasthof Post, A-9920 Sillian, Tel. +43/(0)4842/60 20–0
***Taxiservice:*** Anton Vollgger, Tel. +43/(0)664/988 88 00

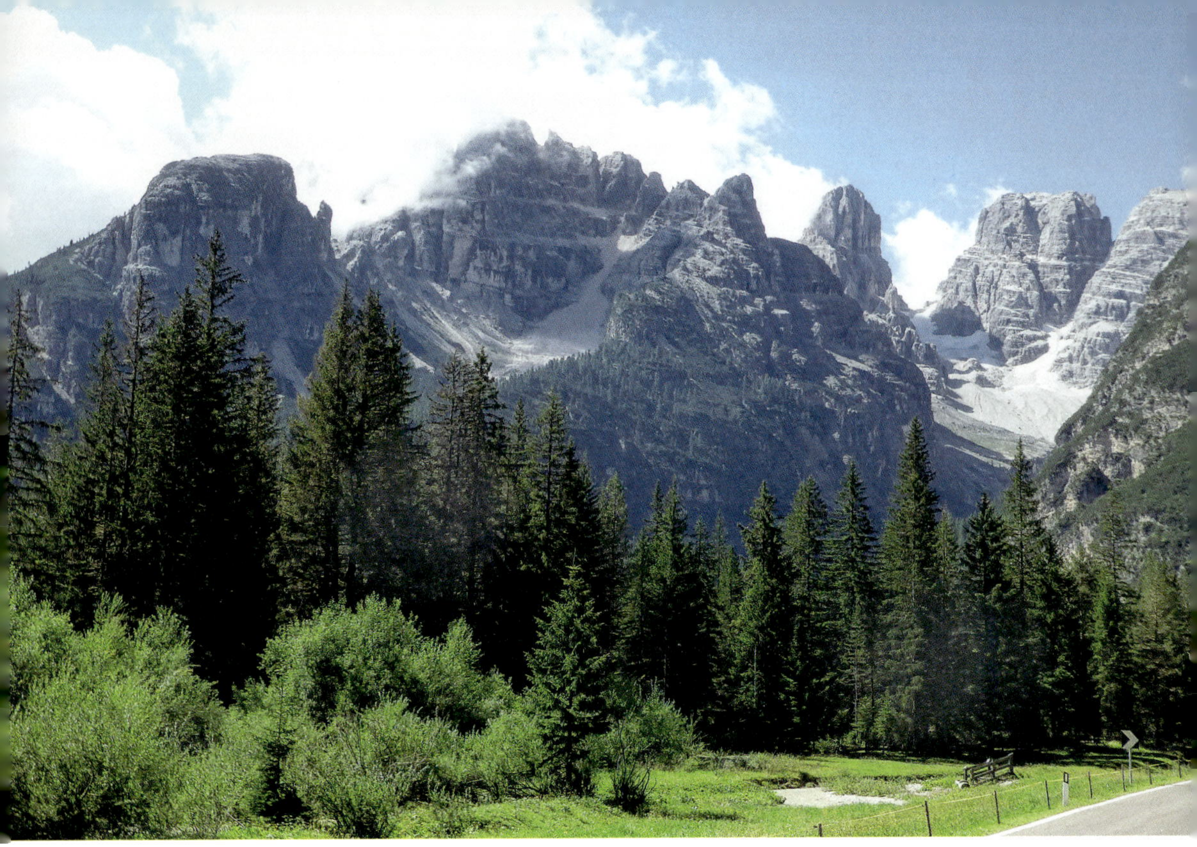

*Vom Misurinasee zeigt sich das Cristallo-Massiv in seiner ganzen Größe.*

## 3. Etappe: Sillian – Cortina – Passo Giau – Longarone/Erto

Sillian ist die Hauptgemeinde des Osttiroler Hochpustertals. Es geht in Richtung Westen über Innichen nach Toblach (1256 m). Toblach wird wegen seines atemberaubenden Blickes auf die Drei Zinnen auch das Tor zu den Dolomiten genannt. Die Nordwand dieser berühmtesten Gipfel der Dolomiten liegt etwa 13 Kilometer Luftlinie vom Ortszentrum entfernt. Von Toblach fahren wir weiter nach Süden. Nach ca. 11 Kilometern erreichen wir den kleinen Ort Landro, von dem man die Farbenvielfalt der Drei Zinnen und das alpine Geschehen hautnah durch ein kostenloses Fernrohr betrachten kann. Des Weiteren sind auf einem nachgebauten Relief die Drei Zinnen und ihre wichtigsten Kletterrouten an den Nordhängen zu sehen. Die drei Felsobelisken befinden sich im Naturpark »Sextener Dolomiten«. Sie bestehen aus Hauptdolomit. Die Große Zinne ist stolze 2999, die Westliche 2973 und die Kleine Zinne 2857 Meter hoch. Um die berühmten Felstürme erblicken zu können, führt uns der Weg ins wildromantische Höhlensteintal bis nach Landro zum Drei-Zinnen-Blick. Von dort aus kann der »höchste Himmel der Dolomiten« aus der Ferne erblickt werden. Um die Magie dieses Dreigestirns aus nächster Nähe betrachten zu können, führt eine Mautstraße über Misurina bis zur Auronzohütte, von wo aus die Zinnen in einer Gehstunde erreicht werden können.

Landro war – wie ein Großteil der Dolomiten – Schauplatz im Ersten Weltkrieg. Daher befinden sich noch diverse Bunker und ein Sperrwerk an diesem Ort, das das Höhlensteintal gegen einen Durchbruch von Süden nach Toblach im Dolomitenkrieg zwischen Österreich-Ungarn und Italien sicherte. Die Bauwerke wurden ca. 1895 fertiggestellt, sind heute aber, schwer sichtbar, von Gestrüpp und Bäumen

### WICHTIGE ADRESSEN (3. E)

***Übernachtung:*** Pension Casa Gilda, Roggia 41, I-32013 Longarone, Tel. +39/0437/771375; Hotel Ristorante Quattro Valli, Via Faè 22, I-32013 Longarone, Tel. +39/0437/77 03 70, www.quattrovalli.com

***Restaurants:*** Hotel Ristorante Quattro Valli, Via Faè 22, I-32013 Longarone, Tel. +39/0437/77 03 70, www.quattrovalli.com

***Taxiservice:*** Taxi Belluno, Tel. +39/0437/94 33 12

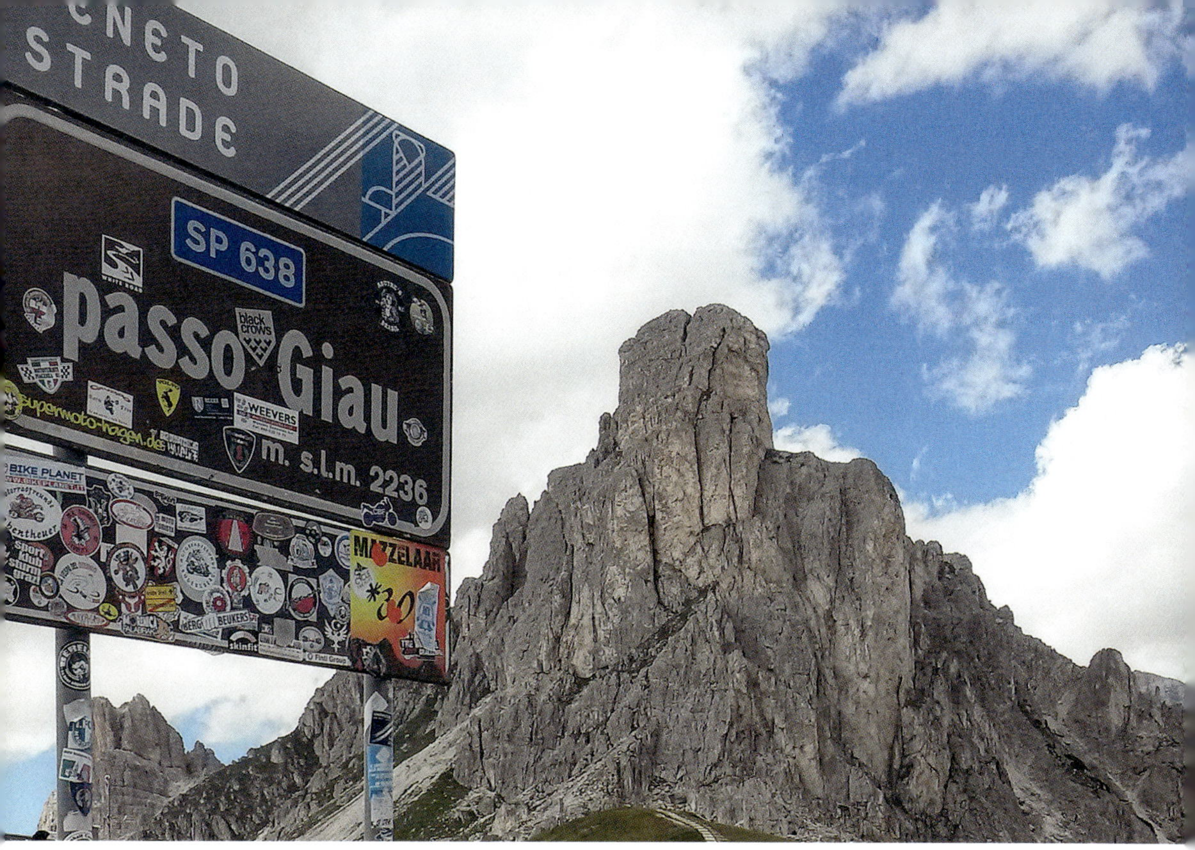


überwuchert. Auch schon in dieser Zeit wuchs der Bekanntheitsgrad des kleinen Dorfes am Schluderbach als Ausgangsort für Bergtouren, und die ersten Alpinisten entdeckten die Schönheit der Dolomiten. Landro entwickelte sich zu einem bekannten Touristenziel.
Es geht weiter nach Schluderbach, wo wir – wie in der »Tegernsee-Venedig-Go-Wild-Route« beschrieben – auf den Col S. Angelo auf eine Höhe von 1757 Metern und zum knapp dahinter gelegenen Misurinasee hinauffahren. Vom See aus sehen wir die Drei Zinnen, den Monte Piana, die Cadinigruppe, den Monte Cristallo und weiter im Süden die Marmarole und Sorapiss. Wir fahren an den Hotels der Ortschaft Misurina vorbei und verlassen den See, um auf die große Dolomitenstraße 48 einzubiegen, der wir stets in Richtung Cortina d'Ampezzo folgen. Nach kurzer Fahrt erreichen wir den Passo Tre Croci auf einer Höhe von 1809 Metern. Nördlich des Passes sehen wir den Monte Cristallo (3221 m) und im Süden den Sorapiss (3205 m). Von hier rollen wir in das mondäne Wintersportzentrum Cortina d'Ampezzo.
Wir durchqueren die Stadt in Richtung Passo Falzàrego. Nach einigen Kilometern kommen wir in den kleinen Ort Pocol, von wo wir die Richtung zum Passo Giau (2326 m) einschlagen. Nach dieser unvergesslichen Passauffahrt gelangen wir nach der Abfahrt zu unserem letzten Anstieg, dem Passo Staulanza mit einer Höhe von 1773 Metern. Ab hier rollen wir durch das Val Di Zolda in fliegender Fahrt bergab bis in unseren Etappenort Longarone.

*Über den Passo Giau geht es hinunter nach Longarone, unserem Etappenziel.*

## 4. Etappe: Longarone/Erto – Jesolo

Die Route verläuft hier wie bei der Tour »Tegernsee – Venedig Medium« (siehe Seite 84 ff.).

### WICHTIGE ADRESSEN (4. E)

***Übernachtung:*** Hotel Mon Repos, Via Altinate IV accesso al mare 4, I-Lido di Jesolo, Tel. +39/0421/36 22 83, www.monrepos.it; Hotel New Tiffany's Park, Via Aquileia 158, I-30017 Lido di Jesolo, Tel.+39/0421/37 03 69 (oder 37 09 78), www.hotelnewtiffanyspark.com

***Restaurant:*** Pizzeria Perla Nera, Via Roma Dx, 38, I-30016 Lido di Jesolo, Tel. +39/0421/97 27 96, www.perlanera.it

***Taxiservice:*** Consorzio Taxi Veneto Orientale in Jesolo, Tel. +39/0421/37 23 01

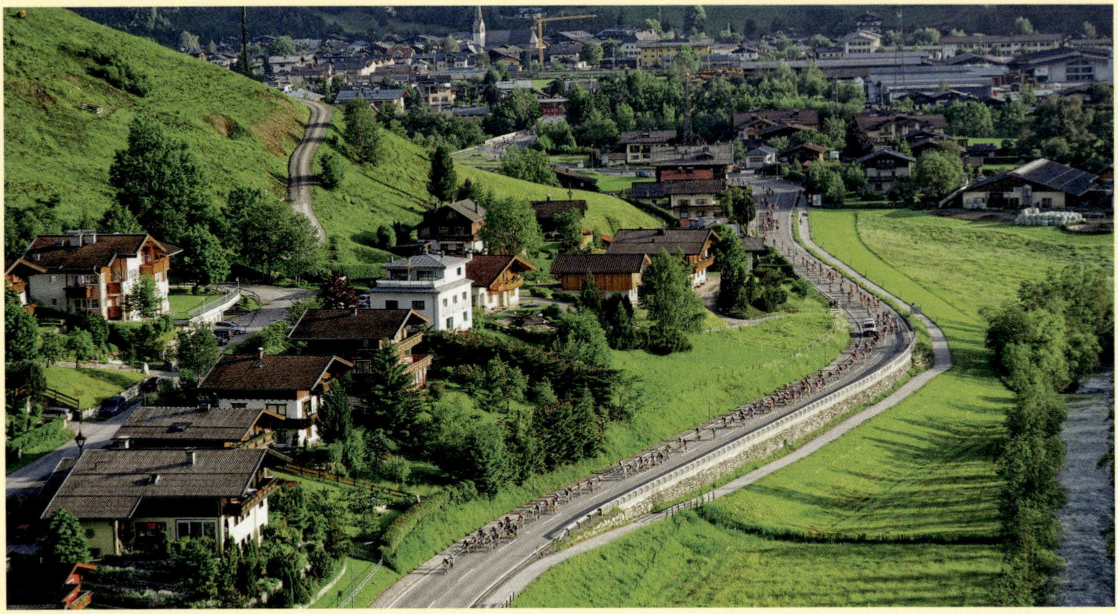

*Nach dem Start in Bruck liegt das Feld noch nahe zusammen.*

# Der Glocknerkönig –

## das Rad-Event auf der autofreien Großglockner-Hochalpenstraße

*Rechte Seite oben: Die berühmte »Hexenküche«, im Hintergrund das Große Wiesbachhorn*

*Rechte Seite unten: Das Ziel am Fuschertörl ist greifbar nahe.*

Seit 24 Jahren findet im Juni auf der Großglockner-Hochalpenstraße der Glocknerkönig statt. Getreu dem Motto »Genieße die autofreie Großglocknerstraße, das beeindruckende Gebirgspanorama der Glocknergruppe und im Ziel auf fast 2500 Metern Seehöhe den frisch gebackenen Kaiserschmarrn«, kurbeln die Hobbyradler die schönsten Höhenmeter der Alpen zwischen Bruck und dem Fuschertörl hinauf.

Die ca. 2000 Teilnehmer haben die Möglichkeit, zwischen vier Strecken zu wählen. Die Ultrawertung führt hinauf zur Edelweißspitze, dem höchsten befahrbaren Punkt in den Alpen auf 2572 Meter; der Start zu dieser Wertung ist um 7 Uhr. Die Tour verläuft über 28,9 Kilometer und 1814 Höhenmeter bei maximal 15 Prozent Steigung. Der Glocknerkönig Classic startet ebenfalls um 7 Uhr und verläuft über 27 Kilometer bei einer maximalen Steigung von 12 Prozent und insgesamt 1694 Höhenmetern. Der Glocknerkönig light ist die kürzeste Strecke. Die Starter dieser Wertung beginnen um 7:45 Uhr ihre Tour über 12,5 Kilometer und 1330 Höhenmeter mit einer maximalen Steigung von 12 Prozent. Auch für Teilnehmer mit E-Bikes gibt es einen separaten Start. Um 7:15 Uhr starten die E-Bike-Teilnehmer und folgen der gleichen Strecke wie der Glocknerkönig light. Ein Prämiensprint vor der Kassenstelle in Ferleiten sorgt in jedem Jahr für große Spannung.

Um oben auf der Hochalpenstraße für die passende Stimmung zu sorgen, können Besucher und Fanclubs mit den Besucherbussen von Bruck bis zum Fuschertörl fahren. Kurz vor dem Ziel stehen die begeisterten Zuschauer, um die Rennfahrer in Empfang zu nehmen. Wie bei Alpe d'Huez bleibt den erschöpften, aber glücklichen Teilnehmern nur eine schmale, von jubelnden Zuschauern gesäumte Gasse, um im Ziel einzulaufen.

***Info:*** *Tourist-Information Großglockner-Zellersee, Raiffeisenstr. 2, A-5671 Bruck-Fusch, Tel. (+43)/(0)6545/72 95, glocknerkoenig@bruck-fusch.at, www.glocknerkoenig.com*

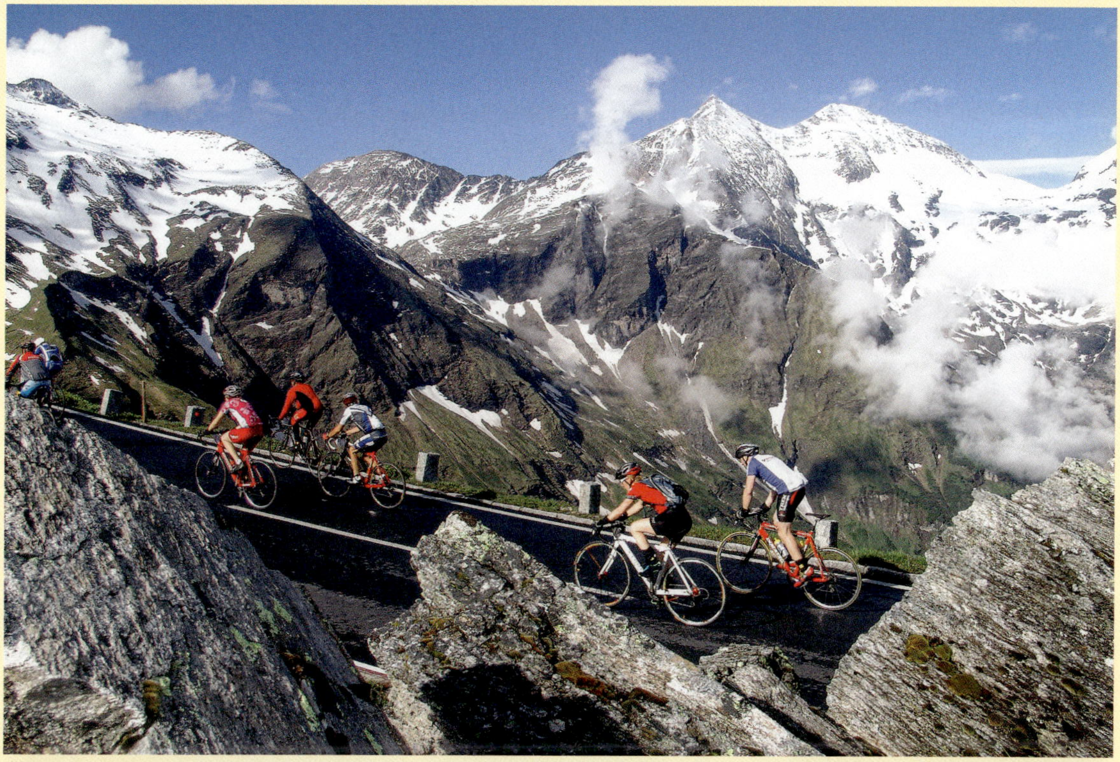

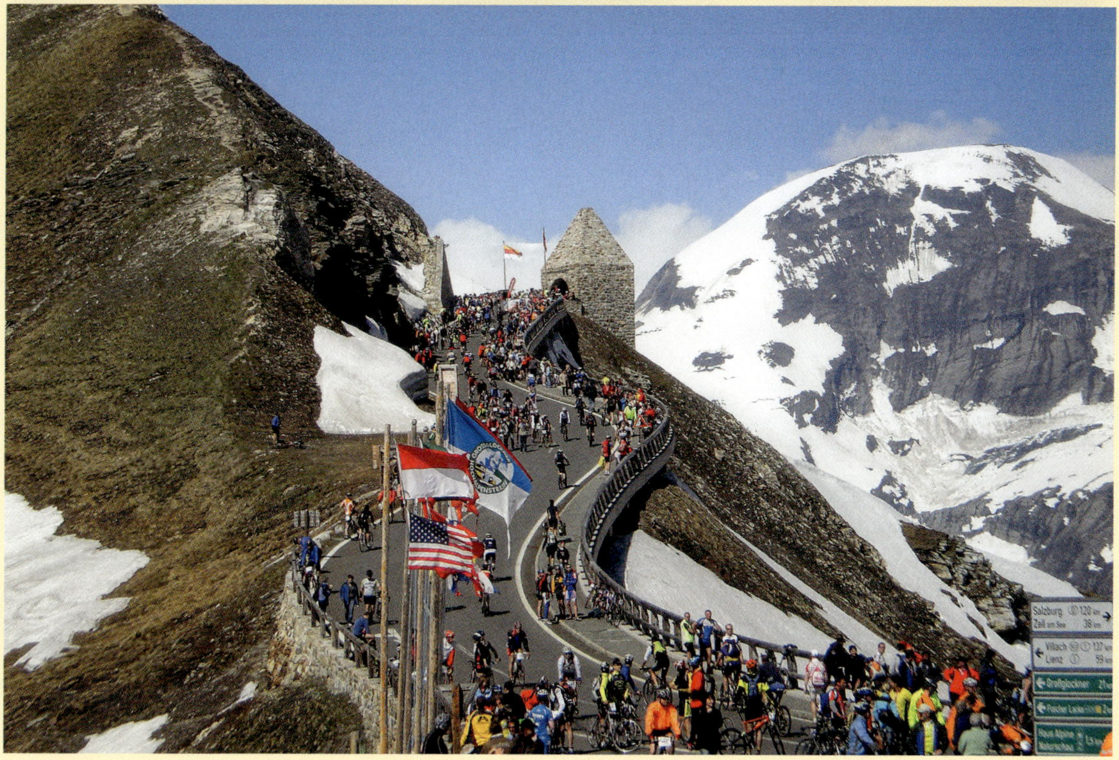
Salzburg 120 km
Zell am See 38 km
Villach
Lienz

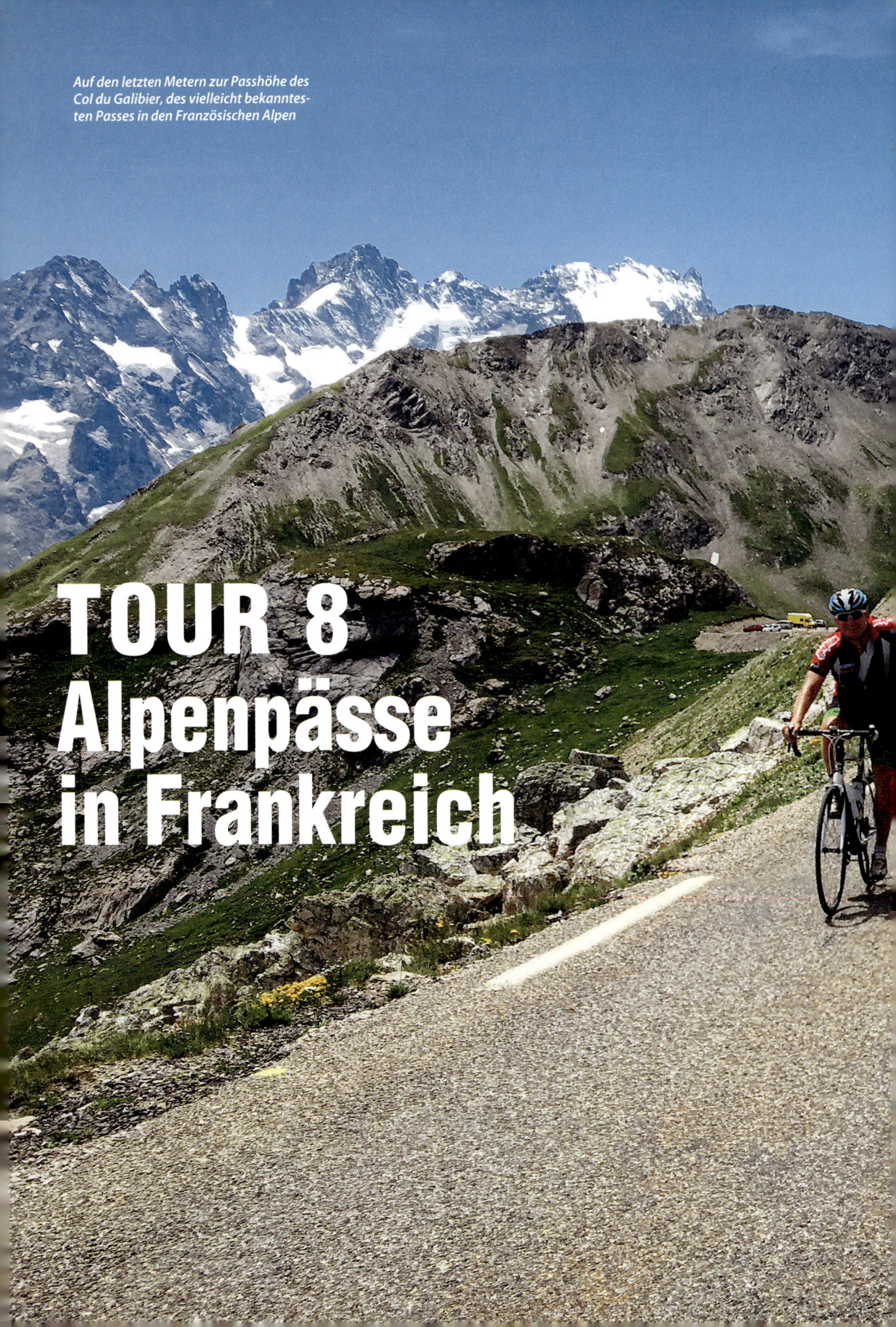

# TOUR 8 Alpenpässe in Frankreich

*Auf den letzten Metern zur Passhöhe des Col du Galibier, des vielleicht bekanntesten Passes in den Französischen Alpen*

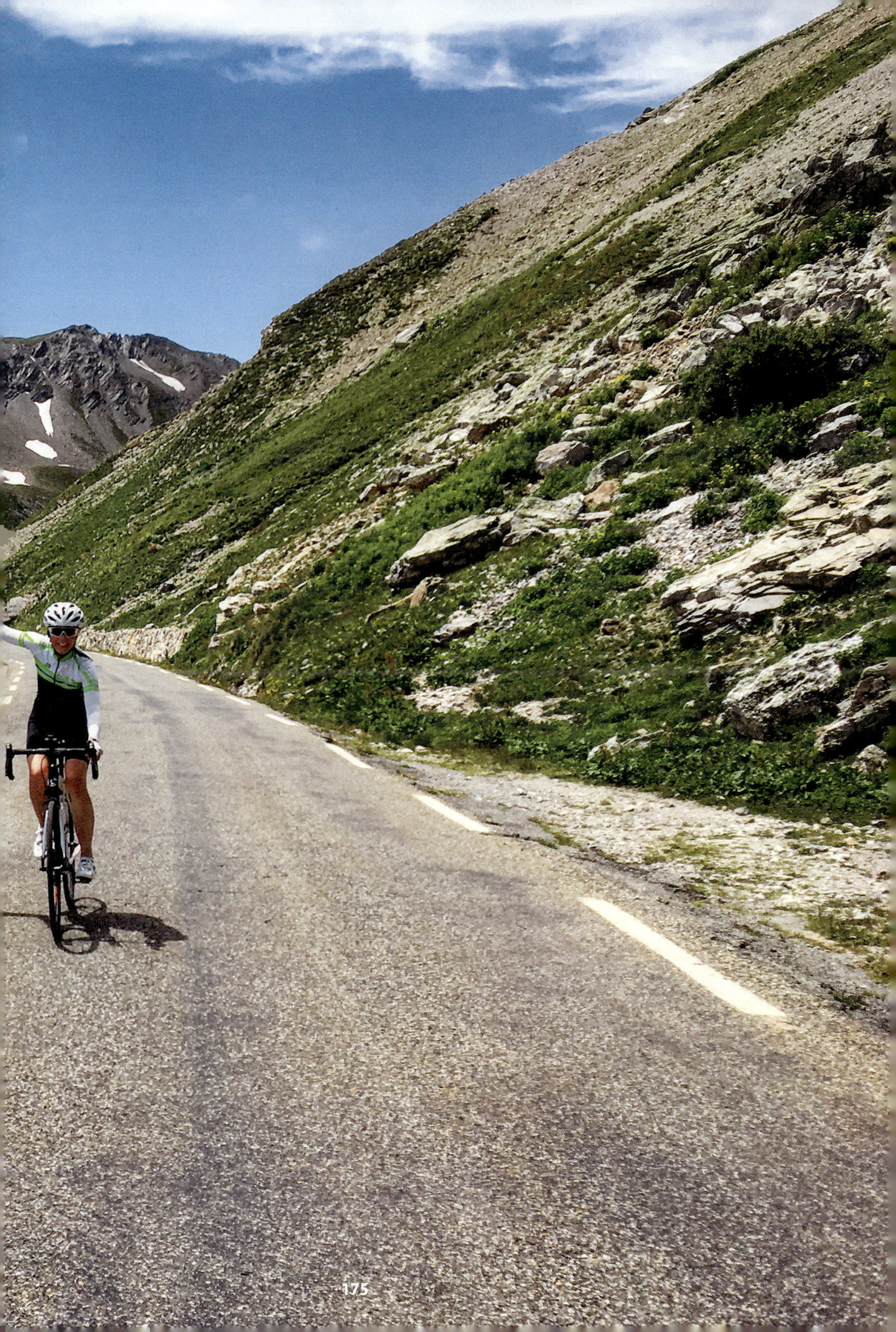

# 8 Highlights
## – auf den Spuren der »Tour de France«

mittel | 586 km | 12 195 hm | 6 Tage

**AUSGANGS-/ENDPUNKT**
Carpentras/Avignon – Genf

**ETAPPEN**
Carpentras/Avignon – Laragne-Montéglin, ca. 120 km, ca. 2690 hm; Laragne-Montéglin – La Mure, ca.100 km, ca. 1830 hm; La Mure – Alpe d'Huez, ca. 60 km, ca. 1945 hm; Alpe d'Huez – St. Jean de Maurienne, ca. 105 km, ca. 2300 hm; St. Jean de Maurienne – Lac d'Annecy, ca. 146 km, ca. 2270 hm; Lac d'Annecy – Genf, ca. 55 km, ca. 1160 hm

**STRECKENVERLAUF**
Mont Ventoux (1912 m), Col du Festre (1441 m), Col d'Ornon (1367 m), Alpe d'Huez (1860 m), Col du Lautaret (2058 m), Col du Galibier (2645 m), Col du Télégraphe (1566 m), Col de la Madeleine (2000 m), Annecy, Mont Salève (1375 m)

**CHARAKTER/ERLEBNISWERT**
Entlang einsamer Straßen über die spektakulärsten Pässe der Französischen Alpen, ein Muss für jeden ambitionierten Rennradfahrer mit entsprechender Kondition

**SEHENSWERTES**
Mont Ventoux, Alpe d'Huez, Col du Galibier, Col de la Madeleine … die Klassiker der Tour de France sprechen für sich – und für legendäre Erlebnisse…

**KARTEN**
Marco Polo, Provence, Côte d'Azur, Rhône-Alpes, 1:300 000

**TOURIST-INFO**
Carpentras, 97 Place du 25 Août 1944, F-84200 Carpentras, Tel. +33/(0)490/63 00 78, www.carpentras-ventoux.com; Laragne-Montéglin, Place des Aires, F-05300 Laragne-Montéglin, Tel. +33/(0)492/65 09 38, www.ot-laragne.fr; La Mure, Tel. +33/(0)476/81 05 71, www.ville-lamure.com/tourisme; Albertville, Place de l'Europe – B.P. 174, F-73204 Albertville, Tel. +33/(0)479/32 04 22, www.tourisme.fr/office-de-tourisme/albertville.htm; Lac Annecy, www.lac-annecy.com; Genève tourisme, Rue du Mont-Blanc 18, CH-1201 Genève, Tel. +41/(0)22/909 70 00, www.geneve-tourisme.ch

**Wessen heimlicher Traum ist es nicht, die Highlights der Tour de France einmal live zu erleben, die legendären Gipfel und Pässe mit klangvollen Namen wie Mont Ventoux, Col du Galibier und Col de la Madeleine aus eigener Muskelkraft zu erklimmen. Auf dem Asphalt der Passstraßen überfahren wir leuchtend bunte Schriftzüge und Motivationssprüche für unsere Renn-Idole und bekommen Gänsehaut vor Aufregung. Die Route führt uns durch eine fantastisch abwechslungsreiche Landschaft mit duftenden Lavendelfeldern der Provence, über die windige Wüste auf dem Mont Ventoux, durchs Hochgebirge samt Gletscherblick in den Hautes-Alpes sowie durch liebliche Täler mit traumhaften Seen und Flüssen. Worauf wartest du noch: Allez!**

## 1. Etappe: Carpentras/Avignon – Mont Ventoux – Laragne-Montéglin

Wir beginnen unsere Tour in Carpentras auf einer Höhe von 105 Metern, wo wir in nördlicher Richtung, der Bundesstraße 938 folgend, in Richtung Serres und Le Barroux bis nach Malaucène fahren. Nur unmerklich und somit hervorragend zum Einrollen steigen die 18 Kilometer von Carpentras nach Malaucène an. Ab hier geht es dann zur Sache, denn die gut beschilderte Straße auf den Mont Ventoux führt uns auf einer Steigung von 6 Prozent aus dem Ort heraus. Weiter geht es bei gleichmäßiger Steigung zwischen 10 und 12 Prozent bergauf. Nach 20 Kilometern und knapp 1600 Höhenmetern erreichen wir den kargen, mit grauweißem Kalkgestein übersäten Gipfel des Berges.
Wir verlassen das Gipfelplateau, indem wir einfach der Straße weiter folgen. In großen Serpentinen geht es abwärts. Kurz unterhalb des Gipfels sehen wir auf einer kleinen Anhöhe die Gedenkstätte von Tom Simpson am linken Fahrbahnrand. Weiter geht es nicht allzu rasant, denn wir dürfen die Abzweigung nach Sault nicht verpassen. Vom Gipfel sind es ca.

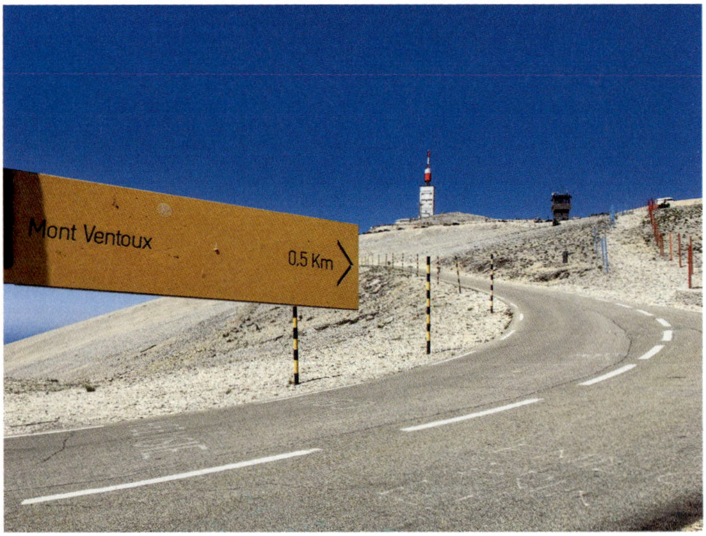

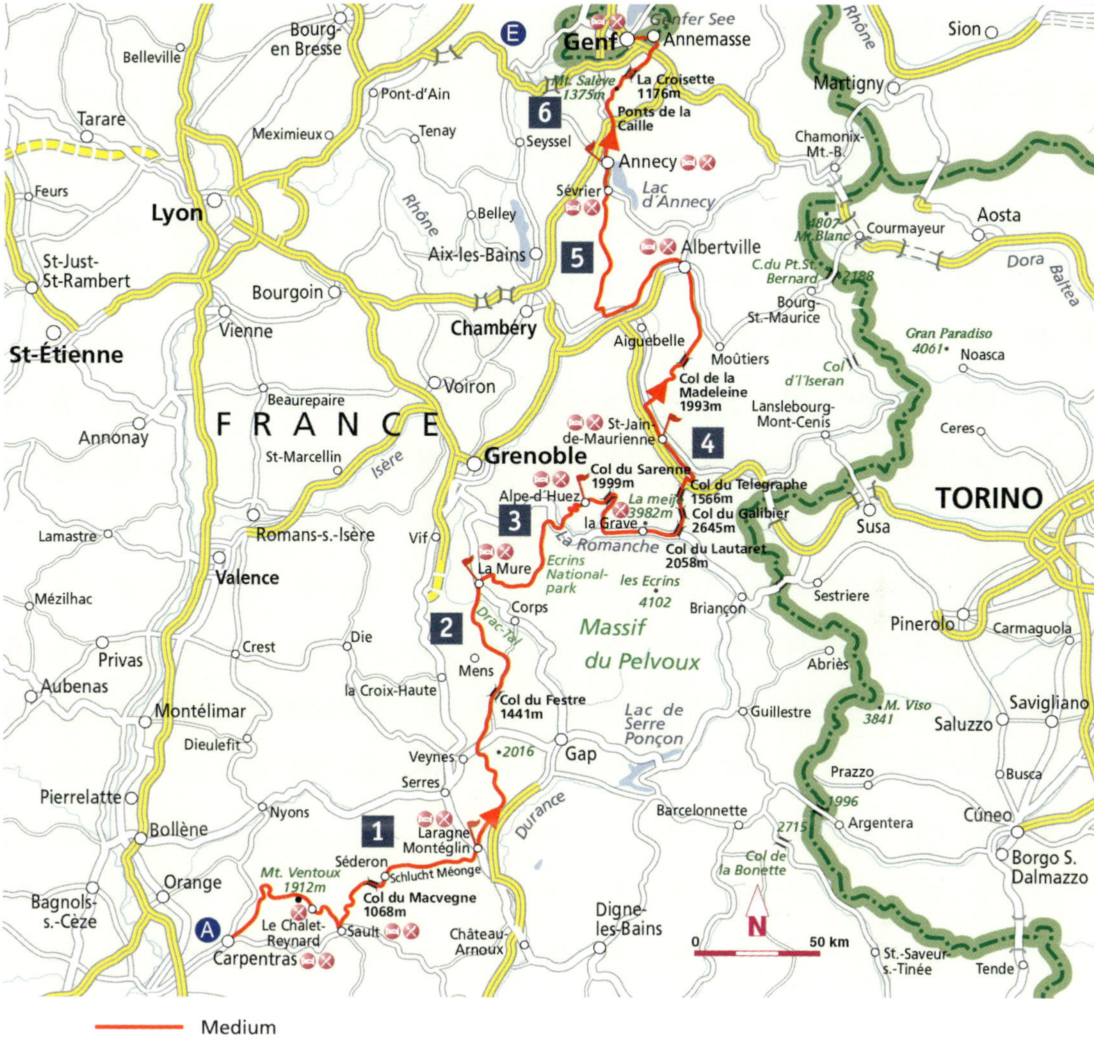


6 Kilometer, bis wir an die Straßengabelung beim Chalet Reynard kommen. Hier halten wir uns links und rollen weitere 20 Kilometer nach Sault (788 m) hinab. Bald duftet die Luft nach Lavendel, denn diese lila Blütenkronen wachsen hier überall, nur ein paar Obst- und weiß

*Linke Seite: Noch 500 Meter bis zum Gipfel des Mont Ventoux*

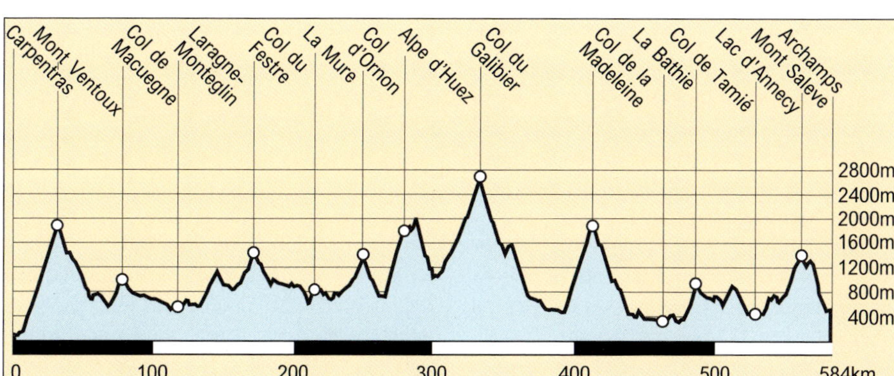

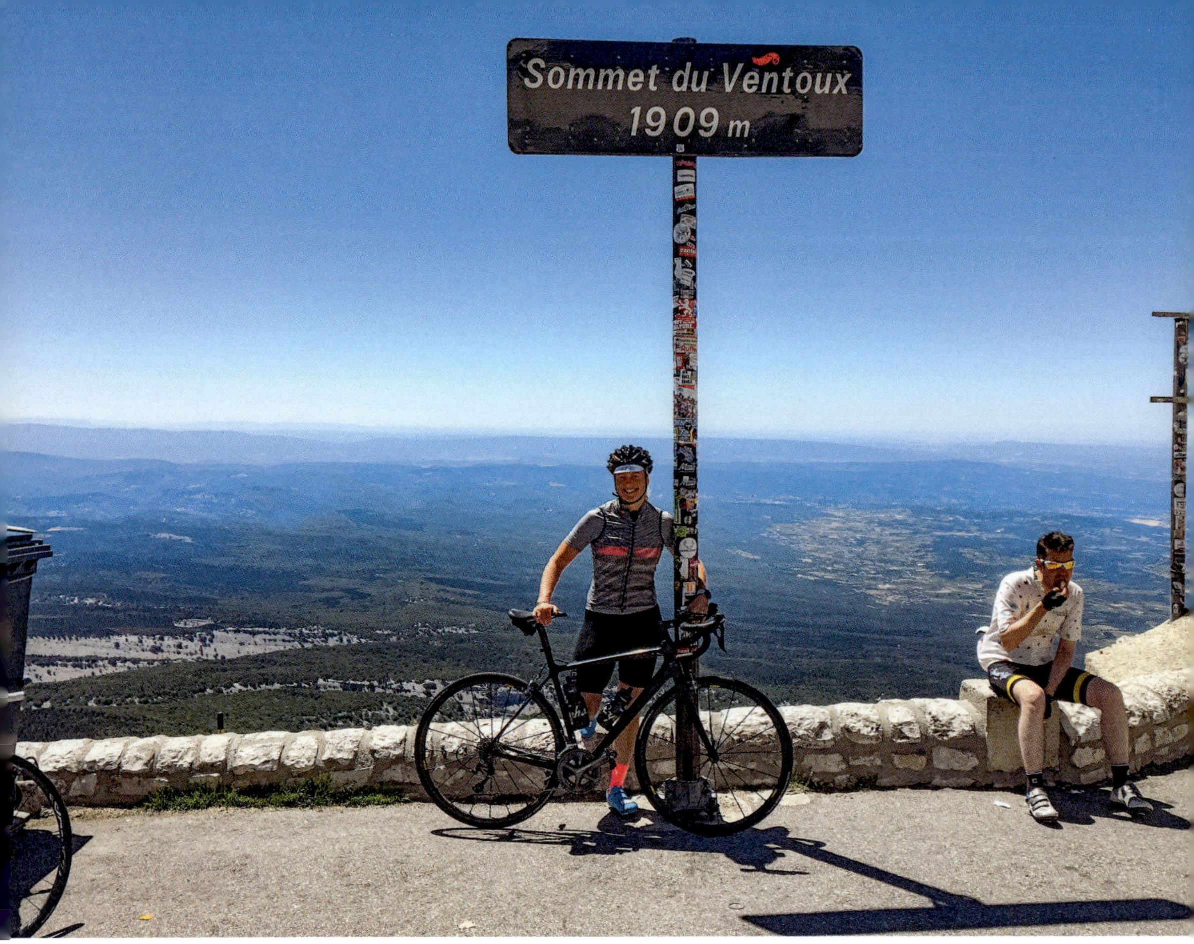


*So sehen Sieger aus!*

blühende Mandelbäume samt alten Mauern stehen dazwischen. Die Blütezeit des Lavendels hier in der Region ist ungefähr von Mitte Juni bis Ende Juli.

Wir erreichen Sault, das auf einem felsigen Gebirgsvorsprung liegt. Die Menschen leben hier noch fast wie im Mittelalter. Eine kleine Kirche aus dem frühen 13. Jahrhundert lohnt einen Besuch. Das Schloss aus dem 16. Jahrhundert befindet sich, teilweise noch als Ruine, inmitten von Wohnhäusern. Während sich unsere Straße durch Sault den Berg hinaufschlängelt, säumen Platanenplätze unseren Weg, auf denen die Boulespieler genügend Platz haben, ihr Spiel auszuüben. Hier gibt es auch nette Cafés, die zum Mittagessen oder auf einen kleinen Snack einladen.

Von Sault fahren wir in Richtung Norden weiter nach Aurel und Montbrun-les-Bains auf recht ebener Straße durch ein einsames Tal. Erst bei einer Höhe von 430 Metern beginnt sie langsam anzusteigen und führt über den kleinen Ort Le Moulin (740 m), nahe eines markanten Felsens gelegen, in einigen Serpentinen auf den Col du Macuegne (1068 m). Wenn wir uns umblicken, haben wir eine fantastische Aussicht über das Tal mit seinen Felsen und, weit im Hintergrund, auf den Mont Ventoux.

Da steht er, der einsame kahle Berg in dieser sonst so ebenen Landschaft. Bis in den Mai hinein kann es hier oben noch schneien, zudem können uns die starken Winde auch im Sommer noch richtig frösteln lassen. Es gibt zwar im unteren Bereich des Berges einige Bäume, aber gegen Wind oder auch große Hitze, die hier enorm werden kann, schützt uns kaum etwas. Im Jahr 1990 erklärte die UNESCO den Mont Ventoux zum Biosphärenreservat, um das Überleben der Pflanzenvielfalt nachhaltig zu schützen. Auf dem Gipfel befinden sich ein Turm mit Kiosk, ein Souvenirladen sowie eine Wetterstation. Von hier aus können wir bei klarem Wetter sowohl das Mittelmeer als auch die höchsten Gipfel der Alpen und der Pyrenäen erblicken. Der Mont Ventoux kann von drei Seiten her auf asphaltierten Straßen

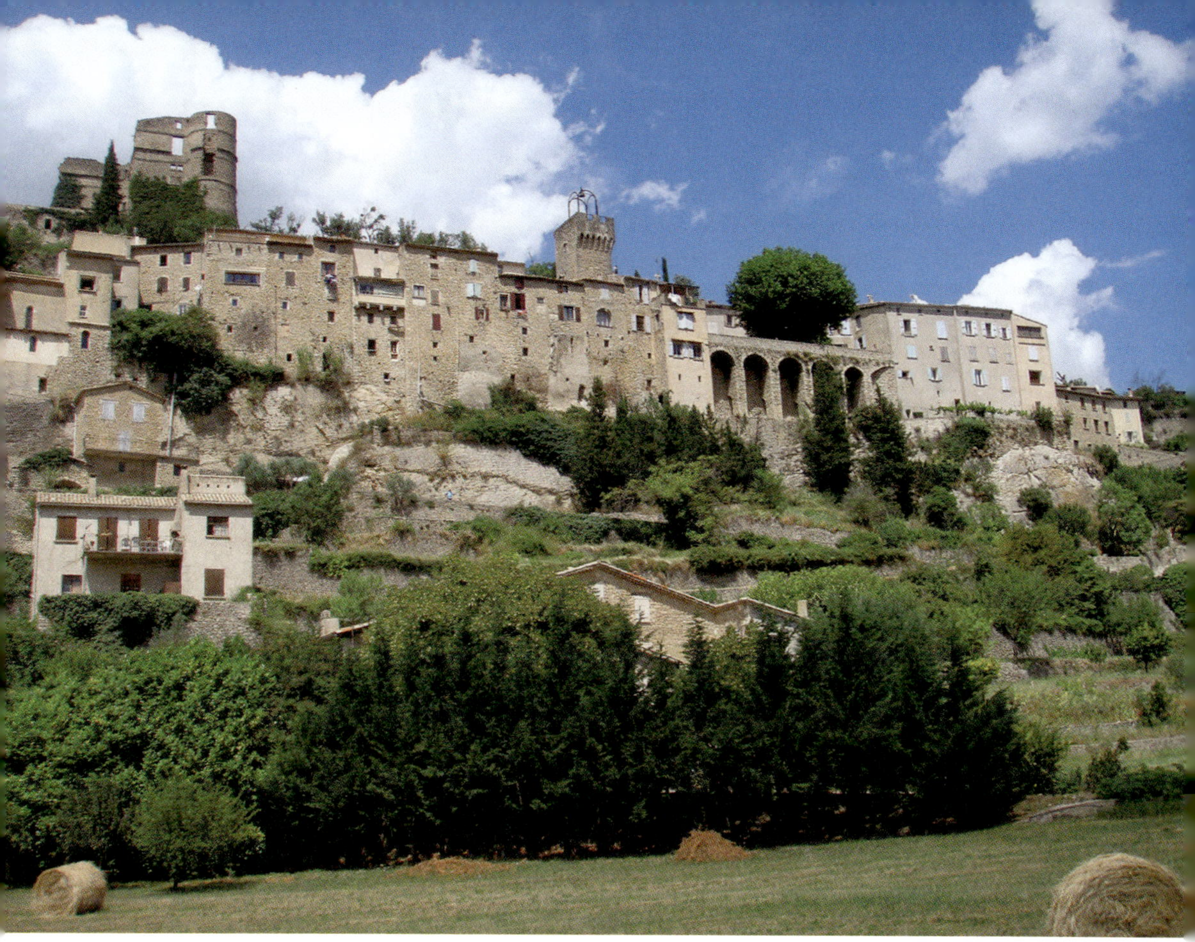

erklommen werden: Von Sault im Südosten – diese Route sind wir abgefahren – sind es 26 Kilometer und 1144 Höhenmeter, die Westrampe von Malaucène sind wir hinaufgefahren. Der schwierigste Anstieg mit seinen 1637 Höhenmetern auf 21 Kilometer kommt von Bédoin im Südwesten des Berges. Diese Anfahrt ist seit 1951 schon häufig Etappe der Tour de France gewesen, eine Legende, wie ein Denkmal auf unserer Abfahrt in Richtung Sault zeigt. Der englische Radprofi Tom Simpson brach am 13. Juli 1967 kurz vor dem Ziel auf dem Gipfel zusammen und starb, vollgepumpt mit Amphetaminen zum Aufputschen und Alkohol zum Betäuben der Schmerzen. Ihm zu Ehren ist eine Gedenkstätte errichtet worden, an der noch heute viele Radfahrer ein Opfer niederlegen.

Kurz nach dem Pass biegen wir links nach Séderon ab. Der Bundesstraße 542 bzw. später der 942 folgend, fahren wir durch ein leicht welliges Tal, die Schlucht von Méouge. Entlang des Flusses windet sich die Straße durch atemberaubende Landschaft. Wir genießen den Blick auf die von früheren Gletschern zerfurchten Felsen über dem schäumenden Wasserlauf, der sich an mehreren Stellen zum Kajakfahren anbietet und von Touristen besucht wird, die in den Gumpen ein erfrischendes Bad nehmen. Dem Méouge-Tal folgen wir bis Laragne-Montéglin.

*Das mittelalterliche Städtchen Sailt*

**WICHTIGE ADRESSEN (1. E)**

***Übernachtung:*** Hôtel les Terrasses, 18 Avenue de Provence, F-05300 Laragne-Montéglin, Tel. +33/(0)492/65 08 54, www.pagespersoorange.fr/hotellesterrasses.com
***Restaurant:*** L'Araignée Gourmande, 8 rue de la Paix, F-05300 Laragne, Tel. +33/(0)492/65 13 39.
***Taxiservice:*** Taxi Nomade, Tel. +33/(0)492/48 58 53

## 2. Etappe: Laragne-Montéglin – Col du Festre – La Mure

Wir starten wieder in lockerem Auf und Ab über die Hügel der Provence. Ab Laragne-Montéglin folgen wir der Bundesstraße 942

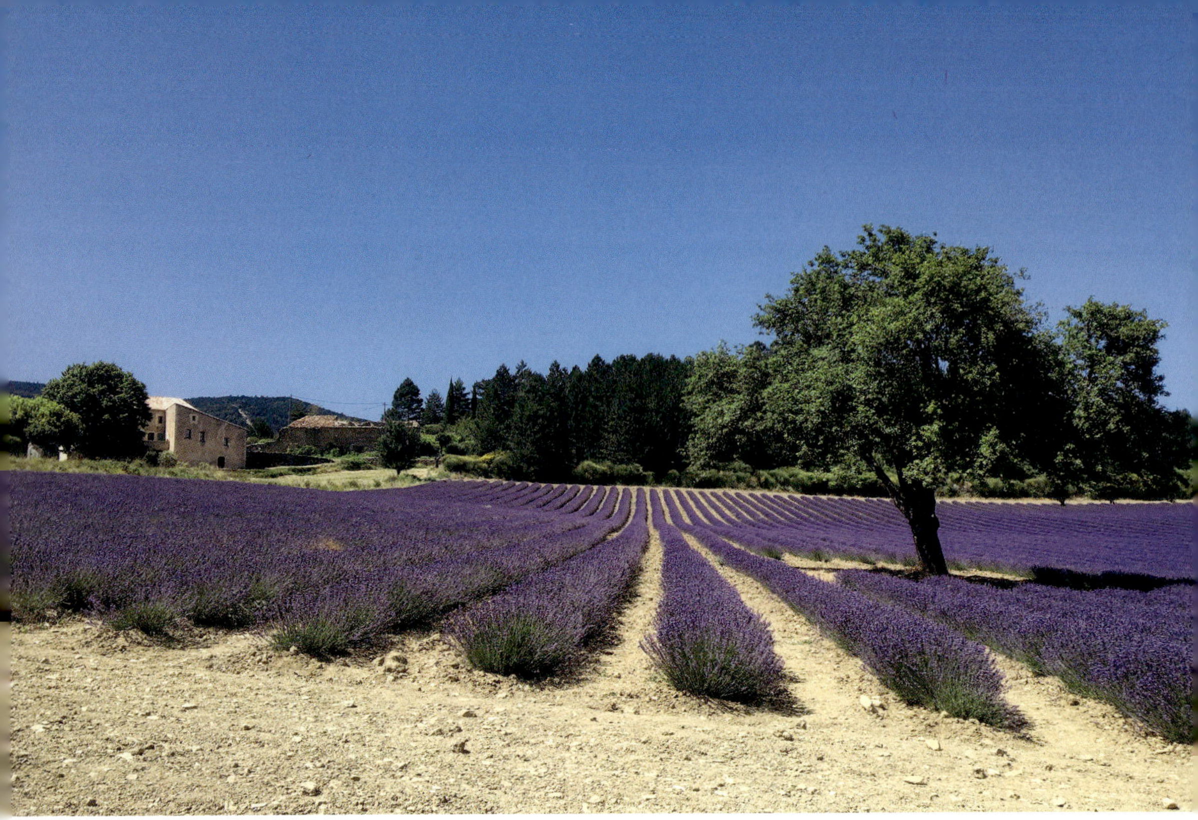

*Die typischen Lavendelfelder der Provence; der Lavendel blüht hier von Mitte Juni bis Ende Juli.*

in Richtung Nordosten. Bevor wir nach ca. 25 Kilometern Mônetier-Allemont erreichen, biegen wir vor der Autobahn und dem Fluss in ein kleines Sträßchen links ab und folgen ihm entlang des Flusses. Wir halten uns stets auf dieser Seite des Flusses (und der Autobahn) und biegen nach 2,5 Kilometern links auf die Bundesstraße 20 ein, die steil bergauf führt und durch ruhiges Hinterland mit seinen verschlafenen Ortschaften Barcillonette, Esparron und Moulin du Pied führt. Der Weg hinauf zieht sich in die Länge, und die Einsamkeit hier lässt unsere Gedanken schweifen. Wie wäre unser Leben verlaufen, wenn wir in einem kleinen Bauerndorf wie Esparron mit seinen 27 Einwohnern am Ende der Welt aufgewachsen wären?

## WICHTIGE ADRESSEN (2. E)

***Übernachtung:*** Hôtel Murtel, Coteau de Beauregard, F-38350 La Mure, Tel. +33/(0)476/30 96 10, www.hotel.de/de.hotels/La_Mure_132392/Hotel_Murtel_215162/hotel.aspx; Ô cœur des lacs, 2 ter rue Jean Jaurès, F-38350 La Mure, Tel. +33/(0)689/31 00 48, www.chambresdhotesfrance.com/french/Detailed/3381.html
***Restaurant:*** Restaurant Chez Ghislaine, 5 Avenue du 22 août 1944, F-38350 La Mure, Tel. +33/(0)476/81 03 69
***Taxiservice:*** Matheysine Services, Tel. +33/(0)476/81 31 29

Nach einiger Zeit haben wir den höchsten Punkt auf ca. 1150 Metern erreicht und rollen ins Buech-Tal nach Les Savoyons (850 m) hinab. Hier treffen wir auf die Bundesstraße 994, auf die wir nach rechts abbiegen. Nach ungefähr einem Kilometer geht es nach links; wir folgen der Bundesstraße 937 in Richtung Montmaur bzw. La Cluse bis auf den Col du Festre (1441 m). Vom Abzweig der Bundesstraße bis auf den Pass sind es 14 Kilometer und ca. 600 Höhenmeter. Von der Passhöhe haben wir eine fantastische Aussicht auf das Massiv Dévoluy, das irgendwie den Dolomiten ähnelt. So gebirgig das Tal auf den Pass hinaufgeführt hat, so weit und offen wird die Landschaft auf der Nordseite. In rasanter Fahrt und durch diverse Serpentinen geht es den Pass 10 Kilometer nach St. Disdier hinab. Wir passieren die Ortschaften La Posterie, Les Payes, La Croix de la Pigne und Cordéac auf einer Höhe von 899 Metern. Ab hier beginnt unsere Straße wieder leicht und ungleichmäßig durch Wiesen und Wälder anzusteigen.

Unterhalb von La Mure müssen wir über einige enge Serpentinen tief ins Drac-Tal hinunterfahren, wobei wir etliche hart erkämpfte Höhenmeter zunichte machen. Auf der gegenüber-

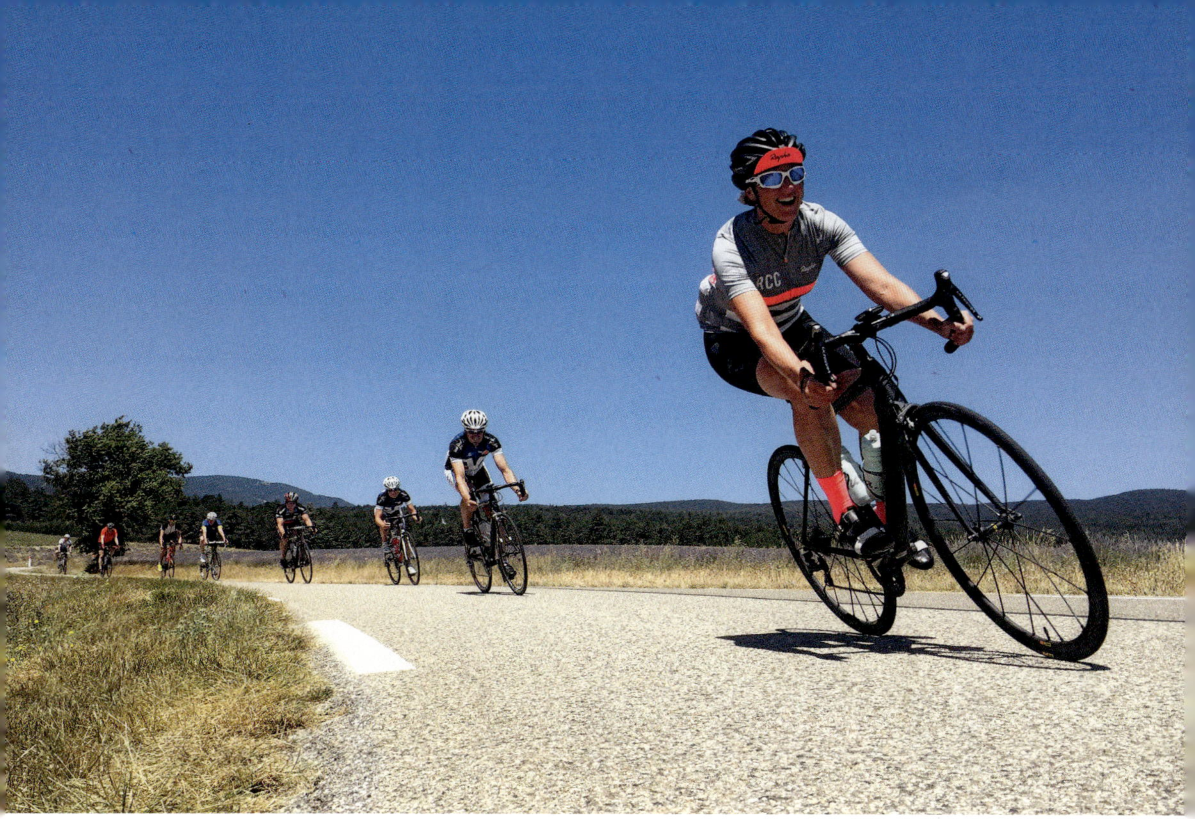

*Rasante Abfahrten zwischen herrlich duftendem Lavendel – ein wahrer Rennradtraum*

liegenden Seite des Tals zieht sich unsere Straße dann wieder bergauf und wir treffen auf die Nationalstraße N 58, der wir links bis nach La Mure folgen. Der Ort liegt auf einer Höhe von 854 Metern und befindet sich am Südrand des vom Drac und der Bonne begrenzten Plateaus. Seinen Reichtum verdankte das Städtchen lange Zeit den großen Kohlelagern, in denen bis zu 300 000 Tonnen Anthrazit pro Jahr gefördert wurden. Kurz hinter La Mure sieht man von der N 85 aus in einiger Entfernung die Anlagen des einstigen Bergwerks Le Villaret, des größten der Gegend. 1996 schloss das letzte Bergwerk seine Pforten. Da das Plateau von La Mure trotz seiner relativ geringen Höhe heftigen Nordwinden ausgesetzt ist, gibt es hier nur spärliche Vegetation. Die von Gletschermoränen geprägte Umgebung wird oft als das »Sibirien der Dauphiné« bezeichnet.

## 3. Etappe: La Mure – Col d'Ornon – Alpe d'Huez

Von La Mure aus kurbeln wir in nordöstlicher Richtung auf der Straße D 526 ein welliges Tal entlang. Es geht leicht bergab und wir passieren die Ortschaften Siévoz und Valbonnais, bis wir nach 18 Kilometern und 220 Höhenmetern Entraigues erreichen. Hier angekommen, halten wir uns links weiter auf der D 526. 610 Höhenmeter und knappe 15 Kilometer zieht sich die Straße leicht bergauf, dem Col d'Ornon entgegen. Da die Steigung des Passes kaum über 5 Prozent klettert, kommen wir rasch voran. Wir fahren auf eine mit Fichten bewachsene Felswand zu und kommen nach knapp 5 Kilometern durch den Ort Le Perier (894 m), in dem die Straße nach links abbiegt. Keine 3 Kilometer später durchfährt man Les Daurens auf einer Höhe von 970 Metern. Wir passieren den Ort Chantelouve (1125 m), wo die Steigung mit etwa 7 Prozent merklich anzieht und in engen Kehren bis auf die Passhöhe (1367 m) führt. Wir befinden uns an der Westseite des Écrins-Nationalparks.

Der Nationalpark liegt in den Dauphiné-Alpen. Er wurde 1973 gegründet und hat eine Ausdehnung von etwa 1786 Quadratkilometern. Zentrum des Écrins-Nationalparks ist das Pelvoux-Massiv, das mit der 4101 Meter hohen Barre des Écrins den südlichsten und westlichsten Viertausender der Alpen aufweist.

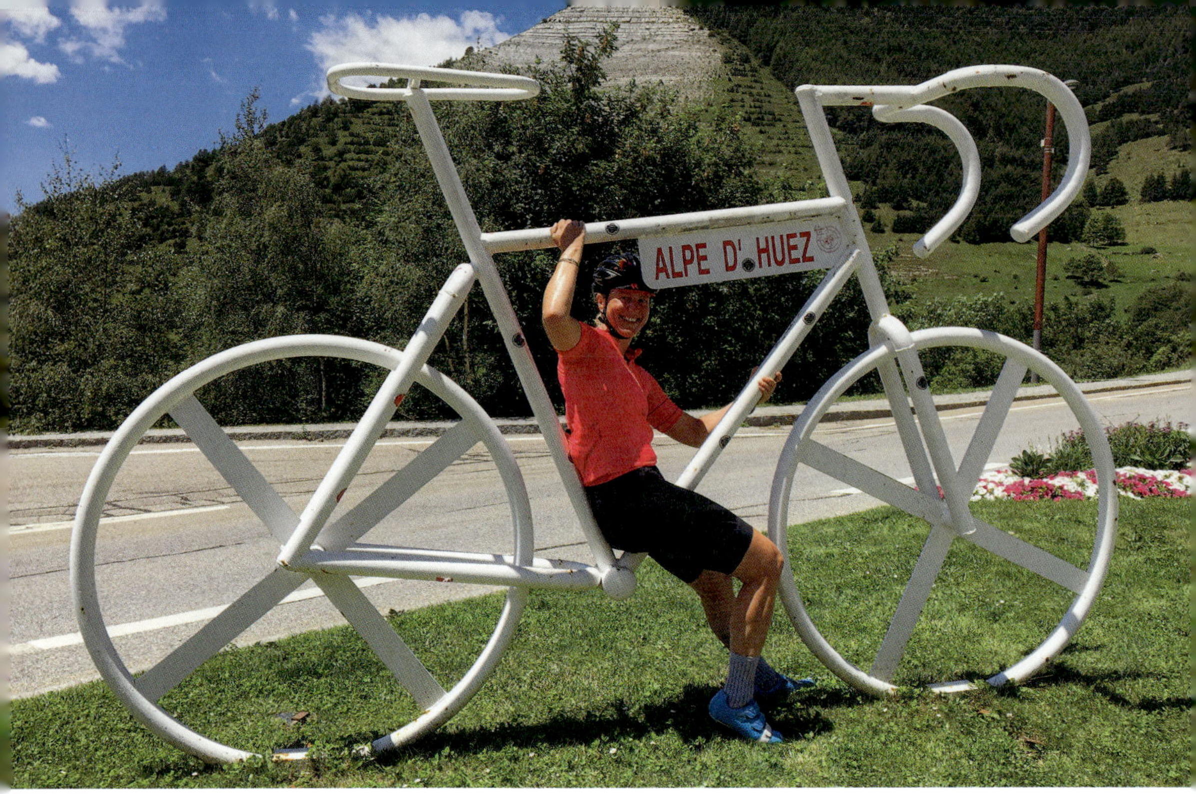


*Der 14 Kilometer lange Anstieg nach Alpe d'Huez hat es in sich!*

Wir folgen der Passstraße ins Tal bis nach La Paute. Hier halten wir uns auf der D 1091 rechts, bis wir nach Bourg-d'Oisans kommen. Ab hier gibt es kein Halten mehr, denn Alpe d'Huez ruft! Hier, am Fuße des berüchtigten, sagenumwobenen Passes ist alles schon darauf ausgerichtet, Rennradfahrern den letzten Kick zu verpassen. Rennradler aus aller Herren Länder geben sich hier ein Stelldichein.

Als Orientierung: Sehr gut trainierte Hobbyradler brauchen etwa eine Stunde und 10 Minuten für die 13,8 Kilometer lange Strecke nach Alpe d'Huez, die das italienische Fliegengewicht Marco Pantani aus Cesenatico – der ungebrochene Rekordhalter – in unvorstellbaren 37 Minuten und 35 Sekunden emporschnellte; dies geschah am 19. Juli 1997. Damals wurde Pantani jahrelang als ungeschlagener Nationalheld gefeiert. In der zweiten und dritten Kehre gedenkt man des Alpe-d'Huez-Siegers von 1995 und 1997 immer noch, und wir sehen Schilder, die an den Fels angebracht wurden. Heute lebt er in den Herzen seiner Fans als Ikone des Radsports weiter. Trotz etlicher Dopingklagen gegen den Rennsportler und nach seinem einsamen Tod an einer Überdosis Kokain in einem Hotel in Rimini haben die Italiener ihrem Idol die Verfehlungen längst vergeben; ihm zu Ehren wurde dort sogar ein Museum errichtet, denn so ganz wahrhaben wollen sie es immer noch nicht in diesem Städtchen an der Adria, dass jemand, der heute als Gott gefeiert wird, morgen schon ein Nichts sein kann.

Wir rollen durch Bourg-d'Oisans, über die Romanche-Brücke und starten unseren knapp 14 Kilometer langen Aufstieg nach Alpe d'Huez (1860 m). Die Startlinie, über die schon alle Helden der Tour de France geradelt sind, ist unübersehbar auf der mit bunten Fansprüchen und Namen bemalten Straße. Das Rennen kann beginnen. Auf gut ausgebauter Straße gilt es, die 1130 Höhenmeter in 21 Serpentinen und mit einer gleichmäßigen Steigung von 10 bis 11 Prozent zu erklimmen. Zur besseren Orientierung befindet sich in jeder Kehre ein Schild mit der Nummer der absolvierten Ser-

### WICHTIGE ADRESSEN (3. E)

***Übernachtung:*** Hotel Les Grandes Rousses, Route du Signal, F-38750 L'Alpe d'Huez, Tel. +33/(0)476/11 42 42, www.hmc-hotels.com/site_uk.html

***Restaurant:*** Au Montagnard, Galerie Ours, Avenue Jeaux, F-38750 L'Alpe d'Huez, Tel. +33/(0)476/80 97 35

***Taxiservice:*** Agence de Taxi S. Chalvin, Tel. +33/(0)476/80 38 38

pentine und einer Höhenangabe. Die Straße ist wegen des massiven Winterverkehrs in das Skigebiet hinauf zweispurig ausgebaut. Oben angekommen, können wir unsere Bergankunft auf einer Höhe von 1860 Metern in einem der unzähligen Hotelkomplexe feiern. Alpe d'Huez zählt zu den großen Wintersportorten der Französischen Alpen. Er entwickelte sich – wie so viele andere französische Retortenorte – um ein kleines, hoch gelegenes Gebirgsdorf herum. Große Tourismusunternehmen pflasterten gigantische Hotelburgen und Appartementblocks in eine bisher fast unberührte Landschaft, was entsprechende Umweltprobleme mit sich brachte.

## 4. Etappe: Alpe d'Huez – Col du Lautaret – Col du Galibier – Col du Télégraphe – St. Jean de Maurienne

Heute geht es von Alpe d'Huez in Richtung Osten weiter; das bedeutet für uns erst mal wieder leicht bergauf. Wir lassen die höchsten und letzten Hotels hinter uns liegen und folgen der einzigen Asphaltstraße über den schönen Col de Sarenne bis nach Mizoen. Von vielen Menschen wird Alpe d'Huez für eine Sackgasse gehalten, aber wir beweisen das Gegenteil. Die 8 Kilometer bis zum 1999 Meter hoch gelegenen Pass bewältigen wir mit geringer Steigung und auf rauem Asphalt mit unzähligen Schlaglöchern. Dennoch überzeugt die wunderschöne einsame Landschaft, durch die uns unser Sträßchen führt. Durch ein breites Hochtal geht es auf einen Sattel zu, der unsere Passhöhe darstellt. Vergeblich suchen wir ein Pass-Schild in dieser Einöde. So machen wir uns an die Abfahrt nach Mizoen am Stausee Barrage du Chambon. Immer noch ist die Straßenqualität schlecht, sodass wir es nicht sausen lassen können. Wir treffen auf die Nationalstraße N 91 und folgen dieser linker Hand am Stausee vorbei in 15 Kilometern und ca. 480 Höhenmetern bis nach La Grave. Die Landschaft, die uns umgibt, ist felsig, und das Flüsschen Romanche schlängelt sich wildromantisch durch eine Schlucht.

*Der höchste Punkt unserer Tour ist am Col du Galibier erreicht.*

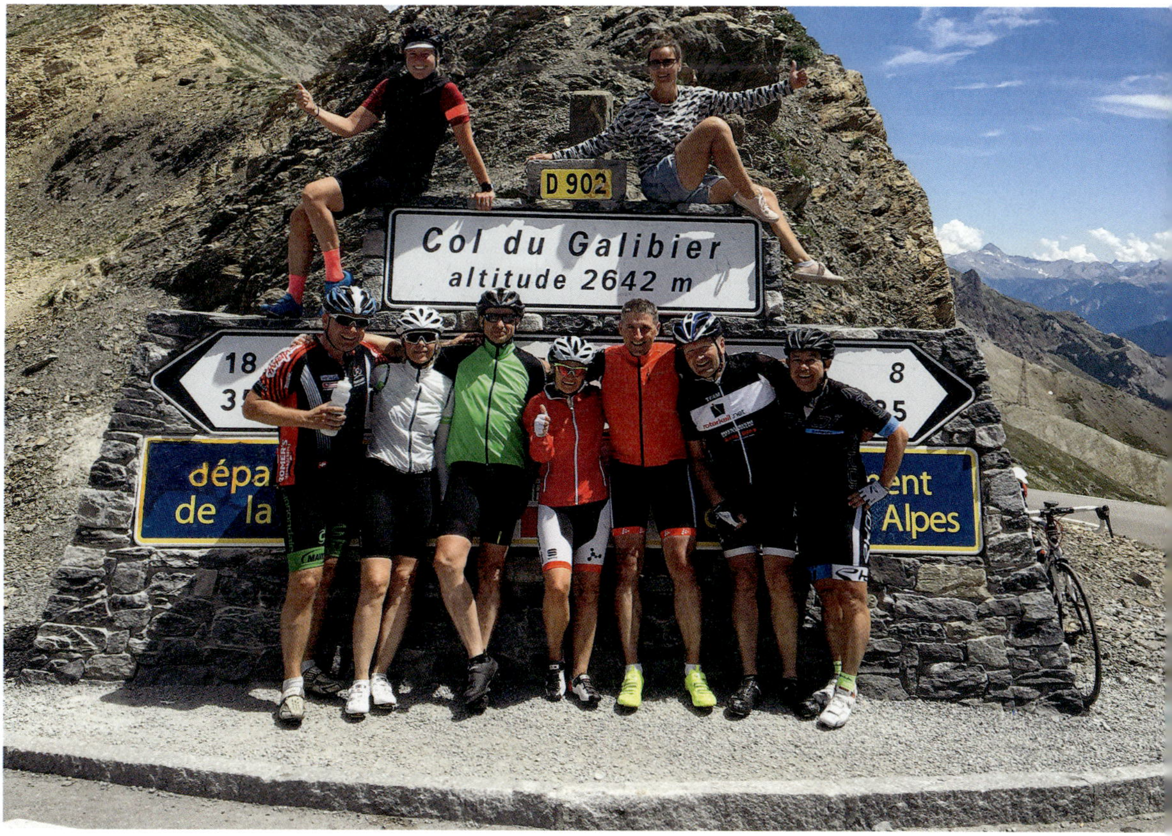

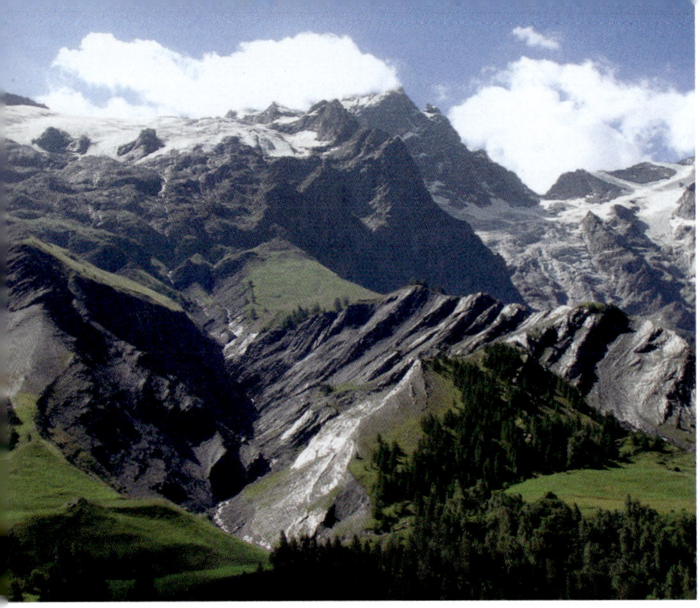

Bergkulisse über dem Skiresort von La Grave

Den fürs Freeriden bekannten Skiort lassen wir hinter uns, um in weiteren 10 Kilometern und 580 Höhenmetern unseren zweiten Pass für heute, den Col du Lautaret mit einer Höhe von 2058 Metern, zu erreichen. Kurz hinter La Grave fahren wir durch zwei schmale Tunnel, und hinter dem Örtchen Villar-d'Arêne geht es über fünf bis sechs enge Serpentinen. Sowohl in La Grave als auch in Villar-d'Arêne bieten sich Rastmöglichkeiten an bzw. Gelegenheiten, die Radflaschen aufzufüllen. Direkt an der Straße gibt es Geschäfte und Cafés. Die Steigung nimmt kontinuierlich zu, von knapp 4 Prozent in La Grave und auf 7 Prozent etwa 4 Kilometer vor der Passhöhe. Die letzten Meter vor dem Pass werden wieder flacher und sind angenehm zu fahren. Wenn wir uns bei der Auffahrt Zeit nehmen, in Richtung Süden zu blicken, erleben wir fantastische Aussichten auf das Massif des Écrins mit dem Gletscher von La Meije (3983 m). Ausblicke bieten sich ohne Hindernisse in dieser unbewaldeten, alpinen Hochgebirgslandschaft.

**WICHTIGE ADRESSEN (4. E)**

***Übernachtung:*** Hôtel St-Georges, 334 rue de la République, F-73300 Saint-Jean-de-Maurienne, Tel. +33/(0)479/64 01 06, www.hotel-saintgeorges.com; Hôtel du Nord, Place du Champ de Foire, F-73300 Saint-Jean-de-Maurienne, Tel. +33/(0)479/64 02 08, www.hoteldunord.net

***Restaurant:*** La Parenthese, 205 rue de la Libération, F-73300 Saint-Jean-de-Maurienne, Tel. +33/(0)479/64 09 65

***Taxiservice:*** Taxi Roux, Tel. +33/(0)479/83 01 92

Am Scheitel des Col du Lautaret zweigt die D 902 ab nach Norden, der wir zum Col du Galibier folgen. Wer sich hier auf der Passhöhe stärken möchte, findet einige Restaurants und Möglichkeiten, die Trinkflaschen am Brunnen aufzufüllen. Weiter geht es 9 Kilometer auf den Col du Galibier, der mit seinen 2645 Metern einer der höchsten asphaltierten Übergänge der Alpen und der höchste Punkt der Tour de France ist. Seiner langen und recht steilen Anstiege wegen entschied sich die Frankreich-Rundfahrt häufig schon an diesem Pass. So hat auch Jan Ullrich ungute Erfahrungen mit dem Galibier gemacht, als ihm sein Konkurrent Pantani im Jahr 1998 an dieser Stelle davonfuhr, um das Gelbe Trikot und später dann auch die Tour zu gewinnen.

Auf unserer Seite des verkehrsarmen Galibier ist der Anstieg relativ kurz und nicht übermäßig steil, durchschnittlich etwa 7 Prozent. Erst auf den letzten 100 Höhenmetern erwarten uns quälende Steigungen von bis zu 12 Prozent. Dafür werden wir an der Passhöhe (2645 m) mit einem herrlichen Bergpanorama in alle Richtungen belohnt. Während der Mont Blanc (4808 m) im Norden weit entfernt in den Himmel ragt, steht uns im Süden des Passes der höchste Berg der Dauphiné-Alpen zum Greifen nah gegenüber: Die Barre des Écrins erhebt sich hier in voller Pracht aus wilden, zerklüfteten Gletschern und einem unendlich scheinenden Gipfelmeer.

Da es außer der Aussicht nicht viel zu sehen gibt und wir hier oben nicht auskühlen wollen, machen wir uns an die spektakuläre Abfahrt in Richtung Valloire. Dann gilt es, die letzten versteckten Kräfte für die finalen 280 Höhenmeter Gegenanstieg zum Col du Télégraphe (1566 m) zu mobilisieren. Nach ein paar Lockerungsübungen für unsere durchs Bremsen verkrampften Finger beenden wir die schier endlos scheinende Abfahrt nach St. Michel de Maurienne. Die restlichen 12 Kilometer über die Straße D 1000 in der Ebene führen uns in westlicher Richtung bis nach St. Jean de Maurienne, unserem Etappenziel für heute.

## 5. Etappe: St. Jean de Maurienne – Col de la Madeleine – Lac d'Annecy

Wir starten auf einer Höhe von 550 Metern in St. Jean de Maurienne. Zum Einfahren rollen wir auf der D 1000 das Tal entlang bis La Chambre. Wir biegen rechts in den Ort ein und starten hier auf einer Höhe von 458 Metern unseren Anstieg auf den Col de la Madeleine. Wir können uns an den Straßenschildern orientieren und folgen der D 213 bergauf. Direkt nach La Chambre durchqueren wir den Ort Saint-Martin-sur-la-Chambre, ab dem es über Felder auf einer schmalen Straße steil und kurvenreich nach oben geht. Rasch machen wir Höhe gut, und kurz darauf können wir den fantastischen Blick über La Chambre und das Tal genießen. Die durchschnittliche Steigung von 8 Prozent lässt uns kräftig in die Pedale treten. Immer wieder stellen sich uns steile Rampen mit zweistelligen Steigungswerten in den Weg, die durch flachere Teilstücke unterbrochen werden. Nach 12 Kilometern erreichen wir den Retortenskiort Saint-François-de-Longchamps (1650 m), durch den uns die Straße weiterhin steil in die Höhe führt. Nach dem Ort können wir die Passhöhe schon sehen. Die letzten knapp 350 Höhenmeter schlängelt sich die Straße durch unbewaldete Wiesen, wo wir uns, wenn es mal heiß ist, vergeblich nach Schatten sehnen. Nach ungefähr 20 Kilometern haben wir den Col de la Madeleine auf einer Höhe von 2000 Metern erreicht. Wieder tun sich fantastische Aussichten auf den Mont Blanc im Norden auf.

Wir begeben uns auf die etwas weniger steile Abfahrt und treffen 23 Kilometer südlich von Albertville ins Isère-Tal, dem wir in Richtung Norden folgen. Wir passieren die Orte Feissons-sur-Isère, Cevins, Tour-en-Savoie bis nach Albertville (300 m). Es geht durch das freundliche und belebte Zentrum mit seinen zahlreichen Geschäften und Cafés. Überall stehen die Bauten der Olympischen Winterspiele von 1992 wie Denkmäler.

Ein kleiner Abstecher lohnt sich in die historische Stadt Conflans nördlich von Albertville. Conflans konnte seinen historischen Charakter im Zuge der Umbauten für Olympia erhalten. Alte Gassen, urige Quadersteine, schmiedeeiserne Schilder, Hausbögen und Hausfronten aus dem 17. und 18. Jahrhundert findet man hier. Mit seinen Schlössern und blumengeschmückten Geschäften und Brunnen ist sich Conflans treu geblieben. Die alten Häuser der historischen Stadt, die sich am Fuße des Sarrazenerturms aus dem 12. Jahrhundert befinden, sind heute gemütliche Cafés, Restaurants, Kunstgalerien oder Ateliers; das Museum »La Maison Rouge« beherbergt Brauchtum und Kunst in seinen Räumlichkeiten. Auf dem Hauptplatz von Conflans findet man Führer, von denen man sich die Stadt zeigen und erklären lassen kann. (Info: Accueil des Guides-Conférenciers, 17 Montée Adolphe Hugues à Conflans, Tel. +33/(0)479/32 29 93, Fax +33/(0)479/37 06 50).

Ab Albertville bleiben wir stets auf der rechten Seite der Autobahn und fahren gemütlich in der Ebene über die Dörfer Gilly-sur-Isère, Bornery, Saint-Vital, Montailleur, Grésy-sur-Isère, Freterive, Le Bourget und Saint-Pierre-d'Albigny. Hier halten wir uns rechts, verlassen das weite Isère-Tal und folgen der Straße D 911 in Richtung Norden weiter auf den Col du Frêne (950 m). In 13 Kehren schrauben wir uns die ca. 500 Höhenmeter empor und erreichen den regionalen Naturpark Massif des Bauges, ein dünn besiedeltes, voralpines, geschütztes Gebiet mit einer Größe von 810 Quadratkilometern und Gipfeln von über 2200 Metern Höhe. Den Park durchqueren wir von Süd nach Nord, wo er sich bis zum Lac d'Annecy erstreckt. Weiter geht es über die Ortschaften Routhennes, Sainte-Reine, École und Le Châtelard. Bei Le Pont halten wir uns rechts und biegen auf die D 912 in Richtung Leschaux und La Planche ein. Ab Le Pont sind

*Wer den Col de la Madeleine bezwungen hat, kann stolz auf sich sein.*

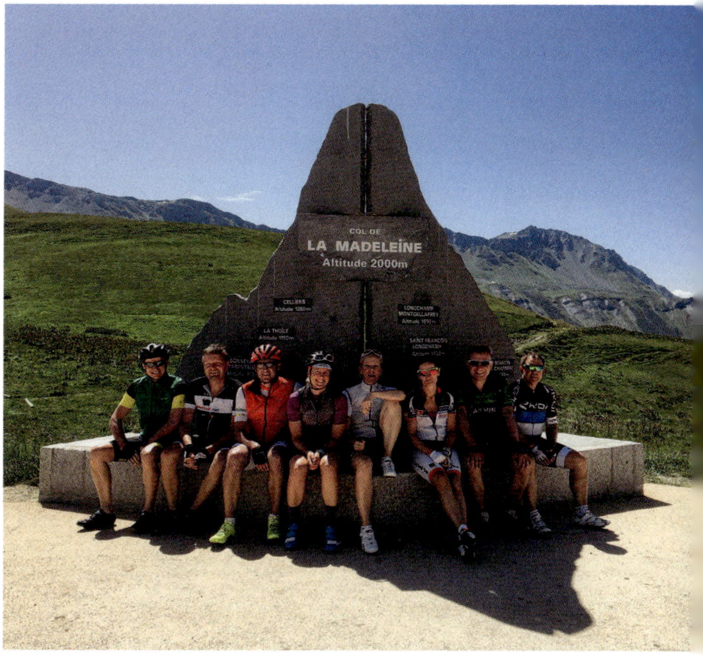

**WICHTIGE ADRESSEN (5. E)**

***Übernachtung:*** Hôtel Belvédère, 7 chemin du Belvédère, F-74000 Annecy, Tel. +33/(0)450/45 04 90, www.belvedere-annecy.com; Hotel Rian Port, 170 route des Choseaux, F-74320 Sevrier, Tel. +33/(0)450/52 41 08, www.hotel-riant-port.com
***Restaurants:*** Restaurants gibt es zuhauf in Annecy-le-Vieux, der Altstadt von Annecy
***Taxiservice:*** Annecy Taxi, Tel. +33/(0)450/45 05 67

es nur noch 24 Kilometer nach Annecy. Der D 912 folgend, erreichen wir bald den Lac d'Annecy. Diesen fahren wir entlang bis nach Annecy, wo wir wieder in die Zivilisation und den lebendigen Großstadtverkehr eintauchen. Unser Etappenziel ist erreicht, und wir können für heute die Beine hochlegen.

## 6. Etappe: Lac d'Annecy – Mont Salève – Archamps bei Genf

*Brotzeit holen auf Französisch …*

Der Lac d'Annecy (ca. 440 hm) ist eiszeitlichen Ursprungs und mit 37 Kilometern Länge der zweitgrößte See Frankreichs. Sein grünlich wirkendes Wasser hat Trinkqualität und lädt zum Baden und Wassersport in einer wundervollen Bergkulisse ein. So schön es hier auch ist, wir besteigen unsere Räder und verlassen den See in Richtung Norden aus dem Straßengewirr der Großstadt hinaus. Einen letzten Blick werfen wir auf die mittelalterliche Burg auf einem Hügel mitten im Stadtzentrum von Annecy und entfliehen dem Verkehr über Le Pont de Brogny, wo wir den Fier überqueren, weiter in Richtung Argonay.

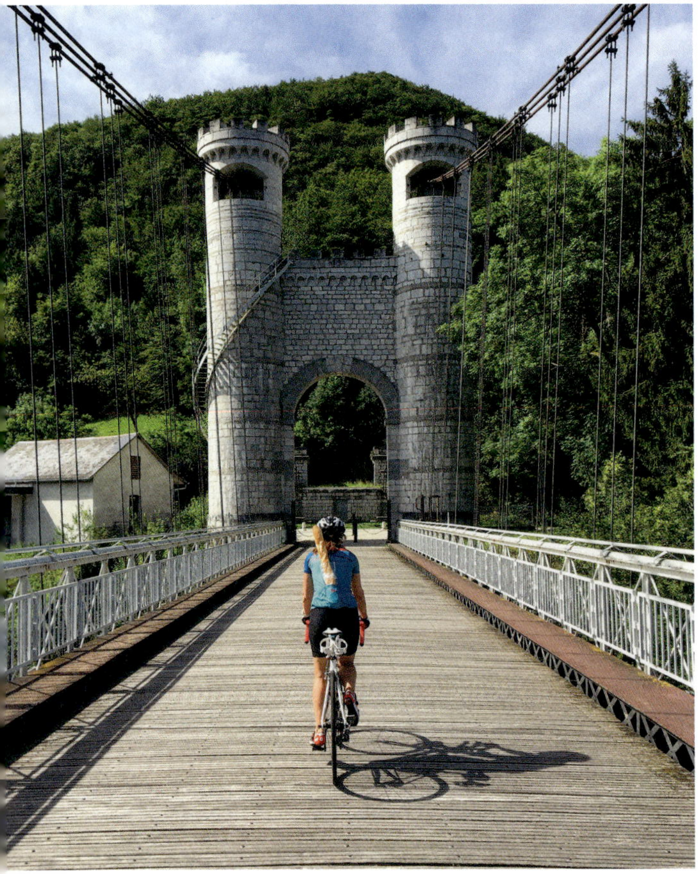

Langsam, aber sicher lassen wir die Stadt hinter uns auf einer kleinen Straße nach Saint-Martin-Bellevue. Einen guten halben Kilometer westlich von uns führen die Autobahn A41 und die Route de Genève D 1201 parallel zu unserer Straße nach Norden. Im selben Abstand östlich von uns erkennen wir die Straße D 1203. Es geht weiter nach Villy-le-Pelloux. Hier fahren wir unter der Autobahn durch und weiter auf die D 1201 über die tief eingeschnittene Caille-Schlucht. Unübersehbar befinden sich die beiden Ponts de la Caille nebeneinander. Die alte, luftige Hängebrücke wurde im Jahr 1839 in einer Höhe von 145 Metern errichtet und dient heute als Fußgängerbrücke bzw. Touristenattraktion. Sie heißt Pont Charles-Albert, benannt nach Charles Albert von Savoyen, König von Sardinien, der die Brücke eröffnete. Der Straßenverkehr wird jedoch über die 1925 bis 1928 gebaute Spannbogenbrücke aus Beton geleitet, die sich unmittelbar daneben befindet.
Bis Cruseilles auf einer Höhe von 783 Metern ist es nicht mehr weit. Hier angekommen, fahren wir am Ende des Ortes rechts auf die D 15 und biegen nach ca. 200 Metern links in die Route de Salève ein. Von hier liegen noch gute 25 Kilometer bis nach Annemasse, unserem Ziel, vor uns. Die Straße beginnt leicht und in engen Serpentinen anzusteigen. Es geht durch den Wald, dennoch bieten sich uns Blicke nach Süden bis auf den Lac d'Annecy und die ihn umgebenden Berge.
Wir erreichen den südlichen Teil des Mont-Salève-Kamms und tauchen aus dem Wald aus. Es geht durch Wiesen und Weiden, immer mehr Höhe und Ausblicke in alle Richtungen gewinnend. Unsere Straße zieht sich wellig über den Kamm, und wir überfahren den höchsten Punkt des Berges auf einer Höhe von 1375 Metern. Den tiefsten Punkt erreichen wir

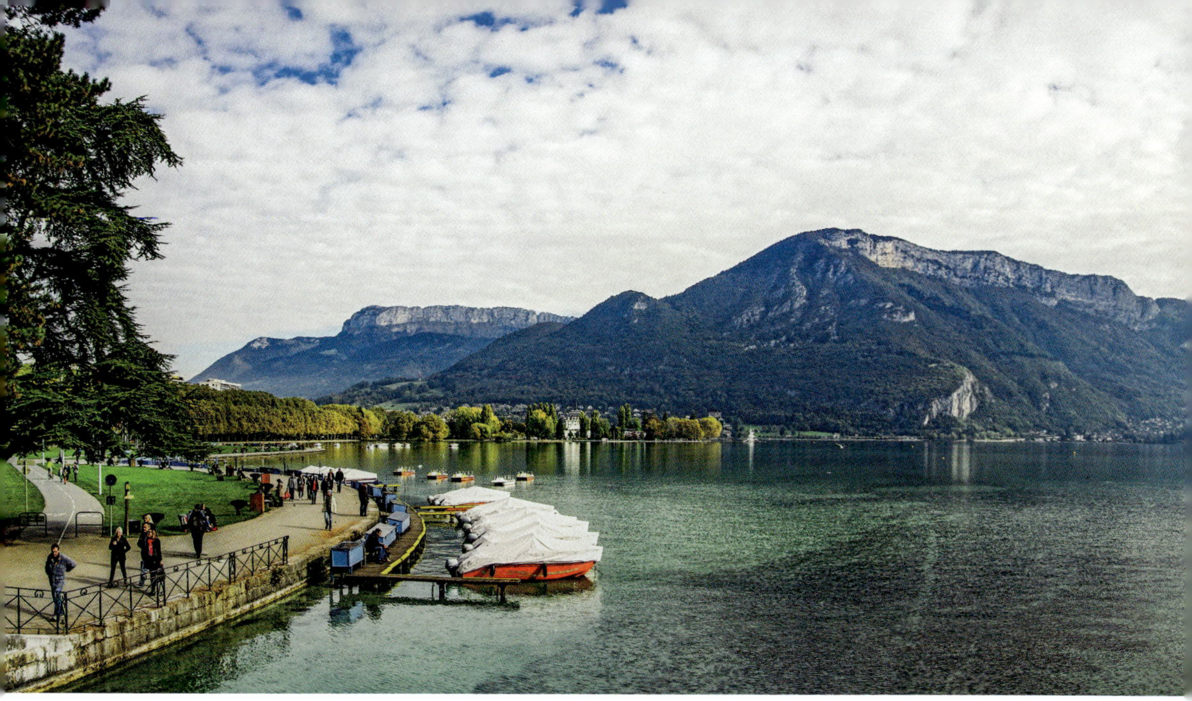

etwas später bei La Croisette (1176 m), wo sich einige Cafés für eine Rast anbieten. Von hier steigt die Straße zum letzten Mal leicht an, und der Table d'Orientation auf einer Höhe von 1295 Metern ist rasch erreicht. Hier kann man mithilfe einer Orientierungstafel die markanten Gipfel des Alpenpanoramas identifizieren. Wir befinden uns nun unmittelbar im Süden der Stadt Genf und erleben überwältigende Ausblicke auf die 900 Meter tiefer gelegene Stadt und das Seebecken. Dahinter begrenzt die Jurakette den Horizont. Unseren Blick nach Südosten wendend, sehen wir die 4000er der Mont-Blanc-Gruppe und der Walliser Alpen.
Zahlreiche Wanderwege sowie eine Seilbahn führen hinauf auf den beliebten Berg. Nun heißt es endlich: Ziel, wir kommen! Es geht an die Abfahrt nach Annemasse, einen Vorort von Genf, der auf einer Höhe von 430 Metern liegt. Die Straße führt uns teilweise steil und kurvig über Mornex mitten ins Chaos der Großstadt Genf samt seiner Vororte.
Wer zum Abschluss dieser anstrengenden Tour noch einen gemütlichen Tag anhängen will, kann in Genf viel Interessantes bewundern und sich dem einmalig angenehmen, internationalen Charme der Stadt hingeben. Nach Zürich ist Genf mit seinen knapp 189 000 Einwohnern die zweitgrößte Stadt der Schweiz und beherbergt ca. 200 internationale Regierungs- und Nichtregierungsorganisationen, wie zum Beispiel das Büro der Vereinten Nationen (UNO), die Welthandelsorganisation (WTO) und die Weltgesundheitsorganisation (WHO). In richtige Urlaubsstimmung kommt man an der Seepromenade der Stadt mit ihren Grünflächen und der riesigen Fontäne, dem Jet d'eau, die 140 Meter und weiß schäumend aus dem See aufsteigt. Zahlreiche Parkanlagen und blumengeschmückte Promenaden samt herrlichen Plastiken auf öffentlichen Plätzen verstärken die Urlaubsstimmung noch. In der Altstadt lohnt sich ein Rundgang um die Kathedrale Saint-Pierre, das Reformationsdenkmal, das alte Rathaus und den mittelalterlichen Marktplatz Bourg-de-Four. Unter der Kathedrale befindet sich eine Ausgrabungsstätte – eine eigene unterirdische Welt. Hier in der Altstadt spielte sich die ganze Geschichte Genfs ab – aber sehen Sie es sich doch einfach selbst an!

*Vom Lac d'Annecy machen wir uns auf den Weg nach Genf.*

**WICHTIGE ADRESSEN (6. E)**

***Übernachtung:*** Quality Hotel Geneva City Centre, 6 rue Ferrier, CH-1202 Genève, Tel. +41/(0)22/901 66 66, www.quality-hotel geneva.ch; Hôtel Best Western Porte Sud De Genève, Parc d'affaire international, F-74160 Archamps, Tel. +33/(0)450/31 16 06, www.bestwesternportesudgeneve.com

***Restaurant:*** La Pignata, Avenue du Mail 3, CH-1205 Genève, Tel. +41/(0)22/320 22 08.

***Taxiservice:*** Taxi Genf, Tel. +41/(0)22/331 41 33

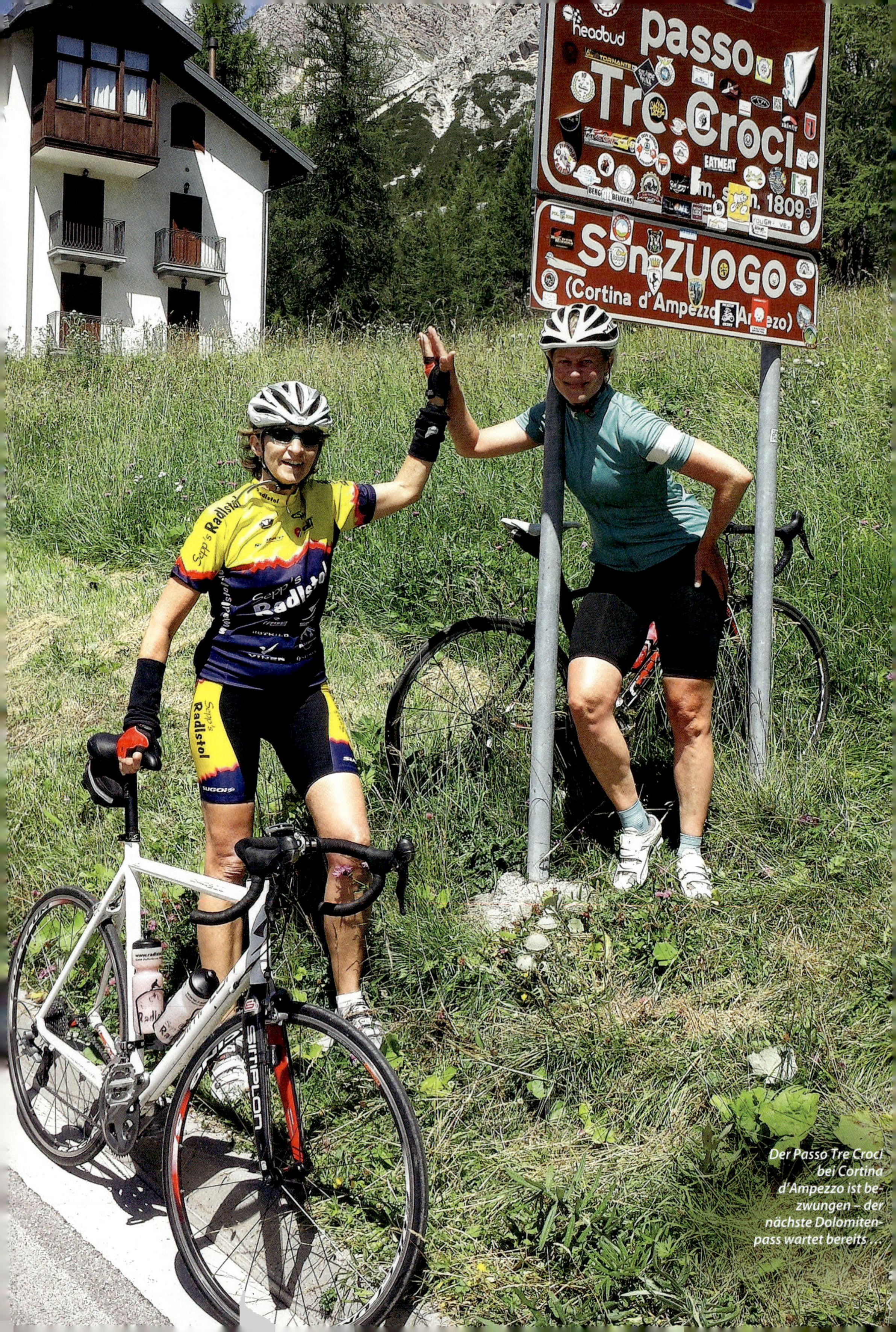


*Der Passo Tre Croci bei Cortina d'Ampezzo ist bezwungen – der nächste Dolomitenpass wartet bereits …*

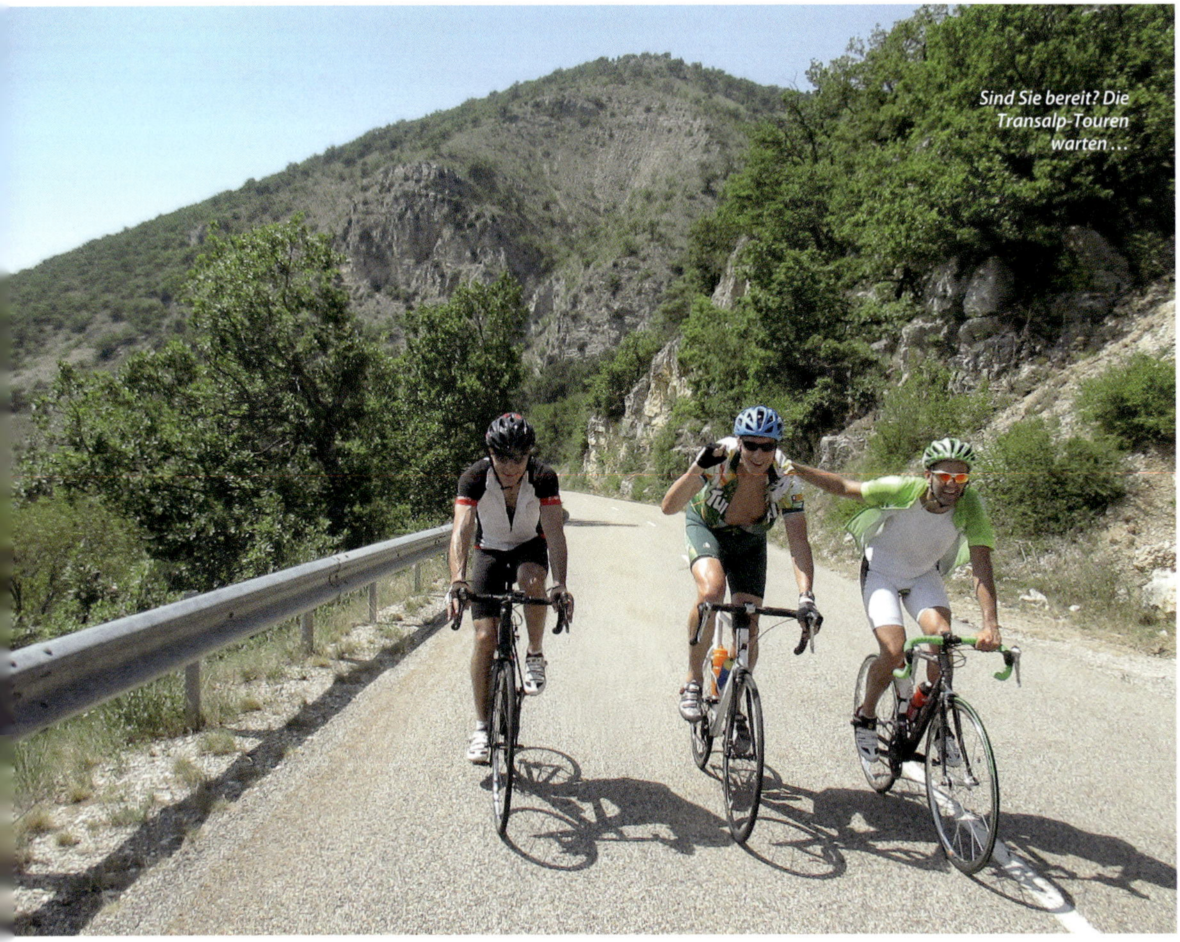
Sind Sie bereit? Die Transalp-Touren warten …

# Impressum

Verantwortlich: Dr. Johannes Abdullahi
Layout: Andreas Kubin
Korrektorat: Ralf J. Klumb | The Wordworms
Repro: Cromika/LUDWIG:media
Kartografie: Huber Kartographie, Heike Block, München
Herstellung: Alexander Knoll
Printed in Slovenia by Florjancic

★★★★★

**Sind Sie mit diesem Titel zufrieden? Dann würden wir uns über Ihre Weiterempfehlung freuen.** Erzählen Sie es im Freundeskreis, berichten Sie Ihrem Buchhändler, oder bewerten Sie bei Onlinekauf. Und wenn Sie Kritik, Korrekturen, Aktualisierungen haben, freuen wir uns über Ihre Nachricht an Bruckmann Verlag, Postfach 40 02 09, D-80702 München oder per E-Mail an lektorat@verlagshaus.de.

Unser komplettes Programm finden Sie unter www.bruckmann.de



Empfehlung der Redaktion:
Sie sind auf der Suche nach weiterführender Literatur? Dann empfehlen wir Ihnen den Titel »100 Alpenpässe mit dem Rennrad« von Rudolf Geser. Oder Sie werfen einen Blick in die Zeitschrift BERGSTEIGER. Hier werden Sie bestimmt fündig.

Bildnachweis:
Alle Fotos im Innenteil stammen von © ULP GmbH, bis auf:
S. 9 oben und unten, 10 oben, A. Kubin; S. 20/21, W. Müller-Schell; S. 31, 52/53, © H. Braun; S. 43, 46 E. Hüsler; S. 57, 70, 86, 91, 106, 122, 126, 144/145, 148, 150, 151, 154, 158, 187, Shutterstock; S. 58, 64, 66, 73, 75, 89, 114, 115, 116, 118, 119, 134, 149, M. Zahel; S. 72, W. Müller-Schell/Archiv Kubin; S. 78, 88, M. Kostner; S. 80, 81 oben, 142, ® Sportograf; S. 81 unten, ® Jered Gruber; S. 82/83, 102/103, 124/125, 162/163, © M. Felgenhauer; S. 101 oben, © Ötztal Tourismus/L. Ennemoser; S. 101 unten, © Ötztal Tourismus/J. Skarwan; S. 100, © Ötztal Tourismus/E. Lorenzi; S. 161, H. Angerer/Alpen Challenge Lenzerheide; S. 164, C. Blankenstein; S. 172, 173 oben und unten, TVB Grossglockner-Zellersee.

Umschlagvorderseite: Unterwegs auf der Sella Ronda (Freddy Planinkschek)
Umschlagrückseite: Am Gardasee enden einige Transalp-Touren (ULP GmbH)

Die Deutsche Nationalbibliothek verzeichnet diese Publikation in der Deutschen Nationalbibliografie; detaillierte bibliografische Daten sind im Internet über http://dnb.d-nb.de abrufbar.

2. aktualisierte Auflage


ISBN 978-3-7343-1495-7